미국 사서교사 송온경이 들려주는 도서관의 POWER힘과 독서교육

The Power of Libraries and Reading Education

송온경 지음

On Kyung Joo, MLS

Dedicated and nurturing school library media specialist with a passion to empower all students to become enthusiastic readers, critical thinkers, effective users of information and life-long learners

한국도서관협회

어린 시절 나에게 독서의 기쁨을

알게 해주신 부모님께 이 책을 바칩니다.

In loving memory of my Mother and Father

who instilled in me a love of reading

when I was very young

추천의 글

올해도 벌써 한 달이 훌쩍 지나가 버렸음을 문득 깨닫고 살짝 당황하고 있는데, 마침 손에 들고 있던 스마트폰에 메신저 알림이 뜬다. 뭔가 하며 살펴보니 송온경 선생님께서 보낸 것. 이번에 책을 출판하게 되었는데 추천사를 부탁하고 싶다는 내용이었다. 별로 망설이지도 않고 바로 그렇게 하겠다는 답장을 보냈다. 추천사를 쓴다는 일이 상당히 부담스러운 일임을 잘 알고 있으면서도 왜 그랬나 생각해보니, 도서관을 다룬 책이 새로 출판된다는 사실에 반가운 마음이 컸기 때문이었다. 그래서 내 모자라는 글솜씨 따위는 미처 생각도 안 했던 거다.

사실 필자이신 송 선생님을 한 번도 직접 뵌 적이 없다. 다만 수년 전 「학교도서관저널」에 실린 인터뷰 기사를 읽은 기억이 있고, 그 후에 페이스북 친구로 지낸 것이 전부다. 그런데도 마치 오래 알고 지낸 사이처럼 편안한 마음이 드는 건 우리 둘 다 도서관을 사랑하는 사서라는 동지애 때문이리라. 아무튼 덕분에 『도서관의 힘과 독서교육』을 누구보다 빨리 읽어보는 행운을 누렸다.

이 책의 제일 큰 미덕은 아마도 누구나 쉽게 읽을 수 있다는 점일 것이다. 처음 책을 접하면 무려 460쪽이 넘는 분량에 압도당할지 모르겠지만, 일단 책을 펼쳐서 읽기 시작하면 의외로 술술 읽힌다. 마치 저자가 내 옆에 앉아서 사근사근 이야기해주는 것 같다. 문장이 쉽고 부드럽다. 게다가 적절한 사진이 많이 들어가 있어서 더 재미있고 이해하기도 쉽다. 심지어 우리가 교과서나 논문에서 어렵게 읽은 '21세기 핵심역량'이나 '미디어 리터러시' 같은 주제도 금방 이해할 수 있나. 한 번이라노 글을 써본 사람이라면 동의하겠지만 글을 쉽게 쓴다는 건 생각보다 어려운 일이다. 글을 쓰는 사람이 그 내용에 대해서 아주 잘 알고 있어야만 쉬운 글을 쓸 수 있다. 이 책이야말로 저자 자신이 사서로서, 사서교사로서, 도서관 이용자로서, 그리고 동네주민으로서 직접 체험하고 느낀 바가 그대로 녹아있기 때문에 살아있는 글이 되었고, 그래서 쉽게 읽히는 책이 되었다.

이 책은 공공도서관이나 학교도서관 현장에서 수고하시는 사서와 사서교사에게 아주 유용한 길잡이가 될 것이다. 지금 바로 응용하고 적용해 볼 마음을 먹게 하는 도서관 프로그램과 독서교육 관련 정보들이 다양하게 그러면서도 상세하게 소개되어 있기 때문이다. 게다가 부록으로 덧붙여 준 '스콜라스틱 추천 어린이필독서 100선', '학교나 공공도서관의 메이커스페이스 조성 아이디어', '미국의 도서관 관련 링크', '미국 뉴욕주 교육부의 학교도서관 프로그램 점검표' 등은 그야말로 푸짐한 선물이다.

이 책의 세 번째 미덕은 다루는 내용의 폭이 넓다는 점이다. 저자가 현재 미국의 사서교사이지만 학교도서관뿐만 아니라 공공도서관에 대해서도 상세하고 유용한 정보를 제공한다. 그건 물론 여러 해 동안 공공도서관 사서로 근무했던 저자의 경험 덕분이다. 그래서 꼭 독서교육에 관심이 있는 사람이 아니더라도, 마치 여행하듯이 미국 도서관의 다양한 모습과 도서관과 함께 살아가는 미국인들을 이해할 수 있다. 더군다나 도서관의 현재 상황을 소개하는데 그치지 않고, 공공도서관과 학교도서관의 역사와 미래까지 조망하고 있어서 유용하다,

사서교사로서 바쁜 일상을 보내고 있을 터인데도 모국에 대한 사랑으로 우리 한국인들이 더 높은 수준의 공공도서관과 학교도서관을 가질 수 있기를 소망하며 좋은 책을 집필해 준 송온경 사서교사에게 이 자리를 빌어 감사의 말씀을 전한다.

국립중앙도서관 관장 서 혜 란

추천의 글

한국도서관협회에서 미국의 현직 사서교사가 쓴 책의 추천사를 써달라는 요청을 받았을 때 나는 이 책이 단순히 미국의 학교도서관에 대해 쓴 이론서라고 생각했다. 그런데 막상 책을 읽어보니 미국 도서관의 역사부터 시작해서 공공도서관의 프로그램과 서비스, 사서교사의 업무, 독서교육 등 다양한 내용을 포함하고 있었다. 저자인 송온경 선생님은 현재 학교도서관 사서교사로 일하고 있지만 이전에 공공도서관 사서로 일한 경험이 있었기에 이런 저술이 가능했을 것이다.

책을 읽다보면 미국 공공도서관의 발전에 지대한 영향을 끼쳤던 분들의 헌신과 기부에 감동하여 코끝이 찡해지는 부분도 있다. 도서관 사진의 배치나 수록한 내용에 언뜻언뜻 비치는 저자의 정성이 느껴져 가슴이 따뜻해지기도 한다. 미국의 도서관이 세계 최고 수준이라는 것에 동의하지 않을 사람은 없을 것이다. 나는 이 책을 읽으면서 '정말 좋은 책이구나'라는 생각을 여러 번 했다.

이 책의 전체적인 느낌은 몇 가지 단어로 축약할 수 있다.

첫째, '친절함'이다. 저자는 책의 내용을 이해하기 쉽게 도서관의 내부와 외부 모습, 도서관 프로그램에 참여하는 아이들의 모습, 책의 표지 등을 사진으로 실어서 독자들이 마치 도서관의 모습을 보고 있는 것처럼 친근하게 느낄 수 있도록 했다.

둘째, '범위의 넓음'이다. 미국 공공도서관의 역사와 인물, 다양한 공공도서관의 서비스와 프로그램, 도서관의 친구들까지 다루었다. 학교도서관 측면에서는 학교도서관의 역사, 학교도서관과 사서교사가 학생들의 학업성취에 끼친 영향에 관한 연구, 책을 통한 사서교사의 인성교육 사례, 유치원부터 학년별 연구과제의 예, 미국의 독서교육까지 다루었다. 저자가 다룬 내용은 다소 광범위하지만 중요한 내용이다.

셋째, '실용적'이다. 이 책에는 우리나라 도서관에 적용할 수 있는 다양한 프로그램에 대한 아이디어를 얻을 수 있는 내용이 많다. 우리나라 공공도서관은 독서문화 프로그램을 주로 운영하고 있는데 비해, 미국 공공도서관에서는 '성인들을 위한 세미나' 프로그램을 통해 재산세 관련 프로그램, 온라인에서 소통하기 위한 소셜 미디어 전략, 전문회계사를 초빙하여 소득세를 공제받기위해 알아야 할 교육 등을 실시하고 있었다. 이외에도 독자들이 책을 읽으면서 궁금할 법한 미국의 사서교사 되는 법을 알려주기도 한다.

넷째, '최신성'이다. 최근 이슈인 코로나 19 확산으로 인한 교육의 변화와 디지털 시민성, 코로나이후 도서관들이 수용해야 할 변화, 바이든 정부에 대한 미국사서교사협회(AASL)의 요구사항까지 담았다.

이 책은 다양한 사람들에게 도움이 될 수 있는 책이다.

우선, 문헌정보학을 전공하는 학부생과 대학원생들이 미국의 공공도서관과 학교도서관을 이해하기 위해 읽었으면 좋겠다. 이 책의 내용과 우리나라의 공공도서관, 학교도서관의 상황을 비교하면서 읽는 방법을 추천한다. 중요한 내용은 밑줄을 치면서 읽기를 권한다.

다음으로 이 책을 공공도서관 사서, 학교도서관 사서교사들에게 추천한다. 공공도서관 사서들은 이 책에 나와 있는 프로그램 중 유용한 프로그램을 선정하여 운영해 보았으면 한다. 학교도서관 사서교사들은 이 책을 통해 학교의 리더로서 사서교사들이 해야 할 역할, 사서교사가 하는 탐구수업의 사례, 4차 산업시대에 필수적인 미국 사서교사들의 리더십과 역량 등을 배울 수 있을 것이다.

문헌정보학을 전공하기를 꿈꾸는 중·고등학생들이 미국 공공도서관의 사서와 학교도서관의 사서교사가 어떤 일을 하는지 알기 위해 이 책을 읽으면 좋을 것 같다.

이외에도 가정과 학교도서관에서 할 수 있는 독서교육에 도움을 받기 위해서 일반 교사들과 학부모들에게도 이 책을 추천한다.

경기대학교 문헌정보학과 교수 조 미 아

CONTENTS

제3장 학교도서관에서 학생들의 미래를 준비하다

제4장 오늘날 사서와 사서교사는 누구인가?

CONTENTS

제7장 코로나19 팬데믹 이후 도서관들이 수용해야 할 변화에 대하여

제8장 연령별로 본 미국의 독서교육: 가정에서

CONTENTS

프롤로그

도서관이 내 마음에 들어오다

건국 역사는 짧지만 강대국의 위상을 갖고 세계의 리더 역할을 해오고 있는 오늘 날의 미국을 있게 한 것은 미국 도서관의 힘이다. 이 책에서 저자는 먼저 독서를 통해 대중을 교육시켜 더 좋은 사회를 만들어야 한다는 정신에 기초한 미국의 공공도서관을 소개한다. 그리고 가정과 학교와 도서관을 포함한 지역사회가 하나가 되어 학생들의 전인적인 교육을 책임져야 한다는 정신에 기초한 미국의 학교도서관에 대해 소개하면서 미국 도서관의 힘의 원천에 대해 이야기한다. 그리고 어떻게 공공도서관이 주민들의 교육과 문화의 중심에서 그들의 삶을 지원하는지, 어떻게 미국의 학교도서관이 학습커뮤니티의 핵심으로서 정보활용교육, 독서교육, 인성교육, 미디어리터러시 교육 등을 통해 모든 학생들의 학습 역량을 강화하며 학생들의 미래를 준비시켜주는지에 대해 설명한다. 이 책은 미국 도서관에 대하여 부분적으로 전문적인 내용을 담고 있지만 저자의 경험을 바탕으로 한 실례들을 소개하여 일반 독자들도 재미있게 읽을 수 있도록 하였다.

이상적인 공공도서관은 현대적 시설을 갖춘 공간이라는 의미 이외에도 지역사회 구성원들의 지적, 정서적, 사회적, 문화적 필요와 기대를 충족시킬 수 있는 프로그램을 기획하고 운영하는 곳이어야 한다. 그러한 도서관은 도서관 전문가 및 전문 사서들이 의욕적으로 일할 수 있는 곳이어야 한다. 미래지향적 공공도서관은 지역사회의 구성원들이 적극적인 관심을 가지고 도서관의 시설과 프로그램들을 잘 활용하여 도서관이 일상생활의 중심이 되도록 해야 한다. 이렇게 될 때 도서관은 우리 사회를 변화시키고 국민들의 행복지수를 높이는 복지국가의 중심지가 될 수 있다. 이것이 바로 도서관이 가지고 있는 힘이다.

끝으로 끊임없이 진화하는 현대의 지능정보사회에서 이미 경제대국으로 성장한 한국이 정서적, 사회적, 문화적으로도 부강한 나라가 되기를 바라는 마음이다. 한국을 이러한 나라로 만드는 데는 도서관의 역할이 중요하다. 이 책이 도서관을 통하여 이러한 나라를 만드는데 도서관 정책 담당자, 사서, 학교 행정관, 사서교사, 일반 교사, 학부모 그리고 독서 교육에 관심이 많은 일반 독자들에게 실질적인 도움이 되기를 바라는 마음이다.

2021년 3월

뉴욕에서 송온경 도서미디어전문가

· 제 1 장 ·

미국, 세계 최강 국가를 꿈꾸며 도서관을 세우다

미국에서 흔히 볼 수 있는 공공건물 중의 하나가 공공도서관이다. 여행을 하면서 하룻밤을 묵게 되거나 그냥 잠시 들렀다 지나가더라도 대부분의 경우 미국의 마을이나 도시에 가면 공공도서관을 쉽게 찾을 수 있다. 그 이유는 거의 모든 타운마다 그 고장의 역사와 문화를 보존하고 있는 공공도서관이 있고, 지나가는 사람들에게 물어보면 거의 다 자기 마을의 공공도서관이 어디에 있는지 알기 때문이다. 저자는 새로운 도시나 마을을 방문하게 되면 그곳의 공공도서관에 꼭 들리는 습관이 있다. 공공도서관에서 그 고장의 분위기를 한눈에 파악할 수 있을 뿐만 아니라 사서들과 대화를 나누면서 뜻하지 않게 희귀하고 귀중한 역사적인 자료나 이야기들을 접할 수 있기 때문이다.

1절

공공도서관의 나라, 미국!

"그녀는 도서관에서 많은 시간을 보내는 사람 같아. 가장 괜찮은 부류의 사람들이지." 캐서린 발렌테의 소설에 나오는 이 대사처럼 미국의 공공도서관은 괜찮은 사람들이 자주 가는 곳이다. 그 곳은 부자도 가난한 사람도 다 갈 수 있는 곳이다.

미국에서 흔히 볼 수 있는 공공건물 중의 하나가 공공도서관이다. 여행을 하면서 하룻밤을 묵게 되거나 그냥 잠시 들렀다 지나가더라도 대부분의 경우 미국의 마을이나 도시에 가면 공공도서관을 쉽게 찾을 수 있다. 그 이유는 거의 모든 타운마다 그 고장의 역사와 문화를 보존하고 있는 공공도서관이 있고, 지나가는 사람들에게 물어보면 거의 다 자기 마을의 공공도서관이 어디에 있는지 알기 때문이다. 저자는 새로운 도시나 마을을 방문하게 되면 그 곳의 공공도서관에 꼭 들리는 습관이 있다. 공공도서관에서 그 고장의 분위기를 한눈에 파악할 수 있을 뿐만 아니라 사서들과 대화를 나누면서 뜻하지 않게 희귀하고 귀중한 역사적인 자료나 이야기들을 접할 수 있기 때문이다.

미국의 공공도서관은, 그 마을 주민들이 낸 세금으로 운영되기 때문에 도서관 건립과 운영상의 결정권을 가지고 있는 주민 대표들의 뜻과 결정에 따라 지어진다. 따라서 미국의 공공도서관들은 지을 때부터 그 마을에서 교통이나 입지 조건이 가장 좋은 곳을 택해 지어진다. 예를 들면 서울시의 구와 같은 뉴욕시의 맨해튼, 퀸즈, 브루클린, 브롱스, 스태튼 아일랜드 등 5개의 보로(borough)들은 거의 모든 동네마다 공공도서관이 하나씩 있다. 그리고 대부분의 도서관은 대중교통이 편리한 곳에 인접해있어서 이용자들이 버스나 지하철을 타고 올 수도 있고 걸어올 수도 있어서 접근성이 좋다.

특히 아시아계 이민자들이 제일 많이 사는 퀸즈 공공도서관의 지점들은 아시아계 이용자들이 필요로 하는 장서와 서비스를 발 빠르게 제공한다. 예를 들어서 퀸즈 도서관의 플러싱 지점에는 중국, 한국, 인도계 이용자들을 위해서 중국어, 한국어, 힌디어, 벵갈어 등으로 된 도서, 신문, 비디오들을 비치해놓고, 맨해튼의 뉴욕공공도서관의 차탐 스퀘어 지점(Chatham Square Library)은 차이나타운에 위치하고 있어 영어와 중국어로 된 책, 지도, 신문, 비디오, 오디오 등을 갖추어 놓고 중국계 미국인들의 문화센터 역할을 톡톡히 해내고 있다.

인구가 많지 않은 한적한 마을이라도 공공도서관은 어김없이 자리 잡고 있다. 예를 들어서 미국에서 해가 제일 먼저 떠오르는 미국의 동쪽 끝 메인주의 루벡은 주민들이 어업과 블루베리 농업으로 살아가는 조그만 어촌 마을이다. 이곳을 2007년 여름방학 기간동안 가족여행을 하면서 지나가게 되었다. 프랭클린 루즈벨트 대통령의 기념관이 있는 캄포벨로 섬에 가기 전 루벡에서 하룻밤을 지내고 다음날 아침 일찍 루벡 등대 앞에서 미국에서 제일 먼저 떠오르는 해돋이를 보았다. 그리고는 바닷가를 낀 한적한 거리를 거닐다가 조그만 단층 건물에 루벡 기념도서관이라는 간판을 보고 들어가 보았다. 제일 먼저 눈에 띈 것은 저자와 가족을 반갑게 맞이하는 사서와 바구니에 가득 채워진 오이들이었다. 오이 바구니 앞에는 '우리 집 밭에 오이가 많이 열렸으니 마음대로 가져가세요.'라고 쓴 자그만 팻말이 있었다. 아담한 내부에는 랩톱 컴퓨터를

• 메인주 루벡의 공공도서관

• 루벡의 시내 모습

• 루벡의 전경

• 루벡등대

• 루벡의 해돋이

가지고 무엇인지 열심히 하고 있는 주민들과 검정색 가죽소파에 앉아 잡지를 읽고 있는 주민들이 보였다. 이 도서관의 사서와 직원은 모두 자원봉사자로서 바다가 앞에 보이는 자연환경이 좋아 이곳을 떠날 수 없다며 도서관에 대한 강한 애착을 나타냈다.

• 롱아일랜드 낫소카운티 로즐린 소재 브라이언트도서관의 모습
(왼쪽 위부터 시계 방향으로) 낫소카운티에서 가장 오래된 도서관이라는 팻말/도서관의 강당 입구/도서관 입구로 올라가는 길/호수 건너편에 보이는 도서관 건물

저자가 사는 로즐린이라는 동네는 맨해튼의 교외지역인 롱아일랜드에 있다. 주민들 중에는 기차로 1시간 걸리는 맨해튼까지 출퇴근하는 사람들도 많다. 이 동네의 브라이언트 라이브러리는 1878년에 지어졌으며 롱아일랜드의 낫소 카운티(카운티는 한국의 군에 해당되는 행정지명임)에서 가장 오래된 도서관이라는 명성을 가지고 있다. 도서관은 호수가 있는 조그만 공원을 끼고 있어 동네사람들이 도서관에 들렀다가 호숫가의 벤치에 앉아 잔잔한 수면을 바라보며 명상에 잠기기도 하

고, 호수에서 헤엄치는 오리가족들을 구경하며 휴식을 취하거나, 호숫가를 돌면서 산책도 즐긴다. 또한 어린 아이들을 데려온 사람들은 도서관 근처에 있는 어린이 놀이터에서 아이들을 놀게 해주고 부모들끼리 서로 대화를 나누곤 한다.

• 도서관 주간에 고객들을 위해 차려놓은 커피와 과자의 모습도 보인다.(오른쪽)
• 도서관 주간 특별 전시 (왼쪽)

미국의 공공도서관은 입지조건이 좋은 만큼 서비스도 좋다. 나는 거의 일주일에 한번 정도 차로 10분이면 갈 수 있는 동네 도서관에 간다. 아이들이 어렸을 때에는 주로 아이들을 데리고 동네 도서관에서 책을 빌리고 스토리 타임에 참석하러 갔었지만 요즘엔 매주 토요일 도서관에서 제공하는 요가 클라스에 간다. 동네 도서관에서는 성인들을 위한 다양한 프로그램이 실비로 연중 제공되고 있다.

도서관의 특별 전시코너에 비치된 새로운 책을 둘러보는 것도 도서관을 찾는 이유 중의 하나다. 또한 새로운 신간 어린이 도서들을 직접 눈으로 보고 학교도서관에 필요한 책을 주문하기도 한다. 우리 동네 도서관에 없는 책은 낫소 전체 도서관 웹사이드에 들어가 온라인으로 주문하면 낫소 카운티 도서관 시스템에 속한 54개의 도서관들 중 그 책을 소장하고 있는 도서관에서 우리 도서관으로 보내온다. 며칠 후 주문한 책이 도착했다는 전화를 받고 그 책을 찾으러 가기도 하며, 어떤 때는 조용한 도서관에서 과제를 하러 또는 글을 쓰러 가기도 한다.

매년 4월 전국도서관주간이 되면 동네 도서관에서는 막 끓인 커피와 과자를 도서관 이용자들에게 대접하기도 하는데 마침 봄방학 기간이라 저자는 아침부터 동네 도서관을 찾는다. 커피 향기가 그윽한 고색창연한 도서관에서 책을 읽는 즐거움은 다른 데 비할 수 없을 정도로 행복감을 준다. 마침 봄비라도 부슬부슬 내려 대지를 촉촉이 적셔주고 파릇파릇하게 돋아나는 새 잎들이 자라는 모습을 도서관 창 너머로 바라보는 것도 기분 전환이 된다.

2020년 인구센서스에 따르면 로즐린의 주민은 2,982명이다. 이 도서관은 로즐린 뿐 아니라 인근의 로즐린 하버, 로즐린 하이츠의 주민들도 이용하는데 그동안 이 도서관을 부수고 더 크고 좋은 현대식 건물로 짓자는 의견이 많이 나왔으나 주민회의에서 통과되지 못해 아직도 기존의 건물을 보수 및 수리하면서 이용해왔다. 그 이유는 이 곳 주민들은 미국 식민지 시대의 역사가 깃들어 있는 이 마을의 경관을 해치고 싶지 않고, 유서 깊은 도서관 건물을 옛 모습대로 지키고 싶어서라고 한다.

옆 마을인 맨해셋에는 오래된 도서관 건물을 부수고 그 자리에 현대적인 대형 도서관을 지어 그 안에 들어가면 밝고 넓은 경관이 사람들을 반긴다. 심지어 그룹스터디를 할 수 있는 공간도 많이 있어 학교들이 시험때가 되면 인근의 고등학교 학생들이 많이 찾아온다. 역사를 지킬 것인지 실용을 더 중시할 것인지는 주민들의 결정에 달렸다.

일전에 한국에서 한의사를 하시는 분 한 가족이 오셨다. 롱아일랜드

• 현대적인 포트 워싱턴 공공도서관

• 포트 워싱턴 공공도서관 외부 모습

• 포트 워싱턴 공공도서관 내부 모습

• 포트 워싱턴 공공도서관 내부 모습(2)

• 포트 워싱턴 공공도서관 내부에 전시된 한국문화 자료 모습

북쪽 해안가에 자리 잡고 있어서 바다를 내려다 볼 수 있는 포트 워싱턴 공공도서관에 들러 함께 구경하였다. 그러다가 한의사께서 하비 다이아몬드가 지은 건강에 관한 책 한 권이 이 도서관에 있는지 사서에게 물어 보았다. 사서가 낫소 카운티 도서관 시스템에 들어가 확인해보니 이 도서관에는 없지만 우리 동네인 로즐린 도서관에는 있다고 한다. 롱아일랜드의 낫소 카운티의 54개 도서관들은 회원 도서관들끼리 서로 책을 빌려주고 빌려 받는 낫소 도서관 시스템에 속해 있다.

포트 워싱턴 도서관 사서는 로즐린 도서관 사서에게 전화해서 그 책을 서가에서 찾아 내 이름으로 보관해 달라고 부탁했다. 우리 일행은 차로 10분 밖에 걸리지 않는 로즐린 도서관으로 향했다. 들어가자마자 대출반납 서비스 데스크에 물어보니 보관 책꽂이에 도서관 이용자들이 주문한 책들이 알파벳 순서대로 놓여 있었다. 이름을 대자 출납직원이 바로 책을 찾아 주어서 그 책을 대출하여 그 한의사분께 전해 줄 수 있었다.

또 언젠가는 복사기로 중요한 서류를 복사해야 할 일이 생겼다. 동네의 약국과 복사센터에 가보았으나 약국에는 복사기가 없었고 복사센터는 일요일이라 문을 닫았다. 나는 개인 서재나 마찬가지인 로즐린 도서관에 가서 복사를 할 수 있었다. 또한 그 서류를 스캐너로 스캔을 해서 이메일로도 보낼 수 있었다.

이와 같이 미국의 동네 도서관은 온 가족을 위한 책은 물론 최신 영화의 DVD, 음악감상용 오디오 대출 뿐만 아니라 다양한 교양과 취미 프로그램에서부터 3D 프린팅과 복사, 스캔 및 무료 공증서비스까지 주민들이 필요로 하는 거의 모든 생활 서비스를 제공하는 주민들의 일상생활의 중심지라고 말할 수 있다.

이런 공공도서관들에 대해 과연 미국인들은 어떻게 생각하고 있을까? 그들도 저자와 마찬가지로 자신들의 지역사회에 있는 공공도서관의 역할에 대해 상당히 긍정적으로 평가하고 있다. 미국의 권위있는 조사기관인 퓨리서치센터에서 실시한 도서관에 대한 주민들의 반응을 보면 16세 이상 미국인들의 95%가 공공도서관에서 제공하는 도서 및 기타 자료들과 자원들이 사람들에게 성공할 수 있는 기회를 제공하는데 중요한 역할을 한다고 대답하였다. 역시 95%가 공공도서관이 주민들의 문해력(literacy)을 높이고 책읽기를 좋아하게 만든다고 대답했다. 94%는 지역사회 사람들의 삶의 질을 높인다고 말했으며, 81%는 다른 곳에서 찾기 힘든 많은 서비스들을 공공도서관에서 제공한다고 말했다.[1)]

그렇다면 많은 사람들이 미국 공공도서관을 중요한 삶의 일부분이라고 한 이유는 어디에 있을까? 미국인들 중 91%는 자기 집에서 가장 가까운 도서관이 어디에 있는지 안다고 말했으며, 이 응답자들 중 대부분이 가장 가까운 공공도서관이 자기 집에서 5마일(8 Km) 이내에 있다고 말했다. 또한 82%가 동네 도서관의 웹사이트를 사용하기가 쉽다고 응답했다. 16세 이상 미국인들 가운데 54%가 넘는 사람들이 지난 12개월 동안 공공도서관을 직접 방문했거나 웹사이트를 이용한 적이 있다고 말했으며, 미성년자를 자녀로 둔 부모들 중 70%가 그들의 자녀들이 지난 12개월 동안 도서관이나 순회도서관(Book Mobil)을 방문한 적이 있다고 말했다.

아무리 좋은 장서를 갖추어 놓았어도 집에서 너무 멀거나 교통이 불편하거나 하면 자주 가기가 힘들 것이다. 미국인들이 공공도서관이 그들의 삶의 중요한 일부분이라고 생각하는 이유는 바로 도서관 이용의 편

1) Pew Research Center. "How Americans Value Public Libraries in Their Communities." 2013.12.11 http://libraries.pewinternet.org/2013/12/11/libraries-in-communities/ (검색일: 2019.4.9.)

리함 때문이다. 실제로 맨해튼 42번가에 있는 뉴욕 중앙공공도서관이 아무리 좋아도 가는데 1시간 이상 걸리기 때문에 그 도서관보다는 10분 거리에 있는 우리 동네 도서관을 삶의 일부분이라고 여기고 있다.

2018년에 집계된 미국도서관협회의 자료에 따르면[2] 미국에는 현재 116,867개의 각종 도서관이 있으며 그 중에 공공도서관이 9,057개, 대학도서관이 3,094개, 학교도서관이 98,460개, 특수도서관이 5,150개, 병영도서관이 239개, 정부기관 도서관이 867개가 있다.

이렇게 거의 모든 동네마다 존재하고 있는 미국의 공공도서관들에 대해 이용자들이 갖는 인상은 어떨까? 약 94%의 도서관 이용자들이 자신들의 경험에 비추어 미국의 공공도서관은 '사람들을 환영하는 친절한 곳'이라는 인상을 갖고 있다. 또한 91%는 공공도서관이나 웹사이트에서 한 번도 부정적인 경험을 한 적이 없었다고 말하고 있다. 67%는 자기 집에서 가장 가까운 공공도서관을 '좋고 편한 곳'으로, 22%는 '괜찮은 곳이지만 개선의 여지가 있는 곳'이라고 답했다. 저자의 경험에 비추어 볼 때 그리고 이 같은 조사 결과들에서 보듯이 미국의 공공도서관은 미국인들의 삶의 질을 향상시키는데 아주 중요한 동네기관 및 시설로 자리 잡고 있다. 요즘같이 인터넷의 발달로 도서관에 가지 않고도 집에서 컴퓨터로 자료들을 찾을 수 있기는 하다. 그러나 많은 미국인들은 여전히 전자책(e-book)보다도 도서관에서 종이책을 읽고 싶어 하는 것으로 나타났다.

---

2) American Library Association. "Number of Libraries in the United States: Home." 2018.12.26. http://www.ala.org/tools/libfactsheets/alalibraryfactsheet01 (검색일: 2019.4.9.)

오늘날 미국에 공공도서관 본관과 분관들 및 다른 종류의 도서관들까지 합쳐 약 12만 5천개에 이르는 도서관들이 미국인들의 교육과 문화생활에 밀접한 영향을 미치고 있다. 그리고 이렇게 된 배경에는 책을 너무나 좋아했던 그리고 자신들이 책을 좋아하는데 그치지 않고 대중의 교육을 위해, 이 사회의 발전을 위해, 세계 최강국이 될 미국을 위해 도서관에 헌신한 위대한 초기 미국인들이 있었다.

2절

공공도서관의 기초를 다진 건국의 아버지들 Founding Fathers

도서관의 아버지, 벤자민 프랭클린과 미국 독립의 온상이 된 라이브러리 컴퍼니 Library Company

• 벤자민 프랭클린[3]

미국 공공도서관의 발전을 위해 노력하고 헌신한 사람들은 아주 많지만 그 중에서도 18세기 미국을 영국으로부터 독립시키는데 결정적인 역할을 한 '미국 건국의 아버지'라고 불리는 사람들 가운데 벤자민 프랭클린과 토마스 제퍼슨의 업적은 괄목할 만하다. 이 두 사람은 한결같이 근면 성실했으며 책을 너무나 좋아했고 독서를 통해 대중을 교육시켜 더 좋은 사회를 만드는 데 인생의 목표를 두었다. 차이점이 있다면 제퍼슨은 대학에 진학을 했지만 벤자민 프랭클린은 가정 형편상 학교를 계속 다니지 못했다. 그러나 두 사람은 각기 최초의 공공도서관과 미의회도서관의 건립에 중추적인 역할을 하였다.

'도서관의 아버지'라 불리는 벤자민 프랭클린이 태어났던 1700년대 초 뉴잉글랜드 지역에 정착했던 초기 미국인들에게 있어서 책(book)이란

3) 출처: https://urbanministries.com/benjamin-franklin-changed-from-a-slave-owner-to-an-abolitionist/ (검색일: 2019.6.6.)

새로 정착한 낯선 땅에서 삶의 기반을 구축하고 그들의 지적, 영적 건강을 유지하는 데 필수 불가결한 것이었다. 그러나 그 당시 책은 부자나 목회자들이나 볼 수 있는 값비싼 것이었다. 돈이 없는 사람들은 책을 살 수가 없었다. 그래서 회비를 내고 책을 빌려볼 수 있는 회원제 대출도서관이 생겨나게 되었다.

1706년 보스톤에서 양초 만드는 집 아들로 태어난 벤자민 프랭클린은 15명의 형제들 중에서 가장 영리했으며, 말하기 시작하면서부터 스스로 읽기를 깨우쳤다고 한다. 학교를 2년 밖에 다니지 못했지만 어려서부터 기발한 아이디어로 주위 사람들을 놀라게 했던 벤자민은 책과 글을 좋아했다. 따라서 그의 아버지는 그를 인쇄소를 운영하고 있던 형 밑에서 도제로 일하게 했다. 글 솜씨가 뛰어난 그는 필명으로 신문에 글을 써서 명성을 얻기도 했다. 18세 때 그는 형으로부터 자립하기로 결심하고 그 당시 신도시로 부상하던 필라델피아로 떠났다.

필라델피아에서 자신의 인쇄소를 차린 벤자민 프랭클린은 뜻이 맞는 사람들과 '준토(Junto)'라는 클럽을 결성하여 함께 책을 읽고 토론을 하던 중 기발한 착상을 하게 된다. 회원들이 집에서 가져온 책들을 미팅 장소에 놓아두고 돌아가면서 책을 빌려볼 수 있도록 하자는 아이디어로 미국 최초의 도서실이 만들어졌다. 이어서 그는 미국 최초의 회원제 대여 도서관을 만들고자 하는 계획을 가지고 1731년에 50명의 건국의 아버지들(Founding Fathers)의 기부금에 힘입어 라이브러리 컴퍼니 오브 필라델피아(The Library Company of Philadelphia)를 설립했다. 이것은 프랭클린이 시도한 최초의 공공 프로젝트였으며 회원들은 입회비와 연회비를 냈는데 곧 회원수가 100명으로 늘어났다. 그 결과는 성공적이었으며 1750년까지 12개의 새로운 회원제 도서관들이 펜실베니아, 로드 아일랜드, 사우스 캐롤라이나, 매사추세츠, 뉴욕, 코네티컷, 메인주 등 당시 북미의 영국 영토(British Colony)에 생겨났다. 역설적이게도 정작 식민지 본국인 영국 본토에는 1756년에야 처음으로 회원제 도서관이 생겼다.

프랭클린은 훗날 라이브러리 컴퍼니가 북미에 퍼져있는 회원제 도서관의 효시가 되었다고 술회한 바 있다. 이 회원제 도서관들은 너무나 운영이 잘 되어서 자체적으로 책을 발행할 정도가 되었으며, 책뿐 아니라 지도, 화석, 골동품 동전, 망원경, 현미경들도 대여할 수 있게 되었다. 1773년 장소가 협소해지자 라이브러리 컴퍼니는 필라델피아의 카펜터즈 홀(Carpenters' Hall)의 2층을 빌려 도서관으로 사용하였다. 그 이듬해 첫 번째 대륙의회(The First Continental Congress)가 도서관의 아래층에서 열렸고 그 회의의 참석자들이 북미에 있는 영국 영토들(British Colonies)의 미래와 영국과의 관계에 관해 토론하였다. 그 당시 첫 번째 대륙의회에 참석한 대표들은 라이브러리 컴퍼니 도서관의 회원들이었으며 그 후 그들은 미국의 독립을 선포하였고 미국의 독립을 위해 영국과 싸운 미합중국의 건국의 아버지들이 되었다. 이러한 사실은 미국에서 도서관이 지식과 자유와 정의의 산실이라는 진리를 다시 한 번 일깨워 준다.

1791년에 필라델피아가 미국의 잠정적 수도가 되었을 때 영구적인 도서관 건물이 지어졌고 이 때 라이브러리 컴퍼니는 1800년에 워싱턴 D.C.가 미국의 새로운 수도가 될 때까지 의회 의원들을 위한 도서관으로서 사명을 다하였다.[4] 즉 미국은 도서관에서 탄생되었으며 도서관에서 길러졌다.

---

4) Murray, Stuart A.P. The Library: An Illustrated History. Chicago: American Library Association. 2009.

미국 의회도서관에 개인 소장도서들을 제공한 토마스 제퍼슨

• 토마스 제퍼슨[5)]

1743년 버지니아에서 태어난 토마스 제퍼슨은 어려서부터 독서광이었다. 책 읽기를 배운 후부터 책에서 손을 놓은 적이 없었으며, 6살이 되자 아버지의 서재에 있는 책을 모두 다 읽었다고 한다. 청년이 된 그의 서재에는 그가 사들인 역사, 의학, 음악, 수학, 농사, 건축, 사상, 미술 및 각종 지도책들로 꽉 차 있었으며, 이러한 책들을 모두 읽고 당대의 최고 현인이 된 토마스 제퍼슨이 버지니아 식민지를 대표해서 미국독립선언문(The Declaration of Independence)을 작성한 것은 결코 우연한 일이 아니었다. 이 독립선언문을 계기로 해서 미국이라는 신생국이 탄생하게 되었으니, 제퍼슨의 독서력이 미국 역사에 얼마나 큰 영향을 미쳤는지 잘 알 수 있다.

토마스 제퍼슨은 미국이 영국과의 힘겨운 전쟁에서 프랑스의 협조를 얻기 위해 프랑스에 가서 외교활동을 벌이다가 10년 만에 미국에 돌아왔다. 토마스 제퍼슨이 미국으로 돌아오자마자 그는 미국의 3대 대통령으로 선출되었다. 대통령이 된 독서광 토마스 제퍼슨이 미국의 의회도서관을 얼마나 잘 지원했는지는 짐작하고도 남음이 있다. 1814년 영국과의 전쟁으로 미의회도서관이 불타고 3,000권의 책들이 불에 타버리자 토마스 제퍼슨은 그가 50년 동안 모았던 소장 도서들을 모두 워싱턴으로 보냈다. 그가 보낸 6,500권의 책들로 미국은 새로운 의회도서관을 시

5) 출처: https://www.biography.com/us-president/thomas-jefferson (검색일: 2019.6.6.)

작할 수 있었고, 그로부터 200년이 지난 오늘날 미국 의회도서관은 470개 언어로 된 1억 5천 5백만 개의 소장품들을 소장하게 되었으며, 그 중에는 3천 5백만 권의 장서도 포함되어 있다.[6)]

•미국 의회도서관 전경

•미국 의회도서관 내부

6) Rosenstock, Barb. Thomas Jefferson Builds a Library. Calkins Creek. 2013.

벤자민 프랭클린과 토마스 제퍼슨 두 사람 다 미국 건국의 아버지로서 미국 역사에 있어서 큰 획을 그은 사람들이다. 두 사람 모두 틈나는 대로 여러 방면의 책을 읽었으며 돈을 아껴서 책을 샀다. 두 사람 모두 글 솜씨가 뛰어나 벤자민 프랭클린은 푸어 리차드 연감(Poor Richard's Almanac)을 저술했으며 토마스 제퍼슨은 미국 독립선언문(The Declaration of Independence)을 기초했다. 1732년에 발행된 푸어 리차드 연감에는 유용한 정보들이 많았다. 특히 농부들은 이 책을 통해 해 뜨는 시각과 일기예보를 참고하여 농사에 적용했다. 벤자민 프랭클린은 이 책에 '신은 스스로 돕는 자를 돕는다.', '부서진 수레가 더 요란한 소리를 낸다.'는 등과 같은 자신의 인생에서 느낀 모토나 충고를 많이 수록했다. 당시 이 연감은 거의 한 가정에 한 권씩 구비할 정도로 인기가 좋았다.

또한 두 사람 모두 발명에 조예가 깊어서 크고 작은 발명품들을 남겼다. 벤자민 프랭클린은 프랭클린 난로, 피뢰침, 두 초점 안경(bi-focal glasses) 등을 발명했고, 토마스 제퍼슨은 시간과 요일을 나타내는 벽시계와 회전음식테이블(lazy Susan), 음식을 나르는 엘리베이터 등 주로 자택인 몬티첼로에서 사용하기 위해 크고 작은 발명품들을 만들었다. 두 사람 모두 젊은이들의 교육을 위한 대학 설립에 뜻을 두어 벤자민 프랭클린은 유펜대학(University of Pennsylvania)을, 토마스 제퍼슨은 버지니아대학(University of Virginia)을 설립하는 데 기여했다.

이러한 당대의 최고의 석학이자 미국을 세운 건국의 아버지들이 도서관과 독서의 중요성을 절감하고 도서관을 세우는데 여러 가지 모양으로 헌신한 이유는 자신들이 세운 나라가 세계 최고의 나라가 되게 하고 싶은 염원과, 성별이나 빈부에 상관없이 모든 사람들에게 평등한 평생교육의 기회를 제공하고자 했기 때문이다. 그러한 전통이 약 300년이 지난 오늘날까지 이어져 내려와 그들의 뒤를 이어 많은 도서관의 선각자, 활동가, 자선사업가들이 20세기와 21세기에 공공도서관의 융성을 이루어내어 도서관을 미국 사람들의 삶의 일부분이 되도록 했다.

벤자민 프랭클린은 미국의 100달러짜리 지폐에 얼굴이 들어가 있고, 대통령이었던 토마스 제퍼슨은 2달러짜리 지폐에 얼굴이 들어가 있다. 벤자민 플랭크린은 미국의 대통령을 한 번도 하지 않았지만 미국의 4대 주요 문서인 미국 독립선언문(The Declaration of Independence)과 미국 헌법(The U.S. Constitution), 미국과 프랑스와의 동맹조약, 미국의 독립을 재확인한 파리조약 등에 서명했다. 대통령을 하지 않았음에도 100달러짜리 지폐에 얼굴이 들어간 '벤자민'은 미국의 달러를 나타내는 대명사가 되었으며, 이는 벤자민 프랭클린이 얼마나 미국 국민들로부터 존경과 사랑을 받는 존재였는지 알 수 있다.

3절

19세기 미국의 공공도서관 운동

미국의 공공도서관을 체계화한 멜빌 듀이와 수많은 공공도서관 건물들을 지어준 앤드류 카네기

• 멜빌 듀이[7)]

• 앤드류 카네기[8)]

1800년대에 들어서면서 미국의 곳곳에서 도서관 운동이 벌어지기 시작했다. 펜실베니아주 뉴 레바논의 제시 토리(Jesse Torrey : 1787-1834)는 1804년 뉴 레바논의 남녀 아이들을 위한 무료 어린이도서관을 만들었다. 그 뒤를 이어 1800년대 초반 수십 년 동안 토리와 같은 사람들이 누구나 책을 빌려볼 수 있는 공간들을 만들고자 '도서관 운동'을 일으켰다. 이러한 운동에 힘입어 1816년 인디애나주에서는 카운티(한국의 군과 같은 행정지명) 도서관 시스템을 설립할 것을 허가 했다. 1833

7) 출처: https://sites.google.com/a/lcpsmail.org/c-r-m-s-karlee-library/biography-on-melvil-dewey (검색일: 2019.6.6.)

8) 출처: https://www.britannica.com/biography/Andrew-Carnegie (검색일: 2019.6.6.)

년 뉴햄프셔주의 피터보로(Peterborough)에서는 미국 최초로 세금으로 100% 운영되며 모두에게 무료로 개방되는 지역공공도서관을 설립함으로써 근대 커뮤니티 도서관의 모델이 되었다.

뉴욕주는 그로부터 2년 후인 1835년 각 학군들로부터 세금을 걷어 동네 학교들에서 운영하고 대중에게 개방되는 도서관을 운영하자는 혁신적인 아이디어를 냈다. 그리고 1850년까지 이러한 아이디어는 신속하게 퍼져나가 뉴욕주의 많은 공립학교들에서 도서관이 문을 열고 총 150만권의 책을 소장하게 되었다. 그러나 그로부터 20-30년 후 학교 내에 설립된 공공도서관은 재정 부족으로 타격을 받았다. 결국 학교 내 공공도서관들은 학교의 학생들과 교사들을 위한 학교도서관으로 바뀌게 되었다. 그리고 이렇게 학교 내에서 운영되었던 공공도서관의 경험은 그 후 미국의 미래 공공도서관 시스템을 위한 밑바탕이 되었다.

1800년대 중반 미국은 서부개척을 위한 철도, 전보의 발달로 급성장하게 되면서 중산층이 많아졌으며, 미국인들은 '교육'을 통한 자기계발에 힘을 쏟게 되었다. 특히, 도시지역에서는 타 지역이나 외국에서 일하러 온 노동자들로 붐볐는데, 민주주의 사회는 교육받은 시민들을 필요로 하였기에 그들에게 기본적인 문해력과 공공교육을 시켜야 한다는 요구가 높아졌다. 따라서 정부의 원조를 받는 공공도서관은 대중들을 교육하는 본질적인 기관으로 부상하게 되었다. 1870년까지 대부분의 대도시들은 기존의 소규모 도서관들을 병합해서 공공도서관을 보유하게 되었다.

1875년까지 미국 내에 188개의 공공도서관이 생겼고, 1886년에는 600개 이상의 공공도서관이 운영되었다. 1876년에는 미국 독립 100주년 기념으로 미국도서관협회가 발족되었으며, 당시 21세였던 멜빌 듀이(Melville Louis Kossuth Dewey, 1851-1931)가 미국도서관협회의 초대 사무총장을 맡았다. 멜빌 듀이는 1883년 콜럼비아대학교의 수석사서로 일하기 시작했으며, 공공도서관이 뉴욕주의 고등교육 시스템의 중요한 일부가 되어야 한다고 믿었다. 이에 따라 1890년 멜빌 듀이는 미국도서관협회와는 별도로 뉴욕도서관협회를 창립하고 공공도서관이 뉴욕주 학생들의 교육에 이바지할 수 있는 계획을 수립하였다. 그는 뉴욕의 모든 도서관들이 서로 협조해서 그러한 계획을 잘 실행할 수 있도록 조직적이고 원활한 상호도서대여(interlibrary loan)서비스를 확장하였다. 이러한 전통이 오늘날까지 이어져 현재 뉴욕시의 공공도서관들은 뉴욕시의 공립학교들의 학생들이 원하는 서비스를 제공하기 위해 학생들에게 필요한 책들을 비치하고 학생들의 지적, 정서적 요구를 충족하기 위해 적극적인 노력을 경주하고 있다.

그 뿐만 아니라 멜빌 듀이는 도서관 고객들을 위한 각종 프로그램과 의학부, 사회학부, 맹인부, 여성부, 의사당 도서관, 그리고 어린이 도서실 등 각 부서를 만들었으며 도서관이 없는 시골지역에 책을 가져다주는 순회도서관 프로그램도 실시했다. 오늘날 뉴욕주 공공도서관의 서비스와 제도는 멜빌 듀이의 모델을 따른 것이 많다.

20세기 초반까지 미국남부는 인종적으로 분리되어 있었고 도서관도 이러한 사회현상을 반영하여 흑인들은 흑인을 위해 세워진, 시설과 서비스가 열악한 흑인도서관을 제외하고는 일반 공공도서관에 들어갈 수 없었다. 랭스톤 휴즈는『책과 흑인아이』라는 책에서 흑인아이들에게 희망을 주는 책들이 얼마나 중요한지 강조했다. 하지만 미국 남부뿐만 아니라 미국의 큰 도서관들은 1950년대까지 인종적으로 분리되어 있었다.

• 랭스톤 휴즈: 랭스톤 휴즈는 '할렘 르네상스'의 아버지들 가운데 한 사람으로서 그는 문학을 통해 사회적 정의와 인종 평등을 위해 평생을 바쳤다[9]

듀이십진법을 발명한 멜빌 듀이의 성장 배경

1851년에 태어난 멜빌 듀이는 토마스 제퍼슨보다 100년가량 늦게 태어났다. 그 당시는 이미 이곳 저곳에 도서관들이 많이 생겨났을 때였다. 멜빌 듀이는 종교의 자유, 반노예주의, 여성참정권, 교육개혁의 확신을 가진 사람들이 많이 살았던 뉴욕 업스테이트에서 태어났다. 신앙심이 깊고 열심히 일하는 부모님 밑에서 자라난 멜빌 듀이는 감정을 억제하며 겸손한 성품으로 자랐다. 독서를 통해 독학으로 여러 방면의 공부를 한 멜빌 듀이는 교육을 개혁하는데 자신의 일생을 바칠 결심을 했다. 대학 3학년 때 사서보조로 일하게 된 멜빌 듀이는 그 당시 거의 모든 대학생들이 교과서를 사서 보는 것을 목격하고는 학생들에게 교과서를 빌려주는 도서관 서비스에 착안하였다. 그는 도서관에 대중교육의 열쇠가 있다고 보고 도서관을 확장하는데 큰 의미를 부여했다.

9) 사진출처: https://www.biography.com/people/langston-hughes-9346313 (검색일: 2019.4.9.)

또한 멜빌 듀이는 그 당시 사용되던 도서관의 분류법에 문제가 있다고 생각하고 여러 도시를 다니며 도서분류법을 연구하기 시작한다. 여러 분류법들 중에서 좋은 것들은 선택하고 개선의 여지가 있는 것들은 전문가의 자문을 받아 1876년 새로운 분류법을 발표하였다. 이 분류법이 현재에도 전세계 공공도서관 및 학교도서관에서 사용되고 있는 '듀이의 십진분류법(Dewey Decimal Classification System)'이다. 그는 미국도서관협회를 세워 사서들 간의 협력을 도모하고 컬럼비아대학교에 사서전문양성학교를 세워 공공도서관에서 일하는 사서들의 전문적 자질 향상에도 큰 기여를 하였다.

앤드류 카네기와 그의 이름을 딴 카네기 도서관

최초의 공공도서관을 현실화시킨 벤자민 프랭클린, 평생 몸과 마음을 다 바쳐 모은 여러 분야의 6,500권의 장서를 미의회도서관에 기증하여 오늘날 미국 의회도서관의 기초를 만든 토마스 제퍼슨, 체계적인 도서분류법을 발표하고 최초로 미국도서관협회를 세워서 사서들의 전문성을 향상시킨 멜빌 듀이 등이 있어서 미국의 도서관이 발전했다면, 평생 번 돈으로 대중을 위한 무료도서관 건립에 거액을 기부한 앤드류 카네기(Andrew Carnegie : 1835-1919)도 미국 도서관의 발전사에서 빼놓을 수 없다. 1886년에 강철왕 앤드류 카네기는 무료 공공도서관 건립을 위한 자선사업을 하기 시작했다.

스코틀랜드에서 이민 온 가난한 14세 소년 앤드류 카네기는 책을 읽고 싶어도 도서관 회비를 내지 못해 도서관을 이용할 수 없었다. 앤드류 카네기는 자기의 처지와 같은 노동자 청소년들에게 개인 서재를 이용하게 해준 제임스 앤더슨 중령을 평생 은인으로 생각했다. 제임스 앤더슨 중령은 가난한 노동자 청소년들에게 400권의 장서가 비치된 자신의 개인 서재를 개방하여 무료로 책을 읽을 수 있도록 해주었다. 앤드류 카네기는 제임스 앤더슨 중령의 서재에 있던 책들을 통해 많은 것을 배우기도 하였지만 그렇게 책을 읽도록 해준 제임스 앤더슨 중령의 마음에서 더 큰 것을 배웠다.

그 후 전보 배달부에서 전보국 운영자를 거쳐 젊은 나이에 급속도로 성공을 거둔 카네기는 그 당시 미국의 동서를 연결하는 대륙횡단철도의 완성으로 많은 사람들과 자재, 완제품 등이 동부에서 서부로, 서부에서 동부로 움직이는 것을 간파하고 철도와 철교에 투자했다. 매사에 확실한 것을 좋아했던 카네기는 다리를 만드는데 품질이 좋은 강철을 공급하기 위해 펜실베니아주 피츠버그에 강철회사를 세웠다. 앤드류 카네기의 사업은 점점 커져 그의 회사들은 강철제국을 형성했고, 앤드류 카네기는 '강철왕'이라고 불리울 만큼 큰 돈을 벌었다. 카네기가 65세가 되었을 때 그의 전 재산은 3억 달러나 되었다.

세계의 문제들은 교육의 부재에서 왔다고 믿고 있던 카네기는 1901년에 66세의 나이로 은퇴하고 나서는 자선사업가로 변신했다. 부자들은 자신의 부를 사회에 환원해야 한다고 주장한 그는 교육을 통해 지역사회를 발전시키고자 자신의 재산 중에서 90%를 기부하였다.[10] 카네기는 먼저 미국 각처의 학교 및 대학교들과 평화단체들을 위해 기부하고, 또 불치병을 연구를 하는 의사와 과학자들을 위해 희사하고, 피츠버그에 카네기 멜론 대학교를 설립하였다. 그렇게 하고도 돈이 많이 남자 그

10) America's Story. 'Andrew Carnegie, Philanthropist.' (검색일: 2019.4.9.)
http://www.americaslibrary.gov/aa/carnegie/aa_carnegie_phil_1.html

•던펌라인 도서관[11)]

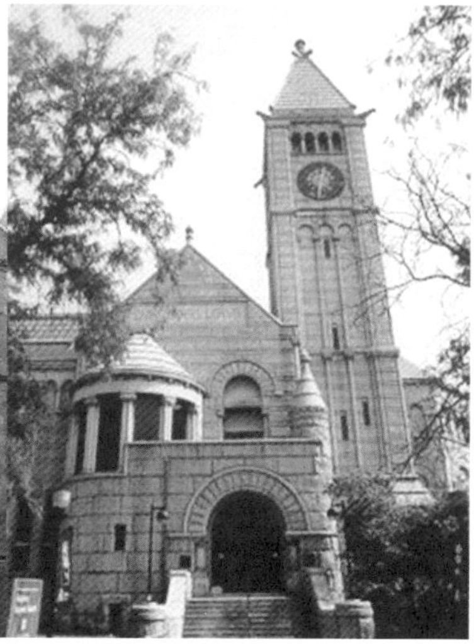

•알리게니에 세워진 카네기 도서관[12)]

는 자신의 사후에도 계속해서 기부가 이루어지도록 카네기 재단을 설립하였다.

앤드류 카네기는 그의 어려웠던 청소년 시기에 책을 통해 지식을 전달해준 제임스 앤더슨 중령에 대한 감사함을 잊지 않았고, 무엇보다도 미국을 비롯한 세계 여러 나라에 공공도서관을 지어 주는 자선사업으로 유명하다. 그의 유지에 따라 전 세계에 앤드류 카네기 도서관이 이곳저곳에 지어졌으며 많은 사람들이 그 공공도서관에서 새로운 삶의 기회를 찾았다. 카네기는 6천만 달러를 들여 미국 곳곳에 총 1,689개의 공공도서관들을 세웠다. 그러면서 카네기는 한 가지 조건을 걸었다. 자기가 공공도서관을 지어주면 그 지역사회에서 그 카네기 도서관을 공공기관으로서 계속 유지해야 한다는 것이었다.

11) 출처: https://en.wikipedia.org/wiki/Dunfermline_Carnegie_Library (검색일: 2019.6.6.)

12) http://andrewcarnegie2.tripod.com/photoalbumAlleghenyReg.htm (검색일: 2019.4.9.)

• 이 기념비는 1886년 앤드류 카네기가 펜실베니아주 알리게니시에 세운 미국내 최초의 무료도서관 앞에 세워졌다. 앤드류 카네기가 가난한 청소년 시절 개인 서재를 가난한 청소년들에게 개방해준 제임스 앤더슨 중령을 기념하여 1904년에 세운 것이다. 기념비 조각은 다니엘 체스터 프렌치가 만들었다. 현재 이 기념비는 옛 카네기 도서관 건너편에 있는 천체박물관 옆에 서 있다

카네기는 1883년에 그의 고향인 스코틀랜드의 던펌라인에 그의 첫 번째 도서관을 세웠다. 그리고 1886년 33만 달러를 들여 그가 처음 미국에 와서 어린 시절을 보냈던 펜실베니아주의 알리게니시에 그의 두 번째 도서관과 커뮤니티 센터를 짓고 그 앞에 제임스 앤더슨 중령의 동상을 만들어 세웠다.[13)]

1890년에는 자신의 제 2의 고향인 피츠버그시에 공공도서관의 본관과 5개의 분관 및 부대 시설을 짓는 명목으로 피츠버그시에 백만 달러를 기증하였다. 공사는 3년 후인 1893년에 시작되어 1895년에 본관이 완성되었다. 이 도서관은 피츠버그 지역사회 주민들이 읽고 쓸 줄 알며, 배움에 전념할 수 있도록 돕고자 하는 사명을 가지고 세워졌다.

이 피츠버그 카네기 도서관은, 도서관을 통해 이 지역 주민들이 개인

13) Father Pitt. Col. James Anderson, Founder of Free Libraries. (검색일: 2019.4.9.) http://fatherpitt.wordpress.com/2012/07/16/col-james-anderson-founder-of-free-libraries/

들의 성취는 물론 지역사회의 힘을 더욱 키워나가는데 필요한 문해력, 즉 읽고 쓰는 능력과 상호 커넥션을 개발해 나가자는 비전을 가지고 있었다. 누구나 무료로 이용할 수 있는 카네기 도서관의 전통은 오늘날 무료로 운영되고 있는 미국의 공공도서관들의 효시가 되었다.

• 브롱스 모트 헤이븐 카네기 도서관[14)]

• 브롱스 트레몬트 카네기 도서관[15)]

• 브롱스의 헌츠 포인트 카네기 도서관[16)]

앤드류 카네기는 자신이 기부한 돈으로 지어진 공공도서관에 근로 계층의 남녀들이 들어갈 때마다 "자, 이 도서관은 내가 낸 세금으로 운영

14) http://hdc.org/hdc-across-nyc/bronx/the-bronx-carnegie-libraries/carnegie-library-mott-haven-branch (검색일:2019.4.9.)
15) http://hdc.org/hdc-across-nyc/bronx/the-bronx-carnegie-libraries/tremont-branch (검색일:2019.4.9.)
16) http://hdc.org/hdc-across-nyc/bronx/the-bronx-carnegie-libraries/hunts-point-branch (검색일:2019.4.9.)

되는 도서관이다. 나는 이를 자랑스럽게 생각한다. 나는 이곳의 공동 경영자다."라고 생각해주기를 바랐다.

그는 100여 곳의 대학도서관도 지었다. 한 세기 이상 앤드류 카네기의 커뮤니티 도서관들은 거의 모든 주마다 수백만 명의 미국인들의 삶에 직접적으로 영향을 주어왔다. 그 동안 많은 카네기 도서관 건물들이 박물관, 일반 사무실, 커뮤니티 센터 등으로 용도 변경되었지만, 1,412개의 미국 내 카네기 도서관 건물 중에서 1,300개가 아직도 도서관으로 사용되고 있으며 1,137개는 원래의 외관을 지니고 있다. 카네기 도서관들은 뉴욕시의 공공도서관 시스템에 아직도 중요한 역할을 하고 있다. 뉴욕시에서는 39개의 카네기 건물 중 31개가 아직도 도서관으로 이용되고 있다.

도서관의 선각자들 프랭클린, 제퍼슨, 듀이, 카네기

벤자민 프랭클린과 토마스 제퍼슨, 멜빌 듀이와 앤드류 카네기는 각기 다른 환경에서 태어났지만 공통점이 있다면 모두 책이 무척 귀한 환경에서 자라면서도 독서를 즐겼고, 도서관을 통해 대중을 교육하여 사회의 발전을 가져오고자 하는 비전들을 가지고 있었다는 것이다. 특히 벤자민 프랭클린과 앤드류 카네기는 공공도서관을 통한 공공프로젝트를 계획하여 오늘날까지 그 전통이 내려오고 있다. 벤자민 프랭클린이 회원제 대여도서관을 최초로 시작했다면, 앤드류 카네기는 빈부, 성별, 나이, 인종, 직업에 상관없이 아무나 무료로 이용할 수 있는 무료 공공도서관을 건립하여 대중을 교육하고 지역사회의 발전에 이바지하는데 공헌했다. 그들의 신념은 그 후 많은 공공도서관 설립자들에게도 이어져 오늘날에 이르고 있다.

미국 건국의 아버지이자 당대 미국 최고의 현인들이었던 벤자민 프랭클린과 미국의 3대 대통령 토마스 제퍼슨 그리고 전 세계의 공공도서관과 학교도서관에서 사용하는 도서분류법과 사서교육의 새 장을 연 멜빌 듀이, 무료도서관 제도 마련과 도서관 건립에 아낌없이 돈을 기부한 강철왕 앤드류 카네기와 같은 선각자들이 있었기에 미국에서 일찌기 도서관 정신이 싹텄고, 18세기부터 19세기에 이르는 동안 미국 공공도서관의 기틀이 잡혔으며 나아가 전 세계의 도서관 설립과 운영 그리고 그 비전에 큰 영향을 미치게 되었다.

· 제 2 장 ·

진정한 시민의 대학, 미국의 공공도서관

이제 공공도서관은 지역주민들에게 장서를 대여하고 북클럽이나 요가클래스나 주말 음악 콘서트를 제공하는 데에서 한 걸음 더 나아가 콘텐츠를 창조하는데 필요한 장비와 공간과 전문가까지 갖추고 있는 메이커 스페이스를 제공하게 되었다. 공공도서관들이 잘 활용되기 위해서는 지역사회의 주민들의 의견을 수렴하여 어떠한 종류의 스페이스가 필요한지를 정하고 이러한 스페이스들을 재정적으로, 기술적으로 후원해줄 단체들을 모색하여야 한다. 장비와 소프트웨어와 공간이 부족한 인근의 소규모 비지니스나 비영리 기관들을 공공도서관으로 끌어들일 수 있는 좋은 기회이다.

1절

뉴욕 시민정신의 산실 : 뉴욕공공도서관New York Public Library

뉴욕시에는 서울의 구와 같은 행정단위인 맨해튼, 퀸즈, 브롱스, 브루클린, 스태튼 아일랜드 등과 같은 5개의 보로(borough)가 있다. 이들 5개 보로에 살고 있는 뉴욕 시민들은 세 가지 독립적인 공공도서관 시스템들을 통해 도서관 서비스를 제공받고 있다. 그 세 가지 도서관 시스템은 뉴욕 퍼블릭, 퀸즈보로 퍼블릭, 브루클린 퍼블릭 도서관시스템을 말하는데 뉴욕퍼블릭 도서관시스템은 브롱스, 맨해튼, 스태튼 아일랜드 등 3개 보로에 분관들을 두고 있다. 이들 3가지 도서관 시스템은 모두 합쳐서 총 208개의 도서관 분관들을 가지고 있는데, 이 세 시스템을 모두 합친다면 세계에서 가장 큰 공공도서관이 될 것이다. 이 도서관들은 인종, 나이, 성별, 국적, 납세 여부 등에 상관없이 아무나 언제든 무료로 사용할 수 있다.

• 맨해튼 5번가에 위치한 뉴욕중앙공공도서관

뉴욕을 방문하는 사람들이 빼놓을 수 없는 관광 명소 중의 하나는 두 사자상이 지키고 있는 뉴욕중앙공공도서관(이하 중앙도서관이라 함.) 본관이다. 1911년에 완공된 중앙도서관의 본관 정문은 맨해튼 5번가(5th Avenue) 선상에 위치하고, 본관 건물은 남쪽으로는 40번가에서부터 북쪽으로는 42번가에 이르기까지 두 블록에 걸쳐 있다. 중앙도서관 본관은 건립 당시 세계에서 가장 큰 대리석 건물이었는데, 이 건물을 짓는데 소요된 대리석은 뉴욕증권거래소 건물과 뉴욕상공회의소 건물을 짓는데 들어간 대리석을 합친 것보다 여섯 배나 더 들어갔다고 하니 그 웅장함을 미루어 짐작할 수 있다. 이러한 박물관 같은 중앙도서관 본관 건물은 세계적으로도 유명한 랜드마크이며, 개관 당시 백만 권이 넘는 책들을 소장하고 있었다.

특히 중앙도서관 본관 앞길인 5번가(5thAvenue)는 뉴욕을 방문하는 관광객들이 2층으로 된 관광버스를 타고 지나가면서 구경하는 관광코스다. 관광버스가 맨해튼 센트럴 파크가 있는 59번가에서부터 남쪽으로 5번가를 따라 운행할 때 관광객들은 길 양편으로 늘어선 티파니 보석점, 롤렉스 시계점, 구찌, 루이비통 등의 명품점들을 보면서 유명 백화점 삭스 피프스(Saks Fifth)를 지나고 조금 더 지나 50번가쯤 내려오면 오른쪽으로는 록펠러 센터의 마천루가 하늘을 찌르고, 왼쪽으로는 웅장한 세인트 패트릭스 성당을 만나게 된다. 이 지역은 맨해튼 미드타운이라고 해서 최고의 관광지역가운데 하나이다. 거기서부터 다시 5번가를 따라 10블럭 정도 내려가면 중앙도서관(New York Public Library) 본관이 나타난다.

중앙도서관은 42번가의 타임스퀘어와 그랜드 센트럴 기차역 터미널 등과 가깝고 주변에 여러 버스 노선이 지나고 있어서 지하철과 기차 이용자들은 물론 버스 이용자들도 이용하기에 편리하다. 날씨가 좋은 날에는 도서관 앞의 돌계단에 앉아 친구와 담소를 나누거나 홀로 앉아 쉬고 있는 시민들과 도서관 뒤편에 마련된 브라이언트 공원에서 일광욕을 즐기거나 산책하다 가벼운 복장으로 도서관을 찾는 사람들의 모습이 여유롭게 보인다. 겨울철에는 브라이언트 파크에 야외 스케이트장이 들어서서 스케이트를 타는 시민들에게 즐거움을 주고 스케이트장 주변에 각종 장신구와 소품들을 파는, 유리 상자로 된 상점들이 즐비하게 늘어서서 많은 구경거리를 제공해준다.

외관만큼이나 웅장하고 엄숙한 분위기의 중앙도서관 안에 들어가려면 경비원에게 소지품 검사를 받고 입장해야 한다. 1층과 2층에는 커다란 전시실을 비롯하여, 도서관 기념품점과 지도와 희귀 문서 등을 관리하는 각 부서들이 있고 3층에는 박물관 겸 미술관과 일반 열람실 및 고문서 열람실 등이 있다. 열람실 안에는 랩톱을 가지고 학교과제를 하는 대학생, 최신 베스트셀러를 찾아 읽고 있는 노인을 비롯하여 각양각색의 사람들이 조용히 책을 읽거나 컴퓨터로 자료를 찾는 모습에서 뉴욕 시민들의 질서의식과 평생교육의 의지가 느껴진다.

• 뉴욕중앙공공도서관 전경

•뉴욕중앙공공도서관 열람실의 천장화(위)
•독서에 열중하고 있는 시민들의 모습(아래)

(1) 뉴욕중앙공공도서관의 역사

세계에서 가장 큰 연구도서관 중 하나이며 미국에서 일곱 번째로 큰 공공도서관인 뉴욕중앙공공도서관은 뉴욕시의 5개 보로(borough : 한국의 행정단위인 '구'에 해당) 중에서 맨해튼, 브롱스, 스태튼 아일랜드의 주민들이 주로 이용하며 4곳의 중앙대출도서관, 4곳의 연구도서관, 3곳의 특별도서관, 1곳의 맹인 및 장애인도서관 그리고 77곳의 동네도서관을 포함하여 총 89개의 도서관들로 이루어져 있다.[17] 중앙도서관이 소장하고 있는 장서는 모두 5천백만 권이 넘으며, 연구도서관에 4,400만 권, 그리고 모든 분관들이 합해서 730만 권을 소장하고 있다. 장서보유량으로는 미의회도서관과 보스톤 공공도서관, 하바드대학 도서관에 이어 미국에서 네 번째로 손꼽힌다. 뉴욕중앙공공도서관 시스템은 어린 아이에서부터 청소년, 청년, 장년 및 노인들을 위한 55,000개의 무료 프로그램이 연간 제공되고 있으며 70만 권의 디지털 장서를 소장하고 있는 디지털 컬렉션이 있다.[18]

이렇게 방대한 중앙도서관이 설립되게 된 계기는 1886년 전 주지사였던 사무엘 제이 틸든(1814-1886)이 뉴욕시에 무료 독서실을 설립하고 유지하라는 명목으로 240만 달러의 유산을 남겼기 때문이다. 그 당시 뉴욕시에는 이미 아스터 도서관(1849년 설립)과 레녹스 도서관(1871년 설립)이 있었다. 그 도서관들은 돈 많은 재력가들의 기부금에 의해 대중에게 무료로 개방되고 있었다. 그러나 1890년 말 두 도서관이 모두 자금난에 허덕이고 있었고, 때마침 들어온 틸든의 기부금으로 두 도서관이 '뉴욕 퍼블릭라이브러리, 아스터, 레녹스 그리고 틸든 재단'의 이름으로 합병되었다.

---

17) Murray, Stuart A. P. The Library: An Illustrated History. American Library Association. Chicago, 2009.

18) 뉴욕중앙도서관 웹사이트. https://www.nypl.org/about/locations (검색일:2019.4.9.)

이어 1901년에는 뉴욕 무료대출 도서관(New York Free Circulating Library)이 추가 합병되었고, 자선사업가 앤드류 카네기가 뉴욕 공공도서관의 분관들을 신축하라는 명목으로 520만 달러를 기부하였다. 그 때 뉴욕중앙공공도서관의 이사들은 뉴욕시로부터 뉴욕중앙공공도서관 시스템을 운영하는 권한을 이양 받게 되었다. 이러한 개인과 공공 기관의 파트너십은 21세기에 들어오기까지 계속되었는데 정부에 의해 생겨난 공공도서관의 역사에서 흔치 않은 일이다. 이러한 사연을 지닌 뉴욕중앙도서관은 1902년에 본관을 짓기 시작해서 9년 후에 윌리암 테프트 대통령에 의해 준공식을 마치고 일반 시민에 개방되었는데 수천 명의 뉴요커들이 다음날 오픈 하우스에 참석하여 그 당시 백만 권의 장서가 있던 도서관 건물을 둘러보았다.

(2) 뉴욕중앙공공도서관의 특색

뉴욕중앙공공도서관 본관에 깃들어 있는 정신은 '민주적'이라는 데 있다. 이 건물은 오픈 당시부터 누구나 무료로 도서관 시설과 자료들을 차별 없이 똑같이 이용할 수 있도록 한 것으로 정평이 나있다. 이 도서관은 특히 자기계발을 추구하는 수많은 보통사람들에게 개방되어, 뉴욕 시민들의 평생교육과 지역사회의 발달을 위해 기여해 왔다. 1995년에는 과학, 산업, 비지니스 도서관이 개점했으며, 공연예술에 관한 연구도서관도 있다. 또한 중앙도서관이 소장하고 있는 천오백만 권의 장서들 중에는 희귀한 것들이 많은데 예를 들어서 중세시대에 손으로 쓴 필사본들뿐만 아니라 1493년에 콜럼버스가 신대륙을 발견한 것을 알리는 편지, 1850년부터 현재까지 약 4만 개의 레스토랑 메뉴, 여류 작가 샬롯 브론테와 시인 월트 위트만의 머리카락 등 아주 희귀한 소장품들도 있다.

뉴욕중앙도서관의 건물은 뉴베리 수상작인『From the Mixed-Up Files of Mrs. Basil E. Frankweiler』를 비롯한 아동 도서들과 '티파니에서 아침을', '스파이더맨', '고스트 버스터' 등 많은 영화들의 배경으로도 등장하여 뉴욕 시민들뿐만 아니라 전 세계 사람들에게 그 명성이 잘 알려져 있다.

(3) 뉴욕중앙공공도서관의 권위

중앙도서관에서 발표하는 여러 가지 독서목록(reading list)들은 미국내에서 그 권위를 인정받고 있으며 원하는 사람은 가입하면 이메일로 뉴스레터를 매달 받아볼 수 있다. 중앙도서관의 웹사이트인 www.nypl.org에서는 뉴욕공공도서관의 수많은 지점들에서 실시하는 각종 교양 및 문화, 교육 프로그램들을 종합적으로 안내해주고 또 각 지점에서 개최되는 많은 전시회들 중에서 가장 소개하고 싶은 전시회들을 간략히 소개해주며, 사서들이 추천하는 '이달의 책' 목록과 독서, 글쓰기와 창작에 관한 재미있는 기사들과 이야기들을 전해주고 있다. 또 페이스북을 통해 New York Public Library를 팔로우하면 도서관의 뉴스들을 접할 수 있다. 또한 이 도서관에서 발행하는 '뉴욕공공도서관 참고자료집(New York Public Library Desk Reference)'에는 사람들이 가질 수 있는 대부분의 의문에 대한 대답들을 제공하고 있어서 많은 참고실 사서들이 이용하고 있다.

지난 2013년 10월 중앙도서관에서는 지난 100년간 발행된 아동문학 가운데에서 베스트 100을 뽑아 발표했는데 이 리스트에 수록된 책들은 중앙도서관의 아동부 사서들이 고객들에게 가장 인기 있는 책들을 중심으로 선정했다고 한다. 그 중에는 '모자 쓴 고양이', '삐삐 롱스타킹', '괴물들이 사는 곳'을 비롯해서 '호빗', '해리 포터' 등이 포함되어 있었고, 아동문학작가 쥬디 블룸(Judy Blume)과 에릭 칼(Eric Carle)이 사서들과 함께 패널 토의에 참여했다.

“아동문학은 각 세대가 다음 세대에게 읽혀지기 바라는 마음에서 병속에 메시지를 담아 바닷물에 떠내려 보내는 것과 같은 것”이라고 말한 쥬디 블룸의 『Tales of a Fourth Grade Nothing』 역시 리스트에 올랐다. 그녀는 1970년대부터 당시에 터부시 한 인종차별, 이혼 등을 소재로 어린이들을 위한 소설을 써왔다. 1997년 쉘터 락 공공도서관의 사서로 근무할 당시 그녀의 소설들을 읽고 초등학교 학생들이 그녀의 이야기에 공감하는 것을 보았다. 즉, 많은 어린 아이들이 자신들과 비슷한 등장인물들이 나오는 그녀의 소설을 통해 자신의 삶을 새로운 관점에서 볼 수 있었다. 에릭 칼은 1969년에 만든 픽처북 'The Very Hungry Caterpillar'로 이 리스트에 올랐는데 귀여운 애벌레가 나비가 되는 과정을 재미있는 콜라쥬로 다룬 이 픽처북은 취학 전 어린이들의 변함없는 사랑을 받아 오고 있으며 내가 좋아하는 픽처북들 중의 하나이다.

(4) 뉴욕중앙공공도서관의 전시회 관람기

중앙도서관에서 열리는 많은 행사들 중에 '왜 아동문학이 중요한가?(The ABC of It: Why Children's Books Matter)'라는 제목의 전시회에 가보았다. 이 전시회는 '아동문학에서 아이들이 무엇을 어떻게 배우는가?' 그리고 '아동문학들은 그들이 태어난 사회에 대해서 독자들에게 무엇을 설명하는가?'에 대한 주제로 관련 아동문학 작품들을 전시한 전시회였다. 2013년 가을에 시작하여 2014년 3월까지 계속된 이 전시회는 문화와 시대를 초월하여 아동문학들이 가지고 있는 독특한 풍요로움과 예술가적 기교, 그리고 다양성을 기념하는 행사로서 전시장에는

저자에게 낯익은 픽처북들의 배경들과 주인공들이 장식되어 있었다. 특히 눈에 띄는 것은 마가렛 와이즈 브라운의 픽처북 'Good-night Moon'에 나오는 방이 마치 책 안에서 빠져 나온 듯 초록색 벽에 노란색 탁자, 그 위에 놓여있는 작은 램프, 그리고 빨간 풍선 등으로 전시장에 꾸며져 있었다.

1947년에 발행된 이후 미국 어린이들이 잠들 때 어머니가 매일 밤 읽어주었던 책들도 전시되어, 이제는 어른이 된 관람자들이 전시장에 와서는 마치 타임머신을 타고 과거로 돌아간 듯 예쁘게 꾸며놓은 '동화 속의 나라'를 걸으며 어린 시절로 돌아간 표정들을 짓고 있었다. 저자도 3 ~ 5세 아이들에게 스토리 타임에 읽어주던 책들이 현실 속에 나타나 전시되어 있는 전시장을 둘러보며 저자가 가르치는 유치원 학생들을 데려오고 싶은 마음이 간절했다. '이상한 나라의 앨리스(Alice in Wonderland)'에 관한 전시장에는 앨리스의 목이 점점 늘어났다 다시 줄어드는 앨리스 나무인형이 만들어져 있어서 아주 흥미로웠다.

이 전시회에서는 오랜 세월 동안 변해온 예술, 대중문화 그리고 테크놀로지들을 기반으로 하여 다양한 아동, 청소년 문학작품들이 선보였는데 저자는 각 진시물들 앞에 서서 그 안에 담겨져 있는 예술적 의미와 접목된 기술들에 대해 생각하느라 발걸음을 자주 멈추고 많은 생각을 해야만 했다. 요즘 어린이들은 이렇게 아동문학들에 나오는 주인공과 배경들이 형상화된 멋진 전시회를 마음껏 즐길 수 있는 기회가 있어서 좋겠다는 생각도 했다. 이러한 전시회를 후원하는 개인이나 단체들은 도서관 웹사이트의 전시회 안내기사 하단에 소개된다. 이 전시회의 책임자이자 에릭 칼 뮤지엄에서 전시 책임자로 일해 온 레오나르도 마커스는 "아동문학이야말로 우리들의 희망이자 꿈"이라고 말했다. 이와 같이 아동문학을 아름답게 지켜나가며 후원하는 중앙도서관에 갈채를 보낸다.

2011년 중앙도서관의 사장이자 최고경영자로 취임한 앤소니 막스는 "그동안 뉴욕중앙공공도서관은 원래 취지대로 도서관의 장서들과 각종 프로그램과 서비스들을 통해 모든 뉴욕시민에게 무상 교육의 기회들을 제공하고, 학생, 연구자, 학자들을 위한 서비스를 늘리는데 힘써 왔으며, 88개 분점에서 실시하는 교육프로그램을 더욱 향상시키고, 뉴욕시 공립학교들에 도서관이 소장하고 있는 중요한 학습 자료들을 제공하며, 일반인들에게 더 많은 전자책(e-book)과 다양한 디지털 자료들을 제

• 뉴욕중앙공공도서관에서 개최된 '왜 아동문학이 중요한가?'라는 주제의 아동문학 전시회에서.

공하기 위해 힘써왔다"고 말했다. 이와 같이 뉴욕시민들의 다양한 지적, 문화적 요구에 부응하기 위해 노력하는 중앙도서관의 이미지는 웅장한 본관의 입구를 양옆에서 지키고 있는 두 마리 사자석상들에게서 찾아볼 수 있다.

뉴욕을 찾는 수많은 관광객들이 그 사자 석상 앞에서 사진을 찍었으며, 크리스마스나 운동경기 때에는 사람들이 사자 석상에 화환이나 기념 모자를 씌울 정도로 뉴욕에서 가장 사랑받는 공공조각품으로 손꼽힌다. 이 사자들의 별명은 인내(Patience)와 불굴의 용기(Fortitude)이다. 이는 1930년대 미국의 대공황 때 당시 뉴욕시 시장이었던 라과디아가 뉴욕시민들이 대공황을 잘 극복할 수 있기를 바라는 마음에서 그렇게 이름을 지었다고 하는데, 실제로 그 당시 직업을 잃었던 많은 사람들이 도서관에 와서 장래를 준비하기 위한 공부를 하였다고 한다. 그 이후로도 이 사자상들이 지키고 있는 중앙도서관은 기존의 뉴욕시민들은 물론 뉴욕으로 이민 오는 다양한 인종적, 문화적, 종교적 배경을 가진 새로운 뉴욕시민들에게도 다양한 무료 프로그램과 서비스들을 제공하고 어려운 순간들을 극복할 수 있는 힘을 주어 다문화 속의 뉴욕을 오늘날 세계 속의 뉴욕으로 성장하게 한 원동력이 되었다고 할 수 있다.

• 뉴욕중앙공공도서관 앞에 세워진 두 마리 사자 석상 중 왼쪽에 세워진 '인내(PATIENCE)'

2절

이민자들을 옹호하는 퀸즈공공도서관Queens Public Library

• 퀸즈공공도서관 플러싱 분관

(1) 미국에서 가장 다이내믹한 공공도서관

현재 퀸즈공공도서관은 미국에서 가장 인구가 많은 보로 중의 하나인 퀸즈보로에 62개의 분관들과 7개의 성인학습센터(Adult Learning Center), 2개의 가족리터러시센터(Family Literacy Center) 등을 갖추고 이 보로에 사는 230만 명의 주민에게 서비스를 제공하고 있다. 퀸즈공공도서관은 '다양한 퀸즈 주민들이 그때그때 필요로 하는 정보, 교육 및 문화, 오락적인 흥미를 충족시키기 위해 수준 높은 서비스와 평생학습의 기회를, 책을 포함한 각종 자원들을 통해 공급하는 것을 사명으로 한다'고 자체 웹사이트에서 밝히고 있다.

미국에서 '가장 도서대출 횟수가 높은 도서관'이라는 명성을 자랑하는 퀸즈공공도서관은 490만 권의 장서를 보유하고 있으며 2017회계연도 동안에 1,270만권의 책과 자료들을 대출하였다. 이 기간 동안에 140만 명이 8만 개 이상의 무료 프로그램을 이용하였으며, 그 중에서 연간 7천 명의 성인들이 750개의 클래스를 수강하였다. 그 외에도 어린 학생들에게 숙제에 필요한 자료들과 필요한 경우 온라인으로 숙제하는데 도움을 주는 개인지도교사서비스도 퀸즈공공도서관이 제공하고 있는 중요한 서비스 가운데 하나이다. 또한 흑인문화 레퍼런스센터와 국제자원센터(International Resource Center)에서는 벵갈어, 중국어, 힌디어, 한국어, 포르투갈어, 펀잡어, 러시아어, 스패니쉬어, 우르두어 등의 언어와 문화를 소개하는 책, 잡지, CD, DVD 등을 준비해놓고 있다.

퀸즈도서관 이용카드를 가진 사람이 원하는 책이 그 도서관에 없을 경우에는 도서관 상호대차양식(interlibrary loan form)에 필요한 책이나 저널의 사본(30페이지까지)을 사서에게 요청할 수 있다. 또한 퀸즈도서관의 웹사이트는 영어를 포함해서 한국어, 중국어, 스페인어, 불어 등 7개 언어로 되어 있어 영어보다 모국어가 편한 이용자들에게 아주 편리하며, 새로운 언어를 배우려는 사람들에게도 많이 이용되고 있다.

(2) 퀸즈 최초의 도서관, 플러싱도서관

퀸즈의 첫 번째 도서관인 플러싱도서관은 1858년 플러싱에 지어진 회원제 도서관으로서, 26년이 지난 1884년에야 무료 대출도서관이 되었다. 1890년대에 스타인웨이, 홀리스, 퀸즈빌리지, 리치몬드힐, 오존파크 등에도 도서관들이 지어지면서 1901년에는 플러싱을 제외한 6개 도서관들이 연합하여 퀸즈도서관(Queens Library)을 형성했다. 이 새로운 시스템은 퀸즈 보로 전체로 도서관 서비스를 확장해야 한다는 뉴욕주의 규정에 따라 플러싱도서관이 이에 합류했고 칼리지 포인트에도 새 도서관이 지어졌다. 또한 앤드류 카네기가 새 도서관의 신축을 위해 기부한 24만 달러로 인구가 과밀한 지역에 7개의 도서관들이 지어졌고, 그 중에서 아스토리아, 파퍼휴슨, 리치몬드 힐, 우드헤이븐 등 4개의 도서관 건물들은 아직까지 건재하고 있다.

1906년에 이미 퀸즈도서관 시스템은 인구밀도가 낮고 도서관의 서비스를 잘 받을 수 없는 지역에 도서관 서비스를 제공하기 위한 순회 도서관 서비스를 시작하였다. 이는 주민들의 독서활동을 돕기 위해 퀸즈의 여러 지역에 책 100~600권으로 이루어진 문고를 설치하는 것이었는데, 이러한 문고는 장소를 제공하는 사람의 장서 관리 능력 및 대중의 장서 이용 정도 등에 따라 설치 여부가 정해졌다. 1910년까지 이러한 문고의 이용도가 높아지자 순회도서관 부서가 설립되어 가게나 사무실 등에 퀸즈도서관의 분원이 설치되었고 그곳에서도 훈련 받은 사서들이 대중들에게 필요한 전문 서비스를 제공하였다. 1914년에는 학교에도 이러한 도서관 분원들이 설치되었고 1915년까지 이러한 도서관 분원들을 통해 교도소들에도 도서관 서비스를 제공하게 되었다.

(3) 퀸즈공공도서관, 새로운 관장을 맞아 퀸즈의 인종 다양성을 옹호하다!

2016년 3월 15일부터 퀸즈공공도서관의 관장이자 최고경영자직을 맡은 데니스 월코트씨는 퀸즈 출신으로 한 때는 유치원 교사로 시작하여 뉴욕시 부시장을 거쳐 2011년부터 2013년까지는 뉴욕시 교육감을 역임했다. 퀸즈공공도서관의 관장이 되면서 월코트씨는 각 도서관의 분관

• 퀸즈공공도서관들의 위치[19]

들의 직원들과 이용자들을 찾아 다니며 도서관이 어떻게 운영되고 있는지 직접 보았으며 도서관의 발전을 위한 그들의 의견도 들었다고 한다. 그는 도서관 직원들과 협력하여 도서관의 잠재력을 극대화하는데 힘쓰고, 퀸즈 주민 한 명 한 명에게 다가갈 수 있는 방법을 찾고, 현재 퀸즈도서관에서 실시하고 있는 다양한 사업들을 업그레이드하고자 한다고 말했다. 월코트 관장은 도서관 직원들과 지역사회의 다양성을 기념하기 위한 도시관 프로그램도 운영할 생각이라고 한다.[20]

19) 출처: http://www.queenslibrary.org/sites/all/modules/custom/ql_set_branch/images/map_branches.gif (검색일: 2019.4.9.)
20) 'New Queens Library CEO Dennis Walcott looks to open a new era with transparency.' 출처: https://qns.com/2016/03/dennis-walcott-interview/ (검색일: 2019.4.9.)

(4) 역사적인 플러싱도서관에서 일하다

저자는 1993년 7월에 현재의 플러싱 도서관이 지어지기 이전의 건물이었던 역사적인 플러싱 도서관에서 풀타임 일반사서로 첫 근무하게 되었다. 일반사서(general librarian)는 말 그대로 성인 도서관 이용자들을 대상으로 도서관 서비스를 제공하는 것이어서 하루 일과 중에 몇 시간은 Information Desk라는 표지가 있는 안내 데스크에 앉아서 도서관에 들어오는 이용자들의 질문에 대답하거나 필요로 하는 서비스를 제공해주고 안내해주는 일을 한다. 또한 몇 시간은 보다 전문적인 자료가 필요한 사람들을 위해 자료를 찾아주는 참고실(Reference Desk)에서 근무하고 어린이 도서실(Childrens' Library) 사서가 근무하지 않는 시간에는 그곳에서도 근무하였다. 그 당시 플러싱 도서관의 관장은 유대계 여성이었고 부관장은 부모가 모두 보스톤 공공도서관 사서출신이었던 미스터 워터스였다. 일반사서로는 저자 외에도 러시아계 미국인 남성, 프랑스계 미국인 젊은 여성, 중국 유학생 출신의 젊은 남성 그리고 도서관학 대학원을 다니며 실습생으로 일하던 아일랜드계 중년여성이 있었다. 플러싱의 다양한 인구만큼이나 사서들도 인종적으로 다양했다.

그 당시 한국인들은 퀸즈에서 세 번째로 인구가 많은 이민자그룹이었다. 한국인들이 가장 많이 사는 곳은 플러싱과 엘머스트였는데, 두 곳의 도서관 모두 대출권수가 가장 많은 분관들이어서 매월 말이 되면 어느 도서관이 대출 순위 1위를 했는지 서로 경쟁하는 것도 볼 수 있었다. 그 당시만 해도 퀸즈 도서관에는 한국인 사서나 직원이 드물었다. 퀸즈 도서관시스템의 한 분관에서 관장을 하던 한국인 여자분 한 분과 엘머스트 분관에서 직원으로 일하던 N씨 두 분밖에 없었다. 그래서 뉴욕시에서 한인 이민자가 가장 많은 플러싱 도서관에 저자가 사서로 들어오자 누구보다 플러싱도서관 관장이 매우 반가워했다. 한국인 사서가 그만큼 귀하던 터에 저자가 플러싱도서관에서 사서로 근무하기 시작하니까 퀸즈도서관의 본관이 있는 자마이카도서관에서 한국어 장서를 목록 작성(cataloging)하는데 도와달라는 SOS가 수시로 들어왔다. 또한 뉴아메리칸즈 프로젝트(New Americans Program, NAP)의 아드리아나 탠들러 실장과 앨런 와그너 부실장, 캐씨라는 이름의 다문화프로그램 담당자도 한국인인 저자를 사막의 오아시스를 만난 것처럼 반겼다.

1991년에 뉴아메리칸즈 프로젝트(NAP)는 퀸즈의 두 개 분관에 한국어 장서를 구축하라는 명목으로 연방정부의 도서관 서비스 및 건축법 보조금을 받게 되었다. 이에 따라서 1993년부터 퀸즈도서관의 예산과 소규모의 보조금 및 기부금 등으로 한국어 서적 장서들을 지칭하는 '한나라 콜렉션'을 한국인들이 많이 사는 플러싱, 베이사이드, 맥골드릭, 더글라스톤/리틀넥 등의 분관들에 설치하게 되었는데 그 숫자가 점점 늘어나 14개 분관까지 이르게 되었다.

그런데 문제는 한국인들이 가장 많이 살고 있었던 플러싱 및 몇 개 분관에서는 NAP의 예산으로 많은 한국어 서적을 이미 사놓았는데 한국인 사서가 없어서 목록 작성을 하는데 애를 먹고 있다는 것이었다. 그래서 한국어 책마다 겉장과 속표지의 사본을 떠서 로스앤젤레스로 보내 거기에 있는 한국인 사서가 번역(translate) 및 글자번역(transliterate)을 해오면 그걸 보고 중국인 카탈로그 편집자(cataloger)가 목록 작성을 한다는 것이었다. 그래서 자마이카 본관의 목록 작성 부서에서는 멀리 로스앤젤레스까지 요칭힐 깃이 아니라 저자에게 한국어 서직의 목록 작싱을 도와달라고 부탁해왔던 것이다. 이러한 본관의 요청에 흔쾌히 도와주겠다고 응답했음은 당연한 일이었다. 그리고 플러싱도서관 관장의 허가를 받고 정기적으로 자마이카 본관으로 가서 한국어 책의 목록 작성을 도와주었다.

(5) 뉴아메리칸즈 프로그램New Americans Program: NAP의 역사

현재 뉴욕시의 5개 보로(borough) 가운데 퀸즈보로에 사는 220만 명의 인구 중에서 절반이 외국에서 태어난 것으로 나타났다.[21] 오늘도 외국에서 이민 오는 이민자들이 퀸즈도서관의 도움으로 영어를 배우고 직업을 찾는데 필요한 기술을 배우고 있다. 그러나 이미 30여 년 전 퀸즈도서관은 그 당시에 점점 늘어나는 외국인 이민자들의 미국 사회 정착을 돕기 위해서 1977년 뉴아메리칸즈 프로젝트(New Americans Project)를 시작했다. 처음에는 뉴욕시의 보조금을 받아 직원 1명으로 단출하게 시작했던 이 프로젝트는 도서관 행정부에서 이민자들이 필요로 하는 도서관 서비스를 계속해서 제공하기로 결정하면서 점점 더 커져서 1981년에는 이 프로젝트의 예산이 도서관의 정규 예산에 편성되게 되었다. 1993년에는 퀸즈도서관은 이 프로젝트가 장차 영구적으로 지속될 것을 감안해서 이름을 '뉴아메리칸즈 프로그램'[22]으로 개명하고 퀸즈도서관의 프로그램과 서비스 부서 내의 기관으로 편입시켰다.

현재 이 프로그램에는 8명의 전문 직원들과 1명의 비서, 1명의 파트타임 서기가 일하고 있는데 이들 직원들을 통해 스패니쉬어, 포르투갈어, 타갈로그, 리투아니아어, 벵갈어, 불어, 만다린어 등 10개국어의 소통이 가능하다. 뉴아메리칸즈 프로그램은 영어가 모국어가 아닌 퀸즈의 주

21) QNS. 'Study finds immigrants make up larger share of Queens neighborhoods.' http://www.timesledger.com/stories/2014/2/immigrantnabes_all_2014_01_10_q.html (검색일: 2019.4.9.)

22) Queens Library. 'New American Project.' http://www.queenslibrary.org/sites/default/files/nap/NAP_Brochure_2016.pdf (검색일: 2019.4.9.)

민들이 이민 초기에 미국에 잘 정착할 수 있도록 여러 가지 위기대처 프로그램 및 다문화 프로그램, 그리고 기타 서비스들을 제공하였는데 이 프로그램들이 처음 시작되었을 때는 퀸즈 주민들 중 라티노, 중국계, 한국계 이민자들이 주 대상이었다. 뉴아메리칸즈 프로그램의 문화 프로그램은 퀸즈 지역사회에 사는 각 민족들이 자신들이 본국에서 가져 온 민속 예술과 문학들을 이곳의 주민들과 나누고 차세대에도 전수해주기 위한 목적으로 실시되었다. 그리하여 새로운 이민자들의 음악, 무용, 연극 및 시 낭송과 스토리텔링을 영어와 각 민족의 언어로 동시에 소개하기도 한다. 또한 이들이 미국사회에 잘 적응할 수 있도록 돕는 대처기술(coping skills) 프로그램 중에는 이민법, 미국 시민권 신청, 세입자의 권리, 직업 찾기, 창업, 육아, 교육 및 건강에 관한 프로그램들이 있다.

(6) 1993년 뉴아메리칸즈 프로그램New Americans Program: NAP을 돕다

1993년 플러싱 분관에서 일하던 당시 NAP의 앨런 와그너 부국장이 주로 외국어 책 구입을 담당하고 있었는데, 자신이 한국어를 잘 모르기 때문에 맨해튼에 있는 K서적에 가서 무조건 그곳 직원들이 골라주는 책을 사가지고 온다는 것이었다.

플러싱 분관의 일반사서로서 NAP에서 요청이 오면 저자는 관장의 허가를 받아 도서관에서 근무하는 대신 여러 서점에 가서 와그너씨를 도와 플러싱 분관을 포함한 11개 도서관에 보낼 한국어 책을 골랐다. 당시 한국인 이민자들에게 도움이 될 만한 책들을 신경 써서 고르는 일은 무척 보람이 있는 일이었다. 또한 와그너씨는 퀸즈도서관에 한국인 사서가 근무하게 되어 매우 고무적이라고 하며 앞으로도 자격을 갖춘 한국인 직원들이 퀸즈도서관에 많이 지원했으면 했다. 그는 한인사회에 알리는 취지에서 저자를 인터뷰해서 뉴욕 한인 지역신문에 싣기도 했다. 많은 한국 사람들이 대학원에서 도서관학 공부를 해서 퀸즈공공도서관에 근무하면 좋겠다고 저자도 개인적으로 여러 사람들에게 알려주었다.

한편 플러싱도서관의 관장은 500달러의 특별 예산을 책정하여 한국인들이 많이 이용하는 플러싱 분관에 비치할 한국 책을 주문해달라고 저자에게 부탁했다. 그 당시 한국에서 출판관계자들이 뉴욕과 로스앤젤레스에 한국 책들을 가지고 와서 '도서 3일장' 같은 행사를 개최하는 경우가 있었다. 책값은 10불에 3권 정도하여 서점에서 사는 것보다 아주 저렴하였기에 하루는 도서 3일장에 가서 도서관에 필요한 책을 열심히 골랐다. 그런데 계산대에서 미국 도서관에 구비할 한국책을 사러 온 사서라고 하자 감동을 받은 출판사 사장이 "기부하는 거에요." 하면서 500달러 상당의 한국 책들을 그냥 주는 것이었다. 그렇게 기부받은 한국책을 도서관에 가지고 가자 도서관 관장과 직원들이 한국인의 정에 너무 감격하였고, 이 일화가 퀸즈도서관 신문에 미담으로 실렸다.

NAP의 다문화 프로그램의 담당자인 캐씨도 역시 한국어를 모르기 때문에 한인이민자들이 필요로 하는 프로그램에 대해 도움을 청해 왔다. 그 당시 한인 초기 이민자들의 정신건강에 관한 프로그램이 필요하다는 주위의 의견에 따라 나는 한인이민자들의 정신건강에 대한 조언을 해줄 정신과 의사를 섭외하고, 이 프로그램을 한인커뮤니티에 알리기 위해 한글로 안내서도 만들었으며, 그것을 한국인들이 잘 볼 수 있는 장소에 붙여 홍보도 했다. 드디어 프로그램 시간이 되어 캐씨가 초청연사로 온 정신과 의사를 영어로 소개할 때 나는 한국어로 통역하여 청중들의 이해를 도왔다.

또한 한국인 사서로서 영어를 못하는 한국인 도서관 이용자들을 위한 통역을 한 적도 많았다. 한번은 동료 미국사서가 급히 와보라고 해서 가보니 한국에서 갓 이민 온 남자분이 도서관의 규칙을 모르고 잡지에서 필요한 부분을 가위로 오려가려고 하기에 그렇게 하면 안 된다고 설명하여 말린 적도 있다. 또 한 번은 빌려간 책을 오랫동안 내지 않아 벌금이 50불이나 붙었다고 이 고지서를 가지고 가면 아버지에게 혼난다고 엉엉 우는 한국 여학생의 하소연을 들어 주고 문제를 해결해주기도 하였다.

(7) 이민자들을 배려하는 퀸즈도서관의 미래

미국에서 가장 이민자가 많은 뉴욕시의 5개 보로 중에서도 이민자가 가장 많은 퀸즈보로의 퀸즈도서관이 시작된 지도 200년에 접어들었다. 퀸즈도서관은 항상 새로운 이민자의 물결이 밀려올 때마다 그때그때 새로운 이민자들의 필요에 맞는 서비스와 프로그램들을 개발하고 제공해왔다. 오늘도 많은 이민자들이 문턱이 없는 공공도서관에 가서 자국어로 된 책을 빌려 읽고, 도서관내의 성인영어센터에서 영어를 배우고, 취직에 필요한 컴퓨터 기술 등을 배우며, 이력서 쓰는 법도 배우고, 때로는 모국의 언어로 진행되는 위기대처(coping skills)프로그램들을 통해 미국 사회에 조금씩 적응해 간다. 집에 컴퓨터가 없는 사람들은 도서관에 비치된 컴퓨터와 인터넷을 사용해서 숙제도 하고, 취업신청도 한다. 또 몸이 불편해 도서관에 직접 올 수 없는 사람에게는 우편으로 책도 부쳐준다.

이와 같이 퀸즈도서관은 퀸즈에 사는 다양한 인종과 민족들의 필요와 요구에 맞추기 위해 이중 언어를 사용하는 사서를 고용하려는 노력을 해왔으며, 빈부격차에 상관없이 모든 주민들이 최신 테크놀로지에 접할 수 있도록 거의 모든 서비스를 무료로 제공해왔고, 수준 높은 프로그램들을 기획하고 실시해왔다. 앞으로도 퀸즈도서관은 주민들의 삶을 풍요롭게 하기 위해 관장 이하 사서와 행정 직원 및 경비원에 이르기까지 모든 직원들이 헌신적인 노력을 기울여 미국에서도 가장 다양한 인종과 민족들에게 가장 다양한 도서관 서비스를 제공하면서 미국에서 가장 높은 도서관 이용률과 가장 높은 대출권수 등을 기록하여 미국에서 가장 다이내믹한 공공도서관이 될 것으로 믿는다.

3절

디지털 정보격차를 해소하는 브루클린공공도서관Brooklyn Public Library

(1) 브루클린 도서관의 역사

브루클린이 뉴욕시에 포함되기 전 브루클린시는 여러 도서관들이 모인 조그만 네트워크을 꿈꾸며 1892년 브루클린 도서관 시스템으로 뉴욕주의 인가를 받았고 1896년에는 브루클린 커먼 카운슬(브루클린 지역 의회)의 결의를 통과했다. 1898년 브루클린이 뉴욕시로 편입되면서 브루클린 보로가 되었고 브루클린 도서관 시스템은 도서관 건립을 위한 기부금이 걷히면서 서서히 발전하였다. 브루클린의 그랜드 아미 플라자(Grand Army Plaza)에 도서관 건물이 지어지기 시작한 것이 1912년이며 29년이 지난 1941년에야 완성되었다. 1901년에서 1923년 사이에는 자선사업가 앤드류 카네기가 21개의 분관을 지으라고 준 160만 달러로 브루클린 도서관에 많은 진전이 이루어졌다.

오늘날 브루클린 도서관은 미국에서 다섯 번째로 큰 도서관시스템이 되었으며 퀸즈도서관 시스템과 뉴욕공공도서관 시스템과 독립되어 자체적으로 운영되고 있다. 58개의 분관과 본관, 그리고 브루클린 하이츠에 위치한 비지니스 도서관까지 합하여 모두 60개의 도서관들이 모인 브루클린 도서관 시스템은 지난 70년 동안 브루클린 주민들의 교육적, 문화적, 정서적, 사회적 요구와 기대에 부응하는 프로그램과 서비스를 제공하려고 노력해왔다.

• 브루클린공공도서관 본관의 전경

• 브루클린공공도서관 본관의 정문 앞에 펼쳐진 Farmer's Market

(2) 20세기 공장지대이자 이민자들의 정착지였던 브루클린

브루클린이 변하고 있다. 과거 공장지대, 자동차 수리공장, 주차장이 많던 브루클린에 높은 초현대식 고층아파트들이 들어서면서 전문직을 가진 젊은이들도 맨해튼보다 집세가 저렴한 이곳에 점점 더 모여들고 있다. 하지만, 아직도 브루클린에는 새로 이민 온 사람들이나 생계보조비를 받고 사는 사람들도 많이 살고 있어 브루클린 공공도서관은 그들이 필요로 하는 거의 모든 정보와 서비스를 제공하고자 노력한다.

브루클린은 뉴욕시의 다섯 개의 보로(borough: 한국의 행정단위인 '구'

에 해당) 중에서 이민자들이 일찌감치 많이 정착한 곳이다. 1883년에 맨해튼과 브루클린을 연결한 브루클린 브리지, 놀이공원으로 유명한 코니아일랜드, 1884년부터 1957년까지 미국의 대표적인 메이저 리그 야구팀이었던 브루클린 다저스의 본고장 등으로 유명한 곳이다. 브루클린은 뉴욕시의 5개 보로 중에서 면적이 가장 크며 2017년 현재 260만 명의 인구가 살고 있는 것으로 추정된다.[23)]

브루클린에 공장지대, 자동차 수리공장, 주차장 등이 많았던 이유는 1880년까지 이 곳으로 이민 온 많은 이민자들의 노동력을 동원해서 공산품을 값싸게 생산하려는 공장들이 많았기 때문이다. 그 중에는 정유소, 철공소, 도축장, 출판사, 노동 착취형 공장들이 있었으며 그 외에도 미국 전역에서 소비되는 설탕의 반 이상을 정제하던 도미노 설탕공장도 있었다. 맨해튼과 퀸즈 사이를 흐르는 이스트 리버 강가에 자리 잡은 도미노 설탕공장은 문을 닫은 후 지금까지도 거대한 옛 모습을 지키고 있다. 맨해튼의 34가와 이스트 리버에서 페리를 타면 이스트 리버 강을 건너 맨해튼과 마주 보이는 브루클린의 윌리암스 버그에 도착한다.

공장지대였던 이곳은 20세기 초부터 브루클린의 중심부를 관통하여 가로지르는 지하철 노선들이 생겨나 이곳에 점점 더 많은 사람들이 들어와 살기 시작하면서 주거지역으로 변하게 되었다. 1903년 개통된 윌리암스버그 브리지가 맨해튼과 브루클린을 연결했으며, 1909년에는 맨해튼 브리지가 개통되어 맨해튼 남부와 브루클린의 플랫부쉬를 연결하면서 인구가 많지 않던 지역에도 사람들이 들어와 살기 시작했다.

---

23) 미국 인구통계청. https://www.census.gov/quickfacts/kingscountybrooklynboroughnewyork (검색일: 2019.4.10.)

또 브루클린에 유색인종들이 많이 사는 이유는 세계 제 1차 대전과 1930년대 사이에 수천 명의 남부 흑인들이 브루클린의 동네들로 이주해 와 살기 시작하면서 부터이다. 1936년에 지하철 A노선이 맨해튼의 할렘에서 브루클린까지 연장되면서 수천 명의 흑인들이 값싼 주거지를 찾아 브루클린으로 이주하였고 수천 명의 푸에르토리코인들도 비좁고 자원이 없는 섬나라를 떠나 브루클린의 레드후크 지역, 시내 중심가, 그린포인트 등에 정착해 바늘과 담배공장에 취직하였다.[24)]

1970년대 이후로 외국에서 출생한 뉴욕시민들의 수는 두 배 이상 늘어 3백만 명에 이르며 뉴욕시 총 인구의 37%를 차지한다. 뉴욕시 이민자들 중 32%는 라틴 아메리카에서, 26%는 아시아에서, 20%는 캐리비안 국가들에서, 17%는 유럽에서, 그리고 4%는 아프리카에서 온 것으로 밝혀졌다. 이들은 초기 이민자들과 마찬가지로 대부분이 경제적인 이유와 자국의 내전 등의 이유로 이민와서 같은 민족끼리 모여 상부상조하며 같은 민족들끼리의 지역사회를 형성하여 왔다. 그에 따라 특히 브루클린의 베이릿지 지역에는 아랍인들이, 켄싱톤 지역에는 방글라데시인들이, 쉽스헤드베이에는 중국인들이, 선셋 파크에는 멕시코인들이 모여살고 있다.[25)]

(3) 브루클린의 명소들 : 주거지, 식당, 공원, 쇼핑몰, 박물관

Lifestorage Blog[26)]의 기사에 따르면 요즘 중산층 젊은이들 사이에 주거지로 인기가 높은 브루클린에는 윌리암즈버그, 파크 슬로프, 브루클린 하이츠, 덤보, 베드포드-스타이브센트 등이 있다. 산업지역이었던 다

24) 채널13. http://www.thirteen.org/brooklyn/history/history4.html (검색일: 2019.4.10.)
25) 뉴욕타임즈. http://www.nytimes.com/interactive/2013/06/09/nyregion/new-york-citys-newest-immigrant-enclaves.html?_r=0 (검색일: 2019.4.10.)
26) https://www.lifestorage.com/blog/moving/moving-to-brooklyn/

• 파리의 개선문을 닮은 '군인과 선원들의 기념 아치'(Soldiers and Sailor's Arch) (왼쪽)
• 브루클린 식물원의 연못 (오른쪽)

• 브루클린의 특성이 잘 엿보이는 동네 카페와 편의점

운타운 브루클린이 16년전 주거지역으로 용도가 바뀌면서 40개의 고층 아파트 단지들이 들어서 2019년 10월 현재 브루클린의 평균 집값은 70만 달러를 호가하며 월세는 2700 달러에 이른다. 그 이유는 브루클린에 있는 170개 전철역에서 지하철로, 또는 55개 버스 노선으로 버스를 타고, 또는 페리를 타고 맨해튼까지 언제든지 갈 수 있으므로 차가 필요하지 않기 때문이다. 또한 1894년에 미국에서 처음으로 개통된 자전거 도로가 오늘날 300마일 넘게 이어져 있어 미국에서 자전거 타는 사람들이 가장 선호하는 곳이 되었다.

브루클린에는 자마이카, 중국, 그리스 등지에서 온 이민자들이 고국의 향이 물씬 풍기는 전통음식들을 만들어 대접하는 유명 식당들이 많아 새로운 맛을 추구하는 젊은이들에게 인기가 높으며 특히 브루클린 주민들은 자신의 동네에 있는 가게, 카페, 식당, 주점 등을 충실하게 애용하는 고객이 되는 경향이 있다.

• 브루클린 브리지를 도보로 걷는 사람들(왼쪽)
• 덤보에서 바라본 맨해튼 브리지 (오른쪽)

• 브루클린 브리지에서 바라본 자유의 여신상(오른쪽)
• 덤보에서 바라본 브루클린 브리지 (왼쪽)

맨해튼의 센트럴 파크처럼 브루클린에는 90에이커의 크기를 자랑하는 프로스펙트 파크가 있으며, 매년 수백만의 관광객을 불러모으는 코니 아일랜드, 브라이튼 비치, 맨해튼 비치 등의 유원지가 있다. 맨해튼과 브루클린을 잇는 브루클린 브리지는 많은 뉴요커들이 다리를 건너면서 저만치 보이는 자유의 여신상과 뉴욕항구를 내려다 보며 사진을 찍는 코스이다. 브루클린의 예술가들이 모이는 덤보(Dumbo)의 오래된 벽돌건물들 틈에 보이는 맨해튼 브리지는 뉴요커들보다도 관광객들이 사진을 찍는 포토존으로 유명하다.

또한 브루클린에는 풀톤 몰, 시티 포인트, 아틀란틱 터미널, 센츄리 21, 이케아 등의 쇼핑몰 등이 있어 편리하다. 주민들의 문화 및 여가 생활을 윤택하게 해주는 브루클린 박물관, 브루클린 식물원, 뉴욕 교통박물관, 음식과 주류 박물관, 브루클린 역사 협회 들이 있다.

결론적으로 말해서, 브루클린은 맨해튼과 거리가 가깝고, 주거환경이 좋은 동네가 많으며, 도서관, 박물관, 공원, 유원지, 팬시한 음식점이나 쇼핑센터가 많아 브루클린은 이제 미국에서 가장 주거비가 비싼 곳 중의 하나가 되었으며 젊은이들이 탐내는 주거지로 부상하였다.

(4) 영유아에서 노인까지 다양한 고객들을 유치하기 위한 자원과 서비스 제공

1896년에 설립된 브루클린 공공도서관은 미국에서 6번째로 큰 공공도서관 시스템으로서 70만 명이 도서관 카드를 활용하고 있다. 브루클린 공공도서관은 본관과 비지니스 도서관 그리고 58개 분관으로 이루어져 있다. 브루클린 공공도서관에서 이 지역의 다양한 민족적, 문화적 배경을 가진 주민들 한 사람, 한 사람 모두에게 필요한 자원들과 프로그램들을 무료로 제공하고 있다. 주목할 만한 것은 각 도서관 분관이 0.5 마일 간격으로 촘촘하게 있어서 지역 주민들이 이용하기에 편리하다는 것이다.

•브루클린 도서관 로비

브루클린 도서관은 다문화 행사, 리터러시, 학령아동들을 위한 애프터 스쿨과 주말 프로그램, 취업을 위한 프로그램, 디지털 리터러시 등의 프로그램들로 잘 알려져 있다.[27)]

예를 들면 학령전 아이들에게는 초기 리터러시 행사를, 나이든 고객들에게는 창의적인 미술 워크숍의 기회를 주며 가족들을 위한 무료행사들도 많다. 예를 들어서 어린 아이들과 부모들을 위한 빅 브루클린 플레이데이트(Big Brooklyn Playdate), 학생들의 독서활동을 돕기 위한 섬머리딩프로그램, 그리고 브루클린에 거주하는 작가 및 아티스트들이 모여 자신들의 작품세계에 대해 이야기하는 드로운 인 브루클린(Drawn in Brooklyn)전시회[28)] 등과 같은 행사들에 많은 사람들이 참석한다.

(5) 브루클린 도서관의 특별한 프로그램들

영어에 익숙하지 않은 이민자들은 도서관에서 제공하는 영어프로그램에 등록하여 그룹 레슨을 받을 수 있다. 또한, 중앙도서관에 새로 생

27) 브루클린 공공도서관 웹사이트. https://www.bklynlibrary.org/about
28) https://www.huffingtonpost.com/sammy-perlmutter/drawn-in-brooklyn_b_741061.html

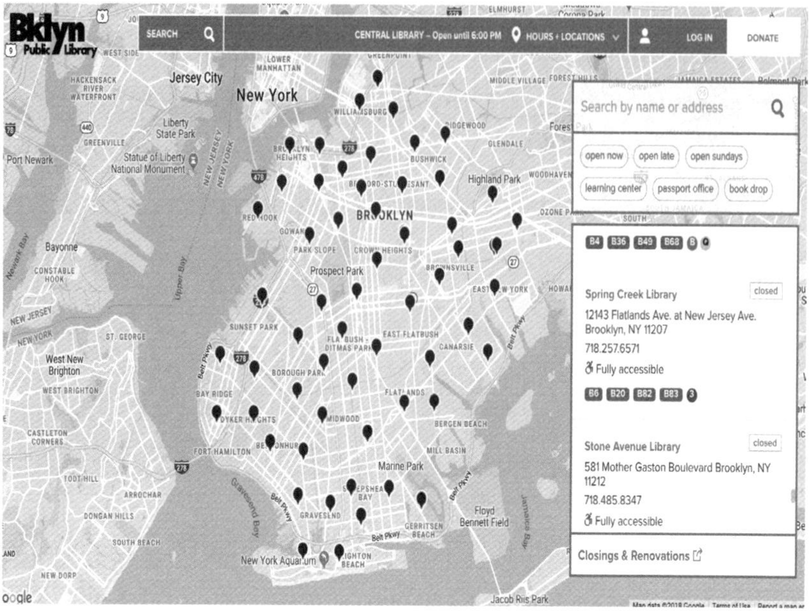

• 브루클린 공공도서관 분관들의 위치[29]

긴 셸비 화이트 앤 리온 레비 정보센터(The Shelby White and Leon Levy Information Commons)에서는 프리랜스 작가들, 학생, 구직자들 및 평생 교육가들이 와서 최첨단의 도서관 서비스를 이용할 수 있다. 그 밖에도 테크놀로지와 미디어와 문화에 초점을 맞춘 장서들이 주민들의 다양한 요구를 충족시켜준다.[30]

브루클린 도서관의 비지니스 및 직업도서관에서는 고객들이 창업을 할 수 있도록 2만 달러의 창업비용을 대주는 "파워 업! 비스니스 플랜(Power Up! Business Plan) 경연대회"를 개최한다.[31] 또한 브루클린 도서관 본관에 2011년 5월에 문을 연 여권서비스센터에서는 해외여행을 하려는 각 지역사회의 주민들에게 여권신청서를 받아 대행해줌으로써 각광을 받고 있다.

29) 출처: 브루클린 도서관 웹사이트 https://www.bklynlibrary.org/locations
30) 출처: 브루클린 도서관 웹사이트 https://www.bklynlibrary.org/locations/central/dept/infocommons
31) 출처: 브루클린 도서관 웹사이트 https://www.bklynlibrary.org/business/powerup

• 브루클린 도서관의 내부 모습[32)]

(6) 주민의 다양한 요구에 부응하는 역사적인 브루클린 도서관

브루클린 도서관은 59개 지점에서 연간 백만 명이 넘는 이용자들이 각 도서관을 이용하고 있으며 그 중 1/4의 도서관이 세워진 지 100년이 넘는다. 1년에 1억 천구백만 달러의 예산이 사용되며 2016년에 870만 명이 다양한 프로그램들에 참석하였다. 이 도서관은 수만 개의 문화, 교육 프로그램으로 구직자 및 창업자들을 도와왔다. 2018년에 새로 선출된 브루클린 도서관의 수잔 마시넥 이사장은 "도서관은 미국에서 고립, 무지, 그리고 편협에 대항해 싸우기 위한 가장 강력한 무기"라고 명명하고 관장을 도와 도서관의 사명을 다 해나가는데 온 힘을 경주하겠다고 말했다.

또한 린다 존슨 브루클린 도서관 관장 및 최고경영자는 "현재 컴퓨터, CD, 셀폰, 인터넷, 무선인터넷 등 여러 가지 통신기기의 발명이 이루어져 왔다. 이를 통해 우리는 정보를 습득하고 유포하는 데 있어서 극적인

32) 출처: https://www.bklynlibrary.org/locations/central/dept/infocommons

전환기를 맞고 있다. 브루클린 도서관으로서는 이를 새로운 기회로 보고 고객의 변화하는 필요에 따라 대응하려고 노력하고 있다."고 말했다. 그녀는 또한 "도서관은 다운로드할 수 있는 미디어 카탈로그(Downloadable Media Catalog)를 계속 업데이트 시키고 있으며 이 카탈로그에 2만권 이상의 전자책(e-book)이 수록되어 있고 "한 해 동안에 디지털 미디어 대출만 80% 상승했다." 그리고, "빈곤층 인구가 밀집해있는 지역 분관들에 95개의 랩톱 컴퓨터를 설치했다."고 말했다. 또 "브루클린에서 가장 큰 무선인터넷 망을 가지고 새 컴퓨터들과 향상된 디지털 자원들로 주민들은 새로운 정보들을 찾고, 온라인으로 취업신청서나 이력서를 작성해서 보내는 등 도서관은 그들이 필요로 하는 서비스를 제공하고 있다."고 덧붙였다. 또한 그녀는 2018년 도서관 전략계획에서 공공도서관과 정보산업에 당면한 큰 변화의 시대에 동 도서관의 발전을 위해 다음의 다섯 가지 기본 원칙을 세웠다고 밝혔다.[33)]

① 읽고 쓰는 능력인 리터러시(Literacy)와 학습을 향한 열정
② 가장 최신의 믿을만한 정보자원들을 도서관 이용자들에게 소개
③ 주민들에게 교육 및 경제적 기회 연결
④ 주민들 간의 관계를 강화시켜주고 시민적 관여(civic engagement) 촉진
⑤ 포괄적이고 영감을 주는 장소 제공

브루클린 도서관의 웹사이트에 따르면 브루클린 리치(BKLYN Reach)라는 새 이니셔티브는 광대역 인터넷 접근이 어려운 가정들이 겪고 있는 디지털 격차를 해소하기 위한 노력으로 최근 시작되었다. 각 도서관의 분원에서 무선인터넷 신호를 전방향으로 300피트까지 보내 인근 가

33) https://www.bklynlibrary.org/strategicplan#

정과 사업체는 물론 누구나 무료로 주 7일 하루 24시간 온라인에 접속할 수 있다. 새로운 안테나들이 브라운스빌, 부쉬위크, 코니 아일랜드, 레드 후크와 스톤 애비뉴 분원들에 세워졌고 14개 분원에 추가로 세워질 예정이다.[34)]

(7) 브루클린 도서관의 후원자

브루클린 도서관은 2010년 7월부터 2011년 6월까지 기부금을 낸 단체나 명단을 공개하고 있는데 백만 달러 이상 기부한 단체는 레온 레비 파운데이션, 10만 달러 이상 기부자들 중에는 시티 파운데이션, 뉴욕라이프파운데이션, 타임워너 케이블, 버라이존 뉴욕 등 뉴요커들에게 잘 알려진 회사들이 포함되어 있다. 5만 달러 이상 기부자에는 콘 에디슨, 2만 5천 달러 이상 기부자에는 블룸버그 전 뉴욕시장, 브루클린 커뮤니티 파운데이션 등을 포함해서 250달러 이상 기부한 사람들까지 명단에 포함되어 있다.

(8) 주민들이 걸어서 갈 수 있는 브루클린 도서관

앤드류 카네기가 도서관 건물을 지으라고 기부했을 때 그의 뜻에 따라 브루클린 도서관은 모든 동네마다 주민들이 걸어갈 수 있는 거리에 도서관 분관을 지을 수 있었다. 이러한 분관들이 지어지기 전에는 브루클린 도서관은 상업용 공간들을 빌려 몇 가지 서비스만을 제공했다. 초창기 브루클린 도서관들은 사람들이 붐비는 거리의 가게 앞부분을 빌려 대충 열람실을 만들고 얼마 되지 않는 장서들을 진열해놓은 것이 고작이었다. 이러한 시설로는 사람들의 다양한 요구를 맞추기는 힘들었으

34) https://www.bklynlibrary.org/reach

며 사람들의 도서관 이용에 별로 큰 도움이 되지 못했다.

그러나 카네기의 기부금으로 새 분관들이 세워지면서 여러 나라 언어로 된 책들이 넓고 밝은 독서실들을 채우기 시작했다. 읽고 쓰기를 가르쳐주는 리터러시 프로그램들과 문화프로그램들이 어린 아이들에서 부터 노인들에 이르기까지 인지적이고 정서적인 즐거움을 가져왔다. 그리고 건축가들과 사서들이 함께 협력하여 지식과 오락을 추구하는 근대적인 '대중의 공간'을 탄생시켰다. 카네기의 도서관에 대한 이상이 오늘날까지 이어져, 정겹고 고객들을 환영하는 분위기의 도서관들이 오늘도 브루클린의 주민들에게 친근하게 다가가고 있다.

• 브루클린 도서관에서 진행 중인 어린이와 부모가 함께 하는 토들러(toddler) 스토리타임. 다양한 문화적 배경을 가진 어린이들이 엄마, 아빠, 또는 조부모와 함께 스토리타임에 참석하여 즐거운 시간을 갖고 있다.

4절

주민들의 삶을 풍요롭게 하는 낫소공공도서관Nassau Library System

(1) 뉴욕시의 근교에 위치한 롱아일랜드

롱아일랜드는 뉴욕시의 퀸즈 보로와 브루클린 보로를 포함한, 문자 그대로 기다란 섬이다. 퀸즈 지역을 벗어난 교외지역들은 우수한 학군들과 전원 마을들로 잘 알려져 있다. 롱아일랜드는 서쪽의 낫소 카운티(Nassau County)와 동쪽의 서폭 카운티(Suffolk County)로 나뉘어져 있는데 뉴욕시에 더 가까운 낫소 카운티는 땅과 호수 등을 다 합쳐서 453 제곱 마일의 면적에 2018년 현재 137만 명의 인구가 살고 있는 것으로 추정된다. 2017년 낫소 카운티의 인구증가율은 0.94%였다.

낫소 카운티는 크게는 롱비치시와 글렌코브시 등 2개의 시와 헴스테드, 노스 헴스테드, 오이스터 베이 등 3개의 큰 타운들로 나누어져 있다. 이 세 개의 타운들에는 64개의 법정 마을(incorporated village)들과 그 외에 100여 개의 지역들이 포함되어 있다.[35)]

(2) 낫소 카운티의 공공도서관 시스템: 낫소도서관 시스템[36)]Nassau Library System

낫소도서관 시스템(Nassau Library System)은 뉴욕주 교육법 255호에

35) 낫소카운티 웹사이트. http://www.nassaucountyny.gov/website/AG/Federal/towns.html
36) 뉴욕주 낫소도서관 시스템 웹사이트. http://www.nysl.nysed.gov/libdev/libs/publibs/3nassau.html

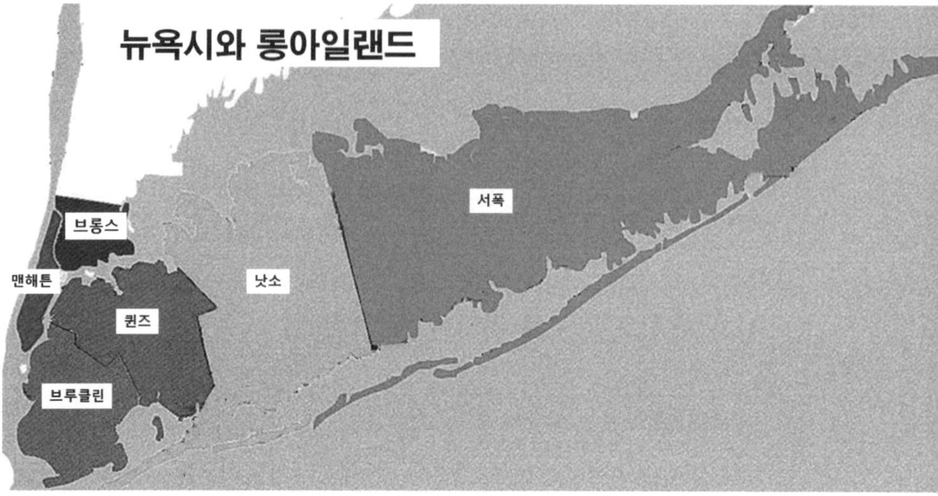

• 뉴욕시와 롱아일랜드 지도

따라 54개의 각 마을 도서관과 1개의 서비스 센터가 하나의 컨소시움을 구성하고 있다. 이 시스템은 뉴욕시 5개 보로를 커버하는 뉴욕 공공도서관, 퀸즈 공공도서관, 브루클린 공공도서관 시스템들이 각기 분관들을 거느리고 있는 것과는 다르다. 낫소 카운티는 뉴욕시에 속하지 않고 뉴욕주에 속하는 카운티의 하나로 카운티 안에 있는 세 개의 큰 타운들과 그 타운에 속해있는 각 마을들과 지역들이 있다.

낫소 카운티의 학교들과 공공도서관들은 마을의 경계선과는 별도로 학군을 나누는 경계선에 따라 학군마다 자치적으로 운영된다. 이 시스템에 회원으로 가입된 마을 도서관들은 각기 독립적이며 자율적으로 운영되고 있다. 낫소 카운티의 도서관들은 각 학군에서 걷어 들인 세금에서 보조를 받으며, 주민들이 뽑은 이사회에 의해 운영된다. 낫소 카운티의 모든 공공도서관들온 이 낫소도서관 시스템의 회원이다.

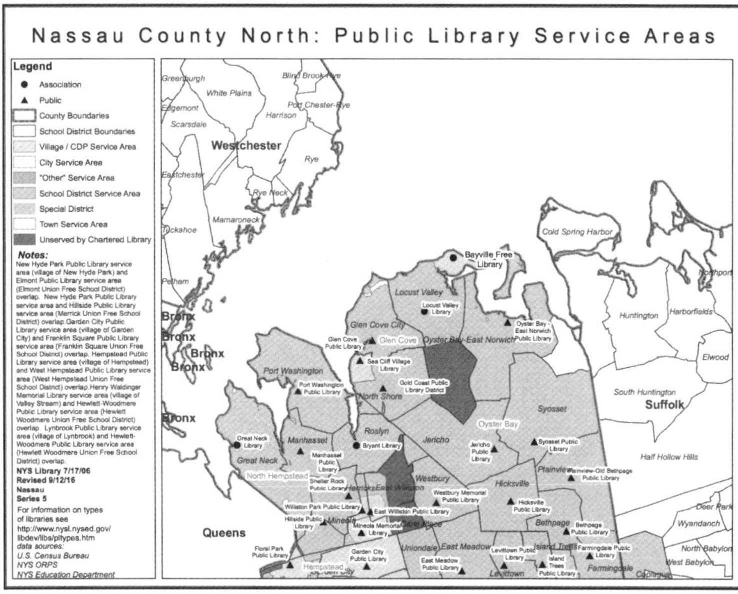
Nassau County North: Public Library Service Areas
Legend
Association
Public
County Boundaries
School District Boundaries
Village / CDP Service Area
City Service Area
"Other" Service Area
School District Service Area
Special District
Town Service Area
Unserved by Chartered Library
Notes:
New Hyde Park Public Library service area (village of New Hyde Park) and Elmont Public Library service area (Elmont Union Free School District) overlap. New Hyde Park Public Library service area and Hillside Public Library service area (Merrick Union Free School District) overlap. Garden City Public Library service area (village of Garden City) and Franklin Square Public Library service area (Franklin Square Union Free School District) overlap. Hempstead Public Library service area (village of Hempstead) and West Hempstead Public Library service area (West Hempstead Union Free School District) overlap. Henry Waldinger Memorial Library service area (village of Valley Stream) and Hewlett-Woodmere Public Library service area (Hewlett Woodmere Union Free School District) overlap. Lynbrook Public Library service area (village of Lynbrook) and Hewlett-Woodmere Public Library service area (Hewlett Woodmere Union Free School District) overlap.
NYS Library 7/17/06
Revised 9/12/16
Nassau
Series 5
For information on types of libraries see
http://www.nysl.nysed.gov/libdev/libs/pltypes.htm
data sources:
U.S. Census Bureau
NYS ORPS
NYS Education Department
Westchester
Bronx
Queens
Suffolk
Bayville Free Library
Locust Valley
Glen Cove City
Oyster Bay-East Norwich
Port Washington
North Shore
Roslyn
Manhasset
Great Neck
North Hempstead
Jericho
Oyster Bay
Syosset
Westbury
Hicksville
Plainview
Bethpage
East Meadow
Levittown
Farmingdale
Huntington
Cold Spring Harbor
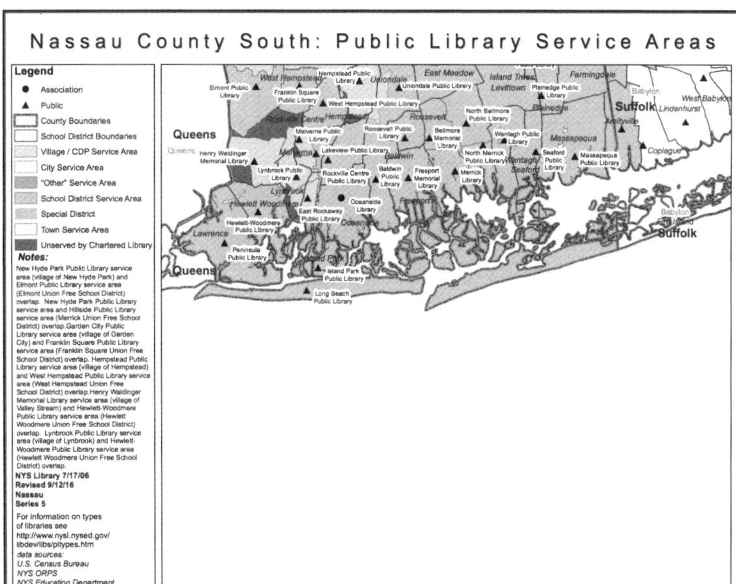
Nassau County South: Public Library Service Areas
Legend
Association
Public
County Boundaries
School District Boundaries
Village / CDP Service Area
City Service Area
"Other" Service Area
School District Service Area
Special District
Town Service Area
Unserved by Chartered Library
Notes:
New Hyde Park Public Library service area (village of New Hyde Park) and Elmont Public Library service area (Elmont Union Free School District) overlap. New Hyde Park Public Library service area and Hillside Public Library service area (Merrick Union Free School District) overlap. Garden City Public Library service area (village of Garden City) and Franklin Square Public Library service area (Franklin Square Union Free School District) overlap. Hempstead Public Library service area (village of Hempstead) and West Hempstead Public Library service area (West Hempstead Union Free School District) overlap. Henry Waldinger Memorial Library service area (village of Valley Stream) and Hewlett-Woodmere Public Library service area (Hewlett Woodmere Union Free School District) overlap. Lynbrook Public Library service area (village of Lynbrook) and Hewlett-Woodmere Public Library service area (Hewlett Woodmere Union Free School District) overlap.
NYS Library 7/17/06
Revised 9/12/16
Nassau
Series 5
For information on types of libraries see
http://www.nysl.nysed.gov/libdev/libs/pltypes.htm
data sources:
U.S. Census Bureau
NYS ORPS
NYS Education Department
Queens
Suffolk
West Hempstead
Uniondale
East Meadow
Island Trees
Levittown
Farmingdale
Roosevelt
Massapequa
Baldwin
Freeport
Lynbrook
Hewlett Woodmere
Lawrence
Oceanside
Long Beach Public Library

• 낫소 도서관들의 위치

그러나 낫소의 137만 명 주민 가운데 4만에서 4만 5천 명가량의 주민들은 자기 마을이나 지역에 자체 공공도서관이 없어서 '공공도서관의 혜택을 받지 못하는(unserved)' 부류에 속한다. 그 이유는 그들이 사는 지역에는 동네 도서관이 없어서 동네 도서관을 지원해주는 수입 원천인 동네 세금을 내지 않기 때문이다. 그렇다고 해서 이 지역 주민들이 돈이 없어서 세금을 내지 않는 것은 아니다. 오히려 이들이 사는 지역은 부유층들이 많이 사는 지역이지만 자체 공공도서관을 짓기에는 동네 규모가 작기 때문이라고 할 수 있다. 과거에는 이러한 주민들은 도서관 서비스를 받기위해 인근 도서관을 이용할 수 있는 이용자 카드를 돈을 내고 사야만 할 때도 있었으나 2000년 1월 1일부터 그 조항이 없어졌다.

현재 낫소 카운티는 공공도서관을 보조하는 동네 세금을 내지 않는 16개의 작은 지역의 주민들도 공공도서관의 혜택을 누릴 수 있도록 낫소 도서관 시스템의 관장과 회원 도서관 기획위원회, 해당 도서관 관장들과 이사들이 이들 타운들과 협의해서 이들 지역의 주민들이 인근 공공도서관을 지원하는 세금을 내고 공공도서관을 이용할 수 있는 입법절차를 마련하고 있다. 그러한 법이 마련될 때까지 이들 지역의 주민들이 낫소의 공공도서관에서 책을 빌리려면 정규 도서관 카드와는 다른 주정부가 규정한 액세스 카드(State Mandated Access Cards)를 발급받아야 한다.[37] 낫소도서관 시스템에서는 도서관이 없는 이들 지역들이 지역의 규모 상 새로운 공공도서관을 세우기 보다는 인근 공공도서관의 서비스를 이용할 수 있도록 계약을 체결하도록 고무하고 있다.[38]

37) 낫소도서관 웹사이트 https://www.nassaulibrary.org/about/services/state-mandated-access-cards/
38) 낫소도서관 웹사이트. '다이렉트 액세스' www.nassaulibrary.org/planofservice/pdfdoc/DirectAccessPlan.pdf

(3) 낫소도서관 시스템의 사명

낫소 카운티에 사는 주민들은 자신의 거주지에 있는 동네도서관에서 발급받은 도서관 이용카드를 가지고 낫소 카운티에 있는 54개의 공공도서관들에서 책이나 기타 자료들을 마음대로 빌릴 수 있다. 이를 '다이렉트 액세스'(Direct Access)라고 하는데 다른 도서관에서 빌린 책은 기한 내에 낫소 카운티 내의 아무 도서관에나 반납할 수 있다. 낫소도서관 시스템의 서비스 센터에서 도서관 순회차량을 운영하여 도서관마다 돌아다니며 반납된 책이나 상호대차 요청이 온 책들을 실어 나르고 있다. 이같이 낫소도서관 시스템 서비스 센터는 이용자들의 편의와 회원도서관들 간의 협조를 용이하게 하는 것 외에도 54개 도서관들을 대표해서 주정부 및 연방정부를 상대하기도 한다. 낫소도서관 시스템은 자체 웹사이트에서 다음과 같은 사명을 가지고 있다고 밝히고 있다.[39)]

① 54개 회원도서관들의 구심점으로서 회원도서관들이 필요로 하는 부분에 대해 돕는다.

② 낫소 카운티 주민들에게 수준 높은 공공도서관서비스를 제공하기 위해 회원 도서관들을 계몽하고 선도하는 리더십을 발휘한다.

③ 낫소도서관 시스템의 웹사이트를 관리 및 유지함으로써 회원도서관들 간의 협력을 도모하고 자원을 서로 공유하는 것을 돕는다.

④ 회원도서관이 각각 하는 것보다 비용이 절감되도록 서비스를 개발하고 조정한다.

⑤ 회원도서관들과 뉴욕주 내의 도서관 네트워크와의 사이에 연락을 담당한다.

39) 낫소도서관 웹사이트. http://www.nassaulibrary.org/policy/whatis.htm

⑥ 도서관과 관련된 여러 가지 쟁점과 이슈에 대해서 리더십을 제공한다.

⑦ 회원도서관들을 대표해서 주정부와 연방정부의 원조를 조정하고 실시한다.

⑧ 회원도서관들에게 주의 법규와 기준에 따르고 보고서를 제출하는 일등을 고무하고 용이하게 한다.

⑷ 낫소도서관 시스템이 회원 도서관들에 제공하는 서비스

① 낫소도서관 간의 상호대차서비스

회원도서관이 소장하지 않은 책이나 소장자료를 이용자가 원할 때 낫소도서관 시스템의 웹사이트를 통해서 이용자가 직접 상호대차를 요청하는 버튼을 클릭하거나, 또는 회원도서관의 사서가 자료를 가지고 있는 회원도서관에 전화로 상호대차를 요청할 수 있다.

이용자 본인이 직접 웹사이트 상에서"요청'을 클릭하면 며칠 후 이용자의 거주지 도서관으로 책이나 자료가 배달되어 온다. 그러면 거주지 도서관의 사서는 이 자료를 이용자의 '성'을 표시해 상호대차 자료 선반에 올려놓고 이용자에게 전화를 걸어 자료의 도착을 알린다. 대개는 전화로 메시지를 남기는 경우가 많다. 또, 이용자의 이메일로도 알려준다. 이렇게 상호대차를 용이하게 하기 위해 밴트럭이 54개 회원도서관들과 서비스 센터를 매일 오가며 자료의 상호 교류를 용이하게 한다.

② 낫소도서관 간의 네트워킹 및 컨설팅

회원도서관 사서 및 직원들의 자질향상을 위하여 업무에 관련된 트레이닝을 정기적으로 실시한다. 회원도서관들 사이에 네트워킹과 상호정보교류가 용이하게 이루어지도록 노력한다. 어린이, 10대 청소년, 성인, 노인, 이민자, 장애인들을 위한 회원도서관들의 서비스를 향상시키기 위해 전문적인 컨설팅 서비스를 제공하며 최상의 서비스를 제공하도록 고무시킨다. 회원도서관들의 관심사와 도서관에 관계된 이슈들에 대해 관심 갖고 지원한다.[40)]

③ 도서관의 발전을 위한 지원 및 문제 해결

도서관 경영과 운영에 있어서 도서관법, 주의 규칙이나 기준에 따르는 일, 이사회를 발전시키는 일, 도서관 관장과 이사회와의 관계, 테크놀로지를 효율적으로 이용하는 법 등에 대한 기술적인 지원을 하거나 실질적인 문제 해결에 있어서 도움을 준다.

④ 낫소도서관 통합 웹사이트 구축

ALIS(Automated Library Information System)이라는 이름의 온라인 카탈로그를 유지 및 관리하여 모든 회원도서관들과 공유함으로써 도서관 이용자들이 회원도서관들의 소장 도서 및 자료들을 통합 검색할 수 있도록 한다. 또한 회원도서관의 웹페이지들을 호스트해준다. 낫소도서관 시스템의 웹사이트에 여러 가지 특별한 페이지들을 유지하여 회원도서관들이 자체 웹페이지에 링크를 걸 수 있도록 한다.

⑤ 중앙도서관 기금의 활용

회원도서관의 사서들이 자체 도서관의 자료들만으로는 이용자의 질문에 대답하지 못할 때, 낫소 카운티에서 가장 큰 이스트 메도우 공공도

40) 낫소도서관 웹사이트. http://www.nassaulibrary.org/policy/services.htm

서관(East Meadow Public Library)과의 계약에 따라 이용자에게 필요한 자료를 공급하거나 질문에 대답해준다. 주정부에서 공공도서관 시스템들에게 주는 중앙도서관 기금은 온라인 데이터 베이스들을 구독하고, 모든 회원도서관에서 공유할 수 있는 전자책(e-book)들을 구입하고 그리고 공공도서관이 문을 닫은 시간에 인터넷을 통해 실제로 사서와 채팅을 통해 레퍼런스 서비스를 받을 수 있는 '라이브 라이브러리안'(Live Librarian)서비스 등에 사용된다.

⑥ 여름 독서프로그램의 주관

낫소카운티의 어린이들과 청소년들을 위한 뉴욕주 여름 독서프로그램을[41] 주관한다. 예를 들면 매년 여름 독서프로그램의 주제를 정해 모든 회원도서관들과 공유하며, 각 회원도서관에서 여름 독서프로그램에 참가하는 학생들에게 나누어 주는 책자나 프로그램이 끝난 후 나누어 주는 상장들도 주제에 따라 디자인을 하여 공유한다.

또한 매년 '공연자들의 쇼케이스'(Annual Performer's Showcase)[42]라 하여 각 회원도서관에서 실시하는 아동프로그램에 참가하는 마술사, 작가, 화가, 스토리 텔러 등의 공연자들의 등록을 미리 받아 한군데에 모여 시범 공연을 하게 함으로써 각 회원도서관들이 공연자들을 구하기 용이하게 한다. 또한 사서들과 교육자들을 위한 연례 아동문학 페스티벌을 개최한다.

⑦ 소외계층을 위한 서비스

시각장애자와 기타 다른 이유로 책을 읽을 수 없는 사람들을 위해서

41) 뉴욕주 도서관 웹사이트. http://www.nysl.nysed.gov/libdev/summer/
42) 낫소카운티도서관협회 웹사이트. https://ncla.info/blog/category/performers-showcase/

롱아일랜드 토킹북스 라이브러리(Talking Books Library)를 함께 후원하고 재정적으로 지원해준다. 주정부에서 서비스 대상으로 정한 노년층, 지체부자유자, 교육을 받지 못한 계층, 특별한 도서관 서비스가 필요한 소수민족들을 위한 아웃리치 서비스들과 특별기금으로 충당되는 시니어 커넥션(Senior Connections) 프로그램을 통해 노년층을 위해 정보와 정보제공 안내 서비스(referral service)를 제공한다. 회원도서관들이 책을 구입하고 잡지 등을 구독할 때 대량으로, 또 그룹으로 살 때 받는 할인혜택을 받을 수 있도록 조정한다.

(5) 낫소공공도서관에서 아동부 사서로 일하다

저자는 1990년대 초 뉴욕시의 퀸즈에서 뉴욕시 근교 롱아일랜드의 낫소카운티로 이사온 후에 낫소 카운티의 알버트슨(Albertson)에 위치한 쉘터락 공공도서관(Shelter Rock Public Library)에서 아동부 사서로 7년 가까이 근무했다. 알버트슨은 중국, 인도, 한국계 주민들이 60%를 차지하고 나머지 40%는 중산층 백인들이 거주하는 안정된 교외 지역으로 학군도 좋고 학부모들의 교육열도 높았다.

이러한 공공도서관에서 1살 반에서 5살까지 아이들을 위한 다양한 스토리 타임과 1-6학년 까지 학년별로 북토론 클럽을 진행하고 수시로 찾아오는 고객들이 원하는 책이나 정보를 찾아주는 일은 재미있고 보람있는 일이었다.

사서들은 꾸준히 그 분야의 새로운 정보를 받아들이고 사서로서의 역량과 기술을 연마해야 하므로 매월 낫소도서관 시스템에서 열리는 아동부 사서들의 월례모임에 참석했었다. 그 모임에서 당시 아동부 매니저였던 캐롤라인 와드씨의 주도하에 각 회원도서관의 사서들이 자유롭게 자신들의 도서관에서 일어나는 특별한 이벤트나 프로그램들을 다른 사서들과 교류하며 서로 정보를 주고 받았다. 그러나 무엇보다도 월례미팅의 가장 중요한 포인트는 아동부 매니저가 새로 나온 아동서적들을 북토크 형식으로 소개하는 것이었다. 그 밖의 다른 사서들도 자신들이 소개하고 싶은 신간 아동서적이 있으면 발표하곤 했다. 미팅이 끝나면 출판사에서 홍보용으로 보내온 아동서적들 중에서 원하는 것들을 골라오는 것도 아주 즐거운 일이었다.

매년 1월 말에 발표되는 아동서적 최고의 영예인 칼데콧과 뉴베리상의 발표를 앞두고 아동부 사서들은 작년에 발표된 아동서적들 중에서 자신이 생각하기에 가장 그림이 좋았던 책과 가장 글이 좋았던 책을 추천하는 '가상 칼데콧/뉴베리상 선정'(Mock Caldecott) 행사를 했었다. 여기서 뽑힌 작품들이 실제로 칼데콧과 뉴베리상을 받는지 알아보는 것은 참 재미있었다. 그러나 대개는 예상 외로 생각지도 않았던 작품들이 상을 받는 경우도 많았다.

그밖에도 낫소도서관 시스템에서는 매년 가을이면 연회장을 빌려 아동문학페스티벌을 개최하였는데 이 페스티벌은 일 년에 한번 사서들이 유명 작가들을 만나고, 다른 도서관에서 온 사서들과 함께 교류를 나누는 좋은 기회였다. 식순은 개회사에 이어 유명한 작가가 초청연사로 연설을 하며, 작가의 책을 구입하면 직접 자필 서명을 받을 수 있었다. 그리고 대개 북토론을 두 개정도 참가하게 되는데 참가신청 때 자신이 속할 그룹을 정하게 된다. 그러면 그 그룹에서 토론할 책들을 행사 전까지 미리 읽어가야 한다. 각 그룹에서 한 명이 토론 진행자가 되어 선정된 책들에 관한 토론을 부드럽게 이끌어나간다. 이 페스티벌의 끝은 역시 초청연사의 연설로 마무리가 된다. 또한 이 행사에서 부스를 차려 자사의 상품을 홍보하는 후원업체들이 많은 상품을 홍보용으로 내놓아 경품추천을 해서 페스티벌의 분위기를 한층 돋우기도 한다.

이와 같이 1년에 한번 있는 아동문학페스티벌에서는 작가와의 만남을 통해 한 작가가 어떻게 작가가 되었는지 개인적인 자전적 이야기와 그의 작품에 대한 뒷이야기를 듣기도 하고 또 2-4가지 워크숍 및 북토론 등에 참가하여 사서로서의 실력도 쌓고 다른 사서들과 새로운 만남을 갖고 서로 정보와 의견을 교환할 수도 있다. 모처럼 바쁜 일상을 떠나 연회장에서 같은 목적과 취미를 가진 도서관 사람들끼리의 하루 종일 시간을 같이 함으로써 사서라는 직업에 대한 자부심도 커지고 실제 업무를 하는데 있어서도 많은 도움이 되는 재충전의 좋은 기회가 되었다.

5절

낫소공공도서관의 프로그램과 서비스

(1) 낫소도서관 시스템 회원도서관들의 다양한 프로그램과 서비스

낫소 카운티의 공공도서관들은 각 타운 주민들의 교육적, 문화적, 정서적 요구를 충족시키기 위해 최상의 서비스와 프로그램을 제공하겠다는 공통된 사명을 가지고 있다. 따라서 모든 낫소 카운티의 도서관들은 비슷한 체제로 운영되며 마을마다 도서관의 예산이 다를 수 있겠으나 지향하는 목표와 공급하는 프로그램과 서비스는 비슷하다. 또한 낫소 도서관 시스템이 주축이 되어 54개의 회원도서관들이 낫소도서관 시스템이라는 하나의 웹사이트에서 각각의 웹페이지를 가지고 있고, 도서관 이용자들은 한 웹사이트에서 모든 회원도서관들의 소장자료들을 검색하고, 자기 지역이 아니라도 다른 회원도서관에 있는 소장자료들을 요청할 수 있다.

저자의 경우만 해도 집에서 30분 정도의 운전 거리에 있는 학교까지 오가는 동안 그 사이에 있는 쉘터락, 힐사이드, 윌러스톤 파크, 미네올라, 가든시티, 브라이언트, 엘몬트 등 7개의 공공도서관들 중에서 그때그때 편한 곳에 들러 책과 자료들을 찾고 빌린다. 그만큼 낫소 카운티의 공공도서관들은 어느 주민들에게서나 10분 안팎에 위치해 있고, 누구나 이용할 수 있다. 누구나 낫소 카운티의 공공도서관의 이용자카드만 있으면 어느 도서관에서도 필요한 책이나 자료를 빌릴 수 있다. 게다가 어린이, 10대 청소년, 성인, 노인층 등을 위한 다양한 프로그램들이 일년 내내 열리기 때문에 공공도서관 프로그램과 서비스만 잘 이용해도 사교육은 거의 필요가 없다. 그렇기 때문에 공공도서관 이용자들은 연구 조사결과에서 상당히 높은 도서관 이용률을 보여주고 있다.

낫소 카운티 공공도서관들은 미술 및 공작(arts and craft) 클래스의 경우 재료비를 받거나 요가 클래스의 경우 수강료를 저렴하게 받는 경우도 있지만 다음과 같은 프로그램들은 거의 무료로 운영하고 있다. 이러한 프로그램들은 담당하는 사서들이 주민들의 요구에 따라서 또는 주민들에게 유익하다고 생각되는 프로그램들을 기획한다. 자신의 동네도서관에서 제공하는 이러한 무료 프로그램들을 잘 이용하면 매년 납부하는 주민세, 교육세, 도서관세 등의 세금 이상으로 혜택을 볼 수 있다. 그 밖에 도서관에 직접 가지 않고도 도서관 이용자 카드번호를 입력하면 온라인으로 뉴욕타임즈 온라인판에서 기사도 검색할 수 있고, 유료 데이터베이스를 무료로 이용할 수 있으며 전자책과 영화와 음악도 무료로 다운로드 받을 수 있다.

다음은 낫소 카운티의 로즐린(Roslyn)에서 30분 거리에 있는 공공도서관들 가운데 브라이언트, 쉘터락, 엘몬트, 맨하셋 공공도서관들에서 실시하는 프로그램들 중에서 2014년 1월에서 4월까지 시행된 프로그램을 간추려서 정리한 것이다.

1) 성인들을 위한 프로그램

가. 사서가 주도하는 독서 클럽

공공도서관에서 하는 독서클럽은 주로 사서들이 주도하는 경우가 많으며 도서관의 웹사이트와 뉴스레터에 미리 독서클럽에 대해 광고하고 광고지를 도서관에 비치한다. 참가자는 미리 등록을 하고 지정된 책을 미리 읽고 와야 한다. 동네 도서관들에서 하는 북토크에서 다루는 책들은 '작은 아씨들' 과 '1984년' 등의 명작이나 베스트셀러 중에서 선정되는 경우가 많으며, 어떤 때에는 특별한 주제에 대해서 하기도 한다. 예를 들어서 여성역사의 달인 3월인 경우에는 사서들의 재량으로 여성참정권의 실현에 대한 책을 선정하기도 한다.

나. 작가들의 모임

작가들의 원탁테이블(Authors' Roundtable)과 맨하셋 스크라이브스(Manhasset Scribes)라는 행사는 같은 관심사를 가진 작가들이 모여 커피를 마시며 책을 출판해줄 에이전트 찾기, 자신의 책을 홍보하는 마케팅 기술에 대한 정보를 서로 나누며 때로는 초청 연사가 와서 조언을 해주는 경우도 있다.

독서를 통해 지역사회의 결속을 다지자는 취지의 노스쇼어 리즈(North Shore Reads)는 전국도서관주간(National Library Week)에 롱아일랜드에서 개최되는 연례독서행사로서 롱아일랜드 북쪽 해안선에 위치한 베이빌, 브라이언트, 글렌코브, 골드 코스트, 로커스트 벨리, 오이스터 베이, 이스트 노위치, 시클리프 등 8개 해안 마을의 공공도서관의 독서애호가들이 글렌코브시의 메트로폴리탄이라는 연회장에 한데 모여 "The Manor"라는 책을 쓴 작가 맥 그리스월드로부터 300년에 걸쳐 롱아일랜드에서 자행되었던 노예농장에 관한 이야기를 듣고, 작가와 함께 이 책에 대해 자유롭게 커피를 마시며 이야기를 나누었다.

다. 성인들을 위한 세미나

성인 프로그램에 대한 안내는 주로 전단지를 만들어 도서관 입구에 비치한다. 전단지에 사전 등록해야 한다는 조항이 없으면 누구나 프로그램 개최 당일 날 바로 참석할 수 있다. 그러나 사전 등록을 요하는 프로그램들은 등록을 시작하는 날짜가 적혀있으며, 꼭 도서관에 와서 등록을 해야 하는지 아니면 온라인이나 전화로 등록해도 되는지는 도서관의 규정에 따라 다르므로 확실하지 않을 때는 도서관에 전화를 걸어 확인하는 것이 좋다. 저자의 거주 지역 인근의 도서관들에서 개최되는 성인들을 위한 세미나 프로그램들을 소개하면 다음과 같다.

① 재산세 관련 - 노스 헴스테드 타운의 세금 당당자인 배리 라이섹 씨가 집을 가진 사람들이 자신의 집에 부과된 재산세를 다시 산정해달라고 항소하는 방법에 대해 설명하고 변호사를 쓰지 않고서도 신청서를 작성하는 방법을 알려주는 시간을 마련했다.

② 소셜 미디어 전략 만들기 - "온라인으로 당신과 당신의 비지니스의 상표를 만드세요" 라는 제목의 워크숍에서 참가자들은 자신의 브랜드 가치를 평가하고, 브랜드의 대상고객을 추정하며, 온라인으로 상표화할 수 있는 가능성을 타진하고 그 목표를 달성하기 위해 가장 적합한 소셜 미디어를 찾아내는 방법을 배울 수 있다.

③ 마틴 루터 킹 목사의 생일을 기념하기 위해 킹목사의 생일주간에 '꿈의 내면적 성찰'(Introspective of a Dream)이라는 제목으로

진행자가 킹 목사의 업적을 칭송하며 킹 목사의 유명한 'I Have a Dream' 연설을 재연하고, 킹 목사와 민권운동에 있어서 중요한 순간들과 연관된 그 연설문에 대해 토론을 진행한다.

④ 전문회계사를 초빙하여 소득세를 공제받기위해 알아야 할 교육, 은퇴, 자기집 소유, 자선, 의료비, 투자, 피고용인, 기타 공제 내역 등에 대해 소개한다.

⑤ 성인을 위한 컴퓨터 교실에서는 구글 프로그램에 관한 소개와 기본적인 기술들을 배운다.

⑥ 1955년에서 1956년까지 방영되었던 인기드라마 '허니무너스'(The Honeymooners)의 주인공 재키 글리슨의 연기 인생에 대해 조명하는 시간을 가진다.

⑦ 지난 20년간 세계 각지를 다니며 야생 동물들을 촬영해온 사진작가 스캇 디어씨를 초청해서 그의 이야기를 듣는 시간을 마련했다.

⑧ '빈센트 반 고흐의 자연관'이라는 제목으로 근대미술에 강력한 영향을 미친 후기 인상파 화가인 고흐의 작품들을 소개하는 시간을 갖는다. 담당자는 그의 인생 말기에 그가 보여주었던 실험적이고 강렬한 작품들에 대해 이야기하면서 그 이유에 대해 설명한다.

⑨ 1930년에서 1970년까지 대중들의 인기를 받았던 할리우드 뮤지컬 영화에 나왔던 모든 춤들을 비디오를 통해 감상하는 시간을 갖는다.

⑩ 자신감이 없었던 여학생에서 미국 최고의 영화배우를 거쳐 모나코의 왕비가 된 그레이스 켈리의 공적, 사적인 생활에 대해 사진과 강연을 통해 알아보는 시간을 가진다.

⑪ '삶의 단순화'(Simplifying Your Life)라는 제목으로 발표자는 참석자들이 '평소에 해오던 틀이나 '고정관념에서 벗어나 새로운 사고를 하라'(Think outside the Box)는 방법에 대해 설명한다.

⑫ 레지나 길버트 박사가 고대 이집트의 미이라 투트왕(King Tut)의 비밀에 대한 토론을 이끌어 준다.

⑬ '극단적인 디자인 메이크 오버'(Extreme Design Make-Over)라는 제목으로 실내장식가 재키 팔라트닉씨가 집안의 분위기를 확 바꿀 수 있는 방법을 파워포인트를 통해 소개한다. 실내의 색깔, 공간의 활용, 벽지, 커튼, 바닥, 조명 등에 대해 이야기하며 강연의 개요가 담긴 유인물도 나눠준다.

⑭ '네트워킹을 통하여 다음 직장 찾기'(Network Your Way to Your Next Job)라는 제목의 세미나가 열린다. 이 세미나에서는 성공적인 네트워킹에 대한 확실한 설명을 해주고 참가자들은 네트워킹의 이익과 뜻밖의 위험, 네트워킹 방법과 기회, 네트워킹 하는 법, 태그를 통하여 관계를 발전시키는 법과 네트워킹의 과정 등에 대해 배울 수 있다.

라. 성인들을 위한 운동/건강 프로그램

① 중년 여성들의 안면홍조의 원인에 대해서 의사가 나와서 안면홍조가 꼭 폐경과 관련된 것이 아니며 치명적인 병의 증상일 수도 있다는 것을 설명한다.

② 당뇨병 예방과 치료를 위한 건강한 식습관과 요리법에 대한 강의를 한다.

③ '뱃살빼기'라는 제목으로 봄을 맞아 겨울 내내 늘었던 체중을 어떻게 음식을 통해 줄이고, 어떠한 음식을 먹어야 하는지 영양사가 말해준다.

④ 마음과 육체를 단련시키는 동양의 명상법(The Art of Zhen)에 대해 설명하며 직접 시범을 보이는 시간을 가진다.

⑤ 매주 목요일 밤 7시 30분에서 9시까지 요가 클래스를 연다. 회비는 15번에 60달러이며 도서관에 와서 등록해야 한다. 의자 요가 (chair yoga), 태극권(Tai Chi), 줌바 (Zumba), 라인댄스 클래스도 있다.

마. 성인을 위한 음악회, 리사이틀, 영화 상영

① 목요일 밤 영화상영 - 등록은 필요 없음

② 일요일 오후 콘서트 시간에는 다양한 뮤지션들이 기타와 피아노를 연주하며 비틀즈 풍의 자작곡들을 연주하거나 기타, 색스폰, 드럼 연주에 맞추어 과거의 히트곡들을 열창한다.

③ '흑인역사를 경축하며'(Celebrate Black History)라는 제목의 가족대상 뮤직 콘서트는 미국 역사의 한 페이지를 장식한 흑인들의 이야기를 음악으로 나타내는 시간이다. 흑인 노예들이 땀 흘려 일하던 남부의 노예 농장에서 한을 달래며 부르던 노래, 자유를 찾아 북으로 도주하는 흑인 노예들이 숨었던 은신처들을 지칭하는 지하철도(Underground Railroad)에 관한 노래들이다. 또 인종분리제도(segregation)가 자행되던 미국남부에서 백인승객에게 자신이 앉아 있던 자리를 양보할 수 없다고 말하다가 체포된 흑인여성 로사 팍스에 관한 노래와 그 일로 인해 흑인들이 백인들의 버스를 1년 동안 타지 않은 버스탑승 보이콧에 관한 노래 그리고 미국 농구계의 거장이자 전설적인 농구선수 마이클 조던과 다른 유명한 흑인 운동선수에 관한 노래를 거쳐 미국 최초의 흑인대통령 버락 오바마에 이르기까지 흑인 역사와 관련된 노래들이 망라되어 있다.

④ 발렌타인 데이를 앞둔 주말 오후에 Music @ Your Library라는 시간을 통해서 5인조 혼성그룹 하트 앤드 소울(Heart and Soul)이 1960년대의 히트송들을 연주한다. 관객들은 노래를 따라 부르거나 타악기의 소리에 맞추어 손으로 탁자를 두드리며 즐기면 된다.

⑤ '어쿠스틱 클라식 음악이 있는 오후'라는 시간을 통해서 하이랜드라는 이름의 록밴드가 빙 크로스비, 비틀즈, 빌리 조엘 등의 노래들과 자신들의 자작곡들을 연주한다.

⑥ 하프와 클라리넷을 연주하는 두 사람이 드비쉬, 챠이코프스키를 연주하며 일본의 하이쿠 등의 시를 낭송하는 시낭송 연주회가 열린다.

⑦ 매년 성 패트릭 데이(St. Patrick's Day)를 축하하는 공연을 개최한다. 3월 17일 성 패트릭 데이를 앞두고 아일랜드인들과 아일랜드인이 아니라도 그 날만큼은 아일랜드사람이 되고 싶은 사람들을 위해 아코디언과 기타를 연주하는 두 사람이 아일랜드의 전통음악을 선사한다. 도서관의 친구들이 다과를 제공하는 이 프로그램은 무료이고 도서관 이용자 카드를 가진 사람들이 우선이며 자리가 남으면 비거주자도 참석할 수 있다.

⑧ 살바토레 치아렐리씨를 초청해 이태리의 칸소네를 감상하는 시간이다. 참석은 성 패트릭 데이 공연과 같으며 역시 도서관의 친구들(Friends of the Library)이 다과를 준비했다. 아일랜드인과 이태리인들의 후예가 많은 뉴욕에서 이태리계 미국인들을 위한 배려로 보인다.

⑨ '음악을 통한 역사기행' 시간을 통해 기타, 드럼, 트럼펫을 연주하는 3인조 그룹이 록 앤드 롤과 팝송 등을 부른다. 엘비스 프레슬리, 포 시즌스, 비틀즈, 로이 오비슨, 프랭크 시나트라, 바비 달린, 딘 마틴, 닐 다이아몬드의 흘러간 팝송들을 들으며 시니어 관객들은 발로 박자를 맞추고 손뼉을 치며 옛 추억에 빠진다.

⑩ 비제의 오페라 카르멘(Carmen)을 관중들에게 선보인다. 카르멘에 나오는 음악들은 멜로디와 하모니뿐 아니라 이 오페라에 나오는 주인공들이 느끼는 극적인 감정들을 음악으로 잘 표현한 것으로 유명하다.

⑪ 세 명의 여성 가수들로 구성된 벨라라는 이름의 삼인조 보컬이 이태리 팝송을 부르며 웃음을 선사한다.

⑫ 가수이자 대학 강단에서 미국 가요에 얽힌 역사를 강의하기도 했던 하비 그라나트가 이 시대의 팝송들을 부르며 노래에 얽힌 에피소드들과 작곡가, 작사가에 대한 이야기를 들려준다.

⑬ '비틀즈 프로그램'라는 시간을 통해서 관객들을 미국에서 비틀즈 열풍이 불었던 시대로 데리고 간다. 비틀즈에 얽힌 일화에 대해 이야기하며 일반 상식을 맞추는 사람에게 상품도 주는 프로그램으로 비틀즈에 관한 질문에 답하는 시간도 있다.

⑭ '당신의 도서관에서 일요일의 생음악(Sunday Live)을 즐기세요'시간에 포인츠 이스트(Points East)라는 이름의 3인조 혼성그룹이 어쿠스틱, 록, 컨츄리 뮤직 등을 들려준다.

그 밖에도 피아노 콘서트와 바이올린 콘서트도 수시로 열린다.

2) 노년층 Senior Citizen 에 관한 프로그램

가. 노년기의 성인들을 위한 프로그램

틴에이저 자원봉사학생들이 50세 이상의 컴맹 어르신들에게 컴퓨터와 이메일, 인터넷 기초를 45분동안 일 대 일, 또는 소그룹으로 가르쳐 준다.

55세 이상 성인들을 위한 토의모임(Senior Rap Group)이 한 달에 한번씩 월요일 오전 11시부터 12:30분까지 커뮤니티 룸에서 열린다. 지난 15년간 여러 공공도서관에서 토의그룹을 이끌어온 자원봉사자 켄 로즈씨가 토론을 이끈다. 대개 현직에서 은퇴한 이들이 여러 가지 주제를 가지고 활발하게 의견을 나눈다.

나. 노인 돌보미Caregiver들을 위한 프로그램

노약한 부모를 돌보는 성인 또는 병약하거나 지체부자유아를 둔 부모 그리고 암이나 치매 등 불치의 병에 걸린 부모나 배우자를 돌보는 성인들을 돕기 위한 노인돌봄 지원 그룹(Caregiver Support Group)을 운영하고 있다. 매주 화요일 아침 9시 30분 커뮤니티 룸에서 매달 한 번씩 모이는데 이 프로그램은 낫소 카운티 노인국 소속인 사리 플레치씨가 그룹 운영자 (Group Facilitator)의 역할을 맡아 참가자들이 서로의 아픔과 경험을 나누며 서로 도울 수 있도록 조력한다. 이 프로그램은 무료이며 커피와 과자도 마련되어 있다. 지체부자유자가 휠체어나 도우미 등 특별한 도움이 필요할 경우 미리 전화를 해서 요청을 하면 어떠한 도움이라도 받을 수 있다. 이 프로그램은 연방정부, 주정부, 카운티 정부 및 동네에서 지원하는 보조금으로 운영되며 뉴욕주 노인국과 미국 연방 노인국의 협조로 이루어진다.

3) 중고등학생들을 위한 프로그램

가. 학업과 관련된 프로그램

등록은 도서관 웹사이트에서 하며 동네 거주자 우선이고 자리가 있을 경우에 타지역 거주자들도 등록할 수 있다. 도서관 친구들이 후원한다.

① 가든 시티 공공도서관에서는 10, 11학년 학생들을 대상으로 카플란 칼리지 프렙(Kaplan College Prep) 에서 강사가 나와 S.A.T. 모의고사를 실시한다. 등록을 원하는 사람은 도서관 웹사이트에서 등록이 가능하며 정원은 40명이다. 채점한 시험지를 학생들에게 나눠주고 각 섹션의 점수에 대해 설명하며 학생이나 부모들로부터 질문을 받는다. 모의고사에 등록한 학생은 자동으로 등록되며, 부모들도 환영한다. 동네 거주자에게 우선권이 있으며 자리가 있을 경우에는 타지역 거주자들도 참석할 수 있다. 이 프로그램은 도서관 친구들이 후원한다.

② 이지 베이크 오븐 앤 사이언스(Easy-Bake Oven & Science)라는 제목으로 과학실험을 제공한다. 과학교사가 오븐을 사용해서 사물의 물리적 변화를 실험으로 보여준다.

③ 10, 11, 12 학년 학생들을 대상으로 『B+ Grades A+ College Application』이라는 제목의 책을 낸 재거 하이먼 박사를 초청해 대학입학 신청에 관한 요령과 절차에 대해 강의를 듣는다. 책을 사는 사람들에게는 저자가 직접 사인도 해준다. 이 강의에서는 성적 최상위권 학생들이 아니라도 어떻게 최상위 대학에 입학할 수 있는지 그 요령을 알려준다.

나. 사회성 기술Social Skills의 증진에 관련된 프로그램

① 아기 돌보기(Baby Sitting) 워크숍 - 6학년에서 12학년까지 학생들이 대상이며 참가자들은 인형을 가져와야 한다. 워크숍동안 아기에게 우유를 먹이고 기저귀를 갈고 아기를 안는 법을 배운다. 베이비시팅 할 때 관련된 모든 주의사항에 대해서 배운다. 특히 공원, 수영장, 집안에서의 안전에 대해 레크리에이션 강사가 나와서 하며, 두번째 워크숍에서는 간호원이 응급처치법을 가르쳐준다.

1시간 반씩 세 번의 워크숍을 다 마친 학생들에게는 도서관의 베이비시터 리스트에 이름이 올라가고 베이비시터 리셉션에 참석할 수 있다. 리셉션에서는 간단한 다과가 제공되며 어린 자녀를 돌봐줄 베이비시터를 구하는 부모들이 자녀를 데려와 베이비시팅 워크숍을 마친 학생들 중에서 베이비시터를 구할 수 있는 좋은 기회다. 베이비시터 리스트에 이름을 올리려면 부모가 베이비 시팅하는 일을 허가한다는 서류에 사인을 받아와야 한다. 30% 의 미국 고등학생들이 파트 타임으로 일을 한다. 용돈을 버는 목적 외에도 일을 하면서 대인관계, 돈의 가치 및 시간 관리에 대해 배우고 쓸데없는 일에 빠지는 것을 방지해주기 때문에 부모들도 찬성하는 편이다.

② 컴퓨터 교사 - 노년층 어른들에게 컴퓨터와 인터넷 사용하는 법을 가르쳐 줄 중고등학교 학생들은 어르신들에게 이메일 계좌를 개설해서 사용하는 법, 타블렛이나 랩톱, 핸드폰을 사용해서 인터넷을 검색하고, 도서관 웹사이트를 이용하는 방법들에 대해 가르친다. 학생들은 어르신들보다 15분 먼저 도착해야 한다. 이 프로그램에

참가한 학생들은 지역사회봉사점수를 받을 수 있으며 처음으로 이 프로그램에 참가하는 학생들은 1시간 연수를 받아야 한다. 대부분의 미국 고등학교에서는 학생들이 소정의 지역사회 봉사 학점을 따도록 규정하고 있다. 학생들은 보통 병원, 도서관, 소방서 등에서 봉사활동을 하면서 대인 관계에 대해 배우고 자신감이 높아지며 지역사회가 직면한 문제에 관심을 가지고 참여하게 된다는 이점이 있다.

다. 미술 및 공작 및 프로그램Arts and Craft

① 비단에 그림 그리기(Chinese Silk Painting)이라는 제목의 워크숍 참가자들은 집에서 가져온 실크에 전통중국화로 그림을 그린 후 작품을 집에 가져가든지, 아니면 노인센터에 기증하고 사회봉사점수 1점을 받을 수 있다.

② 경주차 모형을 만들고, 그 다음 주에는 자신들이 만든 차를 가지고 다른 차들과 함께 경주에 참가할 수 있다.

③ 마디 그라(Mardi Gras)를 1주일 앞두고 6-12 학년 학생들이 강사의 지도로 카니발과 마디그라 축제 때 쓰는 베네치아식 가면을 만든다. 이 가면은 베니스의 극장들에서 사용되었던 색깔들과 반짝이와 디자인을 이용한 콜라쥬로 만든다.

④ 5~12학년 학생들을 대상으로 여러 가지 색깔의 고무줄로 우정을 나타내는 팔찌(friendship bracelet)를 만드는 워크숍을 한다. 재료는 도서관에서 제공하며, 참가자들은 5개까지 팔찌를 만들 수 있고

팔찌 1개마다 $2을 내야한다. 이 워크숍에서 모아진 돈은 메이크어 위시(Make-A-Wish) 재단에 전액 기부된다. 이 재단은 불치병에 걸린 어린이들의 꿈을 이루어주는 활동을 한다.

⑤ 아일랜드에서 온 미국인들의 명절인 세인트 패트릭스 데이(3월 17일)를 앞두고 아일랜드 민화에 나오는 레프리콘(Leprechaun) 모자 모양의 과자를 만드는 워크숍을 연다.

라. 독서토론

6~12학년들의 독서토론과 스낵시간을 가진다. 등록은 도서관 웹사이트에서 할 수 있으며 15명이 인원이다. 참가하는 학생들은 선정된 책을 읽고 와서 책에 대한 자신의 감정을 자유롭게 토로하고 나눈다.

4) 어린이와 청소년들을 위한 프로그램

가. 스토리 타임(1세~5세)

① 생후 1세-1세 반 아기들과 그 부모나 보모들을 위한 기글스 앤 위글스(Giggles and Wiggles) 프로그램을 월요일과 화요일 아침 9시 45분부터 10시 15분까지 4주간 실시한다. 사서가 읽어주는 이야기를 들으며 아기들이 흥겨운 음악에 맞추어 손동작을 따라하는 이 프로그램은 아기들의 초기 리터러시 기술을 발달시켜준다. 이 프로그램은 본 도서관의 도서관 친구들의 기부금으로 조성되었으며 "Born to Read"의 선물가방과 책들을 참가자들에게 나누어 준다.

② 생후 1세 반에서 2세까지의 영아들과 그 부모나 보모들을 대상으로 한 리틀 스프라우트(Little Sprouts) 프로그램을 월요일과 화요일 아침 오전 11시부터 11시 30분까지 4주간 실시하는데 아이들에게

놀이를 통해 새로운 것을 배우고 새로운 친구들도 만나 즐거운 경험을 함께 하는데 초점을 맞추었다. 도서관 친구들이 후원하며 참가자들에게는 로즈매리 웰즈의 'Read to Your Bunny'(자녀에게 책을 읽어주세요)라는 책을 선물로 준다.

③ 생후 2세부터 3세 반까지의 유아들과 그 부모나 보모들을 대상으로 하는 토들러 스토리타임(Toddler Storytime)을 금요일날 오전 11시부터 11시 30분 또는 오후 2시부터 2시 반까지 4주간 실시하는데 아이들은 사서가 읽어주는 이야기를 듣고, 노래를 따라 부르며, 함께 이야기하고 함께 놀고 배운다

④ 3세 반에서 5세까지 아이들을 위한 프리 케이 스토리타임(Pre-K Storytime)은 부모나 보모를 떨어져 스토리 타임에 참여할 수 있는 아이들을 대상으로 아이들에게 엄선된 여러 장르의 책들을 소개해주고 노래와 게임을 통해 그룹 활동에 참여시킨다. 아이를 데리고 온 어른은 아이가 스토리타임 룸에 잘 들어가는지 지켜보아야 한다.

⑤ 유치원에 재학중인 학생들을 대상으로 책을 읽어주고, 공작을 하며, 영화도 보는 킨더가든 테일(Kindergarten Tales)은 월요일이나 수요일 오후 4시 15분부터 5시까지 5주간 실시하는데 유치원생들은 사서가 읽어주는 인기작가 모 윌렘스의 비둘기 이야기(Don't Let the Pigeon Drive the Bus), 닥터 수스의 모자쓴 고양이(The Cat in the Hat), 신시아 라일런트의 헨리와 머지(Henry and Mudge) 등의 이야기들에 눈을 뜨게 된다. 이야기에 관련된 미술 및 공작활동도 하고 이야기와 관련된 짤막한 영화도 본다.

⑥ 3세 반에서 5세까지 아이들을 위한 파자마 라마 스토리타임(Pajama Rama Storytime)은 매주 수요일 저녁 7시부터 7시 반까지 아이들이 파자마를 입고 좋아하는 인형을 품에 안고 올 수 있다. 부모나 보모를 떨어져 스토리 타임에 참여할 수 있는 아이들이 대상이다. 30분 동안 사서가 읽어주는 책에 귀를 기울이며, 음악에 맞추어 율동을 하는 동안 부모나 돌보는 이들은 도서관 안에 대기하고 있어야 한다.

⑦ 유치원에서 5학년 학생들을 대상으로 '도전 칼데콧'(Caldecott Challenge)이라는 프로그램에 참가하는 학생들은 팀을 이루어 과거의 칼데콧 수상작들을 검토하면서 서로 비교하는 기회를 가진다. 칼데콧상은 미국도서관협회의 지부인 '아동을 위한 도서관 서비스협회'에서 매년 미국에서 출판된 픽처북 중에서 그림이 가장 뛰어난 책의 삽화가(illustrator)에게 주는 상이다.

나. 북클럽

3~5학년 학생들을 대상으로 하는 뉴베리 라운드테이블(Newbery Roundtable)이라는 프로그램에 참가하는 학생들은 역대 뉴베리 수상작들 중에서 사서가 정한 책을 읽고 와서 토론한다. 뉴베리상은 지난 해 미국에서 출판된 아동 문학 가운데 가장 뛰어난 공헌을한 작가에게 주는 상이다.

다. 펀 타임Fun Time: 공작, 영화, 수수께끼 등 재미나는 시간

① 1세 빈에서 5세 아동들과 농반하는 어른들을 대상으로 매달 1번씩 수요일 저녁 7-8시 1시간 동안 '토츠 나이트 아웃'(Tot's Night Out)

이라는 프로그램을 실시한다. 아이들은 미술 및 공작 활동을 하며 음악에 맞추어 율동도 하고 노래도 하며 즐거운 시간을 보낸다.

② 초등학교 1-3학생들을 대상으로 금요일 오후 4시부터 5시까지 재미나는 시간을 마련했다. 예를 들면 3월은 '전국 미술 및 공작의 달'이며 '어린이 미술의 달'이라는 점에 착안해서 학생들이 창의력을 발휘해서 미술 및 공작을 하는 시간이다. 4월은 '프레즐(pretzel)의 달이'며 '전국 유머의 달'이라는 데 착안해서 재미있는 이야기를 읽으며 좋아하는 음식과 애완동물에 대해 이야기를 나눈다. 5월은 '디저트를 먼저 먹는 달'이며 '전국 자전거의 달'이다. 참가 학생들은 매달 각각의 재미있는 이야기와 연관된 활동을 한다.

③ 2세부터 3세 반까지의 아이들을 대상으로 수요일 오후 2시부터 2시 45분까지, 또는 4시부터 4시 45분까지 이야기를 들려주고 공작도 하는 Little Diggers: A Story and Art 프로그램을 실시한다.

④ 유치원에서 5학년까지 학생들을 대상으로 하는 레고 크리에이션스(Lego Creations)라는 프로그램은 매주 금요일과 수요일 오후 4시 반부터 시작하며 아이들이 레고 블록으로 차, 헬리콥터 등 자기가 좋아하는 형태를 만들어 도서관에 전시할 수 있다.

라. 특별 프로그램 (체스, 비행기, 요가)

① 2~6 학년 학생들을 대상으로 목요일 저녁 7-8시 1시간 동안 체스(서양 장기)를 가르쳐주는데 실력에 상관없이 오면 되며 체스판은 빌려준다.

② 2세 반에서 5세까지의 아이들과 동반어른들을 위한 '1, 2, 3 발사'(1, 2, 3 Blast Off!) 프로그램은 여러 가지 활동을 통해 비행기, 로켓트 등에 관한 탐구정신을 키워주는 재미난 프로그램이다.

③ 2~3 세 아이들과 동반 어른들을 대상으로 하는 '엄마와 함께 하는 요가'(Mommy & Me Yoga) 프로그램은 월요일 오전 10시 15분에서 11시까지 3주간을 실시한다. 요가 면허를 가진 요가강사가 일 대 일로 간단한 요가 포즈들을 가르쳐준다. 자녀와 함께 와서 편하게 요가를 하며 좋은 시간을 가질 수 있다.

마. 방학 중 프로그램

① 봄방학 프로그램(4월 중)

- 4~8학년을 대상으로 만화그리기 워크숍
- 2~5 학년을 대상으로 달걀에서 부화하는 병아리에 대한 워크숍
- 유치원~4학년을 대상으로 과학을 응용한 마법과 마술에 관한 워크숍
- 3~5학년을 대상으로 음악, 무용, 이야기, 마법의 시간
- 3세이상 아이들과 그 보호자들이 함께 하는 미술 및 공작 시간
- 4세 이상과 그 보호자들을 위한 가족영화 "Frozen"상영

② 겨울방학 프로그램

- 겨울방학 6주 동안 일주일에 한 번씩 도서관에 와서 자기가 읽은 책을 써내고 간단한 상품 받기
- 도서관에서 병속에 가득 들어있는 지우개의 숫자를 추측해서 가장 정확하게 맞춘 학생에게 그 지우개를 모두 상품으로 주는 게임

- 스노우 버드 론(Snowbird Loan)이라는 이름으로 겨울방학동안 휴가를 가는 주민들을 위해 원래 3주인 대출기간을 12월 9일부터 4월 7일까지 4개월로 연장해준다. 가족당이 아니라 개인별로 10권까지 빌릴 수 있다.

③ 뉴욕주 도서관 여름방학프로그램

- 유치원~6학년생을 위한 프로그램

유치원학생부터 6학년까지 스스로 책을 읽을 수 있으면 이 프로그램에 가입할 수 있다. 가입하고 나서 도서관 카드소지자들은 6월 16일부터 도서관에 와서 도서관에 보관되어 있는 책자에 자기가 읽은 책을 기록할 수 있으며 카드가 없는 사람은 7월 7일부터 빈자리가 있는 대로 가입할 수 있다.

2019년 여름방학 독서프로그램의 주제는 '이야기들이 가득한 우주(A Universe of Stories)'이며 도서관에서 제공하는 여러 가지 프로그램들을 통해 학생들은 여름방학동안 내내 읽고 배울 수 있다. 매주 한 번씩 도서관에 와서 읽은 책을 기록하고 선물을 받는다.

- 2~6세 어린이들에게 부모나 보호자가 집에서 책을 읽어주는 프로그램

2~6 세 아동들 가운데 아직 스스로 책을 읽을 수 없는 아동들을 위해 부모나 보호자가 이 프로그램에 가입할 수 있다. 가입하고 나서 도서관 카드소지자들은 6월 16일부터 도서관에 와서 도서관에 보관되어 있는 책자에 자기가 읽은 책을 기록할 수 있으며 카드가 없는 사람은 7월 7일부터 빈자리가 있는 대로 가입할 수 있다.

바. 도서관 웹사이트에서 무료로 접속할 수 있는
온라인 프로그램들 (도서관 카드 소지자에게 한함)

① 비디오 스토리북 - 도서관 웹사이트 www.bryantlibrary.org/kids를 방문하여 도서관 카드 번호를 입력하면 다음의 비디오 스토리북 프로그램들을 이용할 수 있다.

a. BookFLIX 한 주제에 대한 픽션과 넌픽션을 짝지어 놓은 전자책(e-book)들을 읽고 나서 학생들은 각 책에 대한 퀴즈도 풀고, 어휘도 익히며, 게임도 할 수 있다.
b. Disney Digital Books 700권 이상의 디즈니 스토리 전자책(e-book)을 다운로드해서 읽을 수 있다.
c. Sesame Street e Books 세사미 스트리트 쇼에 나오는 친구들이 나오는 전자책(e-book)들을 다운로드해서 읽을 수 있다.
d. Tumble Books 각종 전자책(e-book)들과 퍼즐, 게임, 따라 읽기들을 할 수 있다.

② 오디오북 - 도서관 웹사이트 www.bryantlibrary.org 를 방문하여 도서관 카드번호를 입력하면 액션, 모험, 미스테리, 판타지, 스포츠 등 각종 오디오북을 다운로드해서 들을 수 있다.

③ 숙제 도우미-유치원에서 12학년까지 학생들이 도서관 웹사이트를 방문하여 도서관 카드번호를 입력하면 온라인에서 무료 튜터가 1:1로 모든 과목의 숙제를 도와준다. 오후 2시부터 10시까지. 도서관 웹사이트는 www.bryantlibrary.org

6절

공공도서관의 든든한 후원자 : 도서관 친구들Friends of the Library

(1) 롱아일랜드 로즐린에 소재한 브라이언트 도서관의 경우Bryant Library, Roslyn, New York

브라이언트 도서관의 '도서관 친구들(Friends of the Library)'은 도서관을 후원하는 비영리 단체다. 1979년에 설립된 이후 도서관에 필요한 장비와 책을 비롯한 자료 구입 후원금, 그리고 도서관의 각종 프로그램들을 위한 후원금을 제공한다. 도서관은 이 후원금으로 도서관 이용자들이 도서관을 더 잘 이용할 수 있도록 많은 일들을 해오고 있다. '도서관 친구'가 되려면 연회비를 내면 되는데 회비는 매년 1월 1일부터 12월 31일까지 연회비이며 세금공제가 된다. 년 25달러를 내면 회원, 년 50달러를 내면 공헌자(contributor), 100달러를 내면 스폰서, 500달러를 내면 자선가, 1,000달러를 내면 평생회원의 호칭을 얻게 된다. 이러한 '도서관 친구들' 회비로 브라이언트 도서관에서는 다음과 같은 서비스와 프로그램들을 실시하게 되었다.

* 새 대출 데스크와 참고 및 안내 데스크 구입
* 새로 구입한 어린이 도서실 가구들과 새로운 아동용 화장실 설치비용
* 어린이들에서 노인들에 이르기까지 모든 연령층을 위한 연중 다양한 프로그램과 이벤트 등의 개설비용
* 매년 인문과학의 유명한 학자들을 도서관에 초청하여 강의

* 도서관학을 전공하려는 스탭들에게 장학금 수여

* 뉴욕시와 롱아일랜드 소재 유명 박물관들의 무료 입장권 프로그램

이와 같이 '도서관 친구들'은 지역사회를 지적, 문화적으로 활성화하는데 기여하고 있으며 대출데스크에 놓여진 편지봉투 및 신청서로 누구나 회비를 넣어 보낼 수 있다.

도서관 친구들 중에 재능기부를 하는 사람들도 있어서 엄마와 딸이 책을 읽고 북토론을 하는 '엄마와 딸의 독서클럽'이나 아빠와 아들이 책을 읽고 자연을 산책하는 '아빠와 아들의 산책클럽' 등을 운영하기도 한다.

(2) 브라이언트 도서관의 '도서관 친구들'이 후원하는 박물관 무료입장 프로그램Museum Pass Program

이 프로그램은 '도서관 친구들'이 후원하는 프로그램들 중에서 가장 인기가 있는 프로그램이다. 브라이언트 도서관 카드를 가지고 있는 사람들은 안내데스크에서 또는 도서관 홈페이지의 온라인 예약 시스템을 찾아 박물관 입장권의 아이콘을 누르면 신청할 수 있다. 입장권은 크레딧카드와 같은 크기와 모양의 플라스틱 카드로 되어 있으며 '뮤지엄 패스(Museum Pass)'라고 부른다. 뮤지엄 패스는 박물관 당 2장 정도로 한정되어 있어서 선착순으로 이용 가능하다. 뮤지엄 패스는 보통 어른 2명 아이 2명 정도가 함께 사용할 수 있으며 3일간 빌려갈 수 있다. 그러나 제때 반납하지 않으면 하루에 25달러의 벌금이 붙고 잃어버렸을 때는 50달러의 벌금이 붙는다. 또한 뮤지엄 패스를 이용한 후에 도서관에 반납할 때는 직접 안내 데스크에 반납해야 한다. 뮤지엄 패스를 그냥 도서

반납함에 넣어 반납했을 경우에는 10달러 정도의 벌금이 붙는 경우도 있다. 가든 시티 도서관(Garden City Library)에서는 도서관 카드 소지자가 박물관 입장권을 빌려가기 전에 사용 방법을 숙지시키기 위하여 뮤지엄 패스 사용약관에 사인을 하도록 하고 있다.

이 프로그램은 대부분의 뉴욕 롱아일랜드의 낫소 공공도서관 시스템 회원도서관에서 실시하고 있는데 '도서관 친구들'의 후원으로 이루어지는 서비스들 중에서 가장 큰 호응을 얻고 있다. 도서관 카드 소지자에 한하며 브라이언트 도서관에는 다음의 박물관들과 계약을 맺고 이 프로그램을 실시하고 있다.

브루클린식물원(Brooklyn Botanic Garden)
현대미술관(The Museum of Modern Art〈MoMA〉)
구겐하임박물관(The Guggenheim Museum)
항공박물관(The Cradle of Aviation)
롱아일랜드 어린이박물관(The Long Island Children's Museum)
낫소카운티미술관(The Nassau County Museum of Art)
올드 웨스트베리 정원(Old Westbury Gardens)
인트레피드 군사박물관(The Intrepid Sea, Air and Space Museum)
그래비스 포인트 인디언박물관(The Garvies Point Museum and Preserve)
뉴욕역사협회 박물관 (The New York Historical Society)
콜드 스프링 항구 양어장 및 수족관(Cold Spring Harbor Fish Hatchery & Aquarium)
뉴욕식물원(The New York Botanical Garden)
반더빌트박물관(Vanderbilt Mansion/Museum/Planetarium)
소방서박물관(Firefighters Museum)

이 뮤지엄 패스는 한 달 전에 미리 예약할 수도 있으며 픽업은 꼭 본인이 아니더라도 18세 이상의 가족이 해도 된다. 한 번에 패스를 한 가지만 빌릴 수 있으며 많은 사람들이 골고루 사용할 수 있도록 하기 위하여 브라이언트 도서관의 경우에는 한 가족 당 30일에 1번씩, 가든 시티 도서관의 경우에는 한 가족 당 6개월에 1번만 빌릴 수 있다.

(3) '도서관 친구들'이 기금 모금을 위해 하는 수익사업 - 상설 중고책 서점

또한 '도서관 친구들' 중에서 주로 은퇴한 시니어들이 자원봉사로 근무하며 운영하는 중고책 서점이 브라이언트 도서관 바로 맞은 편 발렌타인 하우스에 위치하고 있다. 아동서적에서부터, 청소년, 성인들을 위한 각종 픽션, 넌픽션, 여행안내 책자, 요리책 등 모든 장르에 걸쳐서 지역 주민들로부터 기부 받은 책들을 질서정연하게 진열해놓고 싼 값에 판매하고 있다. 지역주민들이 그들의 자녀들이 어렸을 때 읽었던 책들을 박스에 담아 가지고 오면 자원봉사자들이 가격을 매겨 전시하고 책이 필요한 부모들이 와서 책을 사간다. 책값은 보통 15~20달러 정도하는 하드커버가 1~3달러에 팔리고 있다. 이러한 책들을 판매해서 얻은 이익금은 '도서관 친구들'의 기금으로 들어가 도서관의 발전에 쓰이게 된다.

• 발렌타인 하우스 내부의 모습

• 브라이언트 도서관 맞은편에 있는 발렌타인 하우스

(4) '도서관 친구들'의 지역사회 아웃트리치 프로그램 (다가가는 프로그램) : Friends of the Orange County Library(FOL) System, Florida[43]

플로리다의 오렌지 카운티에는 5세 미만의 자녀가 있는 가정의 10.5%가 빈곤층이어서 헤드 스타트 프로그램[44]은 그러한 가정에서 자라나는 5세 이하의 아동들의 문해력을 높이고 유치원에 들어가기 전에 갖추어야 할 기초능력을 가르쳐주는데 앞장서고 있다.

---

43) Smallwood Carol(Editor), Librarians as Community Partners: An Outreach Handbook. American Library Association. Chicago, 2010.

44) 저소득층의 부모들은 자녀가 공립학교시스템에 입학하기 전에 그 나이에 필요한 사회적 기술을 배울 수 있는 프리스쿨에 자녀를 보낼 경제력이 없다. 그래서 저소득층의 자녀들은 공립학교에 들어가서 수업을 하는데 필요한 사전지식이나 스킬 등이 부족해서 학교공부를 제대로 따라갈 수 없다. 따라서 정부차원에서 이러한 헤드 스타트 프로그램을 통해 저소득층 자녀들을 위해 무료로 또는 저렴한 비용으로 프리스쿨에서 배울 수 있는 능력들을 가르쳐주고 있다.

오렌지 카운티 도서관 시스템은 1980년대 중반부터 이 카운티의 헤드 스타트 프로그램에 참여해왔으며, 도서관 사서 및 행정가들이 헤드 스타트 직원들과 협력하여 아동들이 도서관에 와서 도서관의 자료들을 잘 이용하도록 하였다. 이에 더 나아가서 도서관 측에서는 어린 아이들에게만 이 서비스를 실시할 것이 아니라 가족 전체의 문해력과 초기 문해력을 향상시키는데 기여하고자 스토리 타임에 참여한 아이들에게 사서가 읽어 주었던 책을 주고 집에 가서 부모님과 함께 읽도록 하였다. 그러자 헤드 스타트 프로그램에 참여한 1,500명의 학생들에게 줄 책을 살 예산이 필요하게 되었다.

이에 1947년에 설립된 오렌지 카운티 도서관 친구들(FOL)이 도서관 헌 책방과 선물가게를 운영해서 모은 기금으로 헤드 스타트와 같이, 도서관이 후원하는 지역사회 발전계획에 책을 기부하기 시작했다. 지난 10년간 FOL은 헤드 스타트 프로그램과 책기부사업에 매년 6,500달러를 기부해왔다. 책의 선택은 도서관 직원들이 가이드라인에 따라서 한다. 책의 선정기준은 다음과 같다.

- 대량으로 구입할 수 있는 책
- 페이퍼백(paperback)
- 한 권당 $5.99가 넘지 않을 것
- 3 ~ 5세 아동들을 위한 스토리 타임에서 사용할 수 있고 단막극에 활용할 수 있는 책
- 오렌지 카운티 주민의 24.3%가 라티노이기 때문에 스페니시어로도 번역이 된 책이면 더 좋음
- 학령 전 아동들에게 읽어줄 때 시각적 효과가 큰 책(Big Book)

이와 같이 '도서관 친구들'은 미국 전역의 공공도서관에서 재능 기부, 시간 기부, 물질 기부 등 도서관 운영을 위한 다양한 형태의 기부를 함으로써 지역주민 들의 필요와 기대를 파악하여 그들의 삶을 풍요롭게 하는 더 좋은 프로그램과 서비스를 가능하게 하고 있다.

7절

끊임없이 진화하는 유기체로서의 공공도서관

(1) 미국 공공도서관의 주요 기능

미국의 공공도서관은 18세기부터 20세기까지 인류의 지성의 상징인 책과 역사문화의 보고로 미국의 번영과 함께 성장을 거듭해왔다. 공공도서관이 처음 생겼을 때부터 지금까지 미국의 공공도서관은 일반 대중들이 지역사회 안에서 무료로 배움의 길을 걸을 수 있도록 각종 장서는 물론 프로그램과 서비스를 제공해오고 있다. 공공도서관은 사람들이 일상생활에서, 직업에서, 또는 여가활동에서 필요로 하는 최신 장서들을 갖추고 스토리 타임, 북클럽 그리고 서점과 같이 잘 전시된 책들을 통해 모든 연령층에 걸쳐 독서를 장려한다. 또한 공공도서관에서는 사람들이 필요로 하는 온갖 정보를 제공하고, 학령전 어린이들부터 모든 학생들에게 학습 자료도 제공하며, 지역사회 안에서 학생들에게 온라인으로 숙제를 도와주는 사이버가정교사도 제공하고 유사시에는 공공도서관으로 안전하게 대피할 수 있으며, 정부의 도움이 필요한 사람들은 각종 정부서비스에 대한 정보 및 자원들을 얻을 수 있는 제 1차적인 지역사회 기관이다.

(2) 정보격차Digital Divide를 줄여주는 미국의 공공도서관

공공도서관은 빈부의 격차로 인한 **정보격차**(digital divide)[45]를 줄여줄 수 있는 유일한 곳이다. 무료로 받을 수 있는 도서관 카드만 있으면 집에 컴퓨터가 없는 빈곤층 사람들도 공공도서관에서 제공하는 컴퓨터 교육 프로그램에 가입하여 컴퓨터 이용방법 및 새로운 정보기술을 배울 수 있으며 도서관에서 컴퓨터로 이력서를 작성하여 온라인으로 보내는 등 직업을 찾는 데도 도움을 받을 수 있다.

그러나 2020년 3월 이후 코비드 19 팬데믹으로 모든 공공기관들이 문을 닫으면서 도서관을 이용하던 고객들의 정보접근이 어려워지자 도서관의 인근 주민들을 위한 무료 와이파이 서비스가 시작되었다. 브루클린 공공도서관의 경우, 저소득층이나 소외계층의 디지털 정보격차로 인한 불평등을 완화시키기 위한 이니셔티브로 2020년 10월부터 도서관에 오지 않아도 특정 도서관 분원에서 전방향 300 피트 반경안에 위치한 가정과 사업체를 포함한 모든 장소에서 인터넷 접속을 할 수 있는 무료 와이파이 서비스를 개시하였다.

공공도서관은 일반 대중들이 무료로 영화비디오나 비디오 게임을 빌릴 수 있으며, 테크놀로지에 취약한 노인들이 와서 전자책 리더(Reader)를 이용하거나 소셜 네트워킹하는 방법을 배울 수 있는 다이내믹한 커뮤니티 센터이다.

---

45) 새로운 정보기술에 접근할 수 있는 능력을 보유한 자와 그렇지 못한 자 사이에 경제적, 사회적 격차가 심화되는 현상

(3) 지역 공동체로서의 미국 공공도서관의 이용 현황

전미 박물관 및 도서관 서비스 협회(Institute of Museum and Library Services)의 2011회계연도 공공도서관 조사연구에 의하면[46] 특히 2001년부터 2011년까지 10년 동안 미국의 공공도서관 사용률은 대출과 프로그램 참석 면에서 꾸준히 성장해왔다. 이러한 성장은 도서관에 들어간 투자, 즉 도서관 예산, 장서의 규모, 도서관 직원의 숫자, 일반이 사용할 수 있는 컴퓨터의 수 그리고 프로그램의 숫자 등이 증가된 것으로 알 수 있다. 그러나 경기의 침체로 도서관의 예산이 줄어들면서 도서관의 이용률도 조금 낮아진 적도 있으나 사람들은 책과 정보를 찾아서 또 사회적 교류와 소통을 위해 꾸준히 공공도서관을 이용하고 있는 것으로 나타났다.

특히 동 조사결과에 따르면 1991년부터 2011년까지 20년 동안 공공도서관의 서비스는 계속해서 변화해왔는데 그 이유는 인구의 증가로 지역사회가 커지면서 또 새로운 테크놀로지의 유입이 가속화되면서 사람들은 공공도서관이 이러한 변화에 적시에 보조를 맞춰주기를 기대하였기 때문이다. 예를 들면 인쇄된 책보다 전자책을 원하는 사람이 점점 많아지면서 공공도서관도 그 추세에 맞추어 인쇄된 책과 전자책을 균형 있게 맞추어 장서개발을 하고 있다. 또 2011년에는 스마트폰과 태블릿, 랩톱을 사용하는 사람들이 많아지면서 공공도서관에도 광대역 종합정보통신망(broadband access)이 설치되게 되었다. 이와 같이 공공도서관은 언제나 그랬던 것처럼 일반대중들이 필요로 하는 정보를 얻도록 하며 디지털 시대의 요구와 필요에 맞추어 주기 위해서 지역사회 내에서 유일한 자리를 지키고 있다.

46) 박물관 도서관서비스연구소. http://www.imls.gov/assets/1/AssetManager/PLS2011.pdf

(4) 미국의 도서관 현황: 공간과 사서

현재 미국에는 공공도서관, 학교도서관, 대학/연구 도서관, 특수도서관까지 합쳐서 모두 12만 5천개의 도서관이 있다. 이 가운데 공공도서관의 숫자는 본관과 분관 건물들을 다 합해서 전국적으로 1만 6천여 개 정도 된다. 사람들이 즐겨찾는 스타벅스 커피점의 숫자는 전국적으로 1만 7천여 곳으로 공공도서관의 숫자와 비슷하며, 맥도날드 체인점의 숫자는 1만 3천여 곳으로 공공도서관에 비해 조금 낮다. 그렇다면 공공도서관에 근무하는 사람들의 숫자는 어떻게 될까? 미국에는 총 16만 6천여 명의 사서와 20만여 명의 기타 직원을 합해서 총 36만 6천여 명이 각종 도서관에서 일하고 있다.[47]

그러나 21세기 디지털 시대가 도래하면서 많은 사람들이 도서관에 가지 않고도 인터넷으로 쉽게 정보를 검색할 수 있으며 킨들이나 아이패드 등의 전자책 리더로 얼마든지 책을 읽을 수 있게 되었다. $69짜리 킨들에 3천권의 전자책(e-book)을 저장할 수 있으니 자연히 도서관에 가지 않고도 원하는 책을 읽을 수 있다. 요즘은 스타벅스에서 책을 읽거나 공부를 하는 사람들도 늘어나는 추세다. 그렇다면 공공도서관과 사서의 존립이 위태로워지는 것일까? 어떻게 하면 공공도서관에 사람들을 다시 끌어올 수 있을까? 공공도서관들은 4차 산업혁명 시대 사회의 변화에 따른 지역 주민들의 기대와 성향을 파악하여 그들의 삶을 변화시킬 수 있는 맞춤형 서비스를 제공할 수 있도록 방안을 강구하여야 한다.

---

47) 원문 출처: https://libguides.ala.org/numberoflibraries, http://www.ilovelibraries.org/what-libraries-do/about-americas-libraries#school, http://www.ala.org/tools/libfactsheets/alalibraryfactsheet02

(5) 콘텐츠 큐레이터Contents Curator로서의 사서

공공도서관들은 사회적 요구의 흐름에 따라 기존의 종이책들과 전자책(e-book) 사이에서 수요에 따라 균형을 맞추어 장서를 구입하며, 각종 온라인 데이터베이스, 전자책(e-book) 등 고객들이 필요로 하는 매체들을 갖추고 고객들을 기다리고 있다. 또한 사서들도 수시로 재교육을 통해 새로 유입되는 정보 통신기술을 재빨리 습득하여 다양한 고객들의 필요를 충족시킬 수 있어야만 존립할 수 있게 되었다. 그러기 위하여 사서들은 매일같이 넘치는 새로운 정보의 홍수 속에서 고객이 원하는 정보를 쉽게 찾을 수 있도록 도와주는 '정보의 항해사', 그리고 온라인 정보 속에서 좋은 정보를 가려내어 도서관 웹사이트에 링크를 걸어 항목별로 전시하는 '콘텐츠 큐레이터'로 거듭나고 있다.

(6) 지역주민에게 다가가는 지역 센터Community Center

디지털 시대의 공공도서관은 인터넷 상에서 온라인 정보에 접근하는 정보접근 장소의 기능에서 한 걸음 더 나아가 지역주민의 모든 필요를 채워주기 위해 늘 새로운 서비스와 프로그램을 모색하여 제공하는 '지역 센터'가 되기 위해 주민들에게 '다가가는 도서관'으로 변모하고 있다. 새로운 직업을 찾는 사람들에게 이력서 작성을 도와주고 구직에 필요한 기술을 가르쳐주는 비즈니스 센터, 이민자들이 영어를 배울 수 있는 어른 학습센터(adult learning center), 병석에 있는 환자들이나 노인들에게 집으로 책을 배달해주는 홈바운드 방문 서비스 등을 포함해서 지역사회 주민들의 필요를 충족시켜주려 노력하고 있다.

(7) 알링톤 하이츠 도서관의 장애자를 위한 서비스와 공간

신체가 불편하여 특별한 도움이 필요한 사람들을 위한 도서관 프로그램들도 있다. 일리노이주의 알링톤 하이츠 도서관에서는 다리가 불편한 사람들을 위해서 도서관 안에서 무료로 모터 스쿠터를 빌려주고 있으며, 시력장애자들은 컴퓨터화면에 활자가 크게 확대되어 보이게 하는 장치를 사용할 수 있고, 청각장애가 있는 고객들은 전신전화기(Teletypewirter: TTY))를 사용해서 말하고 싶은 사항을 타이프로 쳐서 통화할 수 있다. 도서관에서 주최하는 프로그램에 수화 통역자가 필요한 사람은 72시간 전에 도서관에 전화해서 도서관 직원에게 이야기하면 수화 통역자가 와서 통역해준다.

이와 같이 도서관 이용자들의 필요를 채워주기 위한 도서관의 서비스 외에도 지역주민들의 발길을 도서관으로 이끌기 위해 도서관의 시설을 과감히 바꾸는 도서관들도 늘어나고 있다. 2013년 여름 시카고에서 열린 미국도서관 협회의 주제는 "도서관을 바꾸자 우리 스스로"였다. 2013년에 새로 꾸며진 알링톤 하이츠 기념도서관은 기존의 벽을 부수고 오픈 스페이스를 만들어 2만 권의 책들과 DVD, 음악 CD들을 전시해 놓았다. 퓨연구소의 '인터넷과 어메리칸 라이프 프로젝트'의 연구에 따르면 59%의 도서관 이용자들이 더 안락한 독서 공간을 원하는 것으로 나타났다. 따라서 이 도서관에는 푹신한 의자와 벽난로를 놓아 마치 가정집의 리빙룸 같이 꾸며 이용자들의 호응을 받고 있다. 또한 요즘 어른들은 오래된 사진들을 도서관에 가져와 스캐너로 스캔해서 디지털 포맷인 JPEG파일로 만들어 저장하는 것이 인기라고 한다.

실제로 브라이언트 도서관에는 최신 스캐너가 설치되어 파일로 간직하고 싶은 신문기사나 수업에 사용할 책의 일부를 스캔해서 가지고 간 USB에 디지털 파일로 저장하거나 자신에게 이메일하거나 구글 드라이브(Google Drive)에 저장할 수 있다.

(8) 청소년을 위한 '십대의 공간Teen Space'

요즘 도서관마다 새로 생기는 코너가 있다. 그동안 도서관 서비스는 어린이와 어른을 위한 서비스로 이원화되어 왔는데, 그 틈새에 낀 영 어덜트(Young Adult), 즉 틴에이저들은 도서관 안에서 마땅히 갈 곳이 없었다. 그들은 어린이 도서관에 가기에는 나이가 많고, 성인부에서는 나이가 어리기 때문에 중고등학생들이 자기들만의 공간이 없어서 도서관 사용을 잘 안하는 경향이 있었다. 따라서 미국 전역에서 틴에이저들만을 위한 공간을 만드는 추세가 이어져왔다. 알링톤 하이츠 도서관에는 '허브'라는 이름의 공간이 테크놀로지에 능한 틴에이저들을 환영하고 있다. 그곳에서 틴에이저들은 모여서 함께 그룹 스터디를 하고, 비디오 게임을 놀거나 다양한 창작활동을 하기도 한다. 이 공간은 방과후가 되면 항상 꽉 찬다고 한다. 롱아일랜드의 맨하셋, 포트 워싱톤, 쉘터 락 도서관들도 별도의 영어덜트 공간을 마련하고 틴에이저들이 그들만의 공간에서 어른들의 눈치를 보지 않고 자유롭게 많은 시간을 같이 보낼 수 있게 배려하고 있다.

(9) 창의성과 공유 정신의 산실: 메이커 스페이스Maker Space

이러한 기존 서비스에서 한걸음 더 나아가 미국의 공공도서관과 사서들은 공공도서관을 찾는 시민들의 발길을 공공도서관으로 돌리고 그들의 창조적, 직업적, 혁신적인 필요를 채워주기 위한 콘텐츠의 개발에 눈을 돌리게 되었다. 도서관의 논픽션 서가들에는 새집을 만드는 방법, 만화를 그리는 방법, 연을 만드는 방법 등 새로운 것을 만드는 것에 대한 많은 종류의 책들이 있다. 그러나 도서관의 공간을 랩 또는 메이커스페이스(Maker Space)로 만들어 주민들이 모여 함께 배우고 창조할 수 있는 연장과 공간을 제공한다면 공공도서관의 활용도가 높아질 것이라는 데 착안해서 미국의 공공도서관에서는 이미 '메이커 스페이스' 개념을 도입하여 시행해오고 있다. 미국의 도서관저널과 학교도서관 저널이 발표한 '공공도서관의 메이커 프로그램 2017'에 따르면 89 % 의 미국 공공도서관에서 메이커 프로그램을 제공하고 있으며 그 중의 83%가 어린이들을 위한 것이며 73%가 틴에이저를 위한 것이고 51%가 어른을 위한 프로그램이라고 한다.

1) 디지털 미디어 랩 Digital Media Lab

현재 미국의 공공도서관들에서 시행되고 있는 메이커 스페이스들에는 디지털 미디어랩(digital media lab), 해커 스페이스(hacker space), 코워킹 스페이스(co-working space) 등이 있다. 디지털 미디어랩에는 새로운 콘텐츠를 창조할 수 있는 도구와 장비들이 있어 사람들이 비디오, 음악, 사진, 디자인들의 프로젝트를 만들고 공유할 수 있다. 도서관 이용자들은 비디오, 이미지, 음향을 편집할 수 있는 소프트웨어를 사용할 수 있을 뿐 아니라 캠코더나 악기, 마이크로폰, 디지털 사진기들을 빌려갈 수도 있다. 일리노이주의 스코키 공공도서관의 디지털 미디어 랩에는 비디오를 제작할 수 있는 그린스크린이 설치되어 있으며, 시카고 공공도서관의 유미디어랩 (YOUmedia lab)에는 틴에이저들이 팟캐스트와 음악 프로젝트들을 녹음할 수 있는 작은 스튜디오들이 있다.

2) 컴퓨터 기술을 교류하는 해커 스페이스Hackerspace

해커 스페이스(hackerspace)는 컴퓨터, 테크놀로지, 과학, 디지털 아트 등에 흥미 있는 사람들이 모여 자원들을 공유하고 각자 잘하는 장기들을 이용해서 무언가를 만드는 것이다. 원래 유료 해커스 페이스는 3D 프린터, 드릴, 전자용품, 컴퓨터 등을 갖추고 교사가 방문자들을 가르쳐주는 곳인데 뉴욕의 파옛빌 공공도서관과 인디아나주의 알렌카운티 공공도서관은 비영리기관인 텍벤춰(TekVenture)와 손을 잡고 도서관에서 커뮤니티 프로젝트를 제공하고 있다.

3) 협업과 교류의 공간, 코워킹 스페이스co-working space

코워킹 스페이스(co-working space)는 일반 개인들과 프리랜서, 소기업가 및 일할 수 있는 공간이 필요한 사람들이 정기적으로 모여 아이디어를 짜내고, 프로젝트를 함께 하며 집이나 커피점에서 모이는 대신에 공공도서관에 모여서 함께 일하는 개념이다. 미국의 공공도서관들에서는 이러한 서비스를 비공식적으로 해왔으나 이제는 사서를 기존에 있던 코워킹 스페이스에 배정하거나 새로 코워킹 스페이스를 만드는 등 점점 공식적이 되어가고 있다. 예를 들면 2011년 미네아폴리스 공공도서관의 코워킹 스페이스에 일주일에 한 번씩 나가 일하는 멕 크노디씨는 여러 가지 토픽에 관한 전문가를 초대하는 지니어스 바(genius bar)를 시작하여 창업하는 회사들의 시장조사를 도와주기도 했다.[48)]

이제 공공도서관은 지역주민들에게 장서를 대여하고 북클럽이나 요가클래스나 주말 음악콘서트를 제공하는 데에서 한 걸음 더 나아가 콘텐츠를 창조하는데 필요한 장비와 공간과 전문가까지 갖추고 있는 메이커 스페이스를 제공하게 되었다. 미국의 공공도서관들이 잘 활용되기

48) 미국도서관잡지. http://www.americanlibrariesmagazine.org/article/create-library-“tech-shop”

위해서는 지역사회의 주민들의 의견을 수렴하여 어떠한 종류의 스페이스가 필요한지를 정하고 이러한 스페이스들을 재정적으로, 기술적으로 후원해줄 단체들을 모색하여야 한다. 장비, 소프트웨어와 공간이 부족한 인근의 소규모 비지니스나 비영리 기관들을 공공도서관으로 끌어들일 수 있는 좋은 기회이다.

⑽ 웨스트포트 공공도서관Westport Library의 메이커 스페이스 사례보고

커네티컷주의 웨스트포트 공공도서관의 메이커스페이스는 박물관과 도서관서비스협회(The Institute of Museum and Library Services: IMLS)의 후원으로 5세에서부터 틴에이저, 장년에 이르기까지 모든 이용자들을 대상으로 창조, 콜라보레이션, 혁신과 기업가정신을 키워주는 곳으로 성장해나가고 있다. 이 곳에서는 2014년 8월 한 달 동안 다나 라슨(엄마)과 알렉스 라슨(아들)이 '라슨 장난감 실험실(Larsen Toy Lab)'이라는 제목으로 7명의 5~8세 아동들에게 창의적인 놀이를 가르쳤다. 아이들은 게임을 하면서 이야기를 만들어 내고 이야기에 관계된 장난감도 만들었다. 그 중에서 한 가지 장남감이 선택되어 공장에서 만들어진다.

또한 웨스트포트 공공도서관에서는 포켓형 프리스비를 만드는 과정에 있는 리치와 알렉스, 이동식 얼음 자동판매기를 만들어 판매하려는 리사를 초대하였는데 그들 모두 자신들의 발명품의 원형을 3D로 인쇄하는 데 관심을 보였으며 도서관에서 스케치업(Sketchup)이라는 3D 모델링 프로그램을 이용해서 포켓형 프리스비의 모델을 디자인했다고 한다. 리사는 3D 프린터의 사용법을 도서관에서 배우고 있다. 이와 같이 공공도서관들은 혁신적인 창업자들을 돕기 위해 메이커스페이스에 관련된 프로그램과 서비스를 늘려나가고 있다.[49)]

2014년 9월과 10월 한 달 동안 매주 목요일 오후 3-4시 1시간 동안 6-12 학년까지 틴에이저들의 테크놀로지 모임(Teenager: Tech Hangout)이 열리는데 틴에이저들은 새로운 앱을 사용해보고 도서관의 마인크래프트(Minecraft)서버에서 프로그래밍을 연습할 수 있다. 사전 예약을 필요하지 않으며 랩톱컴퓨터와 스마트폰 또는 타블렛을 가지고 오면 된다.[50)]

(11) 4차산업혁명 시대 도서관의 가치와 중요성

오늘날 미국의 공공도서관들은 경기의 침체와 디지털 시대의 도래로 인해 전보다 적은 예산과 적은 숫자의 스탭 그리고 더 적은 시간으로 더 많은 일을 해야 하는 어려운 상황에 있다. 현재 미국의 공공도서관들은 과거 그 어느 때보다도 사서, 도서관 직원 및 도서관 이사들이 지역사회에 도서관의 가치와 중요성을 일깨워주어야 하는 중요한 시점에 있다.

공공도서관은 다양성, 형평성, 포용성의 원칙하에 이 시대와 이용자들 하나하나가 필요로 하는 서비스와 프로그램에 대해 깊이 생각하고 연구하는, 끊임없이 진화하는 유기체이어야 한다. 그리고 공공도서관이라는 유기체가 건강하게 활동하고 발전해나가기 위해서는 충분한 숫자의 사서가 확보되어야 한다. 또한, 시시각각 변화하는 현대 사회의 변화와 흐름에 발맞추어 주민의 삶을 변화시키는 공공도서관의 역할을 다하기 위해 끊임없이 연구하고 배우는 '평생학습자'의 자세로 임하는 것만이 공공도서관과 사서의 살 길이다.

49) 웨스트포트도서관 웹사이트. http://westportlibrary.org/services/maker-space
50) 웨스트포트도서관 웹사이트. http://westportlibrary.org/services/maker-space

· 제 3 장 ·

학교도서관에서 학생들의 미래를 준비하다

이와 같이 여러 항목에 대해 사서교사가 학생들의 도서미디어 수업에 대한 성적을 매길 수 있기 때문에 학생들의 수업 태도도 좋고, 사서교사에 대한 존경심도 높으며 책의 반납율도 높다. 그러나 1주일에 한 번 만나는 600명 이상의 학생들을 하나하나 관찰해서 성적을 매기려면 사서교사는 수업을 하면서도 촉각을 곤두세우고 매 수업마다 각 학생들의 학업 수행에 대한 메모를 해야 한다. 도서미디어 과목이 다른 과목과 마찬가지로 성적표에 표시되는 과목이라는 사실은 학교도서관 수업의 중요성과 사서교사도 '도서미디어'라는 중요한 과목을 가르치는 특별과목 교사라는 것을 학생들과 학부모들이 인식하는 데 긍정적인 역할을 하고 있다.

1절

미국 학교의 교육, 문화, 정보의 허브인 학교도서관

(1) 학교의 보물창고인 학교도서관을 꿈꾸다

학교도서관은 한 학교의 교장선생님부터 모든 교사들과 학생들의 지적, 정서적 필요를 채워주는 지능정보의 보물창고라고 할 수 있겠다. 그리고 사서교사는 그 보물창고에 있는 갖가지 보물들을 필요한 사람들이 언제나 찾아갈 수 있도록 갖추어 놓고 잘 정리하여 찾기 쉽게 해놓으며, 혹시 찾지 못하는 사람들이 있으면 친절하게 도와주는 창고지기라고나 할까? 이 창고는 늘 열려있는 창고여서 보물을 보관만 하는 것이 아니라 사람들이 언제든지 들어와 마음대로 보물을 고를 수 있다. 창고지기인 사서교사는 있는 보물들을 세공해서 새로운 보석을 만들기도 한다. 어린 학생들은 보물창고의 마법사 또는 요정인 사서교사에게서 먼 나라의 보석 같은 이야기를 듣고 눈을 반짝이고 상상의 나래를 펴며 마음이 따뜻해지는 느낌을 맛보기도 한다. 조금 더 큰 학생들은 사서교사에게서 교실에서는 배우지 못한 실세계와 관련된 새로운 지식을 찾는 방법을 배워 학업에 자신감을 갖게 되고 또 다른 지적, 정서적 호기심으로 계속 도서관을 찾게 된다.

내가 학교도서관에 관심을 가지게 된 것은 공공도서관의 아동부에서 사서로 일했을 때 도움을 필요로 하는 학교 교사들을 종종 도와주면서부터이다. 그들은 학습교수안을 짜는데 필요한 책을 찾는다며 그 책에 대해 나름대로 짤막하게 설명하곤 했다. 한 유치원 선생님은 A, B, C

순으로 알파벳을 가르치는데 내일은 P를 가르칠 차례라면서 제목이 P로 시작하는 동물에 관한 책들을 보여 달라고 했고, 어떤 선생님은 기분(feeling)이 변하는 것에 관한 그림책을 찾는다면서 도움을 청했고, 또 어떤 선생님은 '바보 같은 토끼(Dumb Bunnies)'라는 제목의 책을 찾는다고 했다. 나는 탐정이 된 기분으로 그들이 원하는 책을 신속하게 찾아주려고 노력했다.

교사들이 수업 준비를 위한 자료들을 찾는 것을 보고 나는 학교도서관의 사서교사로 일하면 어떨까 하는 생각을 하게 되었고 열정적인 선생님들의 수업을 지원하는 학교도서관을 운영하면서 매주 오는 아이들에게 갖가지 신비한 보물을 선사하고 싶은 마음에 사서교사가 되기로 마음을 먹었다. 공공도서관에서 늘 해오던 익숙한 일을 하는 것도 보람이 있었지만 어딘지 모르게 나의 마음이 100% 채워지지 않음을 느꼈다. 그 채워지지 않은 공허감의 정체가 학교도서관에서 학생들과의 직접적인 만남과 가르침이라는 것을 알고 나서 곧바로 사서교사가 되는데 필요한 코스들을 듣기 위해 학교도서관미디어 대학원 과정에 등록했다. 낮에는 공공도서관에서 근무하며 밤에는 강의실을 가득 메운 동료학생들과 함께 원석과도 같은 교수님들의 강의를 들으며 내 미래의 보물창고에 대한 꿈을 키워나갔다.

공공도서관에서 밤 근무(오후 1~9시)를 하는 날은 S중학교 도서관에서 아침부터 점심때까지 교생실습을 하면서 사서교사가 되기 위한 준비를 했다. 학교도서관에서 사서교사가 실시하는 모든 학습 지원 및 교수활동들이 대학원에서 교수님들로부터 말로만 듣던 강의내용들과 일치되는 것을 보면서 나의 보물창고에 관한 꿈은 현실이 될 것 같은 예감이 들었다.

내가 교생실습을 했던 S중학교의 도서관에는 사서교사가 두 분 계셨다. 두 분 다 경력이 20년 넘는 베테랑 사서교사인데 그중에서 M선생님은 고등학교 영어교사 출신에 초등학교 사서교사 경력도 있어서 아동문학에 조예가 깊었다. 그래서 모든 6학년 학생들은 학급별로 일주일에 한 번씩 학교도서관에 와서 M선생님으로부터 그림책을 통해 문학작품을 감상하는 법과 문학의 구성요소에 관한 강의를 몇 주 동안 들었다. 그렇게 해서 문학 수업의 기초를 뗀 학생들이 영어수업시간에 소설을 읽고 영어 선생님이 내주시는 과제를 수행할 수 있게 되었다.

그리고 신입 영어교사들이 M선생님에게 영어수업에 관해 자문을 구하러 오면 두 사람이 함께 협업수업에 관해 협의한 후 영어수업의 토픽과 과제가 정해지면 M선생님은 북토크(book talk) 준비를 했다. 즉, 영어수업 시간에 딜레마(dilemma)에 빠진 주인공에 관한 소설을 읽어야 한다면 M선생님은 그 학급의 모든 학생들이 빌려갈 수 있도록 북트럭 하나 가득 딜레마에 관한 소설책들을 싣고 영어수업이 있는 반으로 가서 북토크를 했다. 북토크는 M선생님이 책을 하나씩 손에 들고 표지를 보여주면서 학생들이 흥미를 느낄 수 있도록 줄거리를 약 10초 동안 이야기하다 갑자기 중단하는 형식이다. 그때 그 책으로 프로젝트를 하고 싶은 학생은 손을 재빨리 들어 그 책을 빌리는 것이다. 이러한 북토크를 위하여 두 사서교사는 틈틈이 학교도서관에 새로 들어온 신간서적을 하나도 빠짐없이 부지런히 읽어 그 내용을 파악하고 있었다. 이 이야기는 자그마한 예에 불과하지만 이 예를 통해서 학교도서관이 학교교육에 있어서 얼마나 중요한 위치를 차지하고 있는지 알 수 있다.

(2) 보물창고가 현실로 다가왔을 때
: 스토리텔링과 다문화 프로그램으로 빛나다

사서교사가 되기 위한 모든 자격을 갖추고 사서교사 자격증을 받았을 때, 마침 내가 일하던 공공도서관에 필요한 책을 찾으러 온 사서교사가 자신의 학군에 있는 N초등학교의 사서교사 한 분이 정년퇴직을 한다고 알려 주었다. 그 공석이 된 N초등학교도서관의 사서교사 자리에 응모하였을 때 그 학교의 교장선생님은 나에게 1학년 학생들을 상대로 데모 수업(demo lesson)을 해보라고 하셨다. 나는 강아지를 가지고 싶어 하는 남자아이가 여러 가지 종류의 강아지들을 다 살펴보고 나서 맨 나중에 자기가 좋아하는 강아지를 선택한다는 이야기를 읽어 주고, 그것이 픽션인지 논픽션인지 아이들이 파악하게 하는 레슨을 했다. 그리고 관련 활동으로 아이들에게 색종이를 나눠주고 종이접기(Origami)로 강아지 얼굴을 만들게 하였다. 흡족한 표정의 S교장선생님은 내가 5학년 학생들도 잘 다룰 수 있는지 확인하기 위하여 5학년 학급을 대상으로 수업을 해보라고 하셨다. 나는 5학년을 대상으로 데모수업(demo lesson)을 하였고 역시 좋은 점수를 받아 비로소 원하던 보물창고의 창고지기가 되었다.

사서교사로서 첫 부임지의 보물 창고지기가 되었을 때 도서관은 그야말로 창고에 불과했다. 말만 도서관이지 교실 하나의 크기였고 컴퓨터는 사서교사용 하나뿐이었다. 미디어센터라고 부르기에는 시설이 충분하지 않았지만 나는 열정을 쏟아 부어 나름대로의 보물창고를 만들리라 꿈꾸며 즐거이 사서교사의 일을 시작하였다.

유치원부터 5학년까지 약 700명의 학생이 다니던 N초등학교는 아프리카 출신 학생들이 많아 아프리카 문화에서 활발한 스토리텔링의 전통을 중요시하였다. 매년 각 학교마다 스토리텔링 콘테스트가 있었는데 각 학교의 사서교사들이 이 콘테스트를 관장하였다. 나도 일주일에 한 번씩 학급별로 도서관에 오는 학생들을 대상으로 미니 콘테스트를 열어 거기서 뽑힌 학생들을 모아 전교생이 모인 강당에서 학교 스토리텔링 콘테스트를 열었다. 그중에서 한 여학생은 집에서는 부모가 모두 스페인어를 쓰기 때문에 영어가 제2언어인데도 스스로의 노력과 타고난 이야기꾼의 재능으로 학교 전체 1등을 하게 되었다.

학군의 스토리텔링 콘테스트 날에는 우리 학교에서 1등과 2등을 차지한 학생들을 데리고 행사장에 갔다. 다른 학교들에서 뽑혀온 학생들도 실력이 대단했다. 우리 학교 학생이 전체 1등은 하지 못했지만 중요한 것은 누가 이기느냐가 아니라 이러한 스토리텔링 콘테스트로 학군 전체가 축제 분위기가 되고 그 전통이 매년 이어져 간다는 것이다. 외국에서 이민 온 학생들도 스토리텔링을 통해 영어실력이 향상되어, 평소에는 내성적인 것처럼 보였던 학생이 무대 위에 올라가 마치 다른 사람처럼 이야기를 들려줄 때 참으로 놀라움을 금치 못했다. 이렇게 변화한 학생 스토리텔러들을 보면서 이러한 학군의 행사를 기획하고 관장하는 사서교사들이 모두 함께 뿌듯해 했던 기억이 난다.

저자가 처음 사서교사로 일했던 이 학교는 학군에서 문화교육지원비가 많이 나와 그 예산으로 작가, 무용가, 배우, 가수 등 예술가들을 학교로 초빙해 평소에 부족한 학생들의 문화생활을 충족시킬 수 있는 교육적인 문화 예술 프로그램을 실시할 수 있었는데 그 프로그램들을 준비하고 실시하는 것 또한 사서교사의 몫이었다. 나는 N학교 학생의 50%를 차지하고 있는 히스패닉 학생들을 감안해 학생 전체에게 히스패닉 문화유산을 널리 알리는 계기를 만들고 싶었다. 그래서 히스패닉 문화유산의 달(9월 중순에서 10월 중순)에 히스패닉 무용단을 초빙하였는데, 그들은 스페인어를 사용하는 북미, 중미, 남미의 여러 나라들의 다양한 무용을 학생들에게 선사하면서 틈틈이 각 나라의 역사와 음악을 알기 쉬운 말로 설명하여 학생들의 이해의 폭을 넓혀 주었다.

• 아동작가 크리스 순핏

또한, 한국의 전통 명절인 설날을 맞이하여 저자는 한국계 미국인 일러스트레이션 작가 크리스 순핏(Chris Soenpiet)을 초청하여 학생들에게 일러스트레이터 작가가 어떻게 작가의 글에 어울리는 삽화를 그리는지, 어떻게 모델을 사용해서 삽화를 그리는지 또 그가 어떻게 해서 일러스트레이션 작가가 되었는지 등에 대한 강의를 직접 듣도록 해주었다. 그리고 학생들은 크리스 순핏이 직접 방청석에서 고른 학생 모델을 앉혀놓고 스케치하는 것을 보며 아주 신기해하고 재미있어 했다.

• Sister Act의 멤버가 1920년대의 복장을 하고 노래를 부르는 모습

3월 여성역사의 달에는 여성 보컬 2인조 'Sister Act'가 학교 강당에 와서 19세기부터 현재에 이르기까지 여성 음악가들이 각 시대마다 어떠한 어려움을 극복하고 음악의 길을 걸어왔는지 노래를 통해 보여 주었다. 실제 자매인 두 싱어가 계속해서 실제 가수들(티나 터너, 신디 로퍼, 쉐어 등)처럼 분장을 하고 박력 있게 노래할 때 학생들뿐만 아니라 교직원들까지 신이 나서 모두들 온몸을 덩실덩실하며 춤을 춘 화끈한 행사였다.

5월에는 과학자이자 작가인 스티브 타미첵이 와서 과학자였던 자신이 어떻게 논픽션 작가가 되어 책을 쓰게 되었는지 그 동기에 대해 이야기해주고 어떻게 하면 좋은 글을 쓸 수 있는지에 대해 학생들에게 설명해주었다. 여러 초청 강사들의 이야기를 들으면서 아이들의 꿈도 영글어 가는 것을 느꼈다.

이와 같이 다문화학생들이 많은 학교에서 근무하는 사서교사는 상이한 문화적 배경을 가진 학생들이 서로의 문화를 이해하고 서로 좋은 관계를 맺을 수 있도록 다문화 이해 증진을 위해 노력하는 것이 중요하다. 또한 교과목에 접목한 음악, 미술, 문학 프로그램 등을 기획하고 실시함으로써 학생들이 영어, 역사, 지리, 과학 등 여러 가지 다양한 과목들에 더 큰 흥미를 느끼고, 더 배우고 싶어 하는 동기 부여를 받을 수 있도록 최선을 다해 노력해야 한다.

나는 5년전 F 초등학교에 사서교사로 부임하자마자 4 - 5 학년 학생들을 위한 코리안 클럽을 시작하였다. 한국 학생은 전교에서 두 명밖에 없었지만 한국 문화에 관심이 많은 학생들이 클럽에 들어왔다. 저자는 우선 학생들에게 한국이라는 나라에 대해 비디오를 통해 역사와 지리, 그리고 현재 한국의 발전상, 음식, 언어 등에 대해 알려주었다, 학생들은 자기 이름을 한글로 쓸 수 있다고 하니 신기해 했다. 자음과 모음을 가르쳐 주고 간단한 단어를 쓰게 되고 점차 한국어로 인사도 하면서 한국어 뿐 아니라 한국의 문화도 배워갔다. 마침 우리 학교에 인터네셔널 나이트(International Night) 행사가 있어서 인도, 파키스탄, 그리스, 이태리, 필리핀, 아이티, 자마이카 등에서 이민 온 부모를 둔 학생들은 각 나라 고유의 춤과 음악을 배워 무대위에서 공연하는 다문화 프로그램이었다. 나는 학생들에게 '곰 세 마리' 율동과 그 당시 유행했던 '강남스타일' 춤을 가르쳤다. 교회에서 빌리고 한인사회에서 기부받은 한복을 입은 코리안 클럽 학생들은 처음에는 귀여운 곰의 율동을 보여주다가 두 번째 차례에서 경쾌한 강남 스타일의 리듬에 맞추어 춤을 추어 관중들의 열렬한 박수를 받은 기억이 생생하다. 프로그램이 끝나고 학교구내식당에 차려진 다문화 음식 페스티벌에서 한인 수퍼마켓인 H Mart에서 지원해준 쵸코파이와 요구르트를 학부모, 교사, 학생들에게 제공하여 큰 호평을 받았다.

• 코리안 클럽 학생들이 학교 체육관의 무대에서 콩쥐 팥쥐 연극을 하는 모습 (위 왼쪽)
• 학생들이 한국말로 인사를 하는 법을 배우고 밝게 웃고 있다(위 오른쪽)
• 학생들이 도서관에서 윷놀이를 하고 있다. (아래)

(3) 보물창고와 마술이 만날 때 : 최첨단 정보교육의 산실

학교의 교육과정을 지원하는 보물창고가 최신 지식 정보 기술과 만날 때! 이는 모든 사서교사들의 큰 즐거움이다. 우리 세대가 자라던 시절에는 꿈도 꿀 수 없었던 최신 정보 통신 기술에 능숙한 신세대 사서교사들에게는 자신의 특기를 마음껏 발휘할 수 있는 기회이기도 하다.

뉴욕 롱아일랜드의 몇몇 학군에는 사서교사 외에도 테크놀로지 교사가 별도로 있다. 테크놀로지 교사들은 학생들이 테크놀로지를 이용하여 과제를 할 때 사서교사와 함께 학생들을 도와준다. 보통 초등학교에는 테크놀로지 교사가 없는 경우가 많은데, 그런 경우에는 사서교사가 학생들이 테크놀로지를 다른 과목과 접목하여 과제를 수행하는 정보활용 수업을 담당함으로 사서교사도 테크놀로지에 대한 상당한 수준의 지식과 경험을 갖추어야 한다.

대부분의 중고등학교의 학교도서관 미디어 센터에는 테크놀로지 랩이 부속으로 있어 스마트보드는 물론 컴퓨터나 랩톱, iPad, 디지털 카메라와 비디오카메라 등이 구비되어 있다. 21세기 새로운 지능정보시대에 성공적인 21세기 학습자를 길러내기 위해 사서교사는 학생들의 관심과 경험에 바탕을 둔 가상적 실세계문제들(real world problems)에 초점을 맞춘 프로젝트를 교과교사들과 함께 구상하고 학생들이 프로젝트를 완성하는 데 필요한 다양한 멀티미디어 소프트웨어의 활용법을 가르쳐 준다.

우리 학교도서관에 설치된 스마트 보드와 애플 TV 덕분에 교사나 학생들이 사용하는 맥북(MacBook)이나 아이패드의 화면을 스마트 보드에 연결해 미러링을 할 수 있다. 이 스마트보드는 단순히 TV처럼 화면의 역할만 하는 것이 아니라 인터액티브하게 사용할 수 있다. 즉, 터치스크린 기능이 있어 스마트 보드 화면에서 웹사이트 링크를 손으로 누르면 웹사이트로 연결이 되고, 학생들은 앞에 나와 손가락이나 펜으로 그림을 그릴 수 도 있고 단어나 문장을 쓸 수도 있으며 수학문제를 풀 수도 있다. 또한 스마트 테크놀로지를 사용하여 교사의 맥북 화면에 뜬 수업내용이 학생들의 아이패드, 크롬북, 또는 맥북에 연결이 되고 교사는 학생 개개인이 어떤 답을 썼는 지 한 눈에 볼 수 있다.

• 코리안 클럽 학생들이 스마트보드에 그동안 배운 한글의 자음을 써보고 소리내어 읽고 있다.

또한 사서교사는 스카이프(Skype) 등을 사용하여 교실 안에 한정되어 공부하던 방식에서 벗어나 세계 다른 나라의 학생들과 서로 도와가며 협력학습을 할 수 있는 기반을 조성해 주기도 한다. 이렇게 테크놀로지를 이용한 프로젝트를 완성하는 동안 학생들은 사서교사가 가르치는 학교도서관에서의 수업을 더 재미있어 하고 진지한 태도로 수업에 임하며 지식, 이해, 적용과 같은 단순한 인지능력의 바탕 위에 분석, 종합, 평가 등 높은 수준의 사고력을 개발하고 발휘하게 된다. 따라서 사서교사는 최신 정보기술이라는 마법(magic)을 사용하여 학생들이 학업에 열중할 수 있도록 수업에 흥미를 느끼게 하는 마법사(magician) 같은 역할도 할 수 있다.

이와 같은 모든 이유들 때문에 미국의 학교도서관은 교육, 문화, 정보의 허브라고 자신 있게 말할 수 있다.

• 'Don't Let the Pigeon Drive the Bus'의 비디오를 보고나서 유치원 학생이 스마트 보드 스크린에 뜬 세 가지 이미지를 클릭하여 올바른 순서로 배치하고 있다.

2절

오늘날 미국의 학교도서관은 누구에 의하여 어떻게 운영되고 있는가?

미국의 학교도서관은 주마다 관련 법규가 약간씩 다르기 때문에 차이는 있지만 대부분의 학교에 학교도서관이 있으며, 대부분의 학교도서관에 사서교사가 상주한다. 학교도서관에 풀타임 사서교사가 상주하는지, 도서관의 장서들은 학생들의 교육과정과 학습을 지원할 수 있도록 업데이트 되어 있는지, 21세기 지능정보사회에서 학생들이 정보를 효율적으로 이용하고 새로운 지능정보를 습득하고 분석하고 창조할 수 있도록 최신 테크놀로지가 얼마나 확보되어 있는지 등은 학군의 재정 상태와 학군의 의사결정자들의 철학과 의견에 따라 다르다. 비교적 재정 상태가 좋은 학군일수록 사서교사의 확보율이 높고 그에 따라 학생들의 학습효과도 높은 것으로 나타났다.

그레잇넥 중학교 도서관에서 사서교사 실습

공공도서관의 사서로 근무하면서 학교도서관 미디어과목들을 수강할 때인 2000년대 초의 일이다. 교생실습 또는 인턴십 과목을 수강할 때 대학원에서 소개해준 S중학교에서 한 학기 동안 교생실습을 했다. 이 학군은 미국 전역에서 상위 10위안에 드는 최우수 학군이다. 이 때 그레잇넥 학군 소속 고등학교 두 곳과 초등학교 세 곳을 둘러볼 기회가 있었다. 저자가 인턴쉽을 했던 S중학교에는 풀타임 사서교사 2명이 상주하고 있었고 파타임 보조직원이 있었다.

두 베테랑 사서교사들은 수시로 들어오는 신간서적들을 한 권도 빠짐없이 읽느라 점심도 도서관 안에서 드셨으며 신간 서적들을 즉시 북토크에 사용하셨다. 젊은 신참교사들뿐만 아니라 사회, 영어, 기술 등 교과 교사들도 수시로 도서관에 찾아와 베테랑 사서교사들과 교과 간의 벽을 뛰어넘어 테크놀로지와 교과, 영어그림책과 교과, 사회과목과 영어과목을 통합하여 가르치는 협업수업에 관해 논의하는 것을 보았을 때, '나도 사서교사가 되면 이 베테랑 사서교사들처럼 리더십을 발휘하여 교사들의 교수역량은 물론 학생들의 학습역량을 강화시킬 수 있는 살아있는 학교도서관을 만들고 싶다!'는 비전을 가지게 되었으며 미래의 사서교사로서의 꿈을 키워나갔다.

그레잇넥 고등학교 도서관 탐방

그레잇넥 고등학교 도서관에는 풀타임 사서교사 3명과 보조직원 2명이 상주하고 있었다. 그들은 9학년부터 12학년까지 약 1,000명 정도 되는 전교생들의 학습, 정보, 테크놀로지 지원, 여가독서를 위한 조언 및 자문, 학교 전체의 독서캠페인을 주관하고 있었다. GN고등학교는 도서관을 찾아오는 모든 이용자들의 요구사항을 즉시 100% 충족시켜 주기 위하여 사서교사들 중에서도 각 분야에 전문적인 경험과 배경과 자질을 갖춘 사서교사들을 뽑았다고 했다. 그 중에 수석 사서교사는 고등학교 교육과정에 대해 박식하여 학교도서관의 학습지원 영역을 관장하면서 교사들을 위한 도서관 뉴스레터를 만들고 있었다. 두 번째 사서교사는 비교적 젊은 나이에 고등학생들의 마음을 잘 헤아리고 대화가 통해 학생들이 쉽게 다가올 수 있다는 장점을 가지고 있었으며, 세 번째 사서교사는 각종 테크놀로지에 능해 프로젝트 학습에서 학생들을 잘 도와줄 수 있었다.

특히 이 학교의 도서관은 도서관문을 열자마자 도서관 전면에 19대의 컴퓨터와 프린터가 놓여있어 시간에 쫓기는 학생들이 과제물을 컴퓨터에서 출력하여 다음 수업에 가지고 갈 수 있도록 배려하고 있었으며, 도서관 내의 강의실에는 스마트보드와 28개의 네트북, 서라운드 시스템과 프린터를 갖추고 있어, 학생들이 컴퓨터를 이용하면서 도서관 이용수업이나 도서관 활용수업을 할 수 있도록 되어 있었다. 도서관 내의 컴퓨터실에는 28대의 PC 컴퓨터와 프린터 및 프로젝터가 구비되어 있어서 학생과 교사 등 모든 이용자들이 언제든지 컴퓨터를 사용할 수 있도록 했다. 그리고 맥룸(MacRoom)에는 애플사의 제품인 맥북(MacBook) 사용자들을 위해 8대의 맥북과 프린터가 설치되어 있었다. 그리고 도서관 내부공간에는 프로젝터와 컴퓨터가 있어 학생들간의 컴퓨터를 이용한 소그룹의 그룹 스터디 또는 교사와 학생들간의 소그룹 수업이 가능했다. 또 컴퓨터 랩에는 테크놀로지 교사 외에도 보조교사들이 학생들이 프로젝트를 하는데 개인적인 도움이 필요한 학생들을 지도해 주고 있었다.

그레잇넥 고등학교의 도서관은 수업이 이루어지는 중에도 개별 이용자들이 수시로 드나들며 사서의 도움을 받거나 또는 컴퓨터를 이용하여 프로젝트나 과제를 완성하고, 학생들끼리 소그룹으로 그룹스터디를 함께 하거나 사서교사와 교과교사가 협력수업에 대해 논의할 수 있는 공간과 시간을 확보하고 있어 종합적인 도서미디어센터이자 학습공유 장소 또는 정보공유 장소로서의 기능을 다 하고 있었다. 예를 들면, 학생들은 미디어센터에서 영어교사와 사서교사가 '회고록(memoir) 쓰기'에 대한 협업수업을 할 때, 사서교사가 북토크한 책들 중에서 자신이 관심 있는 회고록을 골라 대출한다. 다음 시간까지 회고록을 읽고 와서 자신의 인생에 있어서 의미 있는 한 순간에 관한 회고록을 쓴다. 그리고 비디오 카메라로 자신의 회고록에 관한 짧은 영화를 만드는 과제를 하기 위해 가족이나 친구들 중에서 등장인물을 선정하거나 또는 자신의 모습을 비디오 카메라로 찍고 그 영상들을 소재로 해서 도서관 안에 있는 컴퓨터실에서 비디오에 자막도 넣고 배경음악도 집어넣고 비디오를 편집해 회고록을 영화화하는 프로젝트를 완성한다. 이 때 학교도서관은 학생들에게 사서교사, 교과교사, 테크놀로지 교사와 보조교사 등의 전문적 도움을 제공하는 한편 학생들끼리 함께 의논하며 문제를 해결해 나갈 수 있도록 학습공유 또는 정보공유의 장소를 제공할 뿐 아니라 최상의 학습환경을 구축하기 위해 본연의 역할을 다하고 있었다.

초등학교 학교도서관의 운영

초등학교도서관은 고등학교나 중학교에 비하면 규모가 작은 편이다. 중고등학교에 비해 초등학교는 전교의 학생 수가 적게는 300명에서 많으면 900명까지이며, 도서관도 일반 교실 크기 정도의 공간에 사서교사가 1명인 곳이 많다. 그런데 한 학군 안에서는 사서교사들이 유동적으로 근무할 수 있어서 학생 수가 많은 학교에는 학생 수가 적은 학교의 사서교사가 1주일에 1-2회 정도 가서 기존의 사서교사와 함께 근무하기도 한다. 학군의 사정에 따라 컴퓨터실이 도서관 안이나 또는 바로 옆에 위치하여 사서교사가 학생들에게 컴퓨터와 미디어 스킬도 가르칠 수 있다면 좋겠지만 2000년대 초만 해도 서가와 책상과 의자들이 놓여있는 전통적인 학교도서관과는 별도로 컴퓨터실이 따로 있는 경우가 많았다. 초등학교도서관에는 사서교사가 재량권을 가지고 도서관을 책임지고 운영하며, 매 교시마다 30-45분간 도서관 수업을 실시하고 보조직원이 책의 반납과 대출을 담당하는 것이 보통이다.

초, 중, 고등학교도서관은 도서관수업과 책의 출, 반납 이외에도 모든 지식과 정보의 중심지로 자리매김하고 있어 교장선생님부터 교사, 학생, 직원들에 이르기까지 수업이나 학습에 대한 자료가 필요하면 우선 도서관으로 달려온다. 또한 학교의 수업협력자, 정보전문가로서 사서교사는 바쁜 교사들의 입장을 고려해서 텍스트, 이메일, 메일박스, 개인적인 접촉 등을 총 동원해 그들이 필요로 하는 자료를 찾아주고 새로운 정보를 수시로 알려준다.

미국학교도서관의 사서교사 배치 실태(2011-2012)

미국 전국교육통계 센터(National Center for Education Statistics)에서 2011-2012년 전국의 공립학교들과 스탭에 관해 조사하여 발표한 통계자료에[51] 따르면 미전역의 8만5천5백 개의 공립학교들 중에 7만9천 개의 학교가 도서미디어센터(학교도서관)를 갖추고 있었고, 그 중에서 67%에 달하는 5만2천9백3십 개의 도서미디어센터에 주정부에서 자격증을 발급받은 풀타임 도서미디어 전문가(사서교사)가 일하고 있었다.

한편 대한민국의 교육과학기술부에 따르면 2011년 현재 전국 초. 중. 고교 1만1천6십 개의 학교도서관에 배치된 사서교사 숫자는 724곳으로 전체의 6.5%에 불과하다.[52] 미국은 학교도서관의 사서교사 배치율이 한국에 비해 10배가 넘으며 미국은 학교도서관과 학교도서관의 책임자인 사서교사의 역할을 아주 중요시해왔다.

51) National Center for Education Statistics. "Characteristics of Public Elementary and Secondary School Library Media Centers in the United States: Results from the 2011-2012 Schools and Staffing Survey". First Look.

52) 한국학교도서관협의회 웹사이트. www.ksla.net

장서의 현대화

학교의 교육과정과 교사들의 교수활동 및 학생들의 학습을 적절하게 지원하기 위해서 미국의 학교도서관들은 신간서적을 비롯한 최신 미디어 정보자원의 확충으로 장서의 현대화를 추진해왔다. 그 예로 2010-2011 학년도에 미국의 공립학교 도서미디어센터(학교도서관)들은 정보자료의 구입에 연평균 $9,340을 사용했으며 그 중에서 $6,010은 책을 사는데 사용되어졌고, $490은 오디오 비디오 등 시청각자료를 사는데 사용되었다. 이러한 노력의 결과로 미국 공립학교 도서미디어센터들은 교사들과 학생들이 필요로 하는 양질의 픽션과 넌픽션을 포함하여 학생 100명당 책은 2,188권을, 교육과정을 지원하는 오디오 비디오 등 시청각 자료들은 학생 100명당 81가지를 갖추고 있는 것으로 나타났다.

테크놀로지의 도입

또한, 미국의 공립학교들은 21세기 정보기술사회의 도래에 발맞추어 테크놀로지의 도입에도 민감하게 대처한 것으로 나타난다. 88%의 공립학교 도서미디어센터에서 자동화된 도서목록(automated catalog)을 갖추고 있었고, 54%의 학교도서관에서는 도서관 밖에서 스탭들이 사용할 수 있는 랩톱컴퓨터를 제공하고 있으며, 40%에서는 도서관 밖에서 학생들이 사용할 수 있는 랩톱컴퓨터를, 31%에서는 장애가 있는 학생이나 스탭을 위한 테크놀로지를 제공하고 있었다.

미국의 학교도서관들에서는 사서교사들이 학생들에게 장차 대학 및 미래의 직업 세계에서 요구하는 정보문해력(information literacy skills)을 가르칠 수 있도록 최신 컴퓨터와 인터넷 그리고 교육용 데이터베이스들을 갖추고 있는 것으로 밝혀졌다. 즉, 97%의 도서미디어센터에 학생이나 스탭을 위한 컴퓨터 워크스테이션들이 설치되어 있고, 그 중에 95%가 인터넷이 연결되어 있다. 모든 공립학교 도서미디어센터 중 86%에서 학생들이 온라인 데이터베이스에 접속할 수 있었다.

이렇게 미국 공립학교의 학교도서관은 책창고나 독서실 수준이 아니라 사서교사 단독으로 또는 사서교사가 교과교사와 협력 또는 팀티칭으로 학생중심의 프로젝트 중심 수업이 일어나는 곳이다. 학교도서관은 학교 수업 시작 전이나 학교 수업시간 동안 그리고 방과후까지도 학생들과 교사들의 교육적 필요를 충족시켜주기 위하여 역동적인 활동이 일어나고 있으며 학교의 허브로 자리매김하고 있다.

고정스케줄과 유동스케줄

초등학교도서관에서 저학년은 주로 고정 스케쥴로 매주 한번 정해진 요일과 시간에 사서교사가 학교도서관에서 독서교육, 책을 통한 인성교육, 미디어리터러시교육 등을 실시한다. 고학년의 경우에는 필요에 따라 담임교사가 도서관수업을 예약한 후 학급전체가 학교도서관에 와서 사서교사와 교과교사가 함께 최신 테크놀로지와 정보문해력(information literacy skills)을 교과목과 접목시킨 탐구 학습(inquiry learning)을 팀티칭하는 유동적인 스케쥴을 운영하기도 한다. 중고등학교에서는 교과교사의 필요에 따라 사서교사와 논의하여 학급전체가 도서관을 방문하여 협업수업하는 유동 스케쥴이 주로 사용되고 있다. 즉, 61%의 공립학교 도서미디어센터에서는 유동적 스케쥴과 고정 스케쥴을 병용하고 있었고, 19%는 유동적 스케쥴만을, 19%는 고정 스케쥴만을 사용하고 있다.

오픈 액세스

미국 공립학교의 학교도서관들의 이용도를 보면, 많은 학교도서관들에서 학생들이 필요에 따라 각자 수시로 도서관을 이용할 수 있도록 오픈 액세스(open access)제도를 실시하고 있으며 또한 도서관 개관시간을 늘려 학생들의 편의를 도모하고 있다. 즉, 89%의 도서미디어센터에서는 학교 시간 중에 학생들이 독자적으로 도서관을 이용할 수 있고, 57%에서는 학교시작 전에, 54%에서는 방과후에 학생들이 학교도서관을 이용할 수 있도록 배려하였다.

지역사회에 개방하는 학교도서관

학교도서관의 지역사회 기여도를 보면 지역사회에 개방되는 학교도서관은 전체 도서관 중 4분의 1에 불과했다. 이는 미국 사회에서 중시하는 안전제일주의에서 비롯된 것이 아닌가 하는 생각이 든다. 왜냐하면, 학교도서관을 학교시간 이외에 개방한다는 것은 학교가 그만큼 외부인들에게 노출이 되어 안전사고의 위험이 있기 때문이다. 또 학교 수업시간 이외의 시간에 안전요원이나 경비원을 추가 배치해야 하고 상해보험도 더 들어야 하는 경제적 부담문제도 있다. 나아가 학교도서관의 지역사회 개방은 학군의 주민대표회의에서 결의되어야 하는 등 많은 행정절차를 거쳐야 하기 때문이기도 하여 개방비율이 낮은 것으로 풀이된다. 소수이지만 그 학교의 학생이나 학부모가 아닌 커뮤니티에 개방이 된 24%의 학교도서관들 중에서 61%의 학교에서는 인터넷 접속을 원하는 지역사회 주민들의 편의를 위해 학교도서관 내의 컴퓨터 워크스테이션을 쓸 수 있도록 하였다.

3절

미국 학교도서관은 역사적으로 어떻게 발전되어 왔는가?

현재 미국의 학교들 중에서 약 10만개의 학교에 학교도서관이 있다고 할 때 이렇게 많은 숫자의 학교도서관이 생겨난 것은 어제 오늘의 일이 아니다. 과연 미국 최초의 학교도서관은 언제 시작된 것일까? 미국도서관협회의 웹사이트에 의하면 미국 최초의 학교도서관은 1740년 '미국 도서관의 아버지'인 벤자민 프랭클린이 '이상적인 학교에는 학교도서관이 필수적으로 갖추어져 있어야 한다'고 말한 후 1744년 필라델피아의 펜 차터 스쿨(Penn Charter School)에서 교실 하나를 특별히 도서실로 지정한 것이 최초라고 알려져 있다.[53)]

19세기에 들어서서 각 도시마다 공공도서관이 많아지면서 덩달아 학교도서관도 많이 생겨났다. 1835년 뉴욕주는 주민들이 낸 세금으로 각 학군들에서 학교도서관의 책을 구입할 수 있도록 법을 제정하는 등 학교도서관 발전에 있어서 선구자적인 역할을 했으며, 미국 독립100주년이 되던 1876년까지는 매사추세츠, 미시건, 커네티컷, 로드 아일랜드를 비롯한 19개 주에서도 학교도서관 개발을 위한 법을 제정했다. 이 법으로 미국 전역에 826개의 학교도서관이 생겨났다.[54)]

20세기에 들어서서 1913년까지 불과 37년 동안 미국내 학교도서관의 숫자는 12배나 늘어나 9,174개의 학교도서관이 우후죽순처럼 생겨난 것

53) 미국도서관협회 웹사이트. http://www.ala.org/tools/first-school-library (검색일: 2019.5.13.)
54) 위 웹사이트

이다. 따라서 19세기 말에서 20세기 초는 학교도서관 발전의 제 1기라고 말할 수 있으며, 이 때 학교도서관은 이미 사람들에게 널리 알려진 교육기관이 되었고 미국도서관협회(American Library Association)와 전국교육협회(National Education Association)에서 학교도서관의 기준을 마련할 정도로 이미 체계가 잡혔다.[55)]

미국전국교육통계센터(National Center for Education Statistics)에서 1953년부터 2000년까지 50년간 미국 공립학교도서관의 역사에 대하여 연구 조사하여 발표한 보고서에[56)] 따르면 1953-54년에는 12만9천 개정도의 공립학교가 있었으며 그 중에서36%인 4만6천440개의 학교에 학교도서관이 설립되었으니 학교도서관의 숫자는 1913년의 약 1만 개에서 1953년에 4만6천440개로 40년 만에 4.6배나 증가한 것이다. 이때를 학교도서관 발전의 제 2기라고 말할 수 있다.

이로부터 거의 50년이 지난 1999-2000년에는 학교 통폐합으로 학교의 수가 8만4천여 개로 줄어들었으나, 그 중 92%에 달하는 7만7천280개의 공립학교에 학교도서관이 있었고, 86%에 달하는 7만2천240개의 공립학교에 사서가 근무했다. 따라서 1953년부터 1999년까지 46년 동안에는 학교도서관의 숫자가 1.7배 증가한 것으로 보아 미국 학교도서관은 20세기 초반에 비약적인 발전이 이루어졌고 20세기 후반에 이르러서도 지속적으로 발전되어 왔다.

미국 학교도서관의 장서수로 보았을 때는 세계 제2차 대전이 끝나고 경제가 회복된 20세기 후반에 학교노서관의 장서가 확충된 것을 볼 수

55) www.ala.org/tools/first-school-library

56) Michie, Joan S. Fifth Years of Supporting Childen's Learning: A History of Public School Libraries and Federal Legislation From 1953-2000. NCES, March 2005.

있다. 1953-1954년에는 학교도서관에 학생 1명당 3권의 책을 소장하고 있었으나 그로부터 46년이 지난 1999-2000년에는 학생 1명당 17권의 책을 소장할 수 있게 되어 장서 수는 약 5.6배로 증가했다. 미국 학교도서관의 사서교사의 배치율은 20세기 끝무렵인 1999년의 86%에서 21세기로 접어들어 12년이 지난 2011-2012년에는 67%로 떨어졌다. 그 이유는 2007년 12월에 시작되어 2009년 6월까지 계속된 미국 경기의 대침체로 전반적인 미국의 경제 복지가 하강하였기 때문에 학교들도 예산을 줄이기 위해 할 수 없이 사서교사를 정리 해고한 것으로 보인다. 그러나 이러한 처사가 학생들의 교육에 부정적인 영향을 미친다는 것은 여러 연구조사 결과에도 나타나 있다.

미국 학교도서관에 디지털화의 바람이 불기 시작한 것은 1990년대 초반부터이다. 펜실베니아의 노던하이스쿨의 사서교사인 수 레이나맨에 의하면 2000년대 초반에는 학교도서관에 CD ROM 과 Card Catalog이 있었으나 2012년 현재 그녀의 도서관에는 7가지 온라인 데이터 베이스를 구독하고 있으며 인쇄된 책보다는 전자책(e-book) 등 디지털 자원들의 비중이 갈수록 더 커졌다고 한다.

4절

학생들의 학업성취에 영향을 주는 학교도서관의 세 가지 요인들

미국의 유명한 교육출판사 스콜라스틱사의 연구 자료집 『학교도서관이 일하고 있다(School Libraries Work!)』의 2008년 개정판에 따르면 학교도서관의 다음과 같은 세 가지 요인들이 학생들의 학업성취에 영향을 미친다고 한다.

(1) 학교도서관의 세가지 요인

첫째 요인은 학교도서관 프로그램에 달려 있다. ① 학교도서관 프로그램을 통해 사서교사가 담임교사들과 협력해서 학생들이 문학과 정보 문해력을 교육과정에 통합하여 가르칠 때, ② 담임교사들의 프로젝트 수업 파트너인 사서교사가 학생들에게 탐구학습프로젝트에 관해 여러 자료들의 이용방법, 연구과정, 연구결과의 발표요령 등을 가르쳐주고 도와줄 때, ③ 사서교사가 학교의 사명을 성취하기 위해 커뮤니티로부터 재정적, 프로그램적으로 지원을 받을 때 학생들의 학업성취도가 높아진다.

둘째 요인은 사서교사에 달려 있다. 사서교사는 다음과 같은 조건들이 이루어졌을 때 학생들의 교수와 학습의 과정을 심화시킨다. ① 사서교사가 학생들이 배우고 성취해야 할 기술들과 전략들을 가르칠 때, ② 사서교사가 교육과정의 개발에 참여하고, 교수와 학습에 교육자원들을 통합시킬 때, ③ 사서교사가 학생들이 아이디어와 정보를 효율적으로 사용할 수 있도록 정보문해력을 가르칠 때, ④ 사서교사가 온라인 자료들과 도구들을 찾고, 선별하고, 평가하고, 활용하여 교사들과 학생들에게 어떻게 그것들을 사용하는지 가르쳐줄 때, ⑤ 사서교사가 학생들이 독서를 좋아하고, 지식을 탐구하며, 평생학습에 대한 열망을 가질 수 있도록 촉진하고 고무시키며 안내할 때, ⑥ 학생, 교사, 학부모들이 물리적인 공간으로서 또는 학교 도서관 웹사이트를 통해서 학교 커뮤니티 전체에 접근할 수 있을 때, ⑦ 도서관의 장서들 하나 하나가 모든 학생들에게 이용될 때, ⑧ 유동적 스케쥴을 통해서 학생들이 필요로 하는 장서들에 신속하게 접근할 수 있을 때, ⑨ 참고서적, 픽션, 논픽션 등 다양한 자료를 이용자들에게 제공할 때, ⑩ 폭넓은 읽기 레벨를 가진 장서들로 모든 학생들의 기대와 요구를 수용할 수 있을 때, ⑪ 비용효율이 높은 추적시스템을 통해 장서의 분실을 최소화할 때 ⑫ 수준 높은 픽션과 넌픽션으로 학생들이 읽기를 배우고, 배우기 위해 읽도록 도와줄 때, ⑬ 학교도서관의 장서를 다이내믹하게 유지하도록 학기 내내 새로운 온라인 자료를 포함한 장서와 자료들을 추가하고 큐레이션을 통해 교사와 학생들에게 제공할 때, ⑭ 학교커뮤니티 전체가 공유할 수 있는 유대감 및 소속감을 창조할 수 있는 이벤트나 프로그램을 기획하고 실행했을 때 등이다.

셋째 요인은 학교도서관이라는 장소에 달려 있다. 즉, 학교도서관은 다음과 같은 조건들이 이루어졌을 때 학생들의 학업성취도를 높일 수 있는 진정한 기회의 장소가 된다. ① 학교도서관에서 모든 학생들이 성공을 위해 열심히 노력하고 성공을 맛볼 수 있을 때, ② 온라인을 포함한 도서관의 수준 높은 장서들이 교육과정을 지원하고 여러 가지 학습상의 요구를 충족시킬 때, ③ 학생들이 읽기와 문학에 대한 사랑을 키워

나갈 수 있을 때, ④ 사서 교사가 인쇄매체 및 전자매체를 통해 주위와 세계에 대해 알아가도록 학생들을 도와줄 때, ⑤ 학생들이 도서관에서 개별적으로 또는 소그룹으로 연구와 협력프로젝트를 행할 수 있을 때 등이다.

(2) 학교의 독서프로그램을 지원하는 학교도서관

학교도서관은 학교의 독서 프로그램(reading program)을 지원한다. 학교도서관이 있는 학교에도 각 학급마다 담임교사들이 학급의 학생들을 위해 장르 별로 또는 읽기레벨 별로 분류해놓은 학급문고가 있다. 학교도서관의 장서들과 학급문고 모두 학교의 리딩 프로그램을 지원한다. 학교도서관은 듀이십진법에 따라 장서들이 분류되어 있고, 학급문고는 그 학급의 학생들을 위해 장르 별로 또는 읽기 능력별로 바구니에 담아 A, B, C 등의 레벨을 붙여놓았다. 레벨화된 학급문고는 학생들의 읽기 능력을 향상시키기 위해 필요하긴 하지만 레벨화된 학급문고는 정기적으로 새로운 책들로 교체되어야 한다. 연구결과에 따르면 학생들은 다양한 책들이 표준분류법에 따라 찾기 쉽게 진열되어 있는 학교도서관에서 사서교사가 추천해준 책들을 읽음으로써 그 효과가 증대될 수 있다.

(3) 사서교사와 학생들의 학업성취간의 상관관계

미국의 학교도서관에는 사서교사가 거의 배치되어 있다. 그렇다면 사서교사는 어떻게 학생들의 학업성취에 공헌할까?

초등학교의 경우 사서교사는 학교의 교과과정과 학생들의 수준과 배경에 맞추어 엄선한 픽션, 논픽션을 학교도서관에 비치한다. 또한 다양

• 저자가 근무하는 리모델링된 학교도서관에 다양한 책들이 진열되어 있다.

• 우리 학교도서관에서 3학년 학생들이 저자가 지정해준 온라인 데이터베이스에 접속하여 정보를 검색하는 모습

한 도서관 수업에서 각종 책과 온라인 자료, 그리고 테크놀로지를 사용해서 학생들의 학업성취를 도와준다. 예를 들어서 2학년 학생들에게는 여러가지 동물에 대한 논픽션들을 소개해주고 페블 고(Pebble Go) 같은 온라인 데이터베이스에서 자기가 좋아하는 동물을 찾아 생태계, 먹이, 생김새, 생명 주기(life cycle) 등에 대해 읽고 노트 정리하는 법을 가르쳐 준다. 유치원에서 1학년 학생들에게는 영어그림책을 읽어주면서 책의 내용과 등장인물들에 대해 학생들간에 의견을 나누게 하면서 동기부여를 한다. 책을 다 읽고나서는 학생들의 수준에 맞는 독후활동을 하게 함으로써 책읽기를 좋아하게 만들고 문해력도 키워준다.

사서교사는 수시로 담임교사들 및 음악, 미술, 체육 등 다른 특별과목 교사들과 소통하여 음악과 문학, 미술과 문학, 사회와 드라마, 영어와 테크놀로지 등을 통합한 도서관 수업을 수행함으로써 교실 수업을 보완하고 심화시켜 준다. 흑인역사의 달인 2월이나 여성역사의 달인 3월에는 역사상 큰 업적을 남긴 위인들의 이야기를 들려주고 학생들이 존경하는 위인에 대한 위인전을 학교도서관에서 빌려서 읽게 한다. 다 읽고나서는 위인의 삶과 업적에 대해 노트 정리하고 그 다음에는 그 사람에게서 배울 점들에 대해 작문을 하게 함으로써 생각하는 힘과 작문실력도 키워준다. 2 ~ 3학년부터는 온라인 데이터베이스를 활용하여 동물, 대통령, 위인, 세계의 나라들에 관한 연구과제를 수행한다.

3 ~ 4학년 학생들은 교실에서 담임선생님으로부터 연구과제를 받아 학교도서관에 와서 사서교사의 지도하에 논픽션, 온라인 백과사전, 온라인 데이터베이스 등을 이용하여 연구프로젝트를 수행하기도 한다. 이 때 사서교사는 탐구학습의 전문가로서 학생들이 특정 주제에 대해 궁금한 점을 질문의 형태로 만들게 한다. 또, 질문에 대한 답을 찾기 위

해 사서교사가 제공하는 웹사이트, 데이터베이스, 논픽션 책들을 가지고 정보를 검색하는 방법과 찾아낸 정보를 정리하여 리포트를 쓰거나 파워포인트, 구글 슬라이드 또는 번시(Buncee) 등을 사용하여 발표하는 방법까지도 가르쳐준다. 요즘에는 테크놀로지가 발달하여 연구과제를 발표할 때 파워포인트 뿐 아니라 iMovie를 사용하여 짧은 영화를 만드는 학생들도 있다. 중고등학교의 경우에는 교과교사와 사서교사가 협력하여 교과교사는 교과목 내용을, 사서교사는 학생들에게 정보문해력과 연구과정을 가르쳐주는 등 학교 도서관을 활용한 협업수업을 하는 경우가 많다.

- 저자의 학교도서관에서 한 그룹의 학생들은 학교도서관에서 아이패드로 정보 검색을 하고(왼쪽)
- 다른 그룹의 학생들은 학교도서관과 연결된 컴퓨터 랩에서 디지털 시민성에 관한 포스터를 만들고 (오른쪽 위)
- 또 다른 그룹의 학생들은 독립적인 학습을 하고 있다. (오른쪽 아래)

5절

미국의 학교도서관이 표준시험성적에 미친 영향에 관한 연구결과

학교도서관과 사서교사가 학생들의 학업성취에 끼친 긍정적인 영향에 대한 19개의 주와 1개의 지방의 연구조사 결과 가운데에서 몇 가지만 간추려서 소개하면 다음과 같다.

(1) 델라웨어 스터디(2005-2006)

이 조사결과에 따르면 조사대상 학생들 가운데 98.2%의 학생들이 자신들의 학습과정에서 풀타임 사서교사, 유동적 스케쥴, 문해력의 발달을 위한 교수프로그램, 네트워크가 잘 되고 정보테크놀로지 기반시설이 잘 갖추어진 학교도서관의 덕을 본 것으로 나타났다. 3 - 5 학년 학생들은 독서에 관한 흥미를 가지는 데, 재미있는 이야기를 찾는데, 읽기능력을 향상하는데 그리고 독서를 더욱 즐기는 데 학교도서관이 강력하게 도와주었다고 말했다.

학생들은 개인별로 정보를 찾는 것, 인터넷을 검색하는 것, 웹사이트 평가, 정보의 질을 판단하고, 학생 자신들의 고유한 아이디어를 발달시키기 위해서 정보를 해석하고 분석하는 것들에 관해 학급 전체와 학생 개인들에게 수업을 해줄 때, 교사로서의 사서교사를 높이 평가한다. 학생들은 연구과제에서 수행평가를 잘 받고 너 좋은 성적을 받았을 때 학교도서관에서 제공받은 여러 가지 도움들이 자신들의 성취에 확실하게 기여했다고 믿었다.

(2) 인디애나 스터디(2007)

인디애나 주의 학생들은 교사들과 도서미디어 전문가가 협력할 때, 도서관 스케쥴이 유동적일 때, 학생들이 도서미디어 전문가와 정기적으로 만날 때, 도서미디어 전문가가 학교의 주요 위원회(committee)에 속해서 일할 때 주에서 실시하는 표준시험 성적이 향상된 것으로 나타났다.

(3) 위스콘신 스터디(2006)

초, 중, 고 할 것 없이 모든 도서미디어프로그램에서 가장 중요한 요인은 주의 자격증을 갖춘 도서미디어 전문가와 보조직원이다. 풀타임 도서미디어 전문가와 보조직원을 갖춘 학교도서관 프로그램은 학생들의 학업성적에 더 큰 영향을 준 것으로 나타났다. 이 영향의 폭은 초등, 중등, 고등학교마다 달라서 초등학교 수준에서는 영어 과목에서 3.2-3.4%의 향상을, 중학교 수준에서는 9.2%의 향상을 그리고 고등학교 수준에서는 7.9-19.0%까지의 향상을 나타냈다. 학생들은 도서미디어 전문가가 교실에서 다루어지지 않았던 기술들, 즉 정보, 통신, 테크놀로지 기술 등 21세기 학생들을 위해 필수적인 고유한 기술들을 가르쳐주었을 때 도서미디어 전문가의 도움을 가장 고마워했다.

(4) 캐나다 온타리오 스터디(2006)

3학년과 6학년 학생들에게 있어서 교사로서의 사서(teacher-librarian)* 의 존재가 학생들이 독서를 즐기는 강력한 요인이 되었다. 교사로서의 사서가 근무하는 학교들은 독서를 즐기는 지수가 평균보다 8%나 높은 것으로 나타났다.

*저자 주: 미국의 사서교사의 정식 명칭은 School Library Media Specialist(학교도서미디어전문가)이지만 캐나다에서는 사서교사를 teacher librarian 이라고 부른다. 저자는 이 책에서 도서미디어전문가와 사서교사를 같은 의미로 사용했다.

(5) 일리노이 스터디(2005)
: 강력한 도서관이 강력한 학생을 만든다.

일리노이 스터디에서는 학교도서관에서 일어나는 다음의 요인들이 학생들의 시험 성적과 높은 연관성을 나타낸다는 결과를 발표했다. 학교도서관에 도서미디어 전문가와 보조직원이 상주하고, 유동적 스케쥴링으로 학생들의 학교도서관의 이용이 편리하며 기존 장서를 정기적으로 보완하고, 온라인 자원들에 접속할 수 있는 컴퓨터와 도서관 예산이 충분히 확보된 학교도서관이 학생들의 학업성취도에 많은 영향을 끼치는 것으로 나타났다.

(6) 랜드마크 오하이오 스터디(2004)
: 13,000명의 학생들이 증인[57)]

다이내믹한 학습의 매개체로서의 학교도서관은 세 가지의 기본적이고도 상호적, 반복적으로 작용하는 요소들을 중심으로 해서 유지된다.

첫째는 학교도서관의 정보 자원과 정보 테크놀로지 요소이다. 학교도서관은 학교의 교육과정에 맞춘 최신의, 여러 층의 다양한 관점과 다양한 포맷으로 된 장서들을 구비하고, 각종 정보를 습득하고 체계화하고 창조하며 널리 유포되어지는 '정보의 관문'으로 작용하는 최첨단의 테크놀로지를 갖추고, 교육자원과 학생들의 취향에 맞는 독서자원 등을 마련해야 한다.

둘째는 학교도서관의 교육적인 개입(instructional interventions)이라고

57) Todd, Ross J., Carol C. Kuhlthau, and OELMA. (2004). Student Learning through Ohio School Libraries. Columbus, OH: Ohio Educational Library Media Association.

하는 요소이다. 학교도서관은 정보 접근 방식과 지식 축적의 역량의 발달은 물론 정보 접근과 지식의 창조를 위한 미디어 및 테크놀로지 기술의 발달, 그리고 학업성취와 평생학습을 위한 독서를 고무 및 향상시키기 위한 접근방법의 발달을 이루어야 한다.

셋째는 학생들의 학업성과 요소이다. 즉, 학생들은 효율적으로 정보를 찾아 사용하는 역량을 발휘하여 새로운 지식을 창조하고, 학생들은 교실 밖에서도 지식을 유지할 수 있는 이전 가능한 기술을 터득하고, 학생들은 새로운 지식을 생산하고 그러한 성과를 발표하기 위해 테크놀로지와 정보의 도구를 사용할 수 있어야 한다.

오하이오 연구결과에 따라 다음과 같은 사항들이 권장된다. 즉, 모든 학교도서관 프로그램들은 자격증을 갖춘 도서미디어 전문가를 통해 탐구학습을 위한 정보문해력에 중점을 둔 교육적인 개입(instructional intervention)을 제공해야 한다. 초등학교를 비롯하여 모든 학교도서관들은 자격증을 갖춘 도서미디어 전문가가 도서관에 상주하여 학생들이 학업 성취를 위해 주도적으로 다른 교사들과 협력해야 한다. 도서미디어 전문가들은 정보학습 전문가로서의 역할을 뚜렷하게 가지고 있어야 한다. 모든 학교도서관들은 강력한 테크놀로지의 기반이 준비된 학습중심의 공간을 가지고 있어야 한다. 모든 이해 당사자들은 학교도서관을 통한 학습기회의 최대화를 위해 실행에 옮길 수 있는 토론에 몰입해야 한다.

6절

미국 학교의 인성교육 사례 - 사서교사가 실시하는 인성교육

인성교육(Character Education)은 가정과 학교와 사회에서 이루어지는 것이다. 이와 같은 의미로 "It Takes a Village to Raise a Child."라는 아프리카의 격언이 있다. 한 아이를 키우기 위해서는 온 마을이 정성을 기울여야 한다는 말이다. 인성교육의 출발은 아기가 태어나면서 부모로부터 시작된다. 그러나 진정한 부모가 되려면 아기가 태어나기 전부터 어떠한 부모가 될 것인지에 대해 부부가 심사숙고하여 자녀교육에 대한 일관된 견해가 있어야 한다. 이러한 부모의 일관된 견해가 자녀들의 인성 형성에 중요한 방향과 내용이 될 것이라는 것은 의심의 여지가 없다.

아기가 태어나면 그때부터 아기의 인성교육은 전적으로 엄마, 아빠의 몫이라 생각할 수도 있지만 미국의 공공도서관에서는 엄마, 아빠의 자녀 인성교육을 도와주는 프로그램을 실시하고 있다. 공공도서관에서는 생후 1년이 채 안된 아이들과 엄마들을 위한 'Mommy and Me' 프로그램들을 진행하는데, 아이와 엄마가 함께 참여하여 다른 또래 아이들과 엄마들과 함께 어울리며 이야기도 듣고 그룹게임도 하고 손뼉치고 노래도 따라하는 기회를 제공해 준다. 그때부터 아이들은 공공장소에서 남들에게 피해를 주는 돌출행동을 하면 안 된다는 무언의 질서의식, 공공의식을 자연스럽게 배우게 된다. 부모들도 내 아이만 잘 놀면 되는 게 아니라 다른 아이들과 같이 잘 어울려 노는 것이 중요하다는 것을 배운다.

• 학교도서관에서 2학년 학생들이 짝을 지어 사서교사가 가이드하는 구글 익스페디션 VR 투어를 하고 있다. 학생들은 함께 공부하면서 협동심, 타인존중, 책임감 등의 인성도 개발할 수 있다.

미국에서는 아이가 만 5세가 되면 정규학교 과정의 첫 단계인 유치원(킨더가든)에 들어가게 된다. 하지만 그 전에 미국의 어린이들은 3살 때 프리스쿨, 4살 때 프리킨더가든 등의 학교를 가는 것이 보통인데, 이러한 학교들의 교육과정에서 중요시되는 것은 선행학습이 아니라 어린 아이들이 사회적, 감성적, 지적으로 골고루 잘 성장하도록 하는 전인적 교육이다. 전인적 교육은 어릴 때부터 규칙을 지키고, 정직하게 행동하며, 친구들과 잘 어울려 놀고, 의사표현을 통하여 갈등을 해소하는 법을 배우는 것으로부터 시작된다. 또한 이러한 초기단계의 전인교육은 교사가 일방적으로 학생들에게 그 내용을 주입시키는 것이 아니라 학생들이 실제 상황에서 자연스럽게 스스로 터득할 수 있도록 지도한다.

예를 들어 학교에서 친구와 싸웠다든가 문제가 생겼을 때에 교사가 두 친구를 불러 서로의 의견을 말하게 하여 자초지종을 듣고 서로의 잘못된 점에 대해 생각해 보게 하고 궁극적으로 마음에서 우러나는 화해를 하게 한다. 때에 따라서는 양쪽 학생의 부모들과의 긴밀한 대화를 통하여 문제를 조속히 해결하도록 노력하기도 한다. 사소한 것이라도 가볍게 넘기지 않고 긍정적인 태도로 확실하게 해결하여 학생들로 하여금 그러한 과정에서 자신의 행동에 대해 잘잘못을 스스로 판단하고 그에 따른 자신의 책임을 느끼게 한다. 더불어 함께 문제 해결을 하면서 사회의 규칙 준수와 정직성, 사회성, 책임성, 정확한 의사표현 능력 등과 같은 올바른 인성을 형성해 가도록 한다.

(1) 미국학교에서 증명된 인성교육의 효과

미국의 유치원부터 고등학교까지의 정규 학교들에서는 대개 인성교육을 교과과정의 일부분으로 포함시키고 있다. 콜로라도 주의 이튼 학군의 경우 학교 카운셀링 프로그램에서 인성교육을 중요한 부분으로 다루고 있다. 어렸을 때부터 좋은 인성을 가져야 좋은 성품을 가진 성인으로 자라게 되기 때문이라는 것이다. 따라서 이 학군에서는 학생들에게 나중에 고등수학 문제를 잘 풀 수 있도록 어려서부터 수학의 기본 능력을 가르쳐 주는 것처럼, 학생들에게 좋은 인성을 키워 주기 위해 어려서부터 기본적인 학생들의 감성지능(Emotional Intelligence) 개발에 힘쓰고 있다. 또한 이 학군에서는 학생들의 개인적 · 사회적 차원에서, 학교 교과목 차원에서 그리고 고등학생들에게는 직업탐색 차원을 더해서 인성교육을 실시하고 있다.

이러한 조기 인성교육의 효과는 학생들의 원만한 학교생활은 물론 학업 성적 향상에도 큰 영향을 주었다. 특히 초등학교에서 인성교육을 실시한 결과 왕따 현상을 줄이는데 효과가 있었고, 학생들은 학과목에서 좋은 성적을 올렸으며, 학생들 간의 관계, 학생들과 어른들의 관계도 좋아졌다. 따라서 학생들에게 인성교육을 실시하는 것은 학생들의 장래를 위한 준비에도 큰 도움이 된다는 것이 증명되었다.

(2) 인성교육: 학교와 학부모간의 연계

인성교육이 성공하려면 인성교육이 학교 안에서뿐만 아니라 가정과 사회에서도 그 중요성이 인식되어, 가정과 학교 간의 연계가 긴밀하게 이루어져야 한다. 그러기 위해서는 각 가정과 학교가 가정통신문이나 학교신문, 웹사이트 등을 통해 정보를 공유해야 한다.

대부분의 미국 학교에서는 매달 인성교육의 가치(사랑, 책임감, 감사, 보살핌 등)를 선정하여 아침 교내방송으로 학생들에게 메시지를 전한다. 어떤 학교에서는 매달 그 달의 인성, 예를 들면 '친절'에 관한 이야기를 집에 보내 학생들이 부모와 함께 읽고 그 내용을 함께 토론하도록 한다. 각 이야기마다 4~5개의 질문이 있는데 학생들은 그중에서 질문 하나를 골라 그 질문에 대한 자신의 생각을 글로 정리해 온다. 또, 월요일마다 자신이 써 온 글을 급우들과 함께 대화를 통해 나누기도 한다.

(3) 미국 정규학교의 인성교육과 사서교사의 역할

미국 아이들이 유치원에 들어가서도 프리스쿨에서 배운 인성교육의 틀은 계속 유지된다. 거의 모든 학교에서 교장, 소셜워커, 심리학자, 사서교사, 담임교사, 인성교육위원회(Character Education Committee)의 멤버들이 교내 인성교육에 일익을 담당한다. 그중에서도 책 전문가인 사서교사는 학교도서관의 풍부한 장서와 다양한 도서관 프로그램들을 통해 인성교육을 담당하는 주역이라고 할 수 있다. 사서교사는 학생들이 바람직한 인성에 대해 배울 수 있는 양서에 대한 해박한 지식을 기반으로 그 양서를 적절히 학생들에게 소개하고, 도서관 수업을 통해 학생들이 인성을 내면화할 수 있도록 돕는 데 적임자이기 때문이다.

뉴저지의 사우스 브런즈윅 학군에서는 학교도서관이 인성교육에 미치는 영향을 다음과 같이 정의하고 있다. "학교도서관은 학교와 학군에서 지향하는 인성교육의 가치들을 학생들에게 심어 줄 수 있는 중요한 교육적, 정서적 공간이다. 사서교사는 학생들이 스스로 책을 통해 인성교육의 가치들을 배울 수 있도록 엄선된 장서들을 확보하고 잘 고안된 프로그램들을 수립한다. 학기 초에 행해지는 학교도서관 오리엔테이션에서 사서교사는 학생들이 정직, 협동심, 책임감, 자기 통제력 등을 발휘할 것을 당부하며 일 년 내내 그것이 행해지도록 학생들을 가르친다." 즉, 학교도서관을 이용할 때마다 학생들은 인성교육의 중요한 가치들을 스스로 훈련하고 있는 셈이다.

초등학교 사서교사들이 도서관 수업에서 소리 내어 읽어 주는 책들에는 창의력, 협동심, 문제 해결, 관용 등 21세기 학생들에게 꼭 필요한 인성들이 녹아 있다. 도서관 수업시간에도 학생들은 사서교사의 강의를 무조건 듣기만 하는 것이 아니라 짝과 함께, 또는 모둠으로 자신들의 견해를 피력하고 함께 문제를 해결해 나간다.

우리 학교에서는 매달 인성교육의 주제를 정해 아침마다 교장선생님이 교내 스피커로 아침 훈시를 할 때 그 덕목을 전교생들에게 주지시키고 있다. 그리고 학교도서관에서 그 달의 인성 덕목에 관한 책들을 전시하여 학생들이 빌려가도록 한다. 주로 정해지는 인성 덕목들은 타인 존중, 정직, 연민, 시민정신, 관용, 헌신, 책임감, 성취, 회복탄력성 등이다.

(4) 사서교사의, 사서교사에 의한 책을 통한 인성교육

1) 이름 때문에 놀림 받을 때

• 케빈 행크스의 Chrysanthemum

저자는 9월 새 학기가 시작되면 유치원학생들에게 케빈 행크스의 『난 내 이름이 참 좋아!(원제: Chrysanthemum)』라는 책을 읽어 주고 이 이야기에 녹아 있는 인성에 관해 학생들과 대화를 한다. 이 책을 읽어 주기 전에 자기 이름이 무슨 뜻인지 아는 학생 혹은 자기 이름 때문에 놀림을 받은 적이 있는 학생이 있는지 물어본다. 학생들 각자의 경험을 말하도록 하거나 두 명씩 짝을 지어 옆 사람과 서로 대화를 나누어 보라고 하면 학급 전체가 자기 이름에 대한 이야기를 나누느라 분위기가 한층 고조된다. 그때 책 표지를 보여 주면서 주인공을 소개한다. 그리고 책을 읽어 주기 시작한다.

가을에 피는 국화처럼 예쁜 여자아기가 태어났다. 엄마, 아빠는 국화꽃처럼 너무나 예쁘고 완벽한 딸에게 '국화'라고 이름을 지어주었다. 부모님이 지어 주신 이름을 너무나 좋아하는 국화가 드디어 학교를 가게 되었다. … 기쁜 마음으로 학교에 도착한 국화는 선생님이 출석을 부르실 때 그만 기가 죽고 만다. '이상한 긴 이름을 가졌다'고 하고 또 '꽃에서 따온 이름'이라고 급우들이 큰소리로 웃는 것이 아닌가? 틈만 나면 '이름이 길다'며 놀리는 바람에 슬픈 마음으로 집에 돌아온다. 괜찮다고 달래는 부모님의 말씀에 기분이 좋아진 국화가 다음날 학교에 가자 다시 왕따를 당하여 마음을 상하는 일이 반복된다. … 그러던 어느 날 국화처럼 꽃 이름을 가진 음악 선생님의 현명한 기지에 급우들의 태도가 바뀌면서 국화는 다시 자존감을 회복하게 된다는 이야기다.

• 꾸밈없이 뛰어노는 아이들의 동상이 오하이오 핀드레이 대학교 마자 픽처북 박물관(University of Findlay's Mazza Museum) 앞에 세워져 있다. 사서교사들은 인성교육에 적합한 픽처북을 소개하고 알림으로써 전교생을 대상으로 인성교육을 실시해야 한다.

이 책을 읽어 주고 나서 학생들에게 짝과 같이 이 이야기에서 얻은 교훈에 대해 이야기해 보라고 한다. 그러면 학생들은 이름이 특이해서 또 남들과 다르다는 이유로 놀림을 받거나, 집단으로 특정 학생을 따돌리는 왕따 행위들은 나쁜 행동이며 우리 반에서는 용납되어선 안 된다는 것을 스스로 배우게 된다. '사회성'과 '타인존중'이라는 인성을 배우게 되는 순간이다.

2) 얄미운 친구때문에 속상할 때

이번엔 2학년 학생들에게는 단짝 친구가 있으면 손들어 보라고 한다. 그 다음에는 혹시 '원수(enemy)'가 있으면 손들어 보라고 한다. 놀랍게도 두 번째 질문에도 손을 드는 학생들이 꽤 있다. 『괴롭히는 친구 무찌르는 법(원제: Enemy Pie)』이라는 책의 표지를 보여 주면서 책을 소개한다. 책을 읽어 주기 전에 이 책이 어떤 이야기일 것 같은지 짐작해 보라고 하자 많은 아이들이 호기심을 보이며 원수에게 먹이는 파이 아니냐고 한다. 저자가 책을 읽기 시작한다.

옆집에 새로 이사 온 같은 또래 아이가 얄미운 행동을 해서 친구가 아닌 원수로 여겨질 때 아버지가 원수를 없애려면 '원수파이'를 만들어야 한다고 하신다. 파이를 만드는 아버지에게 원수파이에 집어넣을 애벌레, 잡풀, 손톱 깎은 것 등을 내밀자 손을 저으시는 아버지. 대신 하루만 꾹 참고 원수와 함께 시간을 보내야 한다는 아버지의 주문에 하는 수 없이 원수와 하루를 보내게 되는 주인공. 이해심 많은 아버지의 도움으로 문제가 원만히 해결되는 이야기를 통해 아이들은 '타인에 대한 이해심'과 '자기통제(self control)능력'이란 인성을 배운다.

• 데릭 먼슨의 'Enemy Pie'

이와 같이 인성교육에 적합한 책들에 관해 누구보다 잘 알고 있고 독자들의 수준에 따라 알맞은 책을 잘 고를 수 있는 사서교사는 책을 통해 전교생을 대상으로 매일같이 인성교육을 실시하는 주된 교육자이다.

(5) 미국 중 · 고등학교도서관의 인성교육과 학생도우미

미국의 중 · 고등학교 학생들이 가져야 할 인성의 덕목들로는 수용, 신용, 존경, 책임감, 공평, 배려, 시민의 자질, 정직, 용기, 근면, 진실함 등이 꼽힌다. 사서교사는 학교도서관에서 책의 대출 · 반납을 돕고, 서가에 책을 꼽거나 서가 정리를 도울 학생도우미를 뽑을 때 이러한 인성을 두루 갖춘 학생들을 뽑는다. 왜냐하면 학생도우미는 자원봉사자로서 남을 돕는 사람이면서, 다른 학생들에게 모범을 보여야 할 학생 리더이기 때문이다. 학교도서관의 학생도우미가 되고 싶은 학생은 일단 교칙을 어긴 적이 없어야 하고, 학교 성적은 상위권이어야 하며, 부모님의 허락을 받는 것은 물론이고, 두 명의 교사에게서 추천서를 받아와야 한다.

위의 모든 조건을 갖춘 학생들이 신청서를 작성하여 제출하면 사서교사가 인터뷰를 통해 책임감과 진실함, 근면성 등을 확인한 후 학생도우미들을 뽑게 된다. 그러고 나서 사서교사는 오리엔테이션을 통해 업무에 관한 교육은 물론 학생도우미들이 학생들을 공평하게 대하고, 정직하게 일을 처리하도록 윤리의식과 도덕정신에 관한 인성교육을 실시한다.

그밖에도 사서교사는 학교도서관에 학생들의 눈길을 끄는 양서들을 전시하여 많은 학생들이 빌려 보도록 하고, 학교도서관 내에 특별 코너를 마련하여 학생들이 자기 스스로를 존중하고, 주변의 사람들과 사물들을 존중하며, 나아가 사회와 국가와 세계의 가치와 평화를 존중하는 태도를 가질 수 있도록 인성 개발에 관한 양서들을 일 년 내내 기획 전시한다. 또한 학기 초에 있는 학교도서관 오리엔테이션에서는 신입생들을 위한 위기 대처 능력에 대한 수업을 실시하고 학생들이 지적 장애, 신체적 장애가 있는 사람들에 대해 새로운 관점에서 볼 수 있도록 해 주고, 그들을 도우려는 마음을 가질 수 있도록 동기를 부여하는 책들도 구입하여 전시한다. 또 학생들이 간디의 무저항주의를 배울 수 있도록 간디의 명언을 벽에 전시하여 학생들이 읽고 그 뜻을 생각해 보며 자신의 느낌을 적어 볼 수 있도록 종이와 펜을 준비해 두는 고등학교도서관도 있다.

(6) 인성교육의 함양을 위해 사서교사가 할 수 있는 일들

① 매달 학교에서 정한 인성 덕목에 관한 책을 도서관에서 읽어 주고 전체 토론을 통해 그 책에서 학생 각자가 얻은 교훈을 포스터나 책갈피로 만들어 학교도서관에 전시한다.

② 학생들에게 인성이 뚜렷이 부각된 인물에 대한 자서전을 읽고 북 리포트(Book Report)를 하는 프로젝트를 내 준다.

③ 학교도서관에 오는 모든 학생들을 정중하고 공평하게 대함으로써 직접 인성교육의 본을 보인다.

④ 학생이 인성교육의 본을 보였을 때 집에 전화해서 부모님에게 학생을 칭찬해 준다.

⑤ 학생들이 책을 읽고 나서 등장인물의 본받을 만한 인성, 예를 들면 책임감, 용기, 시민정신 등등에 대해 작문을 할 때 해당되는 인성의 덕목에 관한 단어를 사용하되 구체적인 실례를 들어 작문을 하도록 독려한다.

(예) "____(책제목)에서 주인공 ____(주인공 이름)는 ____ 때에 ____(구체적인 사례)함으로써 정직함, 관용, 이해심, 존경심, 책임감 등(인성의 종류)을 잘 나타냈습니다."

⑥ 학교도서관에서 학생들이 지켜야 할 규칙들을 스스로 정하게 하고 지키지 못했을 경우 스스로 자신의 행동에 대해 책임을 지게 한다.

⑦ 고학년 학생들 중에서 뛰어난 인성을 보인 학생들에게 도서부원으로 자원봉사할 수 있는 기회를 준다.

⑧ 수업 중에 그룹을 형성할 때 인성이 좋은 학생과 그렇지 않은 학생을 짝지어 주어 서로 협동하게 함으로써 인성이 좋은 학생은

롤모델이 되고 그렇지 않은 학생은 자연스럽게 좋은 인성을 배우도록 한다.

⑨ 북클럽에는 공부를 잘하는 학생들 외에도 열심히 노력하고 여러 분야에서 인성이 좋은 학생들도 받아들인다.

⑩ 북리포트를 쓸 때 항상 저자의 이름을 밝히도록 일러 준다.

⑪ 틈날 때마다 양서를 읽어 주어 학생들에게 도덕적 상상력을 키워 준다.

⑫ 새로 나온 인성에 관한 책들을 선정하여 교직원회의 때 발표한다.

⑬ 교장 및 교사들에게 인성교육을 위한 아이디어들을 공모하여 도서관 게시판에 게시한다.

⑭ 전원이 책을 반납한 학급에는 상장을 주고 교실밖 외벽에 붙이도록 하여 다른 학급들에 본이 되게 한다.

⑮ 북클럽에서 읽을 책을 선정할 때 인성면에서 배울 만한 점이 있는 주인공이 나오는 책을 선정하고, 책을 다 읽은 후에는 사서교사의 지도 아래 단막극(skit)을 구상하여, 대본을 쓰고 연습을 한 뒤 학교 강당에서 발표하도록 한다.

7절

미국 초등학교 도서미디어 과목과 성적표

(1) 도서관 과목에 대한 관심과 중요성

미국의 초등학교도서관 수업은 크게 고정 스케줄(Fixed Schedule)과 유동 스케줄(Flexible Schedule)로 구분된다. 중 · 고등학교의 경우 교과 교사들이 교과 수업을 도서관에서 하고자 할 때 미리 학교도서관에 가서 사서교사와 함께 협업수업을 할 수 있는 날과 시간을 알아보고 그것에 대해 논의한 후 정하게 되지만, 초등학교의 경우에는 도서관 수업시간이 이미 짜여 있는 고정 스케줄인 경우가 많다. 즉, 초등학생들은 미리 정해놓은 날, 정해진 시간에 도서관에 와서 사서교사로부터 수업을 받는다. 미국에서는 담임교사들의 수업 준비(Prep) 시간을 특별 교과교사(Special area teachers)들이 메워 주고 있다. 사서교사도 특별 교과교사들 중의 하나여서, 초등학교 각 반의 도서관 수업은 음악, 미술, 체육, 컴퓨터와 같이 대개 1주일에 한 번씩 돌아온다.

특별 교과과목은 영어, 수학, 사회, 과학 등과 같이 커리큘럼에 따라 꽉 짜인 교실 수업시간에서 벗어나 도서관, 미술실, 음악실, 체육관 등에 가서 '담임선생님이 아닌 특별한' 선생님에게서 그야말로 '특별한' 과목들을 배우기 때문에 모든 아이들이 좋아한다. 특히 15,000권 가량의 최신 도서들이 구비되어 있는 학교도서관에서의 수업은 교실 수업과는 다른 수업에 대한 기대감을 주고, 읽은 책을 반납하고 읽고 싶었던 책을 빌려갈 수 있는 기회를 제공하기 때문에 학생들에게 인기가 있다.

초등학교 도서관 수업은 보통 40-45분으로 학생들이 학급별로 정해진 요일과 시간에 도서관에 와서 30-35분간 수업을 받고나서 마지막 10분간 책을 빌려가는 것이 보통이다. 도서관 수업의 내용은 학교의 교육과정 지도(Curriculum map)에 따라 각 학년별로 정해진 커리큘럼을 참고해서 영어, 사회, 과학 수업의 내용을 보강해 주는 수업(Enrichment)뿐 아니라 독서교육, 인성교육, 정보 활용 교육, 다문화 이해에 관한 수업, 명절이나 경축일에 관한 특별수업 등 사서교사의 역량에 따라 다양하고 역동적으로 할 수 있다.

- 도서관 수업시간에 2학년 학생들이 건강교육에 대한 책을 읽고 작문을 하고 있다. (왼쪽)
- 5학년 학생들이 디지털 시민 여권(Digital Passport)을 받기 위해 온라인 학습을 받고 있다 (오른쪽)

도서관 과목은 음악, 미술, 체육과 달리 책과 온라인 매체를 통해 학생들의 읽기 능력을 향상시켜 표준시험 성적의 향상에도 기여할 수 있기 때문에 공통핵심 학습기준(Common Core State Standards)에 따른 커리큘럼을 도서관 수업에도 적극적으로 적용해야 한다. 특히, 이 새로운 학습 기준에서는 '본문에서 증거나 사례를 인용하여 질문에 대답하라.'라는 항목을 강조하는데, 이와 관련해서 학생들이 연구 과제를 수행하는

데 있어서 사서교사의 역할이 더욱더 중요해지고 있다. 왜냐하면 사서교사들은 교육과정에 맞는 최적의 책과 미디어를 학습자의 손에 쥐어줄 수 있는 '책 전문가' 또는 '자원 전문가(Resource Specialist)'이기 때문이다.

(2) 도서미디어 과목의 성적표 항목

이렇게 점점 중요해지는 도서관 과목에도 성적을 매겨야 하느냐에 대해서는 학군마다 이견이 있다. 하지만 도서관 수업을 중요한 학업의 일부로 보는 학군일수록 도서미디어 성적을 성적표에 포함시키는 경향이 있다. 저자가 속해 있는 학군에서도 유치원부터 6학년까지의 학생들의 도서관 성적이 다른 과목들과 같이 일 년에 세 번씩 성적표에 표시된다.

성적표에 나타나는 도서관 수업 성적은 유치원부터 2학년까지는 다음과 같은 항목에 따라 1에서 4까지 등급이 매겨진다.
(1: 최하, 2: 하, 3: 보통~상, 4: 최상)

① 빌려간 도서관 책을 제때 반납한다. (유치원 학생의 경우 첫 분기에는 '해당사항 없음'이라고 표시)

② 학교도서관에서 지켜야 할 올바른 행동을 한다.

③ 수업에 활발하게 참여하고 공헌한다.

④ 연구능력이 발달하는 것을 보여 준다. (유치원과 1학년 학생의 경우 첫 분기에는 '해당사항 없음'이라고 표시)

⑤ 그룹 연구나 그룹 작문프로젝트에 참가한다.(유치원과 1학년 학생의 경우 첫 분기에는 '해당사항 없음'이라고 표시)

⑥ 도서관에서 책을 찾고 학업에 열중하는 등 여러 가지로 노력을 한다.

3 ~ 6학년 학생들의 경우에는 ①~④번 항목은 동일하고 ⑤번 항목이 '짧은 연구 프로젝트를 수행한다.'로 바뀐다.

도서미디어 과목에 대한 성적표의 첫 번째 항목인 책반납에 관하여 도서관에서 빌려간 책을 다음 주 도서관 수업 시간에 가져오지 않은 학생은 다른 학생들이 도서관의 서가를 다니며 책을 고르는 동안 책을 빌리지 못하기 때문에 모두들 책을 제때 가져오려고 노력한다. 저학년 학생의 경우, 학교도서관에 와서 책을 빌리지 못하면 속상해하기 때문에 아침에 집에 놓고 간 책을 어머니가 학교로 가지고 오는 경우도 가끔씩 있다.

초등학교 학생들이 학교도서관에서 빌려간 책을 제때 반납하는 습관이 몸에 배면 사회에 나아가서도 공공도서관에서 책을 빌릴 때 책을 잘 간수했다가 기한 내에 반납하는 민주적인 시민이 될 수 있다. 책을 분실했거나 책이 훼손되었을 때는 책값에 해당하는 벌금을 물어야 하는데, 6월의 마지막 주 여름방학을 앞두고 책을 반납하지 않았거나 벌금을 내지 않은 학생은 성적표가 나가지 않기 때문에, 가정통신문을 집에 보내면 대개 잃어버린 책에 대한 책값을 가져오는 경우가 많다.

두 번째 항목은 도서관 수업도 교실 수업과 마찬가지로 선생님의 말씀에 주의를 기울이고, 옆 사람과 잡담을 해서는 안 되며, 도서관의 규칙을 잘 지켜야 한다는 것을 가르치려는 것이다. 선생님이 말씀하실 때 옆 사람과 얘기하거나 장남감이나 물건을 만지작거리며 수업에 집중을 안

한다거나 수업에 방해가 되는 행동을 하는 학생은 먼저 주의를 주고 그래도 말을 안 들으면 자리를 다른 학생과 교체함으로써 문제가 쉽게 해결되는 경우가 많다.

세 번째 항목은 '수업에 열심히 참여하는가?'에 대한 평가다. 선생님의 말씀을 조용히 듣고만 있는 학생은 열심히 참여한다고 볼 수 없다. 수동적인 학생들은 최상의 점수를 받을 수 없다. 미국의 수업방식은 선생님이 질문을 던지면 학생들이 손을 들고 선생님이 이름을 부른 학생이 대답을 하고, 다른 학생이 그것에 대해 자기의 의견을 더하거나 다른 의견을 제시하거나 하여 학급 전체의 토론으로 이어진다.

저학년 수업의 경우에는 두 학생이 서로 짝을 지어 토론하고 그중 한 명이 발표하는 '돌아앉아 이야기하기(turn and talk)' 방식을 많이 활용하고 있다. 수업에 능동적으로 참여하는 학생은 선생님의 말씀을 주의 깊게 듣고 선생님이 그것에 관해 질문을 할 때, 늘 손을 들고 의사표현을 할 준비가 된 학생들이다. 때로는 손을 제일 먼저 드는데 시켜보면 답을 모르는 저학년 학생들도 있다. 하지만 이러한 학생들이 실망하지 않도록 하며 용기를 북돋아 주는 것도 사서교사의 역할 중 하나이다.

네 번째 항목에서 말하는 연구 과제는 영어, 수학, 사회, 과학 등의 과목 중에서 두 과목을 서로 연계하여 수행할 수 있으며, 학생들에게 도전 정신을 줄 수 있는 과제가 좋다. 또한 각 연구 과제마다 본질적인 질문(Essential Question)들을 중심으로 연구를 하게하고 각 프로젝트마다 따라야 할 점검표(Rubric), 체크리스트(Check lists), 그래픽 정리도구(Graphic Organizer) 등을 준비해 주는 것이 좋다. 연구 과제는 책을 읽고 자기의 말로 다시 정리해서 쓰거나 단순히 답을 찾는 차원이 아니라 학생들이 스스로 문제에 대한 해답을 찾아내야 한다. 요즘은 책만 사용하지 않고 웹사이트나 데이터베이스 등을 활용하는 경우가 많고 학생들의 학습결과를 나타내 보여주는 여러 가지 '창조적인' 결과물을 내는 것이 권장되고 있다. 학년별 연구과제의 예를 들면 다음과 같다.

① 유치원 – 좋아하는 채소를 한 가지 골라 그것에 대한 3~5가지 사실들을 찾아 그림 정리장에 적고 학급에서 발표한다.

② 1학년 – 학생들에게 친숙한 유명한 동화 작가의 자서전을 읽고 그의 사생활이 그가 글을 쓰는 데 어떻게 도움을 주었는지에 대해 연구하여 책에 대한 안내문(Blurb)을 한 문단 정도 써 본다.

③ 2학년 – 두 권의 동화책을 읽고 두 이야기가 어떤 면에서 비슷하고 어떤 면에서 다른지에 대해 자신의 의견을 담은 글을 신문 칼럼 형식으로 쓴다.

④ 3학년 – TruFlix라는 데이터베이스를 사용하여 각 그룹이 남극의 기후, 자원, 생태계, 탐험가 등에 관한 연구를 각기 따로 하고 MS Publisher 프로그램을 이용하여 여행 안내서를 만들어 학급에서 발표한다.

⑤ 4학년 – 뉴욕 주의 지리(Geography)가 뉴욕 주에 거주했던 미원주민들의 문화의 발달과 어떠한 관계를 가지고 있는지 연구하여 포스터나 파워포인트로 만들어 발표한다.

이러한 학생들의 연구 과제 수행능력은 학년이 높아질수록 더 높은 수준의 연구를 수행할 수 있도록 매년 향상되어야 한다. 사서교사는 도서관 수업 시간에 각 학년별 교육과정 지도(curriculum map)에 따라 단독적으로 연구 과제를 내주기도 하지만 각 교실에서 배우는 주제에 대한 연구 과제를 담임교사와 협의한 후에 학생들이 도서관에 와서 과제를 수행할 때 연구방법을 가르쳐 주며, 그 과정을 도와주고 필요한 도서와 웹사이트 및 데이터베이스 등을 지원해 주는 경우도 있다.

다섯 번째 항목은 그룹 연구와 그룹 작문프로젝트에 참여하는가에 관한 평가다. 아직 나이가 어린 유치원에서 2학년까지의 학생들에게는 두 사람이 짝을 지어 서로 함께 도와가며 그룹으로 과제를 수행하는 것이 장려되고 있다.

여섯 번째 항목은 학교도서관에서 여러모로 노력을 잘 하고 있는가에 대한 평가다. 자기가 읽고 싶은 책이나 과제를 수행하는 데 필요한 책을 서가에서 잘 찾는 학생, 자기 읽기 수준에 맞는 책을 알고 잘 찾는 학생, 솔선해서 다른 학생이나 교사를 돕는 학생, 책을 고르고 나서는 차분하게 앉아 책을 읽는 학생들이 좋은 점수를 받게 된다.

• 저자의 학교도서관에서 책을 고르는 학생들

이와 같이 여러 항목에 대해 사서교사가 학생들의 도서미디어 수업에 대한 성적을 매길 수 있기 때문에 학생들의 수업 태도도 좋고, 사서교사에 대한 존경심도 높으며 책의 반납율도 높다. 그러나 1주일에 한 번 만나는 600명 이상의 학생들을 하나하나 관찰해서 성적을 매기려면 사서교사는 수업을 하면서도 촉각을 곤두세우고 매 수업마다 각 학생들의 학업 수행에 대한 메모를 해야 한다. 도서미디어 과목이 다른 과목과 마찬가지로 성적표에 표시되는 과목이라는 사실은 학교도서관 수업의 중요성과 사서교사도 '도서미디어'라는 중요한 과목을 가르치는 특별과목 교사라는 것을 학생들과 학부모들이 인식하는 데 긍정적인 역할을 하고 있다.

• 3학년 학생들이 도서관 수업시간에 낭독극(Reader's Theater)에 참여하고 있다.

8절

학교도서관과 지역 공공도서관의 연계교육활동

어린 아이들은 학교에 가기 전에는 공공도서관에 간다. 미국에는 공공도서관마다 학령전 아동들을 위한 스토리타임 프로그램이 잘 되어 있다. 한 살짜리 아기들도 엄마나 돌보는 사람과 함께 공공도서관에서 하는 스토리타임에 참가하여 두뇌활동을 돕는 노래와 이야기를 즐긴다. 스토리타임이 끝나면 엄마, 아빠가 도서관에서 책을 빌려 잠자리에서 아이들에게 읽어준다. 유치원에 들어가면서부터는 학교도서관에서 1주일에 한 번씩 사서선생님으로부터 도서관 수업을 받고 책도 빌려간다. 공공도서관을 다니던 습관이 그대로 학교도서관으로 이어진다.

(1) 9월은 도서관카드의 달

학교도서관은 주말과 휴일, 그리고 방학 중에는 학생들이 이용할 수 없기 때문에 학생들의 독서습관을 지속시키기 위해서 정기적으로 가족끼리 인근의 공공도서관을 이용하는 것은 매우 중요하다. 또한 부모님이 책 읽는 모습을 보여 주시는 것은 학생들의 독서생활에 좋은 영향을 미친다. 미국에는 다행히 거의 모든 동네마다 공공도서관이 있어서 이용하기에 편하다. 그래도 너무 일이 바빠서 또는 관심이 없어서 자녀들을 공공도서관에 데리고 가지 못하는 부모들이 있다. 미국에서는 만 5세 또는 유치원에 재학 중인 학생들은 도서관 카드를 발급받을 수 있기 때문에 저자는 학기 초에 각 가정에 편지를 보내 자녀들에게 도서관 카드를 만들어주시라고 말씀드린다.

특히 미국에서 9월은 도서관 카드의 달이기 때문에 사서교사들은 유치원 교사들과 함께 인근 공공도서관에 미리 예약을 해서 유치원 학생들에게 공공도서관을 방문하는 기회를 갖도록 한다. 아직 공공도서관을 가보지 않은 학생들을 위해 공공도서관의 사서는 흥미 있는 스토리타임과 공작시간을 준비하고, 미리 도서관 카드 등록서류를 준비하여 학생들이 당일 도서관 카드를 받을 수 있게 한다. 그 카드로 학생들은 도서관의 아동부서에서 책들을 둘러보며 읽고 싶은 책을 골라 체크아웃 데스크에 줄을 서서 책을 빌려간다. 그 책을 다 읽었을 즈음에는 엄마, 아빠를 졸라 또 도서관에 가서 책을 빌리자고 할 것이다.

공공도서관은 지역사회 주민들의 세금에 의해 운영되므로 학교도서관에 비해 예산도 많고 장서수도 훨씬 많으며 학교도서관에 없는 책도 많이 있다. 따라서 공공도서관 사서와 학교도서관의 사서교사들 간의 좋은 유대관계가 중요하다. 예를 들어서 학교에서 내준 과제물과 읽어야 할 도서목록을 공공도서관에 미리 알려주면 공공도서관에서 따로 전시코너를 마련하기도 하고, 없는 책을 구입하기도 한다. 유치원 학생들 말고도 특수반 학급이라든지 영재반 학급에서도 특별히 공공도서관 방문을 신청하면 사서들이 맞춤식으로 미리 준비해놓고 기다린다. 심지어 인근의 프리스쿨이나 유치원에서 신청하면 공공도서관의 사서가 준비한 책과 음악CD와 레코드 플레이어를 가지고 학교를 방문하여 재미있는 도서관 스토리타임을 해주기도 한다.

(2) 섬머리딩프로그램에 관한 학교도서관과 공공도서관의 협력

사서교사들은 6월초가 되면 도서관 장서정리에 들어가기 때문에 더 이상 대출을 해줄 수 없다. 울상이 된 학생들에게 저자는 이제부터 여름 내내 동네에 있는 공공도서관에 가서 마음껏 책을 빌릴 수 있다고 하면서 공공도서관에 대한 홍보를 해준다. 그 대신 제때 책을 반납하지 않으면 벌금을 내야하고 빌린 책을 잃어버리면 책값을 변상해야 한다고 말해준다. 방학을 앞둔 6월 중에는 우리 학군이 소속된 동네의 아동부 사서가 와서 강당에 학생들을 학년별로 모아놓고 공공도서관의 카드 만드는 법과 여름독서클럽 및 기타 여름방학 특별프로그램에 대해서 설명하기도 한다. 여름방학을 앞두고 나는 담임교사와 학부모 몇 명과 함께 인근 공공도서관에 4학년 두 학급을 인솔하고 도서

- 담임교사들과 함께 도보로 4학년 학생들을 인솔하고 지역 공공도서관에 가서 사서가 읽어주는 스토리 타임을 가진 후 학생들은 서가에 꽂힌 책들을 둘러보았다(왼쪽)
- 공공도서관에서 실시하는 섬머리딩 컨테스트에서 우리 학교가 1등 트로피를 받았다. 그 이유는 우리 학교가 섬머리딩프로그램 참여도가 가장 높았기 때문이었다. 사서교사는 학생들이 여름에 독서를 계속하도록 독려해야 한다. 오른쪽 사진은 트로피를 든 저자 (오른쪽)

관 방문을 하는데, 아동부 사서는 학생들이 도착하면 도서관 투어를 시켜주고 스토리 타임을 한 뒤 도서관의 섬머 프로그램에 대해 안내하고 학생들은 읽을 책을 빌려가기도 한다.

공공도서관도 같은 지역 내 학교도서관을 위해 책을 기부하기도 한다. 한번은 저자가 근무하는 E학군에 소속된 E공공도서관의 두 지점이 문을 닫게 되자 그 도서관의 장서들 중에서 초등학교 학생들에게 적당한 장서들을 몇 박스씩 학군 내의 학교도서관에 기부해주어서 학교도서관 장서 구축에 도움이 되었다. 감사하는 마음에서 공공도서관 담당자에게 감사의 편지를 보냈다.

S공공도서관에 근무했을 때의 일이다. 매년 여름방학마다 실시하는 여름독서(Summer Reading)프로그램으로 북버디(Book Buddies)프로그램이란 것이 있는데, 초등학교 저학년 학생들과 지역 내 고등학교 자원봉사자 학생들이 짝이 되어서 함께 책을 읽는 것이다. 공공도서관에서 이 프로그램에 대해 지역학교에 공지하면 고등학교 졸업 때까지 최소한 40시간의 자원봉사 활동을 해야 하는 고등학생들이 몰려든다. 그러나 지원자가 하도 많아서 일주일에 3시간 정도 이상은 할 수 없다. 또한, 북버디 외에도 여름독서프로그램에 가입한 초등학생들이 매주 도서관에 와서 자기가 읽은 책에 대해서 고등학교 자원봉사자 앞에서 이야기하면 고등학생이 그 학생의 등록카드에 책의 제목을 적어준다. 여름 내내 많은 책을 읽은 학생들에게는 상장과 상품이 수여되므로 많은 초등학생들이 부지런히 책을 읽는다.

(3) 플로리다의 오렌지 카운티 도서관 시스템의 어린이 이니셔티브Children's Initiative

플로리다주의 경우도 비슷하다. 플로리다주의 오렌지 카운티 도서관 시스템은 100만 명이 넘는 도시인구를 위해 일하고 있다. 오렌지카운티 학군은 미 전국에서 11번째 큰 학군이며 플로리다에서는 4번째로 큰 학군이다. 플로리다에 사는 3학년에서 10학년까지 학생들은 플로리다 종합평가시험(FCAT)에서 소정의 점수를 받아야 다음 학년에 올라갈 수 있다. 그러나 학교도서관이 잘 갖추어져 있지 않은 학교들은 이 시험점수가 낮게 나왔다. 그래서 오렌지카운티 도서관 시스템은 오렌지 카운티 학군과 파트너가 되어서 같은 지역사회에 있는 어린이들을 위해서 시너지효과를 내기로 했다. 이것이 '어린이 이니셔티브(Children's Initiative)'가 탄생하게 된 배경이다.

이 이니셔티브의 목적은 각 학생이 공공도서관 카드를 만들고 교육을 지원하는 도서관 서비스를 고무시키며, 오렌지카운티 학군과 강한 파트너쉽을 개발하는 것이다. 따라서 오렌지 카운티의 각 학교를 담당하는 도서관 연락담당자는 각 학교와 긴밀한 관계를 가지고, 도서관 카드 캠페인을 도우며 학교의 오픈하우스, 가족독서의 밤이나 과학박람회 등에 참석해서 도서관 서비스를 홍보하기도 하며 교사와 학부모의 만남에도 참가하고, 학교를 방문해서 여름독서프로그램을 홍보한다. 그 외에도 도서관카드 만들기 경연대회(License to Learn Library Card Contest)를 연중 2번 실시하는데 담임교사들이 학급의 모든 학생이 100% 도서관 카드를 발급받을 수 있도록 고무하고 있다. 담임교사들은 영어, 스패니쉬, 크리올 언어[58]로 된 도서관 카드 신청서, 포스터, 지시사항, 도서관 카드 만들기 콘테스트 참가신청 양식, 반송봉투, 도서관 프로그램을

58) 중남미 국가들에서 스패니시어와 현지어가 혼합된 언어.

홍보하는 책갈피, 뉴스레터 등과 교사와 교장에게 보내는 협력촉구 편지 등이 든 패킷을 받는다.

교사들은 이 콘테스트를 학급에 홍보하고, 각 가정에 도서관 카드 신청서를 보내고, 학부모들이 도서관 카드 만들기 콘테스트 참가신청 양식을 기재해서 작성한 도서관카드 신청서와 함께 우편으로 도서관에 보내면, 공공도서관에서 학생들에게 도서관 카드를 보내준다. 학급의 전원이 도서관 카드를 발급받은 경우, 그랜드 프라이즈 추첨에 들어가 뽑힌 경우에는 도서관의 마스코트와 스토리텔러가 학교를 찾아가고 추첨된 교사의 학급에 선물이 주어진다.

도서관 명예의 전당(Library Honor Roll)에 오르려면 매년 도서관카드 콘테스트에 참가하여 학교의 행사에 공공도서관 스탭을 초대했거나, 학교 웹사이트에 공공도서관의 링크를 걸었거나, 도서관의 프로모션에 관한 전시를 했거나, 여러 가지 방법으로 도서관을 홍보했거나 했어야 한다. 도서관 명예 학교(Honor Roll School)가 되면 상장을 주고, 학교의 이름이 들어간 도서관 포스터를 전시하고 학군의 교육위원회에 알린다. 이러한 이니셔티브로 도서관카드 발급이 증가하였으며 2004년의 592건에서 2007년에는 3,018건으로 급상승했다. 그 결과 오렌지 카운티 학군과 오렌지 카운티 공공도서관 시스템 간의 유대관계가 좋아졌고 학교 직원들, 학부모들, 학생들이 공공도서관을 교육의 파트너로 보게 되었다. 각 학교마다 도서관 연락담당자를 둠으로써 각 학교마다 맞춤형 도서관 서비스를 제공할 수 있었다.[59] 이와 같이 미국의 전역에서 공공도서관과 학교도서관 사이에 유대관계를 가지고 지역학생들의 독서열기를 더 하고 있다.

59) Smallwood, Carol. Librarians as Community Partners: An Outreach Handbook. American Library Association. Chicago, 2010.

9절

특수교육학생들을 배려하는 학교도서관의 개별화 학습Differentiated Learning

어린 아이들에게 눈이 오면 제일 먼저 하고 싶은 일이 뭐냐고 물으면 눈사람을 만드는 것이라는 대답을 제일 많이 한다. 펑펑 함박눈이 내리고 눈이 많이 쌓이면 눈덩이를 굴려 눈사람을 만들고 마치 사람처럼 보이도록 돌멩이로 눈과 입을 만들고 당근으로 코도 만들고 모자와 스카프를 씌운다. 나뭇가지로 팔을 대신하고 장갑을 끼우면 제법 사람같이 보인다. 눈사람을 마당에 두고 들어온 아이가 잠을 자다 창밖을 내다본다. 추위에도 늠름하게 서있는 눈사람이 듬직하기만 하다. 그런데 아침에 일어나보니 해가 눈부시게 빛나고 눈사람이 어딘지 모르게 이상해 보인다. 좀 키가 작아진 것 같기도 하고 옆으로 퍼져 보인다. 입도 좀 비뚤어져 보이고... 밤새 무슨 일이 있었던 것일까?

이렇게 시작되는 『눈사람은 밤에 무얼할까?(Snowmen at Night)』라는 픽쳐북에서는 밤이 깊어지면서 눈사람들이 미끄럼을 타고 거리에 나와 활보하며 공원에 모여 코코아 드링크도 마시고 스케이트도 탄다. 키득거리며 눈싸움을 하고 눈이 쌓인 언덕에서 썰매를 타고 내려오며 함성을 지른다. 밤새도록 놀고 나서 피곤하고 졸리운 눈사람들이 아침이 되면 스카프와 모자를 집어 들고 각자 자기 자리로 돌아간다.

이러한 풍부한 상상력을 가진 카롤린 부에너가 아이들이 좋아하는 이 이야기를 집필했고, 남편인 마크 부에너가 내용에 딱 어울리는 그림을 그려 뉴욕타임즈 베스트셀러 리스트에 올랐다. 이 두사람은 2005

년에 『눈사람은 크리스마스에 무얼 하나?』라는 그림책을 발표하였고 2010년에는 『눈사람의 4계절』, 2012년에는 『눈사람은 무슨 일을 하나?』를 선보였다. 이 시리즈에서 가장 많이 알려진 『Snowmen at Night』은 재미있는 이야기와 사실적인 삽화들로 특수학급 학생들에게 '겨울'에 관한 수업교재로 많이 사용된다.

나는 평소에 도서관 학습을 위해 학교의 교육과정에 바탕을 두고 각 학급의 교육내용을 지원하며, 학생들의 교육적, 사회적 필요를 염두에 두고 최대한의 교육효과를 내기 위해 교안을 준비한다. 학교도서관에 오는 특수교육 학생 각자의 고유한 교육목표를 달성하기 위하여 치밀하게 수업내용을 짜야한다. 따라서 일주일에 한번씩 오는 도서관 수업도 특수교육 학급 안에서 이루어지는 학습모형을 따라서 하게 된다. 아이들이 좋아하는 『눈사람은 밤에 무얼 할까?』라는 책을 읽어주기 전에 아이들에게 질문해야 할 질문들을 여러 가지로 고려하게 되는데 대개 네 가지 질문으로 요약할 수 있다.

• 카롤린 부에너의 'Snowmen at Night'

첫째는 이 책에 나오는 어휘들 - 눈사람, 스카프, 눈, 눈덩이, 장갑, 공원, 핫코코아 - 등 물체들을 가리키면서 '이게 무엇이야?' 등으로 질문하고 아이들로 하여금 각 물체가 무엇인지 그 명칭을 말하도록 (tacting) 유도한다.

둘째는 말을 잘 하지 못하는 아이들에게는 “와서 책장을 넘겨봐”, “눈사람의 코를 만져봐”, “눈썰매는 어디에 있지?” 등의 질문을 하면서 동작으로 참여하게 한다.

셋째는 아이들에게 책에 나오는 눈사람들이 하는 - 스케이트타고, 달리기 시합을 하고, 코코아 드링크를 마시고, 눈썰매를 타고 내려오는 등의 동작들을 먼저 하면서 아이들이 따라하게 한다.

넷째는 말을 하고 어느 정도 따라가는 아이들에게는 “눈사람을 만들려면 뭐가 필요하지?”, “눈사람이 지금 무얼 하고 있지?” 등 책의 내용에 대한 이해를 묻는 질문을 한다. 아이가 잘 대답을 하지 못하면, “눈사람을 만들려면….” 하고 운을 떼어주면 아이가 말하는 데 도움이 된다.

책을 다 읽은 다음에는 소그룹으로 나누어, 한 그룹은 책에 나오는 어휘와 그림들을 서로 매치시키는 게임을 하게 하면서 학습효과를 높인다. 또 다른 그룹은 아이들의 소근육 운동을 위하여 눈사람을 만들게 한다. 하얀 펠트 천을 동그랗게 오려놓고, 색종이 위에 펠트 천으로 눈사람을 만들고 단추 등을 눈사람에 붙이게 한다. 이 때 눈사람 만드는 공작에 필요한 재료를 그때그때 선생님에게 달라고 요청하는 것도 특수교육아동들에게는 필요하고 익혀야 할 능력이기 때문에 아이들의 공작을 도와주는 보조 선생님들도 아이들에 필요한 재료을 그냥 주는 대신에 아이들 각자가 요청(manding)하게 한다. 또한 보조 선생님들도 사서교사의 지시에 따라 아이들 각자에게 맞는 질문을 하면서 아이들이 각자의 수업목표를 달성할 수 있도록 하여야 한다.

이처럼 학교도서관도 학습이 일어나는 학급의 하나로 간주되며 도서관 학습에서도 각 학생들의 수준과 필요에 맞게 질문내용과 학습자료, 학습과제 등을 다르게 주는 개별화 학습이 이루어지고 있다.

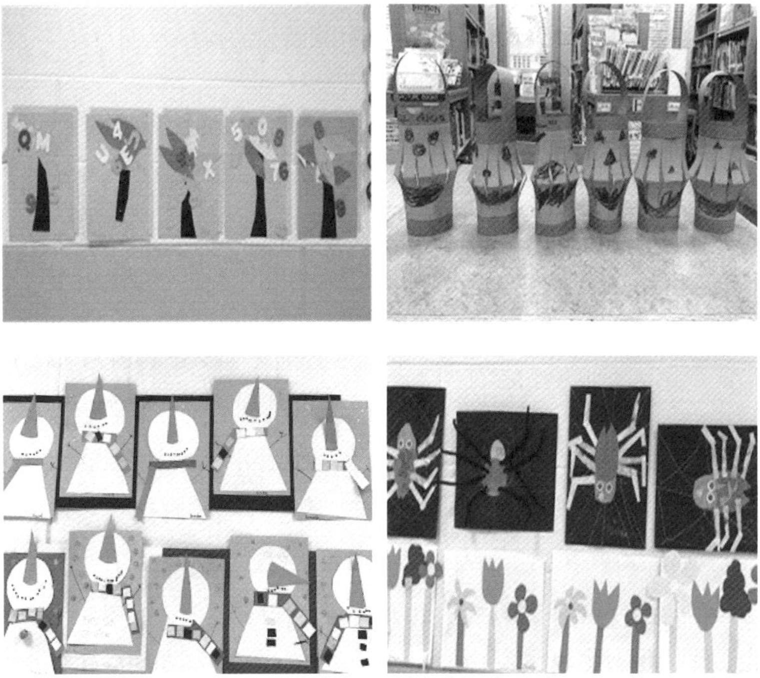

• 특수교육 학생들이 저자가 읽어주는 픽쳐북 이야기를 듣고나서 도서관 수업시간에 만든 작품들이 도서관 외벽에 전시되어 있다. 왼쪽 위부터 시계방향으로 1) Chicka Chicka Boom Boom 2) Five Little Pumpkins 3) The Very Lazy Caterpillar 4) Snowmen at Night

10절

메이커 운동Maker Movement과 진화하는 미국 학교도서관

미국 학교의 절반 이상에 메이커 운동(Maker Movement)이 일어나고 있다. 이 메이커 운동은 2006년에 데일 도허티가 메이커 페어(Maker Faire)를 만들면서 시작되었다. 약 100년 동안 건재해온 『Popular Mechanics』라는 잡지에 영향을 받은 『Make Magazine』이 2005년에 발행되면서 현재 들불처럼 번지고 있는 메이커 문화의 촉매가 되었다.[60]

이러한 메이커 무브먼트는 위험을 무릅쓰거나 실수를 해도 괜찮으며 오히려 실수를 하면서 성장하는 것이 좋다고 믿는 성장형 마인드셋(growth mindset)을 권장하기 때문에 학생들의 학습과 발달에 중요한 역할을 한다. 현재 메이커 무브먼트는 매우 빨리 커지고 있으며 1억 3천 5백만명의 미국인들이 이 활동에 참여하는 것으로 나타났다. 이러한 메이커 무브먼트는 학생들이 혁신을 추구하는데 중요한 역할을 한다. 학교에서 행해지는 메이커 활동은 주로 학교도서관에서 이루어지는데 이 활동에 필요한 세가지 중요한 요소는 적절한 도구들과 영감, 그리고 기회이다.

2016 - 2017년 학년도에 행해진 한 조사에서 미국과 캐나다에 있는 학교도서관의 55%가 메이커 교육을 하는 것으로 나타났다. 메이커 교육의 내용은 미술 공작(79%), 코딩과 프로그래밍(58%)이 주를 이루고 있으며, 전기회로(45%), 로봇공학(31%), 비디오 제작 및 편집(23%), 3-D 프린트(20%), 레고, 크넥스 등 조립(19%), 뜨개질(17%), 애니메이션(14%) 등이 그 뒤를 잇는다.

60) Open Mind 웹사이트. https://www.bbvaopenmind.com/en/the-origins-of-the-maker-movement/

Figure 2. What types of maker activities have you personally been involved in during the 2016/2017 school year?
School libraries offering maker activities, 2017

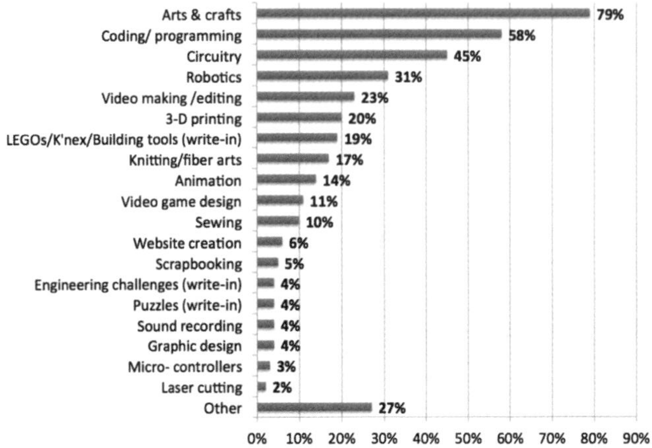

• 출처: 미국학교도서관저널의 메이커운동 조사결과리포트 2017[61]

학교도서관들이 4차 산업혁명시대에 걸맞는 교육 혁신에 기여하기 위하여 어떻게 변모하고 있는지에 대해 리틀 비츠(Little Bits) 라는 교육공학회사와 미국학교도서관저널지의 연구진들이 수행한 이 조사에서 48%의 학교도서관들에서 메이커 활동이 수업 시간이 아닌 시간에 행해진다고 말하였고, 63%는 전체 학급구성원이 모인 정규 수업시간에, 34%는 학교시작 전이나 방과후에 이루어진다고 답하였다.[62]

(1) 미국 사서교사들의 메이커 활동 참여도

미국에서 메이커 교육을 실시하는 학교들의 사서교사들은 메이커 교육에 적극적으로 참여할까? 미국 학교도서관저널의 조사결과에 따르면 메이커 교육을 실시하는 학교의 사서교사 중 41%는 자신이 일하는 학

61) 낫소 보시스 웹사이트. https://www.nassauboces.org/cms/lib/NY01928409/Centricity/domain/314/2017-18/LJSLJ_SchoolLibraryMakerSurveyReport_Aug2017.pdf
62) Steam Universe. "School Libraries Becoming Beacons of the Maker Movement". https://steamuniverse.com/articles/2018/07/23/school-libraries-becoming-beacons-of-the-maker-movement.aspx (검색일:2019.6.6.)

교의 메이커 활동에 '매우 활동적'으로 관여하며, 46%는 '비교적 활동적'으로 관여한다고 말했고 12%만이 '그다지 활동적'이지는 않다고 대답했다. 1%의 사서교사들은 관여하지는 않지만 관심은 있다고 말했다.

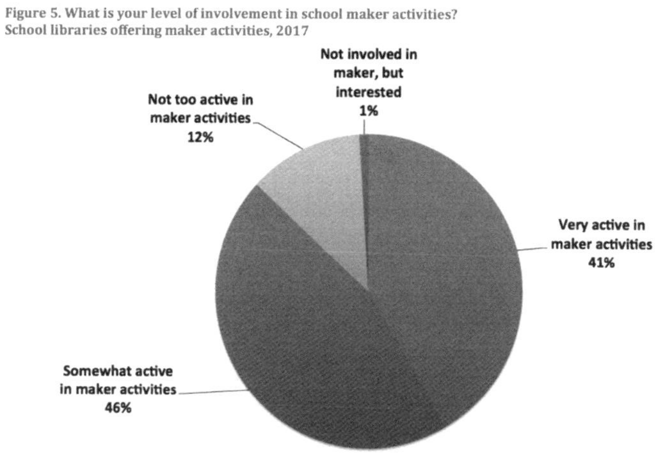

• 출처: 미국학교도서관저널의 메이커운동 조사결과리포트 2017[63]

(2) 학교도서관이 메이커 활동을 적극 유치해야 하는 이유

1) 학교도서관은 메이커 활동을 후원할 수 있는 공간과 시간을 제공할 수 있다.

미국의 학교도서관은 모든 학교의 학습, 문화, 정보의 중심지 역할을 톡톡히 해왔다. 학교도서관은 학생들의 학년, 학습능력, 성취도에 상관없이 학생 개개인의 필요를 충족시킬 수 있는 책과 온라인 자료들을 갖추어 놓고 언제든지 학생들이 필요할 때 찾아와 이용할 수 있도록 하는 공간이다. 미국 전역의 학교들에서 메이커 활동이 퍼져나가고 있는 이 시점에 학교도서관이야말로 학교 안에서 이 새로운 메이커 운동을 유치할 수 있는 가장 적합한 공간이라고 생각한다.

63) 낫소 보시스 웹사이트. https://www.nassauboces.org/cms/lib/NY01928409/Centricity/domain/314/2017-18/LJSLJ_SchoolLibraryMakerSurveyReport_Aug2017.pdf

2) 학교도서관의 메이커 활동은 놀이 이상의 교육기회를 제공한다.

도서관 수업 시간에 유치원에서 3학년 학생들에게 전래 동화 이야기에 메이커 활동을 접목시키는 수업을 실시했다. 아기돼지 삼형제 이야기를 들려주고 나서 3 ~ 4명씩 그룹을 지어 세 마리 아기 돼지가 안전하게 살 수 있는 집을 짓도록 하였다. 단 이 집은 늑대가 아무리 쓰러뜨리려고 해도 쓰러뜨릴 수 없도록 튼튼하게 벽돌로 지어야 하며 세 마리 돼지가 다 들어갈 수 있도록 지어야 한다는 조건을 붙였다. 이 메이커 활동을 위하여 롱아일랜드 학교미디어협회(Long Island School Media Association)에서 받은 350달러의 보조금으로 전래동화 문제해결세트(Lakeshore Fairy Tale Problem Solving STEM kits)를 구입하였다.

3 ~ 4명의 학생들이 어떤 집을 지을 지 함께 고민하며 종이에 연필로 집의 설계도를 그리면서 집을 지을 때 이들은 협력심, 문제해결 능력 그리고 팀워크를 배우게 된다. 또한 학생들은 이 세트 안에 들어있는 아기돼지 삼형제와 늑대 인형을 가지고 이 전래동화를 구연함으로써 읽기능력과 스토리텔링 능력도 키울 수 있다. 이와 같이 학교도서관 안에서 행해지는 메이커 활동은 그냥 '놀이'활동이 아니라 무한한 학습의 기회를 제공한다.

3) 학교도서관의 메이커 활동은 교육과정을 심화시킨다.

메이커 활동으로 교육과정에 있는 학습내용을 심화시킬 수 있다. 예를 들어서 과학시간에 전기와 전극에 대해 배운다면 학생들은 이론으로만 배우던 전기회로의 개념을 실제적인 메이커 활동을 통해 제대로 이해할 수 있다. 이와 같이 사서교사들은 교사들과 협력하여 교과과정에 있는 학습내용을 심화시킬 수 있는 메이커 활동을 고안하고 용이하게 하는 중재 역할을 할 수 있다. 또한 학생들은 메이커 활동을 통해 21세기 4차 산업혁명 시대에 장차 대학에서 그리고 사회에서 성공하는 데 요긴하게 쓰일 수 있는 핵심역량인 협동심, 창의력, 의사소통능력, 비판적 사고능력을 기를 수 있다.

4) 학교도서관의 메이커 활동은 도서관의 프로그램을 활성화시킬 수 있다.

학교도서관에 메이커 스페이스를 들여놓으면 기존의 도서관이 위축된다고 우려하는 사서교사들도 있다. 하지만 학생들이 메이커 활동에 참여하게 되면서 사서교사는 메이커 활동에 관계된 장서들과 자료들을 비치하게 되고, 따라서 학교도서관의 장서가 다양화된다. 또한 학생들은 기존의 장서 외에도 메이커 활동(maker activity)을 하는 데 도움이 되는 논픽션 책을 읽게 됨으로써 다양한 독서활동을 하게 된다는 장점이 있다.

학생들은 메이커 활동을 하면서 학교도서관에 빈번하게 출입하게 되고, 따라서 학교도서관에 대해 좋은 이미지를 갖게 된다. 이러한 학생들은 사서교사와 친밀하게 대화하면서 학생의 시각으로 본 학교도서관의 장서와 프로그램에 대해 건의도 할 수 있고, 사서교사는 학교도서관의 발전을 위해 학생들의 건의를 받아들일 수도 있다. 이와 같이 학교도서관의 메이커 스페이스(maker space)는 학생들의 학교생활과 독서생활에 긍정적인 영향을 미침으로써 학교도서관의 프로그램이 강화될 수 있는 좋은 기회를 제공한다.

5) 메이커 활동은 4차 산업혁명시대에 학교도서관의 필요불가결한 요소이다.

4차 산업혁명시대에는 빅데이터 분석, 인공지능, 로봇공학, 사물인터넷, 무인 운송수단(무인 항공기, 무인 자동차), 3D 인쇄, 나노 기술과 같은 분야에서 새로운 기술 혁신이 이루어지고 있다. 그러나 인간은 창조적인 노력, 사회적인 상호작용, 손재주와 기동성 면에서 기계가 따라올 수 없기 때문에 오늘날의 학생들을 미래의 직업세계에 대비시키려면 초등학교에서부터 이러한 창조성, 상호협력정신, 손재주 등을 키워줄 수 있는 활동에 노출시킬 필요가 있다. 어린 초등학교 학생들이 짝을 지어 레고 블록으로 집이나 자동차 등을 만들고, 4-6학년 학생들이 코바늘과 털실로 책갈피를 만들어 교내 독서진흥프로그램에서 전교생에게 나누어 주는 등의 메이커 활동은 이러한 점에서 학교도서관의 필수불가결한 요소이다.

11절

미국 초등학교의 메이커 무브먼트 사례

(1) 메이커 스페이스Maker Space란 무엇이며 메이커Maker란 누구인가?

메이커 스페이스는 메이커들이 재료, 도구, 아이디어를 나누어 쓰고, 실수를 하면서도 새로운 것을 추구하며, 다른 메이커들과 협력할 수 있는 안전한 곳을 말한다. 메이커는 무엇인가를 만들기 위하여 재료와 도구들을 사용하는 사람이며 그들은 다른 메이커들과 자신들의 아이디어와 프로젝트를 나누는 사람들이다.

메이커 스페이스의 재료들은 종류별로 잘 정돈하여 그 용기에 라벨을 부착하여야 한다. 그 재료와 도구들을 다 쓰고 나서는 깨끗이 정리하고 제 자리에 갖다 놓아야 한다. 메이커 활동에 참여한 사람들은 다같이 협력해서 메이커 스페이스를 깨끗이 정돈해야 한다.

메이커 스페이스를 시작하기 전에 다른 메이커들의 메이커 스페이스를 방문하여 아이디어를 얻고 계획을 하는 것이 좋다. 일단 궤도에 오르면 다른 메이커들을 자신의 메이커 스페이스에 초대하여 경험을 나눈다. 일단 메이커 스페이스가 형성되면 학생들과 교사들과 학부모들의 관심을 얻기 위해 뉴스레터나 웹사이트로 널리 알리고 학교도서관의 주변에 예쁜 포스터나 간판으로 학생들의 시선을 끈다.

⑵ 뉴욕 롱아일랜드 소재 포레스트 로드 스쿨의 메이커 무브먼트 연혁

1) 2015~2016 학년도 : 간단한 미술 및 공작 활동

내가 근무하는 포레스트 로드 스쿨 도서관에 메이커 스페이스를 구성하려는 비전을 가지고 교장선생님과 의논을 하였고, 학교커뮤니티에서 미술 공작 재료들과 코딩로봇마우스 키트를 기증받았다. 기증받은 미술 공작 재료들은 학교도서관에서 학생들이 간단한 메이커 활동을 할 때 유용하게 쓰였으며, 특히 저학년 학생들은 로봇마우스를 가지고 코딩의 개념에 대해 배울 수 있었다.

• 1학년 학생들이 로봇 마우스를 이용한 코딩을 해보고 있다

2) 2016~2017 학년도 : 뜨개질과 코딩 클럽

학부모회장에게 부탁하여 학부모들에게 메이커 스페이스에 필요한 재료와 도구들을 기증해달라고 부탁하였고 그 결과 다량의 털실과 코바늘을 기증받았다. 학생들이 점심을 먹고 나서 운동장에서 노는 시간(recess)을 이용하여 '휴식시간을 이용한 뜨개질 클럽(Recess Crochet Club)'을 열었다. 많은 학생들이 와서 코바늘 뜨개질을 배우고 싶어했고, 나와 학부모 1명이 두 그룹으로 나누어 학생들을 기초부터 가르쳤다.

• 저자의 학교도서관에서 뜨개질을 배우는 학생들

학생들의 코바늘 뜨개질 클럽이 궤도에 오르자 나는 교장선생님에게 코딩클럽을 열고 싶다고 제안하였고 같은 시간에 코딩을 배우는 학생들도 학교도서관에 오게 되었다. 이미 학생들이 코바늘의 기초는 터득하였고, 잘 하는 학생들이 새로 오는 학생들에게 코바늘 뜨개질의 기초를 가르쳐줄 수 있었기 때문에 이제는 새로 코딩을 배우러 온 학생들에게 코딩의 기초를 가르쳐 주었다. 학생들이 코드 스튜디오의 웹사이트에 접속해서 스스로 코딩 커리큘럼을 따라가게 되자 코딩을 하는 학생들은 학교도서관의 바로 옆에 연결된 컴퓨터 랩에서 보조교사의 도움을 받아 자기 진도에 맞추어 코딩 학습을 하였다.

• 코딩 교육을 받은 학생들 중에서 코드 스튜디오 (Code Studio) C 코스의 전 과정을 마친 학생들은 수료증을 받았다.

• 메이커 스페이스 시간에 뜨개질과 코딩을 배우는 학생들

• '교육을 위한 로우즈 툴박스(Lowe's Toolbox for Education)' 재단으로부터 받은 $2,000 그랜트 증서

2017년 봄 나는 '교육을 위한 로우즈 툴박스(Lowe's Toolbox for Education)' 재단에 학교도서관에 메이커 스페이스를 개설하겠다는 내용으로 보조금을 신청하여 2017년 5월 $2000을 받았다.

3) 2017~2018 학년도 : 본격적인 메이커 스페이의 시작

2017년 여름방학동안 교장선생님은 메이커 스페이스를 개설하기 위해 컴퓨터 랩의 컴퓨터들을 네 벽에 둘러서 설치하고 컴퓨터 랩의 한 가운데에는 두 줄로 긴 테이블을 설치하여 학생들이 협력하여 메이커 활동을 할 수 있도록 하였다. 벽에는 학생들이 레고 블록으로 원하는 물체를 만들 수 있도록 레고 벽(Lego Wall)과 인터액티브 텔리비젼도 설

치하였다. 2,000달러의 보조금으로 나는 학생들에게 코딩과 로봇공학을 가르칠 수 있는 로봇들과 3D 프린터, 레고, 크넥스, 맥포머 등 만들기 도구, 비디오 게임 만들기, 전기회로, 배지 만드는 기구 등을 구입했다. 이러한 메이커 물품들을 넣을 수 있도록 학부모회에서 받은 500달러의 보조금으로 플라스틱 용기들과 레고 등을 구입하였으며, 롱아일랜드 학교미디어협회(Long Island School Media Association)에 미니그랜트를 신청해서 받은 350달러의 보조금으로 전래동화 문제해결 세트를 구입했다.

이 세트에는 아기 돼지 삼형제(Three Little Pigs), 세 마리 염소(Three Billy Goats Gruff), 골디락스와 곰 세 마리(Goldilocks and Three Bears) 등의 세 가지 외국 전래 동화책과 각 이야기에서 벌어지는 문제와 문제의 해결을 놀이를 통해서 여러 가지로 모색해볼 수 있는 도구들이 들어있다. 예를 들어서 세 마리 염소(Three Billy Goats Gruff)에서는 염소 삼형제가 나온다. 가장 어린 염소가 다리를 건너 풀이 가득 우거진 초록빛 평원으로 가려다 다리 밑에 살고 있는 거대한 트롤이 잡아먹으려 하자 내 뒤에 오는 작은 형은 더 살이 많고 크니 그 형님을 기다리라는 핑계로 위기를 모면한다. 얼마 있다가 둘째 염소가 다리를 건너다 트롤에게 잡히자 큰 형은 나보다 더 먹을 것이 많으니 기다리시라고 하면서 다리를 건넌다. 마지막으로 가장 큰 염소가 다리를 건너려하자 트롤이 나타나서 잡아먹으려 하다 그만 큰 염소에게 치여 다리 밑으로 떨어지고 만다는 이야기다.

이 이야기를 읽고 학생들은 도구 상자속에 있는 재료들로 다리를 만들고 각자 이야기속의 등장인물을 하나씩 맡아 역할극을 하면서 트롤이 건드릴 수 없는 튼튼하고 높은 다리를 만들기 위해 서로 협력한다.

메이커 스페이스 테이프 커팅식

2017년 11월 포레스트 로드 스쿨은 학군장, 학부모협회장, 교장, 교감과 사서교사인 저자가 모여 새 메이커 스페이스를 오픈하는 테이프 커팅식을 가졌다. 그 자리에는 학부모와 학생들이 모여 새로운 메이커 스페이스의 시작을 축하하였다.

• 전래동화 문제해결 세트 (왼쪽) '아기돼지 세 마리'역할극을 하고 있는 학생들(오른쪽)

• 저자는 2000달러의 보조금을 받아 교내 메이커 스페이스 구축에 필요한 물품과 도구를 구입했다(왼쪽) 학군장, 교장, 교감, 학부모협의회 회장과 함께 테이프를 끊고 있다.(오른쪽)

• 학교도서관의 메이커 스페이스에서 레고와 매그포머로 집을 짓는 유치원 학생들(왼쪽)
• 오조봇을 작동하기 위한 컬러코딩을 하고 있는 4학년 학생들 (오른쪽)

• 버튼 배지 메이커 (출처:Amazon.com)

2018년 1월에 있었던 인터네셔널 나이트 행사를 앞두고 우리 학교에서는 각 학급마다 한 나라를 선정하여 메이커 스페이스에 와서 버튼 배지 메이커를 이용하여 학생들이 각자 디자인 한 배지를 만들었다.

그린 스크린 앱 을 이용한 가상 현실 수업

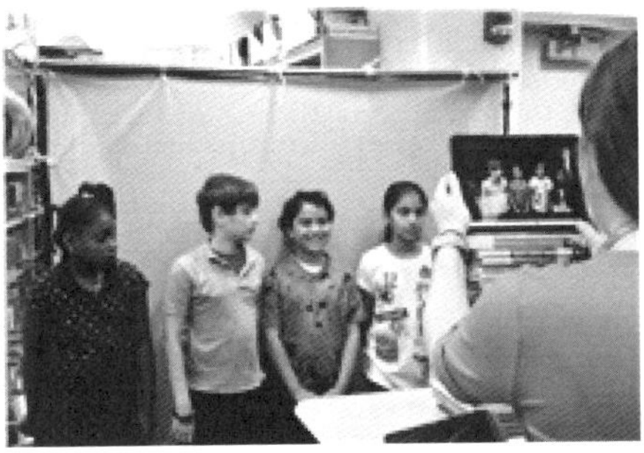

• 세계의 여러 나라에 대해 연구 과제를 하고 있는 3학년 학생들이 학교도서관에 설치된 그린 스크린앞에 서서 자신들이 연구한 나라에 대해 이야기 하면서 비디오를 찍고 있다. 이 비디오를 그린스크린 앱으로 처리하여 배경화면을 바꾸면 학생들이 실제로 다른 나라에 여행온 것 같은 효과가 있다. 이렇게 해서 만들어진 가상현실 영상을 다른 학생들과 공유할 수 있다.

한편 저자가 운영하는 방과후 코리안 클럽에서는 5학년 학생들이 그린 스크린 앞에 서서 아이패드에 장착된 그린 스크린 앱을 이용하여 비디오를 찍었다. 학생들은 한국말로 인사를 하면서 자기가 좋아하는 한국에 대해 소개하였는데 경회루, 명동 거리, 설악산 등으로 배경을 바꾸면 마치 한국에 가서 찍은 것 같은 착각을 일으킬 정도였다.

3D 프린팅 협업 수업

1학년 담임교사인 N 교사와 나는 3D 프린터를 이용한 협업수업을 하기로 하고 수업설계에 대해 의견을 나누었다. 협의가 끝난 후 N교사는 우선 학생들에게 스팀 교육에서 중시하는 다섯 가지 단계인 질문 - 상상 - 계획 - 창조 - 테스트 - 개선(Ask - Imagine - Plan - Create - Test - Improve)의 개념에 대해 학생들을 가르쳤다. 그는 학생들에게 3D 프린터를 사용하여야 하는 필요에 대해 생각해보게 했다. (Ask) 학생들은 어머니날 어머니에게 드리려고 학교의 화초세일에서 산 꽃을 담을 화병이 필요하다는데 착안을 하였다.(Imagine) 학생들은 그룹별로 화병의 모양을 연필로 스케치하였으며 (Plan), TinkerCad의 웹사이트에서 수학시간에 배운 도형들을 이용해서 원하는 꽃병의 모양을 디자인하였다.(Create) 학생들은 그룹별로 자신들의 디자인에 대해 검토하고 가장 좋은 디자인을 골라 저자의 도움으로 3D 프린터에서 화병을 만들고 나서 어떤 점이 잘 되었고 어떤 점이 잘 되지 않았는지 테스트 해보았다. (Test) 그리고 앞으로 어떻게 화병의 모양과 크기를 향상시킬 수 있을 지에 대해 토론하였다.(Improve)

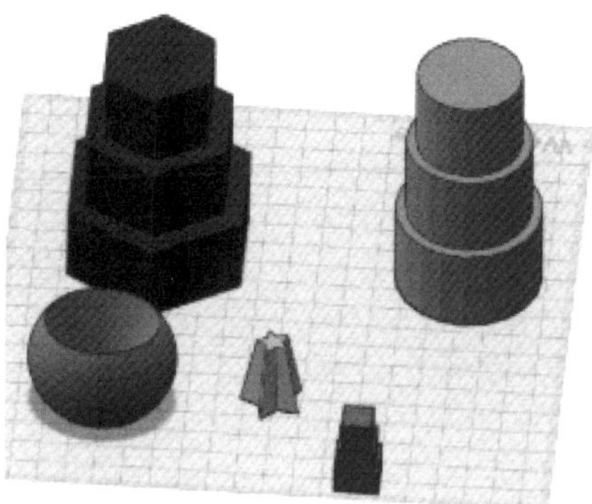

• TinkerCad에서 디자인한 화병의 모습들

4) 2018~2019 학년도 : 가상 현실Virtual Reality과 증강 현실Augmented Reality 수업

새 메이커 스페이스의 물품과 도구들로 포레스트 로드 학교의 학생들과 교사들이 메이커 스페이스를 이용하는 기회가 늘어났다. 특히, 특수교육반의 학생들과 저학년 학생들은 놀이가 학습과 융합되어 새로운 기술이나 기량을 배울 때 도움이 되고 있다.

2018년 9월부터 1-6학년의 학생들은 사서교사의 지도하에 소그룹으로 가상현실(Virtual Reality) 학습에 임하였다. 가상현실 학습은 사서교사가 각 학년의 교사들과 협의하여 사회과목의 학습 내용을 보강시켜주는 토픽을 선정하는데 저자가 아이패드나 헤드세트를 이용하여 학생들을 현장학습의 목적지로 안내하고 관광가이드의 역할로 학습을 진행하였다.

1학년의 경우에는 사서교사가 직접 교실을 방문하여 한번에 4-5명의 학생들과 함께 앉아 구글 엑스피디션 앱(Google Expeditions App)이 설치된 아이패드를 사용해서 함께 샌디에고 사파리 공원을 방문하였다. 학생들은 일일 조련사가 된 기분으로 기린, 코뿔소, 코끼리 등을 방문해서 각 동물들의 생김새와 특징에 대해 배우고 각 동물들이 하루에 먹는 먹이의 종류와 양에 대해 배웠다.

2학년 학생들은 사서교사와 함께 크리스마스 시즌에 크리스마스 장식이 된 백악관을 방문하고 각 장식의 의미에 대해 알아보았다. 3학년 학생들은 자유의 여신상을 방문하여 그 동상에 내재된 상징주의에 대해 알아보았고, 4학년 학생들은 헤드세트를 이용하여 뉴욕시의 역사적 건물들을 둘러보고 각 건물들이 가지고 있는 역사에 대하여 알아보았다. 5학년 학생들은 헤드세트를 이용하여 19세기 미국에서 금광이 발견된 캘리포니아로 사람들이 몰려든 골드러시(Gold Rush)에 대해 알아보았고 6학년 학생들은 헤드세트를 쓰고 고대 그리스의 유적지를 돌아보았다.

가상 현실 수업은 학생들이 교실수업에서 배우고 있는 역사유적지나 박물관, 동물원 등을 실제로 방문한 것 같은 생생한 현장감을 주기 때문에 교과목 수업 내용에 대한 학생들의 이해를 돕는다.

• 학생들이 구글 엑스피디션 앱(Google Expeditions App)이 설치된 아이패드를 사용해서 백악관 (오른쪽)과 샌디에고 사파리 공원을 방문하고 있다(왼쪽)

• 6학년 학생들이 가상현실(VR) 헤드셋을 쓰고 고대 그리스의 유적지를 탐방하고 있다.

• 학교도서관에서 6학년 학생들이 Merge Cube와 아이패드에 장착된 앱으로 박물관에 가지 않고도 박물관의 전시품들을 볼 수 있는 증강현실 (AR) 체험을 하고 있다.

12절

학습자를 위한 미국사서교사협회AASL의 기준 체계AASL Standards Framework for Learners

(1) '학습자를 위한 미국사서교사협회AASL의 기준 체계'란 무엇인가?

이 체계는 '학습자, 사서교사, 그리고 학교도서관을 위해 만들어진 미국학교도서관기준(National School Library Standards for Learners, School Librarians, and School Libraries)'에 소개된 미국사서교사협회의 기준 통합 체계(The AASL Standards Integrated Framework) 중의 하나이다.

이 기준 체계는 학습자, 사서교사, 그리고 학교도서관 기준 간의 연계성을 보여줌으로써, 가르치고 배우는 일에 대한 종합적인 접근 방법을 나타낸다. 이 기준 체계의 각 부분은 다른 부분들과 연관이 되며, 기준에 관련된 활동들이 상호보완적이고, 동시에 학습자, 사서교사, 그리고 학교도서관 간의 역량을 기르도록 설계되어있다.

- '학습자를 위한 미국사서교사협회(AASL)의 기준 체계' 팜플렛 겉표지
- 원문 출처: https://standards.aasl.org/wp-content/uploads/2017/11/AASL-Standards-Framework-for-Learners-pamphlet.pdf

(2) 사서교사들이 생각하는 잘 준비된 학습자, 효율적인 사서교사, 그리고 역동적인 학교도서관은 어떤 모습일까?

이 학습자를 위한 기준들을 재정립하는 과정에서 미국사서교사협회는 이전의 기준들과 미국사서교사협회의 공식적인 입장에 관한 성명서에서 추려낸 공통 신념들을 검토했다. 1300명 이상의 전국 사서교사들과 이해관계자에게는 '잘 준비된 학습자, 효율적인 사서교사, 그리고 역동적인 학교도서관'이 학습자를 위한 기준의 관건이라는 공통 신념이 있었다.

1) 학교도서관은 학습커뮤니티의 핵심이다

현장 및 가상 맞춤학습이 이루어지는 학교도서관은 학교와 가정을 잇는 중요한 연결 고리이다. 학교도서관의 공간과 모든 기능을 책임지는 리더로서의 사서교사는 학교도서관을 통해 학교 커뮤니티의 모든 구성원들에게 정보 기술에 접근할 수 있게 하고, 학습이 실세계에서 실제로 일어나는 일들과 연결이 되도록 한다. 또 사서교사들은 잘 정리된 오프라인, 온라인 자원들에 대한 액세스를 제공함으로써 학문적 지식이 깊은 이해로 이어질 수 있도록 하는 중요한 역할을 한다.

사서교사는 전교생이 학교에 입학해서 졸업할 때까지 수년간 각 학생의 발달과정을 지켜보며, 정보활용교육, 인성교육, 프로젝트 기반학습, 문해력 수업, 특수학생들을 위한 개별화 수업을 포함한 다양한 도서관 수업을 한다. 아울러 저자와의 만남 등 독서 증진 프로그램, 스토리텔링 프로그램, 다문화 프로그램 등의 각종 프로그램을 계획하고 실시한다. 최신 테크놀로지를 수업에 접목시키고 스카이프 화상 수업을 통해 과학자, 저자 등과 같은 실세계 전문가들과 학생들이 화상으로 만나 대화할 수 있도록 연결시켜주는 정보전문가의 역할도 한다. 또한 전교생과 교사들을 위한 인쇄 매체와 디지털 매체를 구입하고 관리하는 학교도서관 책임자로서 일인 다역을 하는 만능 교사이다. 코로나 19 팬데믹으로 거의 모든 학교들이 원격 수업으로 전환되었을 때 우리 학군의 사서교사들은 학생들과 교사들이 각종 수업과 독서에 필수적인 디지털 자원들에 접속하기 쉽도록 구글 클래스룸과 학교도서관 웹사이트에 업로드하였다. 또한 직접 가르치는 도서관 수업에서도 다양한 디지털 자원들을 활용하여 학생들이 정보활용 수업에 적극적으로 참여할 수 있도록 하였다.

2) 자격을 갖춘 사서교사는 효율적인 학교도서관을 이끌어 나간다.

사서교사들은 적절한 인원과 자원이 확충된 학교 도서관에서 학생들에게 탐구학습의 시범을 보이고, 홍보하며 발전시킨다. 자격을 갖춘 사서교사들은 교육 지도자로서, 프로그램 관리자로서, 교육자로서, 협업 파트너로서, 그리고 정보 전문가로서 상호연결되고, 학제간의 장벽을 뛰어넘는 여러 역할을 소화할 수 있도록 교육을 받고 인증을 받았다.

미국사서교사협회에서 발행하는 'Knowledge Quest' 저널에서는 탐구기반학습(Inquiry-Based Learning) 의 5단계를 다음과 같이 도표로 나타내고 있다. 아래의 5E 탐구 기반 교수 모델에 나타난 5가지 단계를 따라 하면, 학생들의 과학 탐구 능력에 큰 도움이 된다고 한다.[64]

5단계 탐구 기반 교수 모형의 각 단계에서 학생들에게 일어나는 일은 다음과 같다.

64) https://knowledgequest.aasl.org/the-5-es-of-inquiry-based-learning/

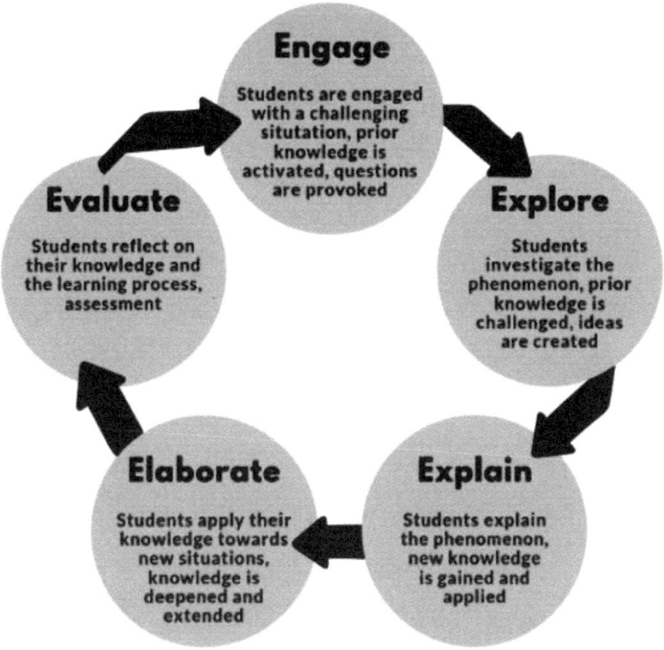

• 5단계 탐구 기반 교수 모형(The 5E Inquiry-Based Instructional Model)

참여 : 학생들은 도전적인 상황에 참여한다. 사전 지식이 가동되고 의문이 생긴다

탐색 : 학생들은 현상을 조사한다. 사전 지식이 도전을 받고 아이디어가 생긴다.

설명 : 학생들은 현상을 설명하고, 새로운 지식을 얻고 적용한다.

상술 : 학생들은 자신들이 얻은 지식을 새로운 상황에 적용한다. 지식은 깊어지고 넓어진다.

평가 : 학생들은 자신들이 얻은 지식과 학습 과정과 평가에 대해 곰곰히 생각해본다.

미국노동통계국은 2010-2020년 사이에 과학 및 엔지니어링 분야의 취업이 18.7% 증가할 것이라고 전망하였다. 그러나 스템 교육에 대한 높은 기대감에도 불구하고 학교들은 수업 시수가 모자라고 스템 과목을 가르칠 수 있는 자원이 부족한 형편이다. 이러한 경우에 학교 도서관 사서교사는 솔선수범해서 스템 교육에 필요한 온라인 자원들을 찾아 학교 도서관 웹사이트에 큐레이트하고, 탐구기반학습을 디자인하며, 테크놀로지 기반학습을 선도하는 교육전문가이다.

'학습자를 위한 미국사서교사협회 기준 체계'는 사서교사들이 탐구기반 학습을 설계하고 학생들을 지도하는 데 다음과 같은 도움을 준다. 즉, 사서교사들은 학생들이 호기심과 관심을 가지고, 질문을 만들고 조사하고, 정보 매체를 자신의 학습에 적용하여 결과물을 만들어 내는 탐구과정을 거치는 동안 이 기준 체계를 맞춤형 가이드로 삼아 학생들을 학습에 적극 참여시킬 수 있다. 초등학교 사서교사로서 저자는 사회과목의 프로젝트 기반 학습도 실시하고 있다.

스템 교육과 탐구 기반 학습은 병행한다. 탐구기반 과학 학습은 과학 개념의 이해와 그 분야에 대한 학생의 관심을 고조시키며, 탐구기반 학습을 경험한 학생들은 비판적 사고능력이 개발되고 성취감을 맛보게 된다. 그러므로 사서교사는 탐구기반학습에 있어서 타과목 교사들과 함께 협업 파트너로서 학제를 뛰어넘어 학생들을 가르치는 만능 교육자이다.

그런데 아무리 학교도서관이 있어도 자격을 갖춘 사서교사가 배치되지 않았거나, 사서교사가 아무리 자격을 갖추었어도 1인 다역을 할 수 있도록 비전문적인 업무를 도맡아하는 보조직원이 없다면, 그리고 학교도서관의 예산이 충분하지 않아 필요한 자원을 구입할 수 없다면, 사서교사가 전교생과 교사들을 위한 역동적인 학교도서관을 만들어 나가는 데 문제가 있다. 그러므로 학습커뮤니티의 핵심인 학교도서관에는 자격을 갖춘 풀타임 사서교사와 보조직원이 상주해야 한다.

3) 학습자들은 대학, 커리어와 삶에 대한 준비가 되어있어야 한다.

포용과 형평성의 원칙을 따르는 효율적인 사서교사들은 각 학습자마다 어떤 조건에서 어떻게 지도하는 것이 효과가 있는지 결정할 때 과학적인 증거에 의거해서 하며, 사서교사들은 커뮤니티의 참여와 혁신적인 리더십에 힘입어 모든 학습자들이 성공할 수 있는 기회를 향상시킬 수 있다. 이러한 성공을 맛 본 학습자들은 학교 빌딩과 학교 시간 안밖에서 계속해서 발전함으로써 장차 대학에서 탐구, 고급 연구, 심화된 전문적인 작업, 그리고 지역사회 참여 등에 충실할 수 있게 된다.

미국의 많은 공립학교들에 학부모회(Parent Teacher Association)가 있는데 우리 학교에도 학부모회가 있어 일년 내내 다양한 모금활동을 한다. 예를 들면 학교 로고가 새겨진 티셔츠, 발렌타인 초콜렛, 학교 사진, 어머니날 화초 등을 판매하고, 스콜라스틱 북 페어를 통해 책 판매를 해서 모여진 수익금으로 학부모회는 학생들에게 혜택을 줄 수 있는 특별 프로그램에 필요한 금액을 기부한다. 우리 학교의 학부모회에서는 6학년 학생들의 졸업 여행에 들어가는 비용과 졸업반 학생들의 브로드웨이쇼 티켓을 사는 데 쓰기도 한다. 나는 학부모 회장에게 '저자와의 만남' 프로그램의 비용과 메이커 스페이스에 필요한 기구에 드는 비용을 신청하였고, 테크놀로지 디렉터에게는 학생들의 수업에 필요한 앱이나 소프트웨어를 구입해달라고 신청하여 모든 학생들이 혜택을 볼 수 있도록 하고 있다. 이렇게 사서교사들은 학생들의 필요성을 파악하여 충족시켜줌으로써 학생들이 학교 생활에서 성취감을 느끼고 장차 중학교에 가서도 학교 생활에 잘 따라갈 수 있도록 배려하고 있다. 중고등학교 학교 생활을 잘 해낸 학생들이 대학교에 가서도 잘 적응하며 성취감을 느끼고, 대학 졸업 후에도 자기주도적으로 자신의 커리어와 삶의 주인이 될 수 있다.

4) 독서는 개인 및 학업 역량의 중심이다.

학습자들은 학교도서관의 독서 문화라는 틀 속에서 관련된 정보 자원을 이용하고 디지털 학습 기회에 참여하게 된다. 사서교사들은 스토리와 연계된 개인적인 이야기로 학습자들을 빠져들게 함으로써 동기 부여를 위한 독서 이니셔티브를 시작하고 고조시킨다. 사서교사들은 현재의 디지털 및 인쇄 매체들과 테크놀로지들을 큐레이트하여 학생들은 물론, 교사, 가족들까지 높은 수준의 독서를 할 수 있도록 액세스를 제공하여 평생학습자와 평생독서가가 되도록 돕는다.

저자가 만들고 관리하는 학교도서관 웹사이트에는 각 학년의 학생들이 활용할 수 있는 웹사이트, 학생들에게 사랑을 받는 픽션과 넌픽션 작가들의 웹사이트, 학교도서관의 장서들을 검색해볼 수 있는 온라인 카탈로그, 그리고 학교에서 구독하는 온라인 데이터베이스의 링크들이 올려져 있어서 학교의 모든 학생들과 학부모, 교사들, 교장, 심지어 학군내의 다른 학교에서도 저자의 학교도서관 웹사이트를 자주 이용한다. 또 학교의 인성교육 풍토를 조성하기 위해 자발적으로 모인 사회정서학습위원회(Social Emotional Learning committee)의 일원인 저자는 매달 인성교육의 주제가 담긴 책들을 큐레이트해서 구글 문서로 만들어 학교의 교직원들에게 보내고, 학교의 사회정서학습 웹페이지에 올린다. 이렇게 학습커뮤니티가 한 곳에서 독서문화 자원들을 온라인으로 1년 365일 24시간 만나볼 수 있도록 접근성을 보장하는 일은 사서교사의 몫이다.

5) 지적 자유Intellectual Freedom는 모든 학습자의 권리이다.

학습자들은 아이디어와 정보에 관한 접근을 다른 사람들이 통제하도록 허용하지 않으며, 자신의 말을 할 수 있고 남의 말을 들을 수 있는 자유가 있다. 학습자들, 교육자들, 그리고 학습 커뮤니티의 모든 구성원들이 간섭을 받지 않고 자유로이 정보를 이용할 수 있는 지적 자유를 가지도록 개발시키는 것도 사서교사의 책임이다.

과거에 금서(Banned Books) 로 지정된 아동 책들 중에는 학부모들의 청원에 의해서 터무니 없이 도서관의 서가에서 내려진 책들이 있다.

• 도서관에서 금서로 지정된 적이 있는 책들

Charlotte's Web 은 소설속에 나오는 말하는 동물들이 하나님에게 불경하다는 이유에서, Hop on Pop은 아이들이 아버지에게 폭력을 행사할 수 있도록 유도한다는 이유에서, Strega Nona 와 Harry Potter 는 마법을 홍보한다는 이유에서, 그리고 Where the Wild Things Are 는 아이에게 저녁밥을 안주었다고 해서 아동 학대라는 이유로 학교 도서관의 서가에서 내려진 적이 있으나 하나같이 아이들에게서 많은 사랑을 받은 책들이다. 사서교사는 모든 학습자들이 학교도서관에서 원하는 책을 읽을 수 있도록 그들의 지적 자유를 옹호해야 한다.

6) 정보 기술은 적절하게 통합되고 공평하게 이용되어야 한다.

오늘날 정보 기술이 학습과 삶의 모든 측면에 녹아들어 있지만, 실제로는 모든 학습자와 교육자가 최신의, 적합한 기술 및 연결성에 공평한 접근을 할 수 있는 형편이 아니다. 효과적인 학교도서관은 최신식의 정보 기술을 수업에 접목시킬 수 있도록 애플 T.V.와 스마트 보드가 설치되어 있고, 와이파이가 연결되어 있으며, 모든 학생들이 아이패드, 맥북, 크롬북 중에 하나의 기기를 쓸 수 있어서 학생들이 정보 격차(digital divide)로 인해 학력이 떨어지는 것을 방지한다. 즉, 학교도서관은 모든 학생들이 정보기술에 쉽게 접근하고 이용할 수 있도록 공평한 교육 기회를 제공함으로써 정보격차 및 사회 경제적 격차의 간극을 좁힌다.

코로나 19 팬데믹으로 2020년 3월 15일 거의 모든 학교가 문을 닫고 원격 수업을 시작했을 때 우리 학군에서는 전교생에게 아이패드, 크롬북, 맥북 중에서 하나씩 나누어 주고 집에서 사용할 수 있도록 하였다. 집에서 와이파이 연결이 안되는 가정에는 핫스팟 (hotspot) 을 대여해 주었다. 이와 같은 학군의 배려는 팬데믹과 같은 비상 사태에 의해 물리적인 학교도서관의 문이 닫혔어도 집에서 원격 수업을 받는 모든 학생들에게 정보기술에 대한 공평한 접근을 가능하게 해주어 디지털 격차로 인해 생길 수 있는 하력 격차를 방지해 주었다.

(3) 학습자를 위한 미국사서교사협회의 기준 체계 정의

'학습자를 위한 미국사서교사협회의 기준 체계'는 교육 과정이 아니다. 그러나 학교의 방침이나 필요에 따라 교육 과정을 개발할 때 참고할 수 있는 좋은 지침이 된다. 이 기준 체계의 내용은 다음과 같이 두 가지로 정의할 수 있다.

1) 맞춤형 가이드

학습자들과 사서교사들은 학습 과제나 전문적인 활동에 있어서 가장 적당한 포인트에서 이 기준 체계를 참고하고, 특정 역량들을 개발하기 위해 조치를 취할 때 이 체계를 가이드로 사용할 수 있다.

2) 진행형

학습자들과 사서교사들은 이 기준 체계 도표의 맨 왼쪽 상단에서 있는 '생각한다' 의 영역에서 시작하여 그 영역에 숙달하게 되면 수직으로 내려가면서 바로 밑의 '창조한다' 로 이동하고, 그 영역에 숙달하게 되면 '공유한다'로 이동하고, 또 그 영역에 숙달하게 되면 '성장한다'로 이동하면 된다. 학교도서관의 중심은 교수와 학습에 있다. 학습의 리더로서 사서교사들은 각 영역에 있는 역량 (생각, 창조, 공유, 성장)들을 제정하고, 시범을 보이고, 전달한다. 이렇게 기준 체계를 구조화시킨 영역 기반 접근법을 사용하여 사서교사들은 자신의 역량에 맞추어 전문적인 업무와 성장을 할 수 있으며, 계속해서 학교도서관을 지역의 요구, 자신들의 강점, 그리고 학습자들의 편의에 맞추어 발전시켜 나갈 수 있다.

(4) 이 기준 체계를 어떻게 사용하나?

*** 215-217 페이지에 첨부된 기준체계도표를 참고하세요**

1) 이 기준 체계는 이 도표의 상단에서 수평으로 이동하면서 6개의 공유 기반 (Shared Foundation) - 문의, 포함, 협력, 큐레이트, 탐색, 참여 - 에 의하여 고정되어 있으며 이는 표준의 핵심 교육 개념들이다. 각 기반 마다 핵심 기여(Key Commitments)가 설명되어 있는데 예를 들면 문의란 '물어보고, 비판적으로 생각하고, 문제를 파악하고, 문제 해결을 위한 전략을 개발함으로써 새로운 지식을 쌓는다' 라고 되어있다.

2) 문의, 포함, 협력, 큐레이트, 탐색, 참여 등의 각 공유 기반은 각 영역 또는 학습의 범주에 따라 3-5개의 역량 -'생각하다'(지적 학습), '창조하다'(정신운동성 학습), '공유하다'(정서적인 학습), 그리고 '성장하다'(발달 학습) - 과 만난다. 예를 들어서 '문의'라는 공유 기반을 도표에서 찾아 밑으로 내려가면 각기 생각하다, 창조하다, 공유하다, 성장하다 라는 4가지 역량으로 설명이 되어있다. 그 중에서 '문의' 기반이 첫번째 영역인 '생각'과 만난 지점을 보면 다음과 같이 설명되어 있다.

예시('문의'기반이 '생각'과 만난 지점)

학습자들은 호기심과 이니셔티브를 다음과 같이 나타낸다.

1. 개인적인 관심이나 교육과정의 주제에 관한 질문들을 만들어낸다.
2. 사전 지식이나 배경 지식을 회상하여 새로운 의미를 만들어내는 맥락으로 사용한다.

(5) 학습자를 위한 미국사서교사협회의 기준 체계(도표)

영역과 역량 (Domains and Competencies)	공유기반(Shared Foundations) 핵심기여(Key Commitments)					
	I 문의 (Inquire)	II 포함 (Include)	III 협력 (Collaborate)	IV 큐레이트 (Curate)	V 탐색 (Explore)	VI 참여 (Engage)
	물어보고, 비판적으로 생각하고, 문제를 파악하고, 문제 해결을 위한 전략을 개발함으로써 새로운 지식을 쌓는다	포용성에 대한 헌신과 이해, 그리고 학습 커뮤니티의 다양성에 대한 존중을 보인다	관점의 폭을 넓히고 공통 목표를 위해 나아가기 위해 다른 사람들과 효율적으로 일한다	자신과 타인을 위한 의미를 부여하기 위해 개인 관련성이 있는 자료들을 수집하고, 정리하고 공유한다.	경험과 심사숙고를 통해 개발된 성공마인드로 발견하고 혁신해나간다	실천공동체안에서, 그리고 상호연결된 세계속에서 참여하는 동안, 지식 상품을 안전하고 합법적이며 윤리적으로 창조하고 공유한다는 것을 입증한다
A 생각한다 (Think)	학습자들은 호기심과 이니셔티브를 다음과 같이 나타낸다 1. 개인적인 관심이나 교육과정의 주제에 관한 질문들을 만들어낸다. 2. 사전 지식이나 배경 지식을 회상하여 새로운 의미를 만들어내는 맥락으로 사용한다	학습자들은 학습 커뮤니티에 참여할 때 다음과 같이 균형잡힌 시각에 공헌한다 1.다양한 학습자들의 공헌에 대한 인식을 분명히 한다 2.정보자원들과 학습결과물에 표현된 관점과 의견들에 대하여 분별있는 태도를 취한다 3.글로벌학습 공동체안에서 문화적 관련성과 위치에 관한 이해를 하고 있는지 서술한다.	학습자들은 다음과 같이 협업의 기회를 파악한다. 1.이해의 폭을 확장하고 깊게 하려는 열망을 나타낸다 2.학습 그룹에 참여함으로써 새로운 이해력을 기른다 3.그룹 상호작용에 의해 알게된 문제를 해결하기로 결정을 내린다	학습자들은 필요한 정보에 따라 다음을 수행한다. 1.수집할 정보에 대한 필요성이 있는 지 결정한다. 2.수집 가능한 정보의 출처들을 파악한다 3. 어떤 정보원들을 사용할 지 중요한 결정을 내린다.	학습자는 다음과 같이 개인의 호기심을 개발하고 만족시킨다. 1.여러 형식으로 넓고 깊게 읽으며, 다양한 목적으로 작문하고 창작한다. 2.가정 및 가능한 오해의 소지에 대해 질문해보고 심사숙고한다. 3.개인적 성장을 위해 탐구 기반 과정들에 참여한다	학습자는 정보를 수집하고 사용함에 있어서 다음과 같이 윤리적 법적 지침을 따른다 1.정보, 테크놀로지, 미디어를 합리적으로 학습에 적용한다 2.정보, 테크놀로지, 미디어를 윤리적으로 사용해야 한다는 것을 이해한다 3.정보의 정확성, 타당성, 사회문화적 맥락, 그리고 필요에 대한 적절성을 평가한다

← 공유기반

← 핵심기여

B 창조한다 (Create)	학습자들은 다음의 과정을 따라 새로운 지식을 이해하고 활용한다 1.질문들을 연구할 때 증거를 사용한다 2. 지식 격차를 메꿀 수 있는 계획을 고안하고 실행한다 3. 학습이 일어났음을 예시할 수 있는 결과물을 만들어 낸다	학습자들은 글로벌학습공동체에 관한 그들의 의식을 다음과 같이 조정한다. 1. 다양한 관점을 나타내는 학습자들과 교류한다 2. 학습 활동 중에 다양한 관점들을 평가한다 3. 학습활동 중에 다양한 시각들을 대표한다.	학습자들은 다음과 같이 개인적, 사회적, 지적 네트워크에 참여한다. 1. 다양한 의사소통의 도구와 자원을 사용한다 2. 자신의 사전 지식을 기반으로 새로운 지식을 창조하기 위해 다른 학습자들과 연결고리를 만든다.	학습자들은 다음과 같이 작업에 필요한 적절한 정보를 수집한다. 1. 다양한 출처를 찾는다 2. 다양한 관점을 대표하는 정보를 수집한다. 3. 정보의 타당성과 정확도에 대해 체계적으로 문의하고 평가한다 4. 우선 순위, 주제, 또는 다른 체계적인 계획에 따라 정보를 정리한다.	학습자들은 다음과 같이 새로운 지식을 구축한다. 1. 설계, 구현 및 반영의 주기를 통한 문제 해결 2. 땜질하고 만드는 과정을 통해 자기 주도적인 추구를 지속적으로 한다.	학습자들은 새로운 지식을 창출하는데 있어서 윤리적 결정을 내리기 위해 다음과 같이 유효한 정보를 사용하고 타당한 결정을 내린다. 1. 타인의 작품을 윤리적으로 사용하고 복제한다 2. 타인의 지적 재산에 저작권을 인정하고 존경심을 표한다. 3. 개인적인 지식 상품의 요소들도 윤리적 사용 대상에 포함시켜 타인들도 콘텐츠를 적절히 인용하도록 한다
C 공유한다 (Share)	학습자들은 아래와 같은 순환 과정을 거쳐 다른 학습자들과 적응하고, 의사소통하며, 학습 결과물을 교환한다 1. 다른 학습자들이 발표한 콘텐츠에 대해 대화를 나눈다 2. 건설적인 피드백을 준다 3. 피드백에 따라 개선한다 4. 진정한 청중들과 결과물을 공유한다.	학습자들은 다음과 같이 다양한 아이디어에 공감을 표하고 아량을 베푼다 1. 정보에 입각한 대화와 토론에 활발하게 참여한다 2. 한 주제에 관해 여러 관점에서 표현되는 토론에 기여한다.	학습자들은 다음과 같이 문제 해결을 위해 다른 사람들과 생산적으로 협력한다. 1. 다른 사람들로부터 피드백을 요청하고 응답한다. 2. 그들 자신의 탐구 과정에서 다양한 관점들을 포함시킨다.	학습자들은 다음과 같이 학습커뮤니티 안밖으로 정보 자원을 교환한다. 1. 건설된 정보 사이트에 공동으로 접속하고 평가한다. 2. 다른 사람들의 작품을 윤리적으로 사용하고 복제함으로써 협력하여 만든 정보 사이트에 기여한다. 3. 협력하여 만든 정보사이트로부터 얻은 정보를 다른사람들과 함께 비교하고 비유한다.	학습자들은 다음과 같이 학습 커뮤니티에 참여한다. 1. 개인적인 관심 또는 커리큘럼에 관한 주제에 관하여 호기심을 표현한다. 2. 혁신적으로 조사하는 방법을 공동 구축한다 3. 협력을 통해 도전이나 문제에 대한 해결책을 찾아낸다.	학습자들은 다음과 같이 책임감있게, 합법적으로 새로운 정보를 글로벌 학습 커뮤니티와 공유한다. 1. 수정, 재사용 및 리믹스 정책에 따라 정보 자원을 공유한다. 2. 의도한 청중에게 적합한 수단을 통해서 새로운 지식을 전파한다.

D 성장한다 (Grow)	학습자들은 다음과 같이 계속 진행중인 탐구 기반과정에 참여한다 1. 계속해서 지식을 찾는다 2. 지속적인 연구에 참여한다 3. 실세계에 연관시켜 새로운 이해를 한다. 4. 심사숙고해서 정보에 입각한 의사결정을 내린다	학습자들은 글로벌 학습공동체안에서 지식 구축을 하는데 공감과 형평성을 입증한다 1. 다양한 학습자들과 상호작용을 한다 2. 학습활동을 하는 동안 다른 관점들에 관심을 나타낸다 3. 글로벌 학습공동체안에서 자신의 위치를 되돌아본다	학습자들은 학습 상황에서 다른 사람들과 같이 적극적으로 참여한다. 1. 그룹 토론에 적극적으로 기여한다. 2. 학습을 사회적인 책임으로 인식한다	학습자들은다음과 같이 다양한 청중들을 위해 정보를 선택하고 체계화한다. 1. 큐레이트된 자원들의 품질, 유용성, 정확도를 지속적으로 분석하고 반영한다. 2. 자원들로부터 얻은 이해를 개념 지식 네크워크안에서 통합하고 기술한다. 3. 타인들이 사용하고, 해석하고, 확인할 수 있도록 공개적으로 의사소통이 되는 큐레이션 과정을 거친다.	학습들은 다음과 같이 경험과 반영을 통해 발전한다. 1. 도전에 대해 반복적으로 반응한다. 2. 개발되고 개선되고 확장될 수 있는 능력과 기술이 무엇인지 인식한다. 3. 긍정적이고 건설적인 성장을 위해 열린 마음으로 피드백을 받아들인다.	학습자들은 다음과 같이 정보를 활용하여 개인 학습을 확장한다. 1. 정보의 사용과 정보기술을 개인화한다. 2. 윤리으로 지식을 창출하는 과정에 대해 성찰한다. 3. 다른 사람들에게 안전한, 책임감있는, 윤리적인 그리고 합법적인 정보 행동에 참여하도록 고무한다.

• 원문 출처 : https://standards.aasl.org/wp-content/uploads/2018/08/180206-AASL-framework-for-learners-2.pdf (도표)

Libraries store the energy that fuels the imagination.

They open up windows to the world and inspire us to

explore and achieve, and contribute to improving our quality of life.

Libraries change lives for the better.

- Sidney Sheldon -

(1917 - 2007. American writer and producer)

· 제 4 장 ·

오늘날 사서와 사서교사는 누구인가?

미국 사서교사의 교사자격증에는 도서미디어전문가(school library media specialist)라고 명시되어 있다. 교사이지만 가르치는 이외의 여러가지 역할도 맡아 하는 '만능 선수(utility player)' 이다. 담임교사들이나 일반 교과 교사들은 자신이 맡은 학급만 잘 맡아서 운영하면 된다. 그러나 도서미디어전문가는 전교생, 모든 교사들, 학교 직원들, 학부모들, 교장, 교감을 비롯한 학군의 교육 행정가들과 원활한 의사소통 및 상호역동적인 관계 정립을 해야 한다.

1절

재미한인 1세, 미국의 도서관과 인연을 맺다

1980년 이전 한국의 학교도서관의 이미지는 독서실과도 같았다. 초등학교와 중학교에서는 존재하지도 않았던 학교도서관이 다행히 저자가 다니던 고등학교에는 있었다. 교실을 도서관으로 개조한 터라 교실처럼 책상들이 열을 맞추어 놓여 있었고, 방과후에는 학생들이 남아 숙제를 하거나 시험공부를 하러 학교도서관을 이용하곤 했다. 도서관은 어두운 편이었고 도서관의 장서는 많지 않았지만 그 중에서 존 스타인벡의 '분노의 포도'를 빌려 읽은 기억이 있다.

대학에서 교육학을 전공하고 대학원에서 교육사회학을 전공하던 나는 1982년 미국에 온 후 도서관학 석사과정을 밟으면서 콜럼비아 대학교 의대도서관에서 준사서로 일하게 된다. 왕복 2시간 넘게 출퇴근하면서도 미국의 도서관에서 사서들옆에서 실무를 배우며 도서관의 자료를 이용하는 의대 학생들을 도와주는 일이 하나도 힘들지 않았다.

두 자녀를 낳고 키우느라 사서의 꿈을 잠시 접었던 나는 1993년 집에서 가까운 퀸즈 공공도서관에서 공공도서관 사서로 첫 근무를 하게 된다. 의욕적으로 일한만큼 정신적인 보상도 컸지만 셋째 아이를 키우느라 육아휴직을 받게 된다. 롱아일랜드로 이사를 온 후 1997년 미국 뉴욕의 롱아일랜드 소재 쉘터락 공공도서관에서 아동부 사서로 풀타임 사서로 임용되어 다시 꿈에 그리던 사서 생활을 시작했다. 이 도서관은 미국

내에서 손꼽히는 좋은 학군들이 모여 있는 뉴욕시 근교의 롱아일랜드에서도 다섯 번째 안에 드는 명문 학군에 속해있다. 이 지역은 전체 인구 가운데 인도, 중국, 한국계가 60%나 차지하고 있다. 한국계 학생이 많아서 도서관에서 근무하다 보면 가끔 한국에서 온 학부모들을 만날 때가 있었다.

어느 날, "혹시 한국 분이세요?" 하는 음성이 들려왔다. 반가운 마음에 "네." 하고 대답하자, "여기서 자원봉사자로 일하세요?" 하고 다시 물어왔다. "저는 여기서 사서로 일하고 있는데요."라고 말하자 그 분은 놀라며 믿기지 않는다는 표정을 지었다. 그 당시만 해도 미국의 공공도서관에서 근무하는 한국계 사서가 무척 드물었기 때문이다.

한국에서 교육학 석사과정을 밟고 있던 내가 미국에 와서 도서관학 석사과정으로 전공을 바꾼 이유는 어린 시절부터 시작된 책사랑 때문이었다. 초등학교시절부터 아버지가 사다 주신 계몽사의 '소년소녀 어린이 문학 전집', '세계위인 전집', '그리스 로마 신화', '이야기 세계사' 같은 책을 읽으며 독서를 즐겼고, '왕자와 거지', '빨간 머리 앤' 같은 이야기책들을 읽으며 머나 먼 영국이나 캐나다의 프린스 에드워드 아일랜드에 대한 상상의 나래를 펴기도 했다.

이런 내가 공공도서관 아동부 사서로 형형색색의 어린이 책에 둘러싸여 지낼 수 있었던 건 행운이었다. 마치 온갖 이름 모를 야생화가 피어 있는 숲 속을 거니는 것과 같았다. 그리고 그 숲 속에서 매일매일 다양한 표정의 많은 사람들을 만날 수 있었다. 아직 책을 스스로 잘 읽지 못하는 유치원 학생이 학교에서 동물에 관한 연구 과제를 받아 오자, 무조건 아이의 손을 잡고 도서관을 찾은 학부모의 다급한 표정도 만날 수 있었고, 스토리타임 시간에 내가 읽어 주는 이야기를 듣는 호기심 많은 어린 아이들의 해맑은 눈망울도 만날 수 있었다.

또 타주에 사는 손자에게 전화로 읽어 주려고 길지도 짧지도 않은 무서운 옛날이야기들이 수록된 책을 찾아 달라고 하는 할아버지의 간절한 표정도 만났고, 자녀의 학교생활에 관해 상의를 해오는 단골 도서관 이용자 학부모들의 열정적인 표정도 만났다. 도무지 책을 읽지 않으려고 하는 자녀를 데리고 와서 아이가 좋아할 만한 책을 추천해달라고 부탁하는 학부모의 무표정했던 얼굴이, 아이와 대화를 통해 아이가 좋아하는 책을 손에 쥐어 주었을 때, 환한 미소를 띤 얼굴로 바뀌었다. 그 당시 나는 도서관에서 만나는 이용자들에게 지적, 정서적, 사회적 도움을 줄 수 있다는 점에서 정말 사서가 되기 잘 했다는 자부심이 들었다.

이렇게 도서관 이용자들에게 참고 정보 서비스를 제공하는 것 외에도 공공도서관의 아동부 사서로서 막 걸어다니기 시작한 돌박이부터 4살까지 아이들, 유치원 에서 초등학교 6학년 학생들에 이르기까지 여러 가지 고정 프로그램을 운영했다. 엄마와 아기가 함께 하는 Mommy and Me 스토리타임, 프리스쿨 다니는 아동들을 위한 스토리타임, 유치원 학생을 대상으로 하는 킨더가든 스토리 타임 등의 프로그램들을 진행하면서 영어 그림책을 비롯한 아동문학의 세계에 푹 빠졌다.

초등학교 1 ~ 2학년, 3 ~ 4 학년, 5 ~ 6 학년 학생들을 위한 북클럽은 학생들이 도서관에서 지정한 학년별 필독서를 읽고 와서 함께 토론하는 것이었는 데 이러한 프로그램을 주도하는 것도 주 업무 중 하나였다.

이렇게 매일 고객들을 도와주면서 나 또한 책을 통해 늘 새로운 것을 배울 수 있었기 때문에 공공도서관에서 7년간의 사서 생활은 내 인생에 있어서 아주 귀중한 시간이었다. 특히 스토리 타임, 북클럽, 썸머 리딩 프로그램 등 학생들의 독서교육을 위해 전념하는 시간이 나에게는 가장 의미 있는 시간이었다. 그래서 나는 학생들의 독서교육을 전담하는 학교도서관에 관심을 가지게 되었고, 특히, 학습지도안을 준비하는 현직 교사들을 도와주면서 '사서에서 '교사'로서 한 차원 업그레이드된 사서교사가 되고 싶다는 열망을 갖게 되었다.

세 자녀의 어머니로서 풀타임 사서로 일을 하면서 파타임으로 다시 대학원에 가서 공부를 해야하는 것이 쉽지는 않았다. 하지만 가족들의 도움으로 낮에는 공공도서관에 근무하면서 저녁에는 대학원에서 학교도서미디어 과목들을 수강할 수 있었다. 그리고 1주일에 두 번 오후 1시부터 9시까지 도서관 근무를 하는 날이면 아침 7시부터 11시까지 그레이트 넥 중학교 도서관에 가서 한 학기동안 교생실습을 하였다. 베테랑 사서교사들의 수업을 지켜보며 옆에서 학생들을 돕고 때로는 모의수업을 하면서 사서교사의 꿈을 키워나갔다. 드디어 사서교사가 되기 위한 모든 관련 과목들을 수강하고 사서교사 면허취득을 위한 모든 시험에 합격하고 모든 구비사항을 갖추자 곧바로 뉴욕주 사서교사 자격증을 취득할 수 있었다.

그 후 롱아일랜드에 위치한 네 곳의 학군, 여섯 개의 학교도서관(School Library Media Center)의 사서교사(Library Media Specialist)로 20년 가까이 근무해오면서 느낀 것은 학교도서관이 학생들의 학업성취를 위해 학교에서 가장 중요한 정보의 중심지로 인식되고 있다는 것이었다. 그 이유는 거의 모든 학교도서관에는 주정부로부터 교사자격증을 취득한 사서교사가 자리를 지키고 있으며, 학교도서관의 책임자인 사서교사에 대한 학군, 학교, 교장, 교사들의 신뢰감과 의존도가 높기 때문이다. 대부분이 문헌정보학 또는 도서미디어대학원에서 사서교사 양성 과정을 마치고 학군에서 직접 여러 번의 인터뷰를 거치고 평판 조회까지 받아 고용된 사서교사 즉, 도서미디어전문가는 도서관 경영과 수업 실시 등에서 자율적인 권한이 많다.

그러한 이유로 사서교사들의 직업만족도를 높은 편이다. 2013년 미국 학교도서관저널에서 실시한 연구결과[65]에 의하면 36%의 사서교사들이 자신의 현재 직업에 매우 만족한다고 하였고, 34%는 만족한다고 하였으며 21%가 다소 만족한다고 하였고 6%는 그렇게 많이 만족하지는 않다고 하였으며 2%만이 전혀 만족하지 않다고 답하였다.

• 썸머 리딩프로그램을 마친 학생들이 참가한 썸머 리딩파티에서 딸과 함께(왼쪽)
• 쉘터락 공공도서관의 썸머 리딩프로그램에 참가한 학생들을 도와주는 저자(오른쪽)

65) https://www.slj.com/?detailStory=sljs-2013-job-satisfaction-survey

2절

삶의 질을 향상시키는 미국 공공도서관 사서의 역할과 위상

매우 빠르게 발전하는 정보 통신 테크놀로지의 발달로 이제는 누구나 스마트폰으로 인터넷 검색을 하고, 전자책을 다운로드 받아 읽을 수 있으며, 영화나 스포츠게임도 보고, 사진이나 비디오를 찍어 즉시 전송할 수 있다. 따라서 과거에 정보를 검색하기 위하여 또는 읽을 책을 찾으러 공공도서관으로 향하던 주민들의 공공도서관 이용률이 감소할 수 있다. 설상가상으로 경기침체로 인해 공공도서관의 예산이 줄어 기존의 프로그램과 서비스를 제대로 제공할 수 없는 잠재적인 위험에 처해있다. 따라서 미국의 공공도서관들은 전보다 적은 예산으로, 적은 숫자의 직원으로 그리고 적은 시간으로 더 많은 일을 해야 하는 어려운 상황에 있다. 그리고 과거 그 어느 때보다도 지역사회에서 도서관이 왜 중요한지 지역주민들에게 일깨워주어야 하는 중요한 시점에 있다.

그리고 공공도서관이라는 유기체가 건강하게 자기 기능을 100% 달성하기 위해서는 자격을 갖춘 사서들이 급격한 테크놀로지의 발전에 발맞추어 새 테크놀로지로 무장하고, 끊임없이 연구하고 배우는 '평생학습자'이자 '콘텐츠 큐레이터'의 자세로 임해야 한다. 또 공공도서관이 지역사회의 중심에서 교육 문화센터로서 지역사회의 부가가치를 높이는 1차적 공공기관의 역할을 지켜나가야 하며 그것만이 공공도서관과 사서의 살 길이다.

그러기 위해서는 사서들의 역할이 매우 중요하다. 2020년 직업동향핸드북(Occupational Outlook Handbook)에 따르면 2019년에서 2029년 사이에 사서와 사서교사의 숫자는 5%가량 증가할 것으로 추정되었으며 2019년 현재 미국 전역에 14만 6천 5백명의 사서와 사서교사가 있을 것으로 예상되었다.

공공도서관이 지역사회에 미치는 중요한 역할에 대해서 쥴리 비안도 에드워즈는 다음과 같은 이유를 들어 설명하고 있다.[66]

(1) 공공도서관은 커뮤니티를 재건한다.

지역 주민들과 매일 얼굴을 맞대고 대화하는 공공도서관의 사서들은 누구보다도 지역사회를 잘 알고 있다. 따라서 지역사회와 협력하여 지역 주민들을 위한 프로그램을 마련하여 지역사회 활성화에 앞장서고 있다.

1) Farmer's Market을 통한 활성화

브루클린 도서관의 경우 본관 옆 넓은 광장에서 주말에 농산품 시장(Farmer's Market)이 열릴 수 있도록 하여, 지역 주민들이 싱싱한 농산물을 값싸게 구입할 수 있도록 하고 이러한 시장을 통해 지역경제를 활성화시키기도 한다. 캘리포니아의 리치몬드에는 지역주민들이 필요로 하는 특수한 작물의 씨앗을 빌려주기도 하며 지역상의 특성에 따라 케이크 팬, 낚시대, 자전거 자물쇠, 그림원화, 연장 등을 빌려주는 공공도서관들도 있다. 또한 지역의 역사를 보전하기 위하여 현존 인물들을 인터뷰하여 구술사로 엮거나, 지역의 오래된 사진들을 디지털 사진기로 찍거나 스캔하여 보존하는 등의 아카이브 사업들을 통해 지역사회의 역사적 가치를 유지하고 보전한다.

66) 퍼블릭 라이브러리 온라인. http://publiclibrariesonline.org/2013/04/community-centered-23-reasons-why-your-library-is-the-most-important-place-in-town/

2) 주민들이 누리는 각종 혜택

무엇보다도 공공도서관에 오는 주민들은 프로그램에 참석하러 오거나 단순히 책을 빌리러 와서 친구도 사귀고 커뮤니티 안에서 다른 사람들과의 관계를 맺는다. 또한 지역사회에 있는 홈리스나 빈곤층 사람들을 위한 통조림 모으기 운동도 공공도서관 사서에 의해 추진될 수 있으며, 소규모 창업자들은 공공도서관에서 마련한 프로그램을 통해 비지니스 워크숍에서 전문가의 도움을 받거나 컨퍼런스 룸을 빌리는 등 각종 혜택을 받을 수 있다.

(2) 공공도서관은 다양한 고객층을 위한 지역사회센터가 된다.

1) 각종 워크숍 진행

공공도서관의 사서들은 지역사회의 이민자들이 그룹 또는 1:1로 영어를 배울 수 있는 프로그램이나 미국사회에서 부딪치는 여러 가지 문제들에 대처할 수 있도록 하는 강연 또는 직업을 얻는데 필요한 이력서를 쓰고, 인터뷰하는 방법들을 가르쳐줄 수 있는 워크숍 등을 기획한다. 그리하여 이민자들도 당당하게 지역사회의 일원이라는 느낌을 가질 수 있도록 도와준다.

2) 누구나 환대받는 도서관

공공도서관은 나이, 성별, 성적 취향, 종교적 신념, 그리고 민족적, 인종적, 문화적 배경에 상관없이 오픈 마인드를 가지고 모든 사람들을 동등하게 대우해야 한다. 지체부자유자들을 위한 시설과 서비스도 갖추고 또한 영어를 구사하지 못하는 주민들을 위해서 그들의 언어로 된 장서들을 갖추어 그들도 공공도서관의 이용자로서 혜택을 받을 권리를 보장해야 한다. 점점 더 다양해지는 고객층을 확보하고 그들을 위한 맞춤형 프로그램과 서비스를 제공하기 위해 공공도서관의 사서들도 여러모로 다양해질 필요가 있다.

⑶ 공공도서관은 지역사회 예술의 전당이다.

공공도서관은 지역주민들이 빈부에 상관없이 무료로 연주회, 콘서트나 영화관람 등을 할 수 있는 통로를 제공하며, 지역사회의 미술가나 음악가들이 무료로 작품을 전시하고 도서관 웹사이트에 음악을 업로드할 수 있도록 예술 활동을 장려한다. '미국을 그리다(Picturing America)'란 프로그램은 미국의 미술의 역사에 초점을 맞추고 창의적인 작문워크숍, 미술 강좌 등을 통해 지역주민들이 미술을 이해할 수 있도록 돕는다. 주로 미술과 음악에 조예가 깊은 음악담당, 영화 및 DVD 담당 사서들이 자신들의 특기를 살려 지역사회 주민들을 위한 콘서트를 기획하고 실시한다.

⑷ 공공도서관은 시민의 대학이다.

미국 공공도서관의 건립이념은 빈부에 상관없이 모든 사람들에게 교육의 기회를 제공하기 위한 것이었다. 그 이념이 오늘날까지 내려와 미국 전역의 공공도서관에서 무료로 배움의 기회를 제공하고 있는데 그 중에서도 미국도서관협회의 '그것에 관해 함께 이야기해봅시다.(Let's Talk about It)'프로그램은 공공도서관에서 학자가 주축이 되어 지역주민들이 토론하며 배우는 기회를 제공한다. 아웃리치(outreach) 사서들은 공공도서관에서 멀리 떨어진 지역에 사는 사람들을 위해서는 우편으로 책을 보내주고 또 질병으로 외출을 하지 못하는 사람들에게는 집으로 책을 배달해주기도 한다. 도서관은 정보의 수요자뿐만 아니라 정보의 생산자들에게도 서비스를 제공하는데, 블로그나 위키, 팟캐스트 등을 이용하여 새로운 정보를 만들어 내려는 사람들을 위한 공간과 워크숍을 제공한다.

따라서 사서들은 새로 도입되는 새로운 정보통신기술을 습득하여 어떠한 종류의 도움을 청하는 고객이라도 도와줄 수 있도록 늘 실력을 갈고 닦아야 한다. 노스 캐롤라이나의 샬롯에서 실시하는 '이메진온(Imagin On)' 프로그램은 지역사회에서 파트너를 찾아 창의력을 고양시켜주는 프로그램이다. 또한 공공도서관은 시민들이 서로 모여 담론(civil discourse)을 할 수 있는 기회를 제공한다. 인간도서관(The Human Library)과 소크라테스 카페(Socrates Cafe)는 대담을 통해 서로 다른 사람들이 소통하고 배울 수 있도록 한다. 사서는 참여자들이 자유로이 질문하고 의사표현을 할 수 있도록 돕는다. 따라서 사서는 담론프로그램을 이끌어 갈 수 있는 소양과 실력도 갖추고 있어야 한다.

(5) 공공도서관은 청소년들의 옹호자이다.

1) 어린이와 청소년을 위한 각종 프로그램

아동부 사서들은 갓난아이부터 초등학교까지 학생들이 책을 좋아할 수 있도록 스토리타임, 독서토론 등의 프로그램을 계획 및 실시한다. 이를 위해 수시로 새로 출판된 책들에 대한 서평(Book Review)을 읽고 이용자들을 위한 책을 선정하고, 도서관에 오는 이용자들을 위해서 서점과 같이 멋있게 책을 전시 진열해놓아야 한다. 그리고 개개인의 이용자들에게 필요한 책이나 그들이 읽으면 좋을 책들을 추천해주며, 도서관이 위치한 학군의 각 학교들과 유대관계를 맺어 학생들이 학급별로 도서관을 방문할 수 있도록 각종 프로그램을 기획하고 홍보한다.

2) 어린이들의 꿈을 키워주는 공간

지역사회 내의 공공도서관에서 책을 빌려보고 프로그램에 참가하며, 스토리타임을 하는 공간에서 이야기를 들으며 보낸 경험들을 통해 어린이들은 지역사회의 일원임을 느끼며, 새로운 미지의 세계에 대한 꿈을 키워나간다. 특히, 어린이도서실 사서나 청소년(young adult) 사서들은 빈 도화지 같은 어린이들의 무한한 가능성 위에 건강한 미래를 스케치를 해줄 수 있는 중요한 역할을 맡았다.

3) 도서관 자문위원회

그 외에도 많은 공공도서관들이 빈부격차에 상관없이 학생들이 학업에 도움을 받을 수 있도록 온라인과 전화 및 소셜미디어 등으로 가정교사의 도움을 받을 수 있는 프로그램을 실시하고 있다. 이처럼 전국적으로 공공도서관에서 행해지는 독서프로그램등을 통해 학생들의 읽기능력이 향상된 것이 증명되었다. 사서들은 이 나이의 학생들의 취향과 기호를 고려해 그들만의 공간을 만들어주고 그들이 좋아할 만한 책들을 사고, 프로그램을 기획, 홍보하며, 도서관자문위원회(Library Advisory Committee)구성하여 그들의 의견을 수렴하여 도서관 정책에 반영한다.

4) 브루클린 도서관의 다문화 인턴십 프로그램

브루클린 공공도서관의 '다문화 인턴십 프로그램'은 틴에이저들에게 긍정적인 직업의 경험을 제공하기 위해서 그들과 같은 인종의 직원을 활용하여 틴에이저들의 롤모델이 되도록 배려한다. 소수민족 출신의 사서들은 소수민족 틴에이저들에게 도움을 준다는 자부심을 가지고 직업에 만족을 누릴 수 있다. 또한, 결손가정의 청소년들에게는 공공도서관의 안전한 환경에서 사서들이 읽을 만한 책을 찾아주거나 정보검색을 도와주는 외에도 그들의 부모가 다 해줄 수 없는 생활 상담이나 진로 상담을 해줄 수도 있기 때문에 사서의 역할은 매우 중요하다.

3절

커뮤니티 파트너Community Partner로서의 사서의 역할

미국은 공공도서관이 마을마다 있어서 도서관의 이용률이 높다. 하지만 요양원(nursing home), 노인정, 교도소 등과 같이 도서관 소외계층이 모여 있는 곳도 있다. 또 이민자나 빈곤층이 집중되어 있는 특별한 커뮤니티도 있다. 또는 이제 은퇴하기 시작한 베이비 부머 세대들 또는 학기말 시험 때만 도서관에 몰리는 고등학생들 등 특정 계층이나 특정한 시기에 도서관 서비스를 필요로 하는 경우도 있다. 이에 미국의 공공도서관 사서들은 각각의 요구 계층들에 직접 다가가서 도서관 서비스를 제공하려고 노력한다. 이처럼 진취적이고 창의적인 사서들 덕분에 다음과 같은 커뮤니티 아웃리치 서비스가 전국적으로 이루어지고 있다.

다음의 사례들은 커뮤니티 파트너로서 도서관 사서 아웃리치 핸드북(Librarians as Community Partners: An Outreach Handbook edited by Carol Smallwood)에 수록된 사서들의 우수 사례들을 저자가 발췌하여 번역, 정리한 것이다.

(1) 고령자들을 위한 회고록 쓰기 워크숍 (뉴욕시 퀸즈의 마크 도넬리 사서)

퀸즈도서관 산하 특별서비스부서의 아웃리치 사서로 있는 마크 도넬리는 사서이지만 작가이기도 하다. 그는 상관의 허락을 얻어 베이사이드 시니어 센터에 회고록쓰기 워크숍에 대해 알리고 신청자들을 받았다. 50대 후반에서 70대 중반까지 나이와 인종적 배경이 다른 사람들 8명이 8주 동안 일주일에 한 번씩 모여 회고록을 쓰고 그것들을 모아 책으로 발간했다. 그 책은 베이사이드 도서관에 영구 보존되었다.

(2) 노인들을 위한 경로잔치Senior Celebration 및 주택 및 자원박람회Senior Housing and Resource Fair (시카고 근교 데스 플레인즈의 밥 브랜카드 사서)

전체 인구의 17.2%가 65세 이상인 데스 플레인즈에서는 매년 데스 플레인즈 공공도서관에서 데스 플레인즈시와 노인센터 등 여러 단체의 협찬을 받아 두 가지 연례행사를 개최한다. 두가지 연례행사는 바로 경로잔치와 주택박람회이다. 이 행사들은 시니어들이 지역사회에 공헌한 것에 대해 축하하는 의미에서 마련된 것이다. 행사 당일 시니어들은 각 테이블을 돌며 건강검진 및 여러 가지 무료 서비스도 받고 특히 도서관에서 노인들을 위해 마련한 여러 가지 프로그램과 서비스에 대한 정보도 얻는다. 매년 2,500명 이상이 참가하고 있다.

(3) 베이비부머(1946-1964년 사이에 태어난 세대)를 위한 미래형 아웃리치 프로그램(엘린 메일링 사서)

현재 은퇴연령에 들어가기 시작한 베이비부머 세대들은 그 숫자가 현재 7천 6백만에서 7천 8백만 명에 이르며 이들은 엄청난 구매력을 가지고 있다. 베이비부머 세대는 전 세대에 비해 더 건강하고 풍요로운 생활에 익숙하기 때문에 이들은 전 세대와는 다른 차원의 은퇴 후 생활을 원한다.

엘렌 메일링은 고령층 베이비부머들의 관심사를 다음과 같이 요약했다.

- 현재 살던 집에 머물기 원한다.
- 시간이 돈보다 귀하다.
- 의미 있는 일을 하기 원한다.
- 은퇴를 인생의 새로운 페이지로 여기고 그동안의 라이프 스타일을 유지하고자 한다.
- 평상시의 관심과 활동을 계속하기를 원한다.
- 자신들이 믿는 바를 지원한다.
- 시니어 센터에서 하는 진부한 활동들에 관심이 별로 없다.
- 건강, 재정계획, 컴퓨터 교실, 영성/여행/사회활동, 체력단련, 예술과 문화 등에 관심을 보인다.

메일링씨는 이러한 베이비부머들을 겨냥한 미래의 서비스에 관한 사서들의 아이디어를 블로그에 게재하였다. 그 중에는 베이비부머들이 건강하고 활발하게 노년을 보낼 수 있는 활동, 그들을 위한 도서관 공간과 전담 사서 마련, 평생학습에 관한 프로그램 기획 등이 포함되었다.

(4) "캘리포니아: 50세 이후의 인생 변화" (파사데나)

2007년 11월 캘리포니아의 파사데나에서 캘리포니아주 도서관, 미래를 위한 도서관, 캘리포니아 도서관협회 등이 협력하여 은퇴기에 접어든 베이비부머들을 위한 새로운 시도를 계획하였다. 그 결과 24개 도서관에 베이비부머들을 타겟으로 한 새로운 프로그램을 도입하도록 기금이 조성되었다. 이 기금으로 도서관 안에 베이비부머들만을 위한 공간을 조성하고 자원봉사자 베이비부머들이 실력을 한껏 발휘할 수 있는 기회를 제공하고 있다. 이 계획에 따라 베이비부머들이 새로운 테크놀로지를 배울 수 있는 클래스를 제공할 수 있게 되었다.

(5) 고등학교 학생들을 위한 공공도서관 서비스 (일리노이의 티파니 옥시어 사서)

1) 고등학생 이용자들을 위한 새로운 제안

고등학교 학생들은 중간고사나 기말시험 때를 제외하고는 여러 가지 바쁜 스케쥴과 남의 이목때문에 공공도서관을 거의 찾지 않는다. 그러나 학기말 시험기간에는 많은 학생들이 몰려 앉아 공부할 자리가 많이 모자라며 도서관 내에서의 학생들의 소음과 공해문제도 심각하다. 이러한 문제점을 새로운 서비스를 개발할 기회로 생각한 청소년부(Young Adult, YA) 사서가 주도한 위원회에서 제안한 안이 행정부의 승인을 얻고 전 스탭들의 호응을 얻었다.

이 제안서의 골자는 다음과 같다.

- 모든 도서관 고객들에게 최상의 서비스를 제공한다.
- 서비스가 취약했던 고객층을 위한 품질 높은 프로그램을 제공한다.
- 틴에이저들의 도서관 필요성을 인정한다. 단, 시험공부를 위해 친구들과 논의하는 과정에서 소란스러워지는 것에 대해 그들에게 약간의 자유를 허용한다.
- 시험 공부하는 학생들에게 도움을 준다.

- 학생들에게 다른 도서관 자료들, 서비스 그리고 프로그램들을 홍보한다.
- 다른 프로그램이나 서비스에 활용하기 위해 즉시 학생들의 의견을 청취한다.
- 청소년들이 도서관을 다시 찾고 친구들에게 도서관을 권할 수 있는 '도서관 열혈팬'을 확보하기 위해 청소년들과 긍정적인 대화를 주고받는다.
- 다른 도서관에서 응용할 수 있는 성공적인 모델 프로그램을 개발한다.

2) 새로운 틴 라운지Teen Lounge의 확보

이 새로운 프로그램의 성공을 위해 새로운 공간이 확보되었다. 즉, 시험기간 동안 두 개의 회의실에 70명의 고등학생들이 그룹 스터디를 할 수 있도록 했으며, 소규모 그룹이나 개인들이 공부할 수 있는 4개의 공부방과 누구나 조용히 공부할 수 있는 독서실 그리고 무선 인터넷에 접속할 수 있는 도서관 건물 밖의 테라스 등을 확보했다.

또한 그룹 스터디룸 가까이 안내데스크에 스탭을 배치하여 학생들을 관찰하며 공부나 컴퓨터 사용 시 도움이 필요할 경우 도와주고, 물과 간식, 그리고 펜, 연필, 종이, 계산기, 하이라이터 등이 떨어지지 않도록 보충해놓으며, 통계자료를 모으고, 고객의 지적이나 의견을 수렴하고, 필요한 경우 도서관 내에서 학생들이 행동거지를 바르게 하도록 상기시키도록 했다.

이러한 새로운 프로그램을 학생들과 학부모, 교사들에게 알리고, 또 다른 고객들에게 이 기간 동안 줄어든 도서관 이용공간과 북적거리는 고등학생들에 대해 알려주기 위해 고등학교 학교신문에 광고를 내고, 지역 웹사이트에 올리며, 신문기사, 케이블 TV, 도서관 뉴스레터, 도서관 홈페이지와 YA 블로그 그리고 도서관 안에 광고판으로 널리 알렸다.

기말시험이 끝나고 YA사서가 지역 고등학교 교장들에게 학생들을 위해 도서관에서 프로그램을 제공할 수 있어서 기뻤다고 말하며 학생들이 얼마나 행동거지를 올바르게 하고 공손하게 대했는지에 대해 편지를 썼다.

3) 이 프로그램의 긍정적인 효과

이 프로그램을 실시한 뒤 고등학생들의 도서관 이용이 늘어났으며, 특히 컴퓨터, 스터디 룸, 읽어야 할 권장도서 등을 많이 이용한 것으로 나타났다. 또한 학생들과 학부모들이 틴에이저들을 위한 공간인 틴 라운지(Teen Rounge)에 대해 새로이 인식하게 되었으며, 틴에이저들의 필요와 모든 고객들을 위한 서비스 전반에 대한 인식이 새로워짐으로써 성인부서와 영어덜트(young adult) 부서의 긍정적인 협력이 이루어졌다.

(6) 교도소 수감자들의 자녀 대상 아웃리치 서비스 : 가족리터러시 프로그램 (메릴랜드 감화교육도서관의 그레노아 셜리 사서)

미 전역의 교도소에 수감되어 있는 2백만 명의 수감자들은 같은 연령대의 보통 사람들에 비해 학습장애가 있으며 문해력도 낮은 것으로 나타났다. 이들 중 95%가 사회로 돌이기 150만 명의 어린이들에게 부모가 된다. 그러나 대부분은 사회에 돌아가서도 공공도서관을 이용하지 않는다. 매릴랜드 주의 감화교육도서관은 수감자의 자녀들에게 독서의 기회를 제공하고 공공도서관의 이용을 장려하는 아웃리치 프로그램을 시작하였다. 매릴랜드 주의 교도소에서 매월 1번씩 수감자와 자녀들이 다양한 독서 및 교육활동을 통해 서로 소통하며 공공도서관에서 실시하는 썸머리딩게임(Summer Reading Game)에도 참여하게 하였다.

이 프로그램의 파트너로 감화교육교사, RIF(Reading is Fundamental), 이노크 프랫 공공도서관(Enoch Pratt Free Library) 등이 참여했는데 교사들은 수감자들에게 읽기시간을 위한 준비를 시켰으며, RIF는 최초의 기금을 댔고, 이노크 프랫 공공도서관에서는 전문트레이닝과 스토리 타임 등을 제공했다. 이러한 교도소 프로그램이 성공적으로 끝나자 비슷한 프로그램을 중범죄자들이 수감하는 교도소에서 실시하기 위해 제안서를 제출했는데 그 주요 내용은 다음과 같다. 가족 리터러시 프로그램에 참여하려면 모범수감자여야 하므로 가족을 소중히 여기는 수감자들은 교도소의 규율을 잘 지키려고 노력하게 될 것이다. 이 프로그램에 참여한 재소자들은 읽기 및 이해력이 향상되어 사회에 나가서도 성공할 확률이 높으며 재범의 가능성이 줄어들 것이다. 이 프로그램으로 재소자와 자녀들이 긍정적으로 소통하기 때문에 재소자의 행동교정이 이루어지고 자녀들의 학업성적도 향상될 것이다.

(7) 미시건주 5세 이하 영아 대상 아웃리치 프로그램Michigan Reads! (크리스틴 헤론 사서)

2003년 미시건 주의 아동사서들이 주축이 되어 시작된 이 프로그램은 2006년 각종 생활용품 전문판매장인 타켓(Target)이 고정 스폰서가 되었다. 그 이후 다른 스폰서들의 협조로 순탄하게 유지되어 왔으며 매년 0-5세 아동들을 위한 책 1권을 정해 프로그램을 마친 아동들에게 수여

했다. 미시건 주의 제네시스 도서관에서는 프로그램 자료들을 활용하여 지역사회에 아웃리치하였다. 우선 카운티 내의 유치원, 헤드스타트 프로그램, 데이케어센터들에 트레이닝 워크숍에 대한 초청장을 보내고 강당을 빌려 이 프로그램과 초기 리터러시 부분을 어떻게 각 기관에서 실시할지에 대한 시범강연을 준비했다. 스토리텔러가 노래와 손동작으로 이야기를 들려주었으며 공작과 스킷(skit: 소극)도 곁들여졌다. 이 워크숍에 참석한 교사들과 보조직원들은 평생교육 학점을 받았으며 동 도서관의 아동부 사서들은 여러 유치원들을 접촉해서 'Michigan Reads!'를 알리기 위한 특별 스토리타임과 초기 리터러시의 중요성과 도서관을 알리려 노력했다. 7개의 학군에서 4주 동안 참여하여 각 학급마다 이 프로그램에서 지정한 책 1권을 수여 받았다. 이 프로그램의 시작을 축하하는 의미에서 론다 그린이라는 작가를 초대해서 책을 읽어주기도 했다.

미시건 리즈(Michigan Reads)를 홍보하기 위해 다음과 같은 아웃리치 활동들이 사용되었다. 미시건 리즈 프로그램은 초기 문해력을 강조하여 0-5세 어린이들에게 다가가는 프로그램이다.

- 트레이닝 워크숍
- 초등학교 학급 방문
- 유치원에서 스토리타임 실시
- 프로그램의 주제에 맞춘 공작
- 선물로 주는 책
- 켄싱톤 파크에서 열린 타겟 북 페스티벌
- 원북 원커뮤니티(One Book, One Community) 모델은 사서들이 지역사회의 협력을 바탕으로 한 아웃리치 모델을 이용하여 독서를 고무하는 것이다.

이상의 사례들에서 본 바와 같이 사서들은 도서관에 가만히 앉아서 찾아오는 고객들을 도와주던 구태의연한 서비스에서 과감히 한걸음 더 나아가 커뮤니티 파트너로서 시대의 흐름에 따라 변화하는 도서관 고객들의 요구를 파악하고 그들에게 다가가서 그들을 도서관으로 끌어들이는 21세기 맞춤형 서비스를 끊임없이 개발하고 실시하는 데 노력을 경주해야 한다.

4절

만능 선수Utility Player로 불리우는 미국 학교도서관 사서교사의 자격, 역할과 위상

(1) 미국의 학교도서미디어전문가School Library Media Specialist는 무엇을 하는 사람인가?

미국 사서교사의 교사자격증에는 도서미디어전문가(school library media specialist)라고 명시되어 있다. 교사이지만 가르치는 이외의 여러 가지 역할도 맡아 하는 '만능 선수(utility player)' 이다. 담임교사들이나 일반 교과 교사들은 자신이 맡은 학급만 잘 맡아서 운영하면 된다. 그러나 도서미디어전문가는 전교생, 모든 교사들, 학교 직원들, 학부모들, 교장, 교감을 비롯한 학군의 교육 행정가들과 의사소통 및 관계 정립을 잘 해야 한다.

교사로서의 도서미디어전문가는 초,중,고 학생들이 교실에서 찾을 수 없는 보물을 학교도서관에서 찾게 해준다. 학교도서관의 많은 장서와 미디어자원들이 원석이라면 학교도서관 미디어전문가는 학생들이 원석을 찾아 세공하여 사실(facts), 아이디어(ideas), 가치(values) 등의 보물들을 찾아낼 수 있게 안내해주고 도움이 필요한 학생은 일일이 도와준다.

도서미디어전문가들은 학생들과 교사들과 교육 행정가들과 함께 협업해서 일하기를 즐기는 사람들이 많으며 구태의연한 학교 교육에 혁신적인 변화를 가져오는 촉매자(agent)의 역할을 하는 전문가이다. 그들은 학생과 교사들이 인쇄매체 및 디지털 정보를 포함한 수많은 정보들 속에서 필요한 정보를 잘 가려서 효율적으로 사용할 수 있도록 돕는다.

사서교사는 학교의 교육과정에 정보문해력(information literacy)과 탐구능력(inquiry skill)을 접목시켜 21세기 인재들이 필요로 하는 비판적 사고, 협업 능력, 의사소통능력, 창의성 등을 습득하도록 지도한다. 그리고 리더십을 발휘하여 교육적 테크놀로지를 도서관 수업에 접목시켜 활용하고 다른 교사들도 각각의 교과 학습에 활용하도록 돕는다. 또한 학교 내, 학군 안 그리고 커뮤니티 안에서 파트너십을 통해 학교-학군-커뮤니티내의 의사소통과 교육서비스를 향상시킨다. 또한 학교와 학교가 속한 지역사회안의 사회적, 문화적 특성을 주시하고 잘 파악하여 그에 따라 새로운 서비스를 개발하고 항시 변화하는 교육적 목표들에 적응할 수 있도록 전략을 개발하고 시행한다.

(2) 미국에서 도서미디어전문가(사서교사)가 되려면 어떤 절차를 밟아야 하나?

미국에서 사서교사는 도서미디어전문가(Library Media Specialist: LMS), 학교사서(School Librarian), '교사'로서의 사서(Teacher Librarian) 등의 세 가지 명칭으로 불려진다. 미국에서 도서미디어전문가가 되려면 크게 세 가지 방법이 있다. 첫 번째로 미국도서관협회(ALA)에서 인가받은 대학원에서 도서정보학과 학교도서관미디어 석사과정(36학점)을 이수하는 것이다. 이 과정에는 교육학에서 15학점을 비롯하여 필수과목을 이수하여야 하며 학교도서관에서 교생실습을 마쳐야 한다. 그리고 영어, 예술, 역사, 철학, 문학 등 교양과목 및 수학, 과학에 관한 기본실력을 테스트하는 시험(LAST)와 교수능력시험(ATS), 문헌정보학에 관한 전공시험(CST)에 합격하여야 한다. 마지막으로 경찰서에서 지문을 채취하여 범법사실이 없음을 증명해야 한다. 또 '모든 학생에 대한 존엄성' 워크숍도 받아야 한다. 이 프로그램을 마친 학생은 뉴욕주에서 발급하는 학교도서미디어교사 초기 자격증(Initial New York State Certification)을 받는다. 학교도서관의 사서교사로 3년간 성실히 일한 후에는 전문교사자격증(professional certification)을 신청할 수 있다.

두 번째 방법은 저자의 경우처럼 이미 도서관학 석사과정을 졸업한 경우에는 주교육국의 교사자격증을 관할하는 사무소에 본인의 성적증명서와 졸업증명서 등 모든 서류를 보내면 사서교사자격증을 따는 데 추가로 필요한 필수과목들과 합격해야 할 시험등 필요한 사항들을 기재해서 보내준다. 요구사항 중에서 학점이수는 교양과목 30학점, 도서관학 석사과정 30학점, 교육학 20학점 등을 이수해야 한다. 나는 교육학을 전공했기 때문에 교육학은 면제받았고, 교양과목도 한국의 대학원에서 이수한 것을 인정받았다. 따라서 나는 미디어 스페셜리스트 양성과정이 있는 대학원에서 필수과목들을 수강하고 앞서 말한 세 가지 시험에 합격하고 교생실습을 마친 후 아동학대신고 및 학교폭력예방에 관한 워크숍을 수강하고 지문 채취를 하고 나서 사서교사자격증을 받을 수 있었다.

나는 사서교사자격증 외에도 여러가지 추가 시험을 패스하여 초등학교 교사 자격증(Pre K-6)과 영어교육 교사 자격증(ESL), 그리고 한국어 교사 자격증(Korean Language)도 취득하였다.

세 번째 이미 교사자격증이 있는 사람은 대학원에서 도서관학 12학점을 이수해야 하며, 세 가지 시험 중에서 문헌정보학과 전공시험(CST)시험에 합격하고 학교도서관에서 교생실습을 마치고, 세 가지 워크숍을 듣고 지문채취를 하고 학군으로부터 추천서를 받으면 사서교사자격증을 받을 수 있다.

(3) 끊임없이 진화하는 미국 사서교사의 역할

1998년 출간된 '정보의 힘: 학습을 위한 파트너십 만들기(Information Power: Building Partnerships for Learning)'에서 밝힌 대로 미국의 사서교사들은 다음과 같은 다섯 가지 역할을 맡아왔다.

첫째 미국의 사서교사는 학교도서관의 책임자로서 교장선생님의 지시 하에 장서관리, 예산 집행 및 도서관의 서비스와 프로그램을 총괄하며, 리더로서 학교전체의 독서프로그램을 관장하고 독서문화를 형성하는 데 공헌한다.

둘째, 초등학교의 사서교사는 음악, 미술, 체육처럼 특수과목교사로서 정해진 스케쥴로 요일과 시간에 한 학급을 맡아 도서관 수업을 실시하며 도서관 수업에 대한 학생들의 성적을 매기는 경우도 점점 많아지고 있다. 또한 공통학습기준이 대대적으로 시행되면서 모든 도서관수업에 이 새로운 기준을 접목하여 가르치며 학생 및 교사 등 이용자들에게 정보 활용방법을 가르쳐 누구나 효율적으로 정보를 찾아 이용할 수 있도록 한다. 중, 고등학교의 경우에는 매 학기가 시작할 때 모든 학급을 대상으로 도서관 오리엔테이션을 실시하며, 학기 중에는 유동적인 스케쥴로 교과교사와 협력하여 도서관 활용수업, 정보 문해력 수업 등을 실시한다.

셋째, 사서교사는 초, 중, 고교를 막론하고 교수파트너로서 또는 교수팀(Instructional Team)의 일원으로서 협력수업에서 담임교사나 다른 교과교사들과 학생들의 학습을 위해 협업(콜래보레이션)한다.

넷째, 정보전문가로서 사서교사는 급변하는 정보기술들 중에서 학교의 행정가, 교사, 직원, 학생들에게 꼭 필요한 교육 테크놀로지를 신속하게 소개하고 교과과목에 연계하여 활용할 수 있도록 도움을 준다.

다섯째, 교육자원전문가(resource specialist)로서 21세기 학습기준과 학교의 최신 교육과정이 요구하는 새로운 교육환경에서 학생, 교사들이 필요로 하는 온라인(online)과 오프라인(offline)의 최신 정보를 언제 어디서나 제공해준다. 또 장서에 대한 해박한 지식으로 각 학생의 취향과 읽기능력에 맞는 책을 추천해주어 독서의 즐거움을 느끼게 해주고 학생 개개인의 지적, 정서적 필요를 충족시켜 준다. 그리고 학교의 교육과정에 맞추어 교사들이 교수활동 또는 강의에 필요한 장서, 미디어 정보자원 등을 구매하고 필요하면 다른 도서관에서 상호대차서비스를 통해 교사들의 필요를 충족시켜 준다.

미국사서교사협회의 새 강령(2014년)

이상의 다섯 가지의 역할 이외에도 현재 21세기 지능정보사회가 발달함에 따라 사서교사의 역할도 점점 진화되고 있다. 미국사서교사협회

(American Association of School Librarians)가 2014년 7월 15일에 발표한 새로운 강령(Mission Statement)은 학생들의 학습에 있어서 진화를 가져오기 위해 모든 분야의 리더들에게 도전장을 던졌다. 2014년 라스베가스에서 열린 미도서관협회(ALA)의 연례컨퍼런스에서 미국사서교사협회의 이사회는 전원 찬성으로 다음과 같은 새 강령을 발표했다.

"미국의 학교도서관사서협회(School Association of School Librarians)는 지도자들이 교수와 학습을 변화시킬 수 있는 권한을 부여합니다."
(The American Association of School Librarians empowers leaders to transform teaching and learning.)

미국 학교도서관사서협회가 발표한 강령의 세 가지 주요 포인트는 다음과 같다.

① 사서교사의 역할은 계속 진화하며 변화한다. 또한 사서교사들은 새로운 도구와 테크놀로지를 통해서 학습을 변혁시키는 등불(guiding light)이다.

② 학교도서관의 진수는 '가르치고 배우는 것'이다. 따라서 교육에 있어서 학교도서관은 필수불가결한 존재이다.

③ 사서교사들은 교장, 교감 등 교육계 지도자들과 함께 일을 해야 한다.

미국사서교사협회의 회장인 테리 그리프의 말처럼 이번에 미국사서교사협회에서 채택한 새로운 강령으로 21세기 정보사회에서 학습의 변혁이 점진적으로 일어나고 있는 이 때 '가르치고 배우는 일'에 대한 사서교사의 새로운 역할과 위상이 돋보이고 있다.

(4) 학교의 리더로서 미국 사서교사들이 해야 할 역할은?

미국의 사서교사들은 학생들에게 정보 활용능력, 즉 필요한 정보를 파악하여 탐색하고, 찾은 정보를 평가하고 적용하여 새로운 지식을 창출하는 과정에서 테크놀로지를 잘 활용할 수 있도록 도와주어야 한다. 또 학생들의 독서활동을 장려하며, 장서관리와 양육적인 도서관 분위기를 조성하는 기본적인 역할 외에도 다음과 같이 리더십을 발휘해야 한다.

① 미국의 사서교사들은 학교의 사명과 목표들을 잘 이해하고 학교가 그 목표들을 잘 성취하기 위해서 필요한 전략들을 성취하는데 있어서 리더십을 발휘해야 한다.

② 학생, 교사, 학부모 등 학교 커뮤니티가 학교도서관이 소장하고 있는 인쇄매체, 각종 미디어, 온라인, 인터넷 상의 정보들에 지적으로 그리고 물리적으로 접근하기 쉽도록 정보를 잘 조직화하고 관리하여야 한다.

③ 학생들의 지적, 정서적, 사회적 필요와 요구에 맞추어 주기 위해 교사들과 정기적으로 협업(콜래보레이션)하여 팀티칭이나 강의 통합을 위한 자료 및 학습활동을 제공한다.

(5) 교사로서의 사서교사는 어떠한 수업을 실시하는가?

사서교사는 초, 중, 고에 상관없이 학생들이 '정보를 효율적으로 검색하여 효율적으로, 윤리적으로 이용하는 법을 가르쳐주는 것'을 모토로 한다. 여기서 '윤리적'으로 정보를 이용한다는 말은 정보를 인용할 때 그 출처와 저자를 밝혀주는 것을 말한다.

미국 초등학교의 사서교사는 저학년에서는 보통 음악, 미술, 체육과 함께 특별과목으로 1주에 1회, 모든 학급이 정해진 요일과 시간에 도서관에 와서 수업을 받는다. 이 때 담임교사는 수업준비(prep)시간으로 학급을 사서교사에게 인계하고 간다. 도서관에서의 수업내용은 도서관 이용교육, 독서교육, 컴퓨터 이용교육, 정보 활용교육, 리터러시(literacy: 문해력) 등이다. 리터러시 수업은 예를 들면 사서교사가 학생들의 독해능력을 향상시키기 위해 담임교사의 교실수업을 심화하는 도서관 수업을 실시하며 학생들이 책을 빌려갈 때는 학생 각자의 적성과 기호와 리딩 레벨(reading level)에 맞는 책을 선정해주는 것이다. 초등학교 고학년에서는 주로 담임교사나 교과교사와의 협력 하에 담임교사가 정한 연구주제에 관해 연구방법과 정보 활용에 대하여 가르친다. 또 연구과제에 필요한 정보검색을 도와주고 인터넷상의 주의사항을 가르치는 것도 사서교사가 맡은 중요한 업무 중의 하나다.

중, 고등학교에서는 사서교사와 교과교사가 미리 도서관 활용수업이나 정보 미디어활용 등에 대해 논의한 뒤 교과교사와 사서교사가 협력 수업을 하게 된다. 예를 들면 영어교사가 소설(fiction)에 나타난 '진정한 우정'을 주제로 수업을 할 때 사서교사가 그러한 주제를 내포한 소설들을 북트럭에 가득 싣고 학생들에게 북토크를 한다. 이때 학생들은 재빨리 손을 들어 원하는 책을 빌릴 수 있다. 따라서 사서교사는 학교도서관의 장서를 잘 알고 있어야 도서관 활용수업 때 교과교사와의 협력수업에 필요한 자료를 잘 찾을 수 있다. 사서교사는 그림이 많고 글의 길이도 짧으며 내용이 축약되어 빨리 읽을 수 있는 영어 그림책을 읽어주고 이야기의 시간적 공간적 배경, 줄거리, 관점, 주제, 갈등, 상징주의 등 문학적 요소에 대해 논하는 수업을 하기도 한다.

또한, 각 교사와 논의하여 사서교사가 연구과제에 대한 웹퀘스트(Webquest)나 하이퍼닥(hyperdoc)을 구축하여 학교도서관 웹사이트이나 구글 클래스룸에 올리기도 한다. 학생들은 웹퀘스트나 하이퍼닥에서 안내하는 대로, 사서교사와 교과교사가 지정해준 웹사이트를 방문해서 연구주제에 대한 개괄적인 공부를 하고 단계별로 연구를 진행한다. 사서교사는 웹퀘스트나 하이퍼닥 외에도 학생들에게 자료목록(resource list)을 만들어 주기도 한다. 그 외에도 초등학교 3학년부터는 온라인 백과사전이나 온라인 데이터베이스를 이용하여 연구과제에 대한 자료 찾기, 인용한 정보의 출처를 밝히는 것들을 가르쳐준다.

(6) 사서교사가 실시하는 탐구학습Inquiry Learning

사서교사들은 학생들이 독자적으로 정보를 찾고, 접근하고, 사용할 수 있는 독립적인 학습자가 될 수 있도록 탐구학습의 모델을 적용해서 프로젝트 학습을 실시한다. 뉴욕시 학교도서관 시스템에서 개발한 스트라이플링 탐구학습 모델에 따르면 탐구학습은 다음과 같은 6가지 단계로 이루어진다.[67] * (다음 페이지에 있는 도표를 참고하세요.)

이 모델의 각 단계를 따라 실시하는 탐구학습의 예를 들어보면 다음과 같다.

- 2월 15일 대통령의 날을 맞이하여 도서관 수업에서 3학년 학생들을 대상으로 미국의 대통령에 관한 연구 프로젝트를 하기로 하였다.

67) https://nycdoe.libguides.com/c.php?g=944646&p=6809534

■ 우선 사서교사는 파워포인트나 짧은 영화를 통하여, 또는 대통령 위인전 북토크를 통해 미리 준비한 여러 명의 미국 대통령들의 어린 시절에 관하여 간략하게 소개한다. 학생들은 자신과 어떤 면에서 연관성이 있는 대통령을 자신이 연구할 대통령으로 정한다.

■ 사서교사는 학생들에게 탐구학습에 관한 활동지를 나누어 주고 1단계에서 6단계까지 각 단계별로 활동지에 연구과제를 하면서 느낀 자신의 생각과 해당 사항을 적도록 한다.

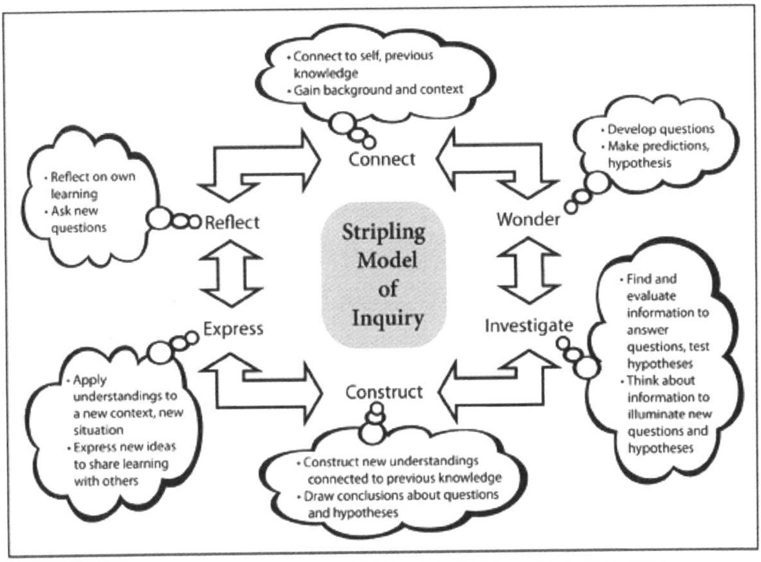

• ① Connect(연관시키다) ② Wonder(호기심을 가지다) ③ Investigate(조사하다) ④ Construct(구성하다) ⑤ Express(발표하다) ⑥ Reflect(반영하다)

1) 연관 (Connect)

사서교사는 학생들이 가지고 있는 사전 지식이나 자신과의 연관성에 따라 연구하고 싶은 대통령을 고르도록 선택권을 주고 연구의 대상이 되는 대통령의 이름을 적게 한다.

2) 호기심 (Wonder)

사서교사는 이 대통령에 대해 알고 싶은 질문들을 적도록 한다. '예, 아니오'로 답할 수 있는 질문은 피하고 그 중에서 한 가지 질문은 큰 질문이어야 한다. 예) 아브라함 링컨이 미국에 끼친 가장 큰 영향은 무엇입니까? 때에 따라서는 예상과 가설을 세워보도록 한다.

3) 조사 (Investigate)

사서교사는 학생들에게 자기가 택한 대통령에 대해 연구할 수 있는 자료들(논픽션, 온라인 백과사전, 온라인 데이터베이스 등)을 리스트로 만들어 학교도서관 웹사이트나 구글 클래스룸에 올려 준다. 학생들은 자료들을 읽고 자신의 질문들에 도움이 되는 중요한 내용을 찾아 읽고 활동지나 노트에 적는다. 이 때 원문 그대로 적는 것이 아니라 노트 정리하는 전략(note-taking strategies)에 따라 한다.

4) 구성 (Construct)

사서교사는 학생들이 연구자료들에서 질문에 대한 답을 찾는 과정에서 사전 지식에 연결되는 새로운 지식을 형성할 수 있도록 도우며 학생들이 자신이 만든 질문과 가설들에 대해 결론을 내릴 수 있도록 지도한다.

5) 발표 (Express)

사서교사는 학생들이 연구를 통해 알게된 새로운 아이디어를 파워포인트나 구글 슬라이드 등을 만들어 전체 학급에 발표함으로써 모든 학생들이 학습의 내용을 공유할 수 있도록 학습환경을 조성한다.

6) 반영 (Reflect)

사서교사는 학생들 각자가 자신의 탐구학습의 단계마다 어떤 면이 잘 되었는지, 어떤 면이 개선이 필요한 지 곰곰이 생각하고 다음 연구과제에 반영하도록 한다.

(7) 미국 학교도서관의 인력

초등학교에서는 보통 1명의 사서교사가 300-600명의 학생을 상대로 1주에 한 번씩 하루 평균 4 - 6교시의 수업을 한다. 도서관 수업을 저학년의 경우에는 사서교사 단독으로 하고 초등학교 고학년에는 협력수업을 하기도 한다. 사서교사는 교육과정 지도를 참고하면서 교과교사와 협의하여 학급의 수업을 지원, 심화시키는 수업을 하며, 예산집행 및 장서관리 등 도서관 행정 외에도 프로그램 기획과 같은 전문적 업무를 한다. 보통 초등학교 도서관에는 사서교사를 도와주는 보조직원이 있다. 보조직원은 사서교사를 도와 도서관의 출, 반납을 도맡아 하고 서가에 책을 꽂으며, 새로 들어온 책을 처리하고 기타 사서교사의 업무를 돕는다. 학교에 따라서는 학생도우미가 보조직원을 도와 매일 아침 반납할 책을 학급에서 걷어오기도 한다.

미국의 중, 고등학교 사서교사는 매년 9월 학년 초에 도서관 오리엔테이션을 한다. 그리고 교과교사들과 수시로 만남을 갖고 도서관수업에 관한 홍보를 한다. 중, 고등학교 사서교사는 교과교사들의 수업을 돕기 위하여 교육과정이나 단원수업, 개별수업을 지원하기 위한 온라인, 오프라인 장서, 미디어자원을 구축해서 그 링크들을 학교도서관 웹사이트에 올린다. 교사별로 현재 진행중인 연구과제에 관한 특별 웹사이트 링크들을 교사들의 이름아래 올리기도 한다. 그 외에도 중고등학교는 개인별로 도서관에 오는 학생, 교사들을 수시로 도와준다. 또, 수서, 예산집행 등 도서관 행정과 학교내 독서 홍보 프로그램 등 전문적 업무를 하고, 보조직원은 학생 개인들, 학급별 출, 반납을 하며, 서가에 책을 꽂고, 새로 들어온 책에 도서관 스템프를 찍고 정리하며, 기타 사서교사의 보조업무를 하고 교과교사들이 필요로 하는 장서들을 서가에서 뽑아 전해주기도 한다.

(8) 4차 산업혁명시대에 더욱 새로워진 사서의 역할과 정체성

1) 프로젝트 기반 학습의 적임자

21세기의 교사는 강단 앞에 서서 주입식으로 수업을 진행하는 것이 아니라 학생들에게 동기를 부여하여 학습에 흥미를 느끼게 하는 학생 중심의 능동적 학습, 학생의 관심사를 위주로 프로젝트를 하는 프로젝트 중심 학습을 도입해야 한다. 한 교실 안에도 학생들 간에 능력별, 적성별 차이가 난다. 유능한 교사는 능력이 다른 학생들을 한 그룹으로 묶어, 그 그룹 안에서 각자의 장점을 한껏 살릴 수 있도록 능력별 차별학습을 계획하고 수업을 진행하여 한사람의 낙오자도 없이 모두가 win win할 수 있도록 수업을 설계한다.

2) 프로젝트 기반 학습의 예 - 세계의 여러나라에 대한 연구 프로젝트

예를 들면 세계의 여러 나라의 문화에 대해 연구프로젝트를 할 때 사서교사는 학생들이 연구하고 싶은 나라를 선정하기 쉽도록 도서관의 테이블에 각 나라에 관한 논픽션(non-fiction) 책들을 놓고, 온라인 데이터베이스나 온라인 백과사전을 스마트보드에 띠워 각 나라를 소개한다. 학생들로 하여금 각 나라의 문화에 대해 알고 싶은 사항들을 스스로 이

끌어내도록 하고(brainstorming) 학생들로 하여금 연구과제에서 대답해야 할 주요 질문들을 최종 결정하게 한다.

학생들이 연구한 것을 발표(presentation)할 때 여행안내서(Travel Brochure)를 만들어야 하는데, 이 때 네 명을 한 그룹으로 짜되 한 명은 정보검색을 잘 하는 학생, 또 한 명은 글을 잘 쓰는 학생, 또 한 명은 그림을 잘 그려서 여행안내서를 미적으로 잘 만드는 학생, 그리고 나머지 한 명은 발표력이 뛰어나거나 파워포인트나 프레지(prezi) 등 테크놀로지에 강해 학급전체에 발표할 때 책임지고 멋있게 준비할 학생으로 짠다. 이렇게 각기 능력이 다른 학생들을 한 조로 해서 모두가 자기의 장기를 발휘할 수 있도록 한다.

읽기능력이 다 다르더라도 이렇게 해서 능력별 개별화(differentiation)를 함으로써 그룹멤버들이 약점을 보완하고 장점은 자랑할 수 있는 협동교육체제를 시행하는 것이다. 이러한 협동교육체제는 모든 교사들이 다 도입하여 시행할 수 있다. 그 중에서도 사서교사는 영어, 사회, 과학, 미술, 음악, 테크놀로지 등 여러 과목을 통합한 통합교육을 하며 학교도서관의 방대한 장서, 정보미디어 등을 활용하여 학생주도의 프로젝트 학습을 실시하는 다재다능한 교사다.

3) 21세기 핵심 역량과 사서교사

또한 미국의 공통핵심 학습기준의 도입과 실행에 따라 미국에서는 입시나 시험위주의 교수방법을 배제하고 학생들이 앞으로 대학과 장래의 직업에 대비할 수 있도록 21세기 핵심역량을 가르치려는 움직임이 높아지고 있다. 21세기 학생들이 습득해야 할 21세기 핵심역량은 다음과 같다.

첫째 창의성(creativity), 비판적 사고방식과 문제 해결능력(critical thinking and problem solving), 의사소통능력(communication), 협업능력(collaboration) 등이다. 20세기의 교수방식은 교사가 중심이 되어 학생들로부터 정답만을 원할 뿐 정답을 찾는 과정은 무시했다. 게다가 교수방식도 학생들이 학습에 몰두할 수 있도록 동기부여를 하지 않고 학습내용을 일방적으로 학생들에게 강의하는 주입식이어서 학생들이 창의력이나 비판적 사고방식을 발달시키기 어려웠다. 따라서 문제가 생기면 학생들은 어떻게 문제를 해결할지 생각해보기 보다는 이미 결정내려진 것에 신경을 쓰고, 교사와 학생 간에도 쌍방 간의 대화가 오가는 것보다 선생님의 말씀을 경청하고 따르던 습관에 길들여져 의사소통능력도 발달되지 못했다. 또한, 선생님이 학생들에게 일방적으로 가르치는 수업모형에 길들여져 학생들끼리 협동해서 프로젝트를 하는 수업방식에도 익숙하지 않았었다.

둘째는 정보 활용능력(information literacy), 미디어 활용능력(media literacy)인데 이 능력들은 사서교사들이 학교도서관에서 이미 해오고 있다.

셋째는 유연성(flexibility)과 적응력(adaptability), 자기주도력(self-initiative), 사회적이고 범문화적인 기술(social and cross-cultural skills), 생산성(productivity)과 책임감(responsibility) 그리고 리더십(leadership) 등이다. 세계가 인터넷, 소셜 네트워크, 기타 정보통신망의 발달로 점점 가까워지고 오늘날의 학생들은 앞으로 문화적, 인종적, 언어적 배경이 다른 사람들과 어깨를 맞대고 일을 해야 할 날이 온다. 유연성과 적응력은 21세기를 살아가는 우리들에게 꼭 필요한 능력이다.

또한, 세상에는 맹목적으로 남을 따라만 가는 사람들(follower)이 너무 많다. 이러한 사회에서는 자기주도력을 나타내는 사람들이 눈에 띈다. 조금은 자신의 장점을 나타낼 필요가 있다. 이제 한국도 다문화 사회가 되어가고 있다. 다양한 인종들 사이에서 남의 문화도 이해하는 사람은 어디에 가도 환영받는다. 다문화교육이 학교교육과정에서 다루어져야 하며 학교도서관의 사서교사들이 두각을 나타낼 수 있는 분야이기도 하다. 아무리 공부를 잘하는 사람도 책임감이 없다면 또 생산성이 없다면 직장에서 환영받지 못한다. 사서교사들은 어린 학생들에게 양서를 통한 인성교육을 일찌감치 실천함으로써 학생들에게 유연성, 적응력, 책임감, 다문화 리터러시 능력, 자기주도력 등을 키워줄 수 있는 전문가이다.

(9) 공통핵심기준과 사서교사의 역할

미국은 오래 전에는 학교마다 학습기준이 있어서 학교마다 격차가 나곤 했다. 그래서 학교들의 학습평준화를 위해 1980년대에 주마다 학습기준을 도입했다. 그 결과 어떤 주들은 다른 주들에 비해 학생들의 학력이 높고 어떤 주들은 학생들의 학력이 낮게 나타났다. 그래서 대학에서는 출신 주에 따라 신입생들의 실력이 다르다고 불평하기 시작했다. 대학수업을 따라갈 만한 실력이 안 되는 학생들이 보충수업을 들어야 한다는 것이다. 이에 뜻있는 교육자들이 그 해결책을 강구하기 시작했고 2010년에 학생들이 알아야 하고 가져야 할 능력들, 그리고 교사와 학교 행정가들에게 '가르치고 배우는 것'에 대한 공통된 비전을 제시하기 위하여 공통핵심기준(Common Core State Standard: CCSS)이 도입되었다. 이 학습기준은 "대학과 진로 준비"(College and Career Ready)라는 캐치프레이즈를 내걸었다.

1) 공통핵심기준의 도입 배경과 학습방법의 변화

이 새로운 학습기준은 유치원부터 고등학교까지의 학생들을 대상으로 한 교육개혁을 의미한다. 현재 미국의 많은 고등학교 졸업생들이 대학의 수준 높은 강의를 따라가기 힘든 것으로 나타났기 때문에, 유치원에서 고등학교까지의 교육의 질을 높일 필요성이 대두되었다. 새로운 학습기준을 통한 교육개혁은 이러한 필요성을 충족시키는 한편, 미국의 각 주마다 학생들의 학습능력에 있어서 너무 심한 성취격차(Achievement Gap)를 축소하려는 것이 목적이다. 그 결과 새로운 학습기준에서는 학생들에게 더 높은 문해력을 요구하며, 각 학년말에 성취해야 할 학습목표를 제시하고 있다. 이 새로운 공통핵심학습기준은 종전에는 읽기에 치중하던 것을 읽기와 쓰기에 똑같은 비중을 두며, 본문을 읽고 작문을 할 때는 자신이 주장하는 바를 개인적인 감상이나 느낌 대신 본문에 나타난 저자의 입장에 입각해서 써야 한다.

이 기준은 학생들의 학력을 올리는 것이 목적이므로 학생들은 이전보다 더 복잡하고 어려운 지문을 더 빨리 읽고 그 내용을 더 높은 수준에서 토론할 수 있어야 한다. 그리고 학문적 용어의 비중도 커졌다. 공통핵심학습기준에서 필요한 기술들은 읽기, 쓰기, 말하고 듣기, 언어, 미디어와 테크놀로지에 관한 기술들인데 연구와 미디어 기술은 서로 떼어놓을 수 없는 기술들로서 사서교사는 이러한 기술들을 가르치도록 자격증도 받았고 훈련을 받은 적임자이다.

2) 새로운 학습기준에 따른 사서교사의 역할

전국적으로 통일된 공통핵심학습기준의 도입으로 모든 학생들이 유치원부터 12학년까지 각 학년별로 마스터해야 할 영어, 수학, 과학 과목별 학습기준이 있다. 사서교사의 역할은 모든 교사들이 이러한 학습기준을 수업에 적용할 수 있도록 적절한 도서관 장서를 확보하고 장서들을 전시해놓음으로써 교사들을 지원한다. 또한 클로즈리딩(close reading)과 같이 학생들이 힘들어하는 기술(skill)을 도서관수업에서도 시행하여 학교 전체 학생들이 이러한 새로운 시도를 받아들이는데 도움을 주고 있다.

학교도서관은 학습기준에서 요구하는 연구능력 (Research Skill)을 학생들에게 연마시키는데 적합한 요건을 갖추고 있다. 학교도서관의 방대한 장서들과 자원전문가, 정보전문가인 사서교사가 학생들에게 리서치 스킬을 가르쳐줄 수 있다. 학교도서관의 사서교사는 그동안 영어와 사회, 영어와 과학 등 두 과목을 통합하여 가르치는 통합교육을 계속 해왔기 때문에 새로운 학습기준을 무난하게 적용할 수 있다.

⑽ 디지털 시대 사서교사의 새로운 역할과 위상

사서교사의 역할은 종전에는 학교도서관에 필요한 장서를 선정하고, 보존하고, 유지하며, 학생들에게 필요한 정보를 찾는 방법을 가르쳐주고 책읽기의 기쁨을 심어주는 것이었다. 하지만 오늘날에는 이용자들이 필요로 하는 정보를 찾아 효율적으로 이용할 수 있도록 정보문해력과 리서치 스킬을 가르치는 교사로서의 역할이 부각되고 있다.

요즘의 학교들에는 컴퓨터실이 학교도서관과 연결되어 있거나 학교도서관 안에 한 학급이 쓸 수 있는 다수의 컴퓨터가 설치된 도서미디어센터로 된 곳이 많아 학생들은 도서관에서 사서교사에게서 정보문해력을 배우고 곧바로 컴퓨터로 이동해서 그 스킬을 프로젝트에 적용할 수 있다. 또한 연구 과제를 시작하는 3학년 학생들은 질문에 대한 대답을 찾으러 구글 검색을 하는 경우가 많다. 이때 구글의 검색 결과가 다 믿을만한 것이 아니기 때문에 사서교사는 온라인 백과사전이나 온라인 데이터베이스 등 학군에서 구독하는 믿을만한 자원들을 사용하도록 학생들을 안내해주어야 한다. 웹사이트를 사용할 경우에는 선택기준을 정해놓고 내용의 난이도가 학생들의 읽기에 적당한지, 저자가 믿을만한지, 내용이 오래된 것이 아닌지 점검하는 법을 가르친다.

또한, 이러한 디지털 자원들에서 연구에 필요한 자료들을 발췌해내고 노트정리해서 과제를 끝낼 때까지 연구과정의 단계마다 사서교사가 미니 강의를 통해 학생들에게 필요한 스킬을 가르쳐주어야 한다. 그리고 리서치 페이퍼를 쓰거나, 파워포인트 등으로 프리젠테이션을 할 때에는 마지막 페이지에 참고문헌 페이지를 만들어 연구를 위해 이용한 자료들의 출처를 밝혀야 한다는 것도 가르쳐 줌으로써 올바른 민주시민의 소양을 길러주어야 한다.

5절

4차 산업혁명 시대에 필수적인 미국 사서교사들의 리더십과 역량

(1) 사람, 데이터, 사물 등이 연결되는 초연결사회

오늘날의 사회는 테크놀로지와 최신 정보의 합작이 관건이 되는 정보경제 시대이며, 원거리 정보통신의 발달로 세계가 동시에 소통할 수 있는 글로벌 사회이다. 하루에 50만 명의 인구가 페이스북에 새로 가입하며 하루에 440만 개가 넘는 블로그 포스팅이 올라온다고 한다. 이렇게 기하급수적으로 팽창하는 정보 기술의 소용돌이 속에서 자라나는 아이들은 부모들의 세대에 비해서 몇 배나 많은 기술들을 빨리 배우고 익혀야 한다. 많은 직업들이 컴퓨터나 기계로 대체되기 때문에 남들보다 먼저 새로운 기술을 익히지 않으면 새로운 미래의 직업들에 대비할 수 없다.

델 테크놀로지스의 미래 전망 리포트에 따르면 2030년에 존재할 직업의 85%는 아직 생겨나지도 않았다고 한다. 따라서 지금의 아이들이 커서 어른이 되었을 때는 5G, 인공지능, 확장현실, 사물인터넷 등의 신기술을 필요로 하는 아직 창출되지 않은 직종들에 종사하게 될 것이다. 따라서 오늘날의 학생들이 급변하는 미래의 사회에서 유능하고 경쟁력이 있는 인재가 될 수 있도록 가르치고 준비시키는 교육이 필요하다. 아울러 학생들이 창의성, 의사소통능력, 협업능력, 비판적 사고능력, 정보 활용능력, 미디어 활용능력, 유연성과 적응력, 자기주도력, 다문화 리터러시 능력, 생산성과 리더십 등을 골고루 갖출 수 있도록 가르쳐 주어야 한다.

(2) 미래를 준비하는 미국 사서교사들의 새로운 역할

미국의 사서교사들의 업무를 크게 세 가지로 나누어 보면 교수활동, 온·오프라인 장서 구축 및 활용방안 마련, 각종 프로그램 추진 등이다. 미국 도서관협회의 협회장을 역임한 모린 설리번은 사서교사들이 각 학교마다 꼭 필요한 이유는 그들이 일반 교사들의 교수활동을 도와야하기 때문이라고 말했다. 그 이유는 "학생들이 글로벌 경제시대에서 국제적인 경쟁력을 가질 수 있도록 21세기 학습능력과 디지털 리터러시 능력을 고취시키는데 필요한 도구들과 자원들을 일반교사들에게 제공해 주기 위해서" 라고 한다.

즉, 사서교사는 학교의 교육과정을 철저히 지원할 수 있도록 학교도서관에 최적의, 최상의 장서 및 온라인 자원들을 구축하여 학교 커뮤니티에 제공하고, 교사 및 학생들이 장서 및 온라인 자원들을 잘 활용할 수 있도록 모든 방안을 강구해야 한다. 또한 사서교사는 학생들에게 인터넷 활용법은 물론 최신 테크놀로지를 접목하여 연구하는 방법을 가르침으로써 21세기 사회에 필요한 국제 경쟁력을 갖추도록 도와주고 어린 학생들에게 독서의 즐거움을 심어 주며 그들이 커서 대학생활을 잘 할 수 있도록 필요한 역량들을 미리 준비시켜야 한다.

미국에서 공통핵심학습기준(Common Core State Standards)을 채택한 후, 그 기준에 따라 학생들을 '대학과 미래의 직업에 대비(Collge and Career Ready)'시키고, '테크놀로지를 교육과정에 통합시키는 것'이 중요시되고 있다. 따라서 각 학교마다 학교의 교육과정을 잘 수지하고 통합교육과정에 익숙한 사서교사들이 다른 교사들과의 협력을 통해 이러한 시대에 맞는 필수 능력들을 학생들에게 고취시키고 있다.

(3) 미국 사서교사의 주도적 리더십

1) 교육과정의 채택에 관여하는 사서교사

미국사서교사협회(American Association of School Librarians)의 협회장 게일 디킨슨은 협회 기관지인〈Knowledge Quest〉에서 사서교사들이 교육과정을 채택하는데 중요한 역할을 하고 있다고 말했다. 이 말은 사서교사들이 리더십을 가지고 학교의 중요한 결정을 내리는 의사결정 위원회의 일원으로 활동하며 자신들이 가진 노하우를 가지고 교육과정과 같은 중요한 결정사항에도 관여한다는 뜻이다.

미국도서관협회에서 2014년에 펴낸 '학교도서관에 관한 보고서'에 따르면 미국 사서교사들은 근무지인 학교에서 다른 교사들과 지속적이고 일관된 협력을 통해서 리더로서의 역할을 톡톡히 해내고 있다고 한다. 전국에서 2,400명 이상의 교사들을 대상으로 전문적 트레이닝, 교사들 간의 협력(collaboration) 그리고 학생들의 학습에 대한 연관 관계를 조사하였다. 이 조사결과에 따르면 일반 교사들이 성공적인 교수활동을 위해서 절실히 필요하다고 느낀 전문적인 협력을 하기란 학교의 스케쥴상 현실적으로 힘든 것으로 나타났다. 그럼에도 불구하고 교사들은 학교 내에서 협력을 하고 있으며, 그중에서도 사서교사들은 다른 교사들보다 더 많은 시간을 협력에 할애하는 것으로 나타났다.

바쁜 하루 일과 중에 협력을 할 시간이 별로 없는데도 불구하고 상당수의 사서교사들이 자기 시간을 들여 전문적인 학습네트워크에 자발적으로 참여하고 있었으며, 사서교사의 51%는 일주일에 한 번씩 온라인 네트워크에서 아이디어를 찾거나 나눈다고 대답했다. 66%는 동료교사들과 다른 교사들에게 전문성 신장(Professional Development)을 위한 코스나 프레젠테이션을 제공한다고 말했고, 이들 중 60%가 자발적으로 하고 있다고 답했다.

2) 자원전문가resource specialist로서의 사서교사

저자는 뉴욕 인근에서 열리는 여러 문학페스티벌에 참가하여 작가들도 만나 그들의 이야기를 듣고 신간 도서들에 대한 정보를 얻는다. 2015년 9월에는 '브루클린, 책의 축제, 어린이의 날'(Brooklyn Book Festival Children's Day) 행사에 가서 인기 아동작가들과 그림동화 작가들의 강연도 듣고 그들의 책도 구입하였다. 이렇게 얻은 정보를 토대로 학생들이 즐겨 읽을 수 있는 책들을 학교도서관 예산으로 구입할 수 있었고, 교장선생님과 문학 페스티벌에서 배우고 느낀 점을 공유하여 학교 전체의 독서교육과 독서캠페인 수립에 반영이 되게 하였다. 이렇게 함으로써 사서교사들은 스스로 학교 내에서 유일한 자원전문가(resource specialist)로서의 입지를 굳힐 수 있다.

• '아름다운 손들'의 작가인 캐서린 오토시와 함께 사진 촬영한 저자

미국 전역에서 3월 2일에 열리는 National Read Across America Day(전국 독서의 날)를 맞아 저자가 근무하는 학교의 PTA(학부모회)에서는 올해도 저자에게 Parents as Reading Partners*(독서파트너로서의 부모)프로그램에 관한 아이디어와 필독서 리스트를 뽑아달라고 요청하였다.

* '독서 파트너로서의 부모(PARP)'는 가정과 학교 간의 독서 파트너십을 구축하기 위한 학부모, 교사 및 커뮤니티 간의 협력을 위한 노력이다. 읽는 법을 배우는 것은 자녀 교육에서 가장 중요한 활동이며 연구결과에 따르면 집에서 책을 읽는 어린이는 정규 교육에서 성공하는데 필요한 준비가 더 잘된다. PARP는 부모가 매일 최소 15 분 동안 자녀와 함께 책을 읽도록 요청하는 프로그램으로, 독서는 유익할 뿐만 아니라 재미있을 수 있다는 사실을 강조한다. (출처: 뉴욕주 PTA 웹사이트, 구글 번역)

• 인기 그래픽 소설 Amulet의 작가인 카주 키부이시, Olympians 의 작가 죠지 오코너, 그리고 인기 모험소설인 'I Survived' 의 작가인 로렌 타쉬스가 자신들의 책에 대해 강연을 하고 있다. (브루클린의 메트로 텍 커먼스에서 열린 브루클린 책 페스티벌에서)

(4) 미국 학교도서관 옹호캠페인

학교도서관의 5가지 목표

현재 미국도서관협회와 협회장 바브라 스트라이플링은 2014년 보고서에서 학교도서관 옹호캠페인에서 추진하는 학교도서관의 5가지 목표들을 다음과 같이 소개했다.[68]

1) 학생들에게 여러 가지 리터러시 능력을 고취시킨다.

읽고 쓰는 리터러시 능력은 오늘날 모든 학습의 기준이 된다. 그러나 미국의 사서교사들은 기존의 '읽고 쓰는 능력'을 지칭하는 리터러시에서 한 차원 더 높여 모든 종류의 정보들을 평가하고 이해할 수 있는 리터러시 스킬들[69]을 학교도서관에서 가르쳐야 하고 학생들이 정보를 사용하기만 할 것이 아니라 자신이 직접 아이디어를 내어 남들과 공유할 수 있도록 가르쳐야 한다. 단순히 읽고 쓰는 능력 외에 다음과 같은 9가지의 리터러시 능력이 있다.

---

68) 미국도서관협회. http://www.ala.org/news/stateamericas-libraries-report-2014/school-libraries (검색일: 2018.4.29.)
69) Antero Garcis. "The Many Forms of Literacy" The Current. http://digitalis.nwp.org/resource/5066#sthash.1Tnb6Q3J.dpuf (검색일: 2019.6.6.)

리터러시의 9가지 종류

① 디지털 리터러시(Digital Literacy): 디지털 환경에서 과제를 수행하는 데 이용되는 인지적 능력

② 컴퓨터 리터러시(Computer Literacy): 컴퓨터와 소프트웨어를 사용할 수 있는 능력

③ 미디어 리터러시(Media Literacy): 여러 가지 다른 종류의 미디어를 비판적으로 사고하여 이용할 수 있는 능력

④ 정보 리터러시(Information Literacy): 정보를 찾고, 확인하고, 평가하고, 효율적으로 이용할 수 있는 능력

⑤ 테크놀로지 리터러시(Technology Literacy): 테크놀로지를 여러 가지 방법으로 효율적으로 사용할 수 있는 능력

⑥ 정치적 리터러시(Political Literacy): 정치적인 문제에 적극적으로 참여하는 데 필요한 지식과 기술 활용 능력

⑦ 문화적 리터러시(Cultural Literacy): 문화에 관한 지적 능력

⑧ 다문화 리터러시(Multicultural Literacy): 다른 문화들에 대해 알고 제대로 인식하는 능력

⑨ 시각적 리터러시(Visual Literacy): 이미지를 비판적으로 읽을 수 있는 능력

2) 학생들의 탐구심을 키워 준다.

학교도서관의 사명은 '학생들이 비평적으로 사고하고 정보를 잘 활용할 수 있는 능력을 가질 수 있도록 보장'해야 하며 사서교사들은 담임교사나 교과목 교사들과 협력을 통해 학생들이 학교 교육과정 안에서 스스로 진리를 '탐구'할 수 있도록 해주기 위해 노력해야 한다. 교사가 일방적으로 가르치는 것보다 학생들이 스스로 탐구정신을 가지고 수업에

임할 때 학생들은 더 동기부여가 되어 능동적인 학습 활동이 일어난다. 사서교사는 학생 중심의 학습을 계획하고 추진할 수 있는 적임자이다.

3) 학생들의 사회적, 정서적 성장을 돕는다.

학교도서관은 학생들이 새로운 지적 발견을 하고 서로 협조할 수 있는 안전한 공간이 되어야 한다. 그 안에서 사서교사는 학생들 한 사람 한 사람이 자신감을 가질 수 있도록 보장하고, 그들이 스스로 학습을 하면서 인내심을 배우고, 팀의 일원으로서 다른 학생들의 관점을 존중하는 법을 배우도록 도모해야 한다.

4) 학생들의 창의성과 상상력을 키워 준다.

학교도서관에서는 학생들이 자신들의 상상력과 창의성을 맘껏 발휘할 수 있도록 해야 한다. 초등학교 학생들에게는 사서교사가 소리를 내어 이야기를 들려줌으로써 학생들이 상상력을 발휘하여 마음속에 등장인물을 그려볼 수 있게 하고 또 본인 스스로 이야기를 만들어 다른 학생들과 나눌 수 있도록 하는 기회를 주어야 한다.

5) 테크놀로지의 의미 있는 사용을 돕는다.

사서교사는 학생들과 교사들에게 개인적, 학문적인 학습과 의사소통, 창조 및 협력을 용이하게 하는 최신 테크놀로지를 소개하고 어떻게 이용하는지 그 활용방법도 가르쳐 주어야 한다.

(5) 미국 학교도서관의 전망

미국 학교도서관은 학교의 교육 정보 문화의 중심지이며, 그 학교도서관의 성공은 자격과 경험과 소양을 두루 갖춘 역량 있는 사서교사가 학교의 미션에 맞추어 수립하고 시행하는 학교도서관 프로그램 등을 다 포함하는 큰 개념이다. 사서교사는 교사이면서도 학교 내의 학교도서관이라는 물리적인 시설과 보이지 않는 온라인 장서까지도 포함하는 많은 유무형의 장서를 관장하는 도서관 행정가이기도 하다. 급변하는 사회 속에서 거시적인 안목에서 교육을 보고 전교생들의 전인적인 교육을 도모하는 사서교사들은 다른 어떤 교사들보다도 자기주도학습을 실천하는 평생학습자들이다. 도서관 수업은 교과서가 따로 없기 때문에 사서교사들은 스스로 자료를 찾아 교안을 짜고 창의력을 가미하여 학생들에게 동기를 부여하는 수업을 해왔기 때문이다.

또한 사서교사들은 솔선해서 동료교사들과 협력수업을 하려고 한다. 새로운 테크놀로지를 다른 교사들보다도 먼저 숙지하고, 그것을 다른 교사들에게 가르쳐 주려는 적극성도 있다. 사서교사는 늘 책을 읽고 책 속에 빠져 산다. 많은 책들을 읽고 학생들에게 소개해 주는 동안 인성교육에 대해 누구보다도 잘 안다. 미국의 학교도서관에서는 이러한 모든 역량을 갖춘 전인적인 사서교사들이 일하고 있다. 그들이 학교도서관을 지키고 있는 한 그 학교와 학교도서관과 학생들의 미래는 밝다.

6절

사서교사가 학생들의 학업성취에 미치는 긍정적인 영향

(1) 사서교사의 상주 유무

탄탄한 학교도서관 프로그램이 콜로라도주 학생들의 학업평가점수 증가와 밀접한 관련이 있다는 조사결과가 나왔다.[70]

조사에 따르면, 한 명의 풀타임 사서교사가 있는 초등학교의 학생들 중 68~72%가 영어시험에서 상위나 최상의 점수를 받았고 9~11%만이 만족스럽지 못한 하위 점수를 받았다. 한편 사서교사가 없는 학교들의 경우, 전체 학생의 64~68%만이 상위나 최상위의 점수를 받았고, 12~13%의 학생들이 하위점수를 받았다.

탄탄한 학교도서관 프로그램이 하위점수를 받은 학생들의 숫자도 낮추어 주었다는 결과가 나옴으로써 사서교사가 상주하는 학교의 도서관 프로그램이 학업성취 격차(achievement gap)를 줄이는 데 도움이 된다는 것을 증명했다.

70) Francis, Briana Hovendick et. al. "School Librarians Continue to Help Students Achieve Standards: The Third Colorado Study(2010)". Library Research Service. November 2010.

(2) 학교도서관 예산과 학업평가결과의 연관관계

콜로라도주의 경우 2007-2008 학년도

한 초등학교 도서관의 총 경비는 4,200달러로써 한 학생당 10.53 달러였다.[71] 학교도서관 운영에 더 많은 예산을 쓴 학교의 학생들이 그렇지 않은 학교의 학생들에 비해 학업평가점수의 평균이 더 높게 나왔다.

경비를 더 많이 쓴 초등학교들에서는 68~72%의 학생들이 상 또는 최상의 점수를 받았고, 9~10%만이 하위의 점수를 받았다. 경비를 최저로 들인 학교의 학생들의 경우 62~67%만이 상, 최상의 점수를 받았고 12~14%가 하위의 점수를 받았다.

(3) 학교도서관 방문 횟수와 학업평가결과의 연관관계

초등학교 도서관을 방문한 평균 횟수는 한 학생 당 0.42회였다.[72] 학교도서관을 이보다 더 자주 방문한 학생들은 이보다 덜 자주 방문한 학교의 학생들에 비해 영어점수가 높았다.

(4) 초등학교 도서관과 학생들의 성취격차Achievement Gap

사서교사가 상주하는 학교의 4학년 학생들의 경우 그렇지 않은 학교의 학생들에 비해 상위, 최상위의 읽기 점수를 받은 학생들의 숫자가 6% 더 많았다. 사서교사가 없는 학교의 4학년 학생들의 경우 하위점수를 받은 학생들의 숫자가 3% 더 많았다.

71) 2007~2008학년도 기준. https://www.lrs.org/documents/closer_look/CO3_2010_Closer_Look_Report.pdf?lrspdfmetric=no

72) 2007~2008학년도 기준. 위의 웹사이트

이는 사서교사가 상주하고 있는 학교도서관이 학생들의 성취 격차를 줄이는 데 아주 효과적이라는 것을 암시한다. 하위권 학생들은 학교도서관과 사서교사가 제공하는 여러 가지 자원들과 서비스들을 잘 이용해서 성취격차를 줄일 수 있다는 뜻이다.

(5) 사서교사의 일시해고layoff와 읽기 시험 점수 하락과의 연관관계

전국교육통계센터(National Center for Education Statistics)의 조사결과 경제 불황으로 사서교사가 임시 해고된 학교의 4학년 학생들의 경우 읽기 점수가 떨어진 것으로 나타났다.[73] 또한 표준시험성적이 사서교사가 상주하는 학교에 비해 아주 천천히 향상된다는 것이 밝혀졌다.[74]

그렇다면 사서교사가 정리 해고된 학교에 학부모나 자원봉사자가 들어와 학생들에게 책을 읽어 준다고 가정해 보자. 과연 사서교사가 아닌 사람들이 학교도서관을 운영하고 교육서비스를 제공하는 것이 학생들의 학업성취에 어떤 영향을 미칠까? 일단 미국에서는 교사자격증이 없는 사람들은 교육서비스를 제공할 수 없게 되어 있다. 즉, 모든 교실에서는(학교도서관도 교실로 인정된다.) 주교육국에서 인가받은 정식교사들만이 학생들을 가르칠 수 있기 때문에 학부모나 사서보조 또는 자원봉사자가 학생들을 가르칠 수 없다. 책을 읽어 주는 것도 가르치는 행위이므로 사서교사가 아닌 사람이 책도 읽어 줄 수 없다. 단, 사서교사가 주도하여 도서관 행사의 일환으로 학부모나 자원봉사자들을 초대해 학생들에게 잠시 책을 읽어 주는 것은 사서교사의 입회하에 가능하다.

---

73) 2004~2009년 기준. https://www.slj.com/?detailStory=something-to-shout-about-new-research-shows-that-more-librarians-means-higher-reading-scores

74) "Something to Shout About: New Research shows that more librarians means higher reading scores." School Library Journal. September 2011.

뉴욕시 도서관서비스국장이였던 바브라 스트라이플링 박사는 "사서교사를 정리 해고하는 교장들은 사서교사가 사서보조나 자원봉사자들이 할 수 없는 일들을 한다는 사실을 이해하지 못한다."라면서, "사서교사가 부재한 학교도서관이 자원봉사자에 의해 운영된다면 그것은 책 창고와 다를 바 없으며, 그것은 장기적으로 볼 때 학생들의 학업성취에 상당히 부정적인 영향을 미칠 것이다."라고 말했다.

(6) 사서교사의 존재가 시험 성적에 미치는 긍정적인 영향

뉴저지, 테네시, 와이오밍 등의 주처럼 초등학교 사서교사들을 확보한 주는 애리조나, 매사추세츠, 미시간 등의 주처럼 같은 기간(2004년에서 2008년까지)에 초등학교 사서교사를 정리해고한 주에 비해 초등학교 4학년 학생들의 읽기시험 결과에서 큰 향상을 보였다.

미네소타주의 로빈스데일 학군은 사서교사들의 정리 해고를 피하고 탄탄한 학교도서관 프로그램을 유지하고 있다. 유치원에서 5학년까지 있는 초등학교의 사서교사인 샐리 메이즈는 "우리 학군에서 사서교사들을 해고하지 않는 것이 자랑스럽다."면서 "학군 내 13개 학교들마다 풀타임 사서교사들이 상주하고 있으며 학생들의 시험 성적이 이것을 반영한다."라고 말했다.

메이즈의 학군에서는 모든 초등학교마다 2011년 봄에 본 산수와 읽기 성적이 2010년 가을에 본 성적에 비해 월등히 올랐음을 알 수 있다. 샐리 메이즈 사시교사는 또 "우리 학군에는 사서교사들과 함께 협력하기를 좋아하는 교사들이 많이 있지요. 그 점이 아주 중요합니다. 사서교사가 도서관 프로그램을 통해 가르치는 교육기준(standards)은 각 교실에서 가르치는 교육기준과 평행하며 상호 연관되어 있기 때문입니다. 자격있는 사서교사가 학생들의 관심을 이끌며 그들이 학생들의 창의적이고 비판적인 사고를 유도하는 참신한 도서관 수업이나 협력수업을 할 때, 진정한 학생 중심의 학습이 일어나고 학생들의 학업성취 및 시험 성적도 올라가는 것은 당연합니다."라고 말했다.

미국의 여러 주 중에서 사서교사를 잃은 곳과 계속 유지해 온 곳들을 상호 비교해 보면 사서교사를 유지해 온 곳들이 계속해서 시험 성적의 향상과 같은 좋은 결과를 보이고 있다. 알라스카, 메릴랜드, 오클라호마 등의 주에서는 사서교사를 유지해 오고 있는데, 모든 학생들의 읽기 성적이 1.5% 향상했다. 이는 사서교사를 잃어버린 주들에 비해 3배나 높은 증가율이다.

(7) 사서교사들의 자체 홍보의 당위성

사서교사들은 자신들의 존재가 학생들의 학업성취에 상당히 중요한 영향을 미친다는 사실을 자체 홍보해야 한다. "학생들이 학교도서관에 오는 것을 좋아해요."라고 막연히 주관적으로 말하는 것은 충분하지 않다. 학교도서관에서 어떤 일이 일어나고 있는지, 매달 학생들의 대출횟수, 각 학급의 도서관 방문횟수, 몇 명의 교사들과 협력수업을 실시했는지 등 구체적인 자료들을 리포트 형식으로 만들어 교육감, 교육위원회, 교장 등 정책결정자들에게 알리고 학교 웹사이트나 뉴스레터를 만들어 학교 교직원과 학부모에게 알리는 것이 좋다.

저자는 학교 오픈하우스 때 학교도서관을 오픈해서 복도에 지나가는 학부모들을 초대해 학교도서관의 이모저모를 보여 주고, 슬라이드 쇼를 통해 학교도서관의 행사 및 여러 가지 자원들과 서비스들을 알리면서 학교도서관을 자체 홍보하고 있다. 또 저자는 학군에서 매년 실시하는 '1일 학부모 대학 (Parent University)' 에 강사로 지원하였고 학부모들이 알고 있어야 하는 디지털 시민성 교육과 코딩 교육에 대한 워크숍을 제공하여 큰 호응을 받았다.

또한 모든 사서교사들은 교장선생님과 든든한 인간관계를 맺고 먼저 자발적으로 나서서 진취적인 자세와 창의적인 아이디어로 학교의 여러 프로그램 개발과 운영에 도움을 주고, 또 학교도서관 프로그램을 활발하게 운영하는 데 있어 도움이 필요한 부분은 교장선생님의 후원을 받는 것이 중요하다.

사서교사가 '학부모 대학'에서 디지털 시민성과 코딩교육에 대해 강의하다.

- (왼쪽) 2017년 1월에 교내 '1일 학부모 대학(Parent University)'에서 저자가 학부모들에게 실시한 디지털 시민성 교육 강의. 복도에서 저자와 5학년 학생들이 저학년 학생들에게 여러 가지 만들기 프로젝트를 지도하고 있다. 학교도서관에서 학생들이 3D Pen으로 여러 가지 모양을 만들어 보고 있다.
- (오른쪽) 2018년 3월 교내 '1일 학부모 대학'에서 열린 스팀교육과 테크놀로지에 관한 워크숍. 저자는 코딩 교육에 관심이 있는 학부모들에게 대시(Dash), 오조봇(Ozobot), 비봇(Beebot) 등의 코딩 로봇들로 어떻게 학생들의 문제해결능력을 증진할 수 있는지에 대해 설명하고 시범을 보였고 참가한 학생들은 저자의 시연을 따라 하면서 직접 로봇을 프로그래밍하여 움직여 보고 있다. 저자는 학부모들에게 코드 스튜디오 웹사이트 (Code.org) 에 접속하는 법을 보여주고 나서, 초등학교 2학년 수준의 코딩 학습 활동을 시연해 보였고, 학부모들은 맥북 컴퓨터로 시연한 내용을 실습해 보았다.

- 저자가 만든 '학부모 대학' 포스터

7절

미국의 통합교육과정과 사서교사의 역할

(1) 미국의 통합교육과정의 역사

통합교육과정(Integrated Curriculum)이란 말 그대로 영어, 수학, 사회, 과학 등으로 단일화된 교과들을 통합하고 서로 관계를 형성하여 학생들을 가르치는 교육과정이다. 그러한 관계를 형성하는 방법은 여러 과목들 가운데 서로 공통점을 찾든지, 여러 과목들에서 배운 내용을 실생활에 접목시키든지 하는 등의 여러 가지가 있을 수 있다. 혁신적인 교육자들은 통합교육과정의 도입과 학생들의 학업성취를 향상시키기 위해 학생들의 관심을 사로잡는 교육과정에 대해 이미 20세기 초부터 논의해 왔다. 미국의 철학자 존 듀이는 1900년에서 1917년까지의 진보시대(Progressive Era)에 이미 모든 학문들은 하나의 거대한 공통된 세계 안에서 관계성을 가지고 발달해 왔다고 말한 바 있다.

20세기 미국의 교육학자 랄프 타일러는 과목 간의 통합을 '교육과정의 수평적 관계'라고 말했으며 이러한 관계성이야말로 학생들의 학업에 있어서 필수요소라고 말했다. Bloom's Taxonomy로 유명한 벤자민 블룸은 학제간의 수평적 관계성을 발전시키기 위해서 교육과정 안에 통합의 실을 꿰어 넣는 것을 장려했다. 교육학자 수잔 코발릭은 이러한 이론들에 근거하여 두뇌에 관한 연구를 실시하였고 또 교사로서의 경험을 살려 매우 효율적인 교수모델(Highly Effective Teaching Model)과 '큰 아이디어(Big Idea)' 및 주제에 관한 교수법(Thematic Instruction)을 중요시하는 교육과정을 디자인하였다.

1935년에 전국영어교사협의회(National Council of Teachers of English)에서는 통합교육과정의 세 가지 정의를 내린 바 있다. 첫째는 교사가 한 과목의 내용을 가지고 다른 과목의 문제나 토픽을 해석할 수 있게 한다는 의미에서 상관성(Correlation)이라고 정의했고, 둘째는 한 교사가 두 과목을 결합하여 가르치는 융합(Fusion), 셋째는 모든 과목들과 경험들을 연합하는 통합(Integration)의 개념이다.

수잔 드레이크와 레베카 번스는 1990년대 초에 통합교육과정을 하는 세 가지 방법에 대해 정의 내렸다. 첫째는 여러 학문 분야에 걸친 통합방식(Multidisciplinary Approach). 둘째는 학제 간의 기술과 개념이 강조되는 학제간의 접근방식(Interdisciplinary Approach)이며 이 방식에서는 각 과목에 내재화되어 있는 공통된 학습 내용을 중심으로 교육과정이 정해진다. 셋째는 학생들의 질문들과 요청을 중심으로 교육과정이 정해지는 초학제적 접근방식(Transdisciplinary Approach)이다.

다음의 표에서 이 세 가지 접근방식들이 서로 얼마나 유사한지 또 다른지 알 수 있다. 따라서 교사나 행정가들은 학생들이 학습에 흥미를 느끼면서 배운 내용을 실생활에 적용할 수 있는 현실적인 통합 교육과정을 짜려면 다음의 표에서 볼 수 있는 미국의 통합교육의 세 가지 방식을 잘 비교하고 참고해서 가장 바람직한 교육과정을 수립해야 할 것이다.

	Multidisciplinary 다학제 접근방식	Interdisciplinary 학제간 접근방식	Transdisciplinary 초학제적 접근방식
중점내용	ㅇ 주제 중심	ㅇ 과목들 안에 내재된 학제간 기술과 개념들 중심	ㅇ 실생활의 맥락에서 학생들의 질문 중심
지식 습득 특징	ㅇ과목 안에서 배운 지식 ㅇ 한 가지 정답 ㅇ 한 가지 진실	ㅇ 공통된 개념과 기술에 의해 과목들이 연계 ㅇ 지식은 사회적으로 구성됨 ㅇ 정답이 여러 개	ㅇ 모든 지식들은 서로 연계되고 상호 의존 ㅇ 정답이 여러 개 ㅇ 지식은 쉽게 가늠할 수 없으며 모호
과목의 역할	ㅇ 각 과목의 뚜렷한 기술과 개념을 가르침	ㅇ 학제 간의 기술과 개념이 강조됨	ㅇ 과목보다는 실생활과의 연계가 더 강조됨
통합의 정도	보통	중간/강	패러다임 전환

(2) 미국에서 통합교육과정의 의미

통합교육과정은 "학생들 자신이 처한 환경에서 특정한 측면에 관계되는 여러 가지 과목들을 배우면서 폭넓게 지식을 탐구하는 과정"(험프리 · 포스트 · 엘리스, 1981) 또는 "과목이라는 둘레를 벗어나 교과과정의 다양한 측면들을 모아서 의미 있는 조합을 이루어 넓은 시각으로 보는 것; 배우고 가르치는 것을 총체적인 것으로 보며 상호연관적인 실세계를 반영하는 교육과정"(슈메이커, 1989)이라고 정의된 바 있다.

이 정의들을 자세히 읽어 보면, 통합교육과정이란 '학생들이 평생교육을 할 수 있도록 준비시키는 교육적 접근 방식'이라는 것을 뒷받침한다. 통합교육과정을 지지하는 사람들에 의하면 '교육과정'을 21세기를 살아가는 데 필요한 능력들을 개발하는 과정으로서 봐야지 별개의 과목들을 따로따로 가르치는 과정으로 봐서는 안 된다는 것이다. 따라서 통합 교육과정이나 학제적 접근방법은 과목의 공통점 활용, 프로젝트의 강조, 교과서의 범주를 벗어난 자료 활용, 개념들 간의 관계 파악, 주제 중심의 단원공부, 유동적 스케쥴, 유동적으로 학생 그룹 나누기 등을 포함하고 있다.

따라서 통합교육과정에서는 여러 과목들에서 서로 중복되는 부분들 중에서 공통되는 기술, 개념, 태도들에 중점을 두고 학생들은 이러한 공통점을 발견하는 과정에서 동기를 부여받게 된다. 교사들은 각기 자기 교실 안에서 같은 주제를 가르치는 것에서 벗어나 서로 협력하여 한 주제 안에서 주제 중심의 단원이나 학제적 접근의 코스를 함께 디자인할 수 있다.

(3) 교과과정을 통합하는 이유와 통합교육과정의 특징

통합교육과정은 모든 사물들 간에 존재하는 관계들을 인정하고 그 관계의 기반 위에서 통합하는 것을 전제로 한다. 기존의 전통적인 개념의 각 과목들을 뛰어 넘어 학습이 이루어지고 이러한 학습경험들이 서로 강화되도록 고안된 것이 통합교육과정이다. 이러한 접근법은 학생들이 자신이 학습한 바를 다른 환경으로 전이할 수 있도록 도와준다. 통합교육과정에서는 학생들의 관심사나 의견을 반영한 프로젝트나 주제 또는 토픽을 위주로 학습이 이루어지기 때문에 학생들이 자발적으로 학습에 참여하기 쉽다. 또한 통합교육과정을 통한 학습은 두뇌에도 좋다는 연구결과가 나왔다. 1996년 젠슨이 발표한 연구결과에 따르면 인간의 두뇌는 현실적 상황에서 여러 경로를 통해 배울 때 학습효과가 높으며, 두뇌에서 경로들 간에 더 많은 연결고리를 맺을수록 학생들은 더 높은 수준의 추론을 할 소지가 많다는 것이 밝혀졌다. 또한 통합교육과정은 어린 학생들의 발달과정에도 적합하다고 한다.

통합교육과정은 어린이들의 관심과 의견을 반영한 프로젝트, 주제, 토픽들을 통해 학습이 이루어지도록 고안되었다. 통합교육과정에서 사용되는 프로젝트와 주제들은 교실 안의 모든 학생들에게 유용하고 가치 있는 교수방법으로 누구나 실력이나 성적에 상관없이 프로젝트를 성취할 수 있도록 필요한 기술을 가르쳐 준다. 학생들의 흥미와 참여를 북돋아 모든 학생들의 학업성취도를 높이자는 의도의 통합교육과정은 다음과 같은 특징을 가지고 있다.

1) 학생들이 교육과정 속에서 각 과목들 간의 연결고리를 찾도록 돕는 경험들을 제공한다.
2) 학생들의 학습경험을 위해 학생 자신, 부모, 지역사회, 사서교사, 특별과목교사들의 역할이 중요시된다.
3) 교육의 장은 학교와 교실에 한정된 것이 아니라 가정과 지역사회로 확장된다.
4) 학생들이 가진 여러 종류의 능력들을 발굴하고 키워 주는 활동들이 포함된다.
5) 교사가 주도하고 지시하는 활동들 외에도 학생들이 주도하고 지시하는 활동들이 포함될 수 있다.
6) 학급 전체, 소그룹, 개인별 경험을 중시한다.
7) 학생들에게 비판적이고 창의적인 사고를 키워 준다.
8) 교사가 하는 평가 외에도 학생들이 서로 또는 학생 스스로 평가할 수 있다.
9) 학생들은 총체적인 학습을 경험할 수 있는 기회를 부여받는다.

(4) 미국 초 · 중 · 고등학교의 통합교육과정의 예

미국의 초등학교들에서도 학군 별로 자체적인 통합교과수업이 이미 실시되어 왔다. 미국에서 공통핵심기준(Common Core State Standards)이 도입되면서 통합교육과정이 주별로 실시되어 이제는 미국의 초 · 중 · 고등학교 영어 과목에서 사회, 과학 과목의 핵심 주제들을 다루게 되었다. 학생들은 영어시간에 문학뿐 아니라 사회, 과학의 주요 토픽들에 대해 읽고, 쓰고, 듣고, 말하고, 토론하는 것이다.

예를 들면 1학년 담임선생님이 영어 과목에서 공룡에 대해 가르치면 사서교사는 담임교사의 교실수업에서 한걸음 더 나아간 심화학습을 실시할 수 있다. 즉, 사서교사는 공룡에 관한 많은 픽션, 논픽션 중에서 학생들의 호기심을 자극하고, 핵심 질문들을 학생들에게 제시하는 자료들을 가지고 수업을 하고, 더 나아가 공룡의 뼈가 전시되어 있는 자연사박물관의 웹사이트에 접속해 스마트 보드의 화면으로 공룡의 뼈를 생생하게 보여줄 수도 있으며, 화상채팅을 통해 학생들이 박물관에 가지 않고도 박물관의 안내원으로부터 직접 공룡에 대한 이야기를 듣게 할 수도 있다. 또 사서교사는 각 학년 별로 그때그때 배우는 주제들에 관한 책들을 교사들과 학생들이 쉽게 빌려갈 수 있도록 학교도서관에 전시한다.

플로리다 주 마이애미대학의 교육학과 교수인 이옥희 씨는 초등학교 학생들에게 바람과 비를 만드는 작은 기계를 만들게 함으로써 학생들의 호기심을 끌고 관심을 사로잡았다. 학생들은 이 기계들을 만들면서 '증발', '응결', '열에너지' 등의 '큰 아이디어'에 초점을 맞추었다. 이러한 통합교과수업의 결과 이교수의 학생들은 과학적 개념들의 이해와 작문테스트에서 100퍼센트 이상의 향상을 보였다.

노스캐롤라이나 주의 공립학교에서 학생들은 나막신을 신고 춤을 추면서 산수를 배우고, 현대무용을 통해서 태양계에 대해 배운다. 이 학교들에서는 교사들이 예술을 통해서 핵심교육과정(Core Curriculum)을 가르친다. 이는 음악과 연극을 통한 교육은 수학과 읽기능력의 향상에 큰 영향을 미친다는 연구결과에 따른 것이다. 특히 실패 위험군에 속하는 학생들은 이러한 프로그램을 통해 학문적으로, 또 개인적으로 학업성취도가 높았다는 것이 밝혀졌다.

미국의 한 중학교에서는 학생들이 음악과 물리라는 두 과목이 통합된 단원을 통해 물리시간에는 음파에 대해서 배우고, 음악시간에는 악기의 부분에 대해 배우고 나서 악기의 소리가 어떻게 나는지 설명할 수 있게 하였다. 이 단원이 끝날 때에는 학생들이 스스로 오케스트라를 구성해서 작곡 및 연주를 하게 하였다. 이러한 과목 간의 연계 및 통합은 개념과 기술이 자연스럽게 맞아 떨어지는 경우다. 서로 맞지 않는 과목들이나 기술들을 억지로 끼워 맞추는 것은 바람직하지 않다.

뉴욕 롱아일랜드의 R학군의 경우, 중학교가 시작되는 6학년부터 통합교육과정을 실시한다. 그 학교에서 실시해왔던 통합교육과정의 한 예를 들면, '고대 희랍'이라는 단원에서 학생들은 영어 과목에서는 고대 희랍 신화에 대해 배우고, 수학 과목에서는 피타고라스, 아리스토텔레스, 아르키메데스 등 고대희랍의 수학자들과 그들이 주장한 원리들에 대해 배우고, 사회과목에서는 고대 희랍 사회와 전쟁 및 문화 등에 대해서 배우고, 과학 과목에서는 고대 희랍의 과학자들과 천문학, 의학, 발명품들에 대해 배운다. 각 교과목 교사들은 통합교육과정을 어떻게 운영할 것인지, 진도는 어떻게 나아갈 것인지, 과목 간의 연계는 어떻게 할 것인지 등에 대해 수시로 협의한다.

이 같은 통합된 교과과정을 통해 학생들은 영어, 수학, 사회, 과학 과목에서 한결같이 '고대 희랍'에 대해 배움으로써 각 과목에서 배운 내용들이 서로 연계가 되기 때문에 머릿속에 고대 희랍에 관한 큰 그림을 그릴 수 있게 된다. 또한 교사들은 수행과제를 내줄 때에도 서로 협의하여 학생들이 여러 과목들 간에 연결고리를 찾아 흥미를 느낄 수 있으며 창의성을 발휘하여 완성할 수 있는 것들을 내준다.

또한 단원이 끝날 때 파티를 하는데, '고대 희랍' 단원이 끝났을 때에는 교사와 학생들이 집에 있는 침대 시트나 천으로 고대 희랍 사람들이 입던 의복처럼 만들어 입고 오거나, 고대 희랍 사람들이 즐겨 먹던 음식들을 가져 오거나, 고대 희랍 사람들이 즐겨 하던 게임을 가져오는 식으로 모두들 가상적 현실화에 참여하면서 이 단원을 마무리하여 학생들로 하여금 학습 내용을 내재화할 수 있도록 했다.

사서교사는 이러한 통합교과수업에 필요한 책들을 미리 주문하여 학교도서관에 비치하며 특별한 참고 도서가 필요한 연구 과제를 학생들에게 내줄 때에는 교과교사들과 사서교사가 함께 협의하고, 사서교사는 학생들이 연구하는 데 필요한 자료들의 탐색경로(Pathfinder)를 만들어 교사의 학교 웹사이트에 올려주기도 하며, 웹 검색에 관한 요령이나 올바른 인터넷 자료 사용에 관한 협력수업을 하기도 한다.

(5) 통합교육과정의 도입과 사서교사의 역할

미국의 초등학교 교육과정은 영어, 수학, 사회, 과학 등의 주요 과목 외에 음악, 미술, 체육, 도서관 등의 특별과목들로 이루어진다. 특히 교과

서가 없는 도서관 과목에서는 사서교사들이 오래 전부터 학교의 교육과정에 맞추어 문학과 사회, 영어와 과학, 영어와 음악 등 두세 과목을 접목한 창의적인 통합수업을 해 왔다. 사서교사가 단독 통합교과수업의 적임자인 이유는 초등학교 담임교사들은 각 과목마다 교과서를 가지고 진도에 따라 수업을 하지만, 사서교사들은 모든 장르의 책들과 온라인 자료들에 대한 해박한 지식을 가지고 있기 때문이다.

1) 수업디자인과 사서교사의 리더십

따라서 사서교사는 학교도서관의 모든 자원들을 활용하여 교육과정을 뒷받침해 주고 학생들에게 배움의 동기를 부여하는 창의적인 수업을 구상하고 실시할 수 있다. 실제로 미국대학원의 '학교도서관'이란 코스에서는 '수업디자인과 리더십(Instructional Design and Leadership)이라는 과목에서 어떻게 사서교사들이 학교의 리더 중에 하나로서 자율적으로 학생들의 특성과 학교의 커리큘럼에 맞추어 도서관수업을 디자인할 수 있는지에 대해 가르치고 있다.

2) 공평성있는 교육과 사서 교사의 역할

많은 이민자들이 살고 있는 뉴욕시의 경우, 부모가 장시간 일을 하는 경우가 많다. 이민자 가정의 부모는 가정에서 자녀들의 학습을 도와주지 못하고 자녀교육을 학교에 전적으로 맡기는 경우가 많다. 즉, 자녀들을 데리고 박물관이나 수족관에 가는 등 자녀들에게 체험활동의 기회를 많이 주지 못하는 이민자 부모들이 많다. 따라서 미국의 공교육에서는 학교에서 모든 학생들에게 균등한 교육기회를 제공하는 것을 중요시하기 때문에 학생들의 교육적 성공에 있어서 '교사'의 역할이 가장 중요한 변수로 인식되고 있다.

3) 통합교과수업과 사서교사의 역량

전교생을 담당하는 사서교사는 자원전문가(Resource Specialist), 교사, 프로그램전문가(Program Specialist)로서의 장점을 최대한 발휘하여 통합교육에 기여할 수 있다. 사서교사는 담임교사들과 음악, 미술, 체육 등 특별과목교사들과 협의하여 통합교육과정 안에서의 중요한 부분을 담당해야 한다. 특히 모든 학생들이 새로 나온 통합교육과정의 교과서에서 요구하는 체험활동을 학교 내에서 할 수 있도록 하려면, 우선 사서교사가 각 학년의 교육과정을 잘 알고 어떻게 하면 혁신적이고 창의적으로 학생들을 참여시키는 프로젝트 위주의 수업을 할 수 있을지 부단히 연구하고 배우고 노력하는 자세로 임해야 한다.

한국에는 아직도 사서교사가 없는 학교들이 많다고 하는데, 통합교육과정이 성공하려면 모든 학교마다 사서교사를 두어야 하며, 사서교사들에게는 교과서보다는 수업 시수를 주어야 한다. 학생들에게 급변하는 미래 사회에 대비하는 능력을 갖추게 하려면 시험 대비를 위한 교육과정이 아니라 학생 중심의 교육, 잘 고안된 통합교육과정이 실시되고 정착되어야 한다. 그러기 위해서는 사서교사들에게 일익을 담당시켜 그들도 미국의 사서교사들처럼 교과목의 상호연계성에 초점을 맞추어 학생들이 가상적 실세계 경험을 통해 흥미를 느끼며 총체적 학습을 할 수 있는 단독 통합 교과수업이나 협력 통합 교과수업을 할 수 있는 기회를 주어야 할 것이다.

8절

미국 사서교사의 교육과정 연계

(1) 미국 학교의 교육과정과 교육과정 지도Curriculum Map

미국의 모든 학교에는 전 학년의 교육과정 지도들(Curriculum Maps)이 마련되어 있어서 각 학년별, 과목별로 월별 교육과정이 상세하게 나와 있다. 저자가 근무하는 학군에도 유치원부터 6학년까지 각 학년과 과목의 교육과정 지도마다 월별로 필수 질문, 교육과정의 내용, 학생들이 습득해야 할 기술, 평가방법, 교육자원 및 자료, 그리고 이용할 수 있는 테크놀로지 등이 잘 기술되어 있다.

이 교육과정 지도들은 기존의 교육과정을 현실에 맞게 매년 개정하고 학군의 웹사이트나 학군내 구글 드라이브 등에 저장되어 있어 모든 교사들이 학교에서 또 집에서도 액세스할 수 있다는 장점이 있다. 게다가 유치원에서 6학년까지 모든 학년에 걸쳐서 각 과목마다 어떠한 것을 가르치고 있는지 개괄적인 큰 그림을 제시함으로써 각 교사들이 이러한 교육과정 지도에서 얻은 정보를 바탕으로 자신의 교수 수업안(Lesson Plan)을 작성한다. 사서교사들은 도서관 수업을 위한 교수 수업안을 작성하기 전에 월별로 자기가 가르치는 학년의 학생들이 어떤 과목에서 무엇을 배우는 지 파악하고 나서 교실 수업에서 배우는 콘텐츠에 정보문해력을 접목시킨 정보활용, 인성개발, 문해력, 연구능력 등을 증진시키는 수업을 계획함으로써 학교의 교육과정에 연계하고 있다.

아래는 일리노이 주의 퀸시에 소재하는 세인트 피터 초등학교 4학년 영어과목의 커리큘럼 맵의 예시이다.[75]

75) https://stpeterschool.com/curriculum-mapping/
https://stpeterschool.com/wp-content/uploads/2018/06/4-English-Map.pdf

Grade 4 English

Diary map is based on the 2016-2017 school year. Information may change year to year. Months are guidelines and items may be done at different times of the year.

Month	Essential Questions	Content	Skills	Assessment	Resources	Technology
	How do writers plan and write narratives?	-Revisions -Editing -Publishing	-Identify parts of writing that need revision -Edit writing for spelling, capitalization, and punctuation -Publish a personal narrative	-Personal Narrative Writing Rubric	-Portland Public Schools Launching Writing Workshop Unit: Grade 4	-ELMO
Nov. – Dec.	**Grammar: Nouns (cont'd.)** How are nouns used in the English language? **Writing: Informative Article** How do writers plan and write informative articles?	**Grammar: Nouns (cont'd.)** -Common -Proper -Singular -Plural -Possessive **Writing: Informative Article** -Informative Writing vs. Narrative Writing -Topic selection -Taking notes -Graphic organizer -Main ideas and details -Introductory paragraph -Detail paragraphs -Concluding paragraph -Editing -Publishing	**Grammar: Nouns (cont'd.)** -Identify nouns in sentences -Identify common and proper nouns -Identify singular and plural nouns -Write all forms of plural nouns correctly -Write possessive nouns correctly **Writing: Informative Article** -Identify differences between informative and narrative writing -Select a topic -Take notes -Use a graphic organizer -Write an introductory paragraph using a strong lead sentence -Write at least three detail paragraphs -Write a concluding paragraph that begins with a transitional phrase -Edit the article -Publish the article	**Grammar: Nouns (cont'd.)** *Houghton Mifflin English* (2004) -workbook -reteaching workbook **Writing: Informative Article** -Informative Article Writing Rubric	**Grammar: Nouns (cont'd.)** *Houghton Mifflin English* (2004) -textbook -workbook -reteaching workbook **Writing: Informative Article** -Portland Public Schools Launching Writing Workshop Unit: Grade 4	**Grammar: Nouns (cont'd.)** -ELMO **Writing: Informative Article** -ELMO

• 4학년 영어과목의 커리큘럼 맵

(2) 사서교사의 교육과정 연계 사례

미국 46개 주에서 2013~2014학년도부터 시행된 공통핵심기준(Common Core State Standards)은 담임교사는 물론 사서교사, 음악, 미술, 체육교사들과 같은 특수과목 교사들이 영어, 수학, 사회, 과학 등 주요 과목들의 교육과정을 바탕으로 해서 교수 학습안을 짤 때 아주 중요한 기틀이 된다.

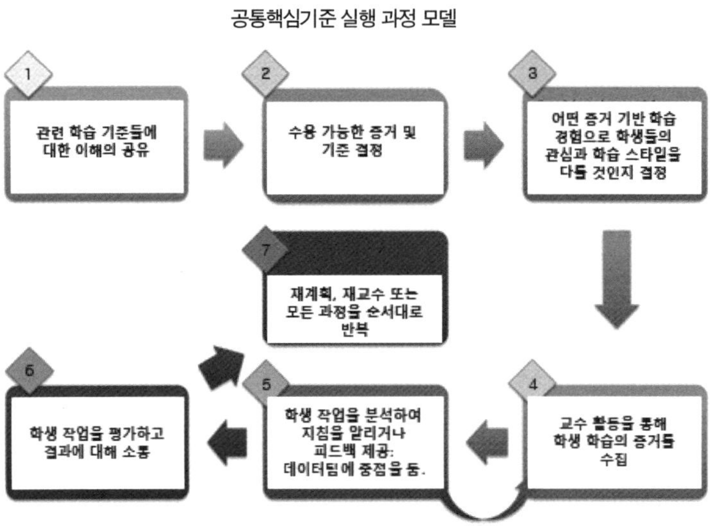

• 공통핵심기준(Common Core State Standards) 실행 과정[76)]

예를 들어서 저자는 1학년 사회과목의 교과과정 지도를 참고로 해서 도서관 수업의 교수 수업안을 짠다. 미국의 추수감사절이 낀 11월의 큰 주제는 "사람들이 사랑하는 곳/우리는 우리의 조국을 사랑해"(Where People Love/We Love Our Country)였다. 학생들은 교실에서 담임선생님과 함께 사회 교과서를 중심으로 미국이 독립하게 된 배경과 조지 워

76) https://standardstoolkit.k12.hi.us/common-core/

싱턴의 생애 등에 대해서 배운다. 사서교사로서 학교 도서관에서 단독 수업을 할 때 1학년 담임선생님들에게 도서관 수업에서 학생들이 무엇을 배우기 원하는지 물어보고 같은 주제 안에서 교수 수업안을 짠다. 어떤 담임교사는 자기는 학급에서 조지 워싱턴에 관한 위인전을 읽을 테니 도서관 수업에서는 조지 워싱턴에 관한 시를 읽어주었으면 좋겠다고 해서 저자는 학생들에게 시를 읽어주고 그 뜻을 이해하는 학습을 하였다.

4학년 사회과목에서 미국 원주민에 관한 단원은 교육과정에서 아주 중요한 부분이다. 4학년 담임교사들이 학급에서 미국 원주민의 역사에 대해 가르칠 때 담임교사들과 조율하여 이로코이 인디언(Iroquois Indians)의 전설에 대한 그림책을 읽어 주고 학생들은 그 이야기에 등장하는 주요 인물들과 주요 사건들과 배경들에 대해 작문하는 단독 수업을 하였다. 사회 교과서에는 몇 줄로만 기술되어 있는 전설에 대해 천연색 컬러그림들이 있는 그림책으로 배우게 되니 이로코이 부족의 세계관에 대해 학생들의 이해도 깊어졌고 이 부족에 관해 더 알고 싶어 하는 동기부여도 되었다. 그 다음 시간에는 학생들에게 'True Flix'라는 컴퓨터 프로그램을 이용하여 스마트보드로 이로코이 부족에 관한 1분짜리 동영상을 보여주면서 이로코이 부족에 관한 수업을 시작하였다.

프로그램 행정가로서 저자는 학생들이 미국 원주민에 대해서 이렇게 책이나 동영상으로만 배울 것이 아니라 직접 그들이 살았던 집도 가보고 그들이 입었던 옷과 연장 및 도구들도 만져보면 좋겠다는 생각을 하고 강연자를 학교에 초청하기로 했다. 그리고 인터넷을 통해 찾아보니까 학교를 방문하여 미국 원주민의 생활상을 가르쳐주는 이동박물관 프로그램이 있다는 것을 알게 되었다. 이 프로그램은 인류학을 전공한 로버트라는 사람이 미국 원주민의 마을에서 인턴으로 일하다가 추장의 양아들이 된 후 미국 원주민의 생활에 대해 깊이 알게 되었고 이를 학생들에게 널리 알리고 싶어서 만든 것이라고 한다. 교장선생님의 승인을 받고 저자는 로버트를 학교에 초청할 수 있었다.

드디어 로버트가 미국 원주민의 후예인 제시와 함께 우리 학교를 방문했다. 두 사람은 학교 체육관에 이로코이 부족의 가옥인 롱하우스의 모형을 지었다. 그리고 이동 박물관을 설치하여 미국 원주민들이 쓰던 절구, 화살, 의복, 그릇, 인형, 아기요람 등을 학생들이 볼 수 있게 하였다. 또 미국 원주민의 후예인 제시는 학생들에게 자신이 조상으로부터 물려받은 옛 이야기를 실감나게 해주었는데, 옛날 원주민들은 어린이들에게 '이렇게 하지 말아라'라고 훈계하는 대신에 옛 이야기를 통해 스스로 교훈을 얻도록 했다는 이야기를 해주었다. 또한 로버트는 이로코이 부족들의 사회제도가 어떻게 오늘날 미국 사회 민주주의의 기반이 되었는지 학생들에게 설명해주고 몇몇 학생들을 앞으로 불러 이로코이 부족의 전통의상들을 입어보게 하기도 했다. 학생들은 차례로 줄을 서서 롱하우스에 들어가 보고 그 안에 걸려있는 옛 원주민들의 세간살이 등을 만져보면서 즐거워하였다. 전교생이 박물관에 가지 않고도 미국 원주민의 생활상에 대한 박물관 견학을 한 체험학습의 장이었다.

행사가 끝나고 다음날 학교도서관에 5학년 학생대표가 교장선생님과 저자에게 5학년 학생 학급 전원이 쓴 감사편지를 들고 왔다. 한결같이 "이렇게 재미있으면서도 유익한 교내행사는 없었다."면서 고마움을 표시했다. 특히 "옛날이야기가 아주 좋았다"거나, "짐승의 털을 박제한 것을 만져본 것이 아주 인상적이었다."라고 구체적으로 좋아한 이유를 쓰기도 하였다. 모든 학생들과 교사들이 이 프로그램에 대해 만족해 하는 것을 보고 이 행사를 주관한 사서교사로서 큰 보람을 느꼈다.

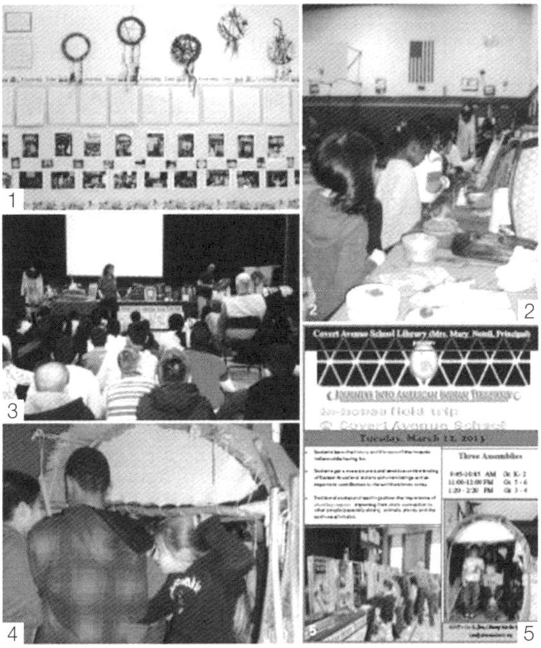

•① 미국 원주민의 이동도서관프로그램 후 학생들이 보내온 감사편지와 사진들을 학교도서관 외벽에 전시한 모습. 위에 걸려있는 것은 저자가 미술교사와 연계하여 학생들이 미술시간에 미국 원주민들의 Dream Catcher(아이들이 무서운 꿈을 꿀까봐 무서운 꿈이 채 같은 기구에 걸리게 만든 것)를 만들어 함께 전시한 모습 ② 이로코이 부족의 유물을 둘러보는 학생들. ③ 이동박물관 프로그램에서 미국 원주민이 전통북을 두드리면서 실감나게 옛날 이야기를 하고 있는 모습. ④ 이로코이 부족의 롱하우스 모형에서 학생들이 찍은 사진. ⑤ 이동박물관 프로그램을 알리기 위해 저자가 만든 안내서.

(3) 미국학교 교과과정에 관한 교사 직무연수 사례

새 학습기준이 도입되어 시행되는 첫해에 우리 학교에서는, 매주 수요일마다 한 시간 동안 열리는 방과후 교사 연수회에서 여러 학년의 담임교사 및 특수과목 교사들이 4~5명씩 팀별로 앉아 새로운 학습기준의 의미와 새로 달라진 점에 대해 토의하였다. 그리고 각 팀이 앞에 나와 전체 교사들 앞에서 토의 내용을 발표하였다. 그 다음 주에는 팀별로 새로운 기준들을 각기 자신들의 수업 학습안에 어떻게 적용할 것인지에 대해 토의하고 전체 교사들 앞에서 발표하였다. 나는 담임교사 및 특수과목 교사들에게 새로운 학습기준에 따라 관계기관에서 추천한 추천도서들을 학교도서관에 비치했다고 홍보하고 많이 이용해줄 것을 부탁하였다.

또한 새로운 공통핵심기준에서 요구하는 비교 · 비유 능력을 키워주기 위해 그동안 가르쳤던 도서관 수업에 대하여 소개하였다. 1월 초 새해를 맞이하여 학교도서관에서 웹사이트를 활용하여 세계 각국의 새해 풍습에 대해 알아보는 학습을 실시하였는데, 학생들은 새해를 맞이하기 전에 각자의 풍습에 따라서 '집을 깨끗이 청소한다', '나팔을 분다', '폭죽을 터뜨린다', '자정이 되기 전에 매시간마다 포도를 한 개씩 먹는다'. '생선을 먹는다' 등 여러 가지 새해 풍습에 대해 진지하게 이야기 했다. 그 다음 학생들에게 둘씩 짝을 지어 비슷한 새해 풍습을 가진 두 나라를 찾아내고 두 나라의 새해 풍습이 어떻게 비슷한지 또 어떻게 다른지를 벤 다이어그램을 통해 비교 · 비유해보는 활동을 하게 한 것이다. 특히 우리 학교에는 다문화권 학생들이 많아 이러한 토픽으로 수업을 하면 학생들이 저절로 수업에 관심을 가지고 몰두할 수 있었다.

또한 한국과 미국 양 문화권에 속해 있기 때문에 다른 교사들보다 다문화 학습활동에 적극적이며 학생들에게 다문화 리터러시 능력을 키워주는 수업을 잘 실시할 수 있다. 이중 언어 구사자로서 다문화를 이해하기 때문에 학생들의 문화적 배경을 지원하는 다문화 장서를 구축한다든지, 다문화 이해를 돕는 학교의 프로그램을 개발하는데 일익을 담당할 수 있다. 나는 그동안 교사들이 '중국설날(Chinese New Year)'이라고 부르던 날을 이제는 '음력설(Lunar New Year)'로 불러야 한다고 말해주고 그 이유와 배경에 대해 설명해주었다. 그리고 한국과 중국의 설이 어떻게 비슷한지 어떻게 다른지에 대해 비교 · 비유하는 수업을 하였다.

우리 학군의 경우 새로 온 신임교사는 신입교사 직무연수를 받아야 하는데 그 중에는 교육과정의 이해를 돕는 직무연수도 반드시 들어있다. 교육과정은 새로 도입된 공통핵심기준에 따라 새로 개정되었기 때문에 기존의 교사들도 새 학습기준의 해석과 적용에 관한 직무연수도 기회가 생길 때마다 참여하여 새로운 학습기준에 대한 이해와 지식의 폭을 넓히고 교수 학습 안에 적용해야 한다.

나는 학군에서 '공통핵심기준'에 관한 교사워크숍이 있다는 광고를 보자마자 등록하였다. 새로운 학습기준은 아무리 오랜 경험이 있는 교사라도 새로운 분야이기 때문에 대부분의 교사들에게 아직은 생소하다. 이러한 교사워크숍이 있을 때, 인원제한이 있기 때문에 남보다 빨리 참가 신청하여 새로운 학습기준에 대해 숙지하는 것이 절대적으로 필요하다. 이 같은 워크숍은 사서교사로서 자신의 업무를 하는 데 도움이 될 뿐만 아니라, 다른 교사들과 협력을 하는 데 있어서도 주도적인 역할을 하기 위해 꼭 필요하다. 즉, 이러한 워크숍에 참가하여 다른 교사들보다 사서교사가 새로운 학습기준을 더 많이 알고 있어야 교사들과 원만하게 협력수업 파트너가 될 수 있고, 그들을 위한 정보자원 전문가의 역할을 할 수 있다. 따라서 사서교사는 이러한 워크숍 정보를 비롯하여 각종 직무연수에 관한 정보에 항상 주의를 기울이고 언제든 참여하겠다는 마음가짐을 가지고 있어야 한다.

(4) 교육과정을 뒷받침하는 정보자원 전문가로서 사서교사

사서교사는 학교의 교사들과 학생들을 위해 학교도서관의 여러 가지 자원들을 가지고 최상의 교수와 학습이 이루어질 수 있도록 해야 한다. 사서교사는 학교도서관의 장서가 업데이트 되었는지 정기적으로 점검하고 빠진 것이나 보충해야 할 것들을 파악해서 도서관의 장서 컬렉션을 정비해야 한다. 저자는 컴퓨터 프로그램을 사용해서 학교도서관의 장서가 사회, 과학 등 각 과목별로 얼마나 업데이트 되어 있는지를 확인하고 이 자료를 도서 주문할 때 참고한다.

미국의 새로운 학습기준으로 초등학생들의 경우 픽션과 논픽션을 반반씩 읽어야 하며 중 · 고등학교의 경우에는 논픽션을 70% 읽어야 한다. 그 이유는 대학과 직장에서는 논픽션을 주로 다루기 때문이다. 따라서 사서교사는 새로 장서를 구입할 때나 도서관 수업을 할 때 이러한 점을 염두에 두어야 한다.

(5) 도서관별 사례로 본 교육과정과 사서교사

우리 학교의 경우 유치원에서 4학년까지의 학생들은 학급별로 1주일에 한 번씩 의무적으로 도서관에 와서 45분간 도서관 수업을 받는다. 그때 30분은 사서교사의 수업으로 진행되고 나머지 10분은 학생들이 사서교사 보조(library aidc)의 도움으로 도서관에서 책을 빌리는 시간이다. 보통 하루 8교시 중에 6교시를 수업하는 미국의 초등학교 사서교사들은 엄연히 수업을 하는 특수과목교사로서 교육과정 작성(curriculum writing)뿐 아니라 모든 교사들의 직무연수에 참여할 수 있다.

1) 초등학교의 경우

저자의 경우, 사서교사도 담임교사나 다른 특별 교과교사와 대등하게(양호교사를 제외한 음악, 미술, 체육 등이 포함) 교수활동을 하기 때문에 학군의 구글 드라이브에서 새로 개정된 교과과정 및 도움이 될 만한 자료들을 찾아 도서관 수업에 이용한다. 같은 교육과정이라도 담임교사와 사서교사의 교수학습안은 서로 다르다. 사서교사는 학생들을 1주일에 한 번만 가르치기 때문에 담임교사들이 가르치지 않는 테크놀로지 기술이나 장르, 특별 분야를 택하여 가르치는 것이 학생들에게 좋다. 예를 들면 정보기술을 활용한 교과과목 연구방법이라든가, 통합교과를 활용하여 교과 간의 연계활동을 한다든가 다른 교사들이 잘 알지 못해 사용하지 못하는 정보자원 활용법을 가르치는 등 사서교사만의 고유한 영역과 실력을 살리는 것이 좋다.

2) 초등학교, 중학교의 경우

미국 매사추세츠 주에서는 일부 초등학교, 중학교의 경우 사서교사의 이름이 TOSAMedia (Teacher on Special Assignment in the Media Centre) 즉, 미디어센터의 특수임무교사로 바뀌면서 테크놀로지, 교육과정, 미디어에 대한 지식이 있어야 한다고 못 박고 있다. 그만큼 사서교사는 테크놀로지와 미디어뿐만 아니라, 각 교과를 넘나들며 학생들에게 폭넓은 배움의 세계를 전달할 수 있도록 해야 한다.

3) 고등학교의 경우

미국 고등학교 도서관의 기본적인 목적은 우리 사회와 문화를 가장 잘 나타내는 최신의 장서들을 갖추는 것으로 학생들이 빌려가는 책들의 양보다 질을 향상시키는 데 중점을 두어야 한다. 또 고등학교 도서관은 학생들의 학업을 지원하기 위해 장서와 장서개발이 각 과목의 교육과정을 반영해야 하며 그 외에도 각 학생들이 지적인 성취감과 만족감을 얻기 위한 장서의 개발도 필요하다. 그러기 위해서는 장서구입을 할 때 학생 전체의 인구조사 결과를 참고로 학생들의 인종적, 민족적 그리고 사회 경제적 배경을 고려하여 모든 학생들에게 도움을 줄 수 있는 다양한 양질의 장서를 구입해야 한다.

(6) 미국 학교도서관이 한국의 학교도서관에 시사하는 점

뉴욕주 교육부에서 최근 업그레이드한 학교 도서관 프로그램 점검표(New York State Education Department School Library Program Rubric)*에 따르면 우수한 학교도서관 프로그램은 1) 학습을 위한 다양한 교수활동, 2)교내 학습 환경의 구축, 3)리더십을 통한 학습 역량 강화 라는 세 가지 영역으로 구성되어 있으며 각 영역마다 필수요소가 명시되어 있다. 지능정보사회에서 점점 더 중요시되는 학교도서관의 수장인 사서교사의 역할은 막중하다고 할 수 있다. 사서교사들은 기존에 해오던 교수활동, 장서구입 및 관리, 프로그램 개발 및 실시 등의 전문적인 업무 외에도 행정적 지원을 받아 학생들의 역량 강화를 위해 창의적으로 교육적인 리더십을 발휘해야 한다.

우선 대부분의 미국의 학교도서관처럼 한국의 학교도서관에도 사서

* 학교도서관 프로그램 점검표는 부록 04 (458-460 페이지)를 참고하세요

교사가 배치되어야 한다.

사서교사도 교과교사와 동등하게 수업을 할 수 있어야 하며 전문직 교사로서 주요 교과과목 교사들과 똑같은 인정과 대우를 받아야 한다. 또한 사서교사가 전문적인 업무(교수활동, 장서개발 및 운영, 프로그램 개발 등)에 전념할 수 있도록 도서의 출납, 반납, 서가에 책 꽂기 등은 교사자격증이 없는 보조 직원(풀타임 또는 파트타임)이 하도록 해야 한다. 학교도서관은 시험공부를 위한 독서실로 전락되어서는 안 되며, 교사들과 학생들이 창의적인 방법으로 최상의 학습활동을 할 수 있는 유동적인 공간이 되어야 한다. 학교도서관은 학교의 교사들과 학생들이 쾌적한 환경에서 협업 수업을 할 수 있는 공간 배치와 가구, 그리고 인프라가 구축된 학교의 정보, 지식의 허브(중심센터)가 되어야 한다.

미국의 경우 4차 혁명시대에 도입한 이후 학교도서관이 '미디어 센터'나 '지능정보센터' 또는 '학습 공유지' (Learning Commons)'라고 불리는 곳들이 많아지고 있다. 그러한 이름에 걸맞게 학교도서관의 공간도 리모델링되어 학생들이 자유롭게 자리를 옮겨다니며 협업을 하고 멀티미디어도 자유자재로 사용할 수 있는 유동적인 구조로 바뀌고 있다. 학교도서관의 책상에 바퀴가 달려서 학생들이 모둠활동을 할 때 자유롭게 움직일 수 있는 협업 책상(collaborative desk)과 바퀴달린 의자, 그리고 책상위에도 마커펜으로 쓰고 지우개로 지울 수 있도록 설계되었고, 심지어 서가에도 바퀴가 달려서 사서교사와 보조직원이 책을 정리하거나 북큐레이션할 때 필요에 따라 움직이기 용이하게 되어 있다. 지난 여름에 리모델링된 우리 학교도서관에도 움직이는 서가와 바퀴달린 테이블과 의자들로 대치되었다.

4차 산업혁명시대에 돌입한 이 시점에서 미래 사회의 인재를 키워내려면 학교도서관에서 교사와 학생들이 마음껏 테크놀로지를 사용하여 멀티미디어 학습을 할 수 있도록 학교도서관의 인프라가 구축되어야 한다. 아울러 이제는 학교도서관을 학교의 허브로 이끌 수 있는 전문 사서교사가 배치되어 학교교육의 중심지인 학교도서관의 사명을 다할 수 있도록 제도가 정비되어야 한다.

(7) 한국의 사서교사들에게 전하는 말

지능정보기술의 발달로 지구촌은 한 가족이 되었다. 아프리카의 사막에서도 히말라야산맥에서도 스마트폰으로 교신이 가능한 시대에 학교의 교육방식도 진화되어야 한다. 정보기술의 발달은 학교현장에서 교사가 가르치고 학생이 배우는 방법과, 정보를 검색하고 접근하는데 변화를 주고 있다. 따라서 이제는 '교사가 무엇을 어떻게 가르치느냐'에서 '학생이 무엇을 어떻게 능동적으로 배우느냐'에 초점이 맞춰져야 한다.

미국학교도서관의 사서교사들은 학생들이 능동적이고 적극적인 학습을 할 수 있도록 해주는 정보자원과 노하우를 가지고 있다. 한국의 사서교사들도 학생들의 다양한 학습 스타일을 존중해주고, 테크놀로지를 교과에 통합한 정보활용수업 및 여러 종류의 창의적인 수업을 할 수 있도록 그리고 시험위주가 아닌 참평가(authentic assessment)를 중시하는 프로젝트 중심 또는 문제 중심의 학습과 연구적 접근이 중심이 된 참 수업을 할 수 있도록 사서교사가 교과교사와 협력수업 또는 단독수업을 할 수 있는 제도적 장치가 마련되어야 한다.

앞으로 사서교사들은 다방면에서 근본적인 변화가 일어나고 있는 전례없는 학교환경에서 일하게 된다. 이러한 새로운 형태의 학교에서 효율적으로 자신의 역할을 다하기 위하여 사서교사는 자신이 속한 학교의 교육과정을 잘 알고 학교도서관의 장서, 멀티미디어 자원 및 프로그램들이 교육과정을 잘 뒷받침하도록 최선을 다해야 한다. 또 사서교사는 학생과 교사들이 도서관의 자원들을 잘 활용하여 21세기 평생학습자, 지능정보사회의 인재들이 양성될 수 있도록 전문가로서의 역할을 잘 수행해야 한다.

사서교사는 학교의 허브인 학교도서관을 관장하는 총 책임자로서 자격은 물론 열정이 있어야 하며, 스스로 '변화의 주체'라는 것을 명심하고 스스로 평생학습자가 되어 교장, 교감선생님과 다른 교사들과 함께 학생들의 교육적, 정서적, 문화적, 사회적 기대와 필요를 채워줄 수 있는 맞춤형 학교도서관 프로그램과 서비스를 계획하고 실시하여야 한다.

9절

• 4학년 학생들에게 책을 읽어주는 모습(왼쪽)
• '픽처북을 통한 스팀교육'을 기획한 저자가 전시회장에서 포즈를 취한 모습(오른쪽)

미국 학교도서관의 북클럽 사례 보고

(1) 북클럽의 목적과 성격

미국 학교도서관의 북클럽은 초등학교, 중학교, 고등학교마다 그 목적이 약간 다를 수 있다. 초등학교의 경우에는 대개 '심화(enrichment)'의 성격이 짙다. 초등학교 시기는 문해력과 독해력이 형성되는 시기이기 때문에 문해력과 독해력이 튼튼하지 않은 학생들은 필요한 능력을 습득하느라 학교에서 제공하는 보충수업을 받아야 한다. 초등학교의 아침 북클럽에 들어오려면 이러한 보충수업(AIS)이나 교내 과외수업(morning tutoring)을 들을 필요가 없는 정도로 학교공부를 상위권으로 유지하면서 학교 공부 외에 별도로 창의적인 독서활동과 심화학습을 원하는 학생들이어야 한다.

학기 초에 나는 4학년 학급 담임선생님 다섯 명에게 북클럽에 가입할 학생을 한두 명씩 추천해 달라고 요청한다. 추천 받은 학생들은 북클럽의 요지를 설명하는 편지를 부모님들에게 가져다 보여드리고, 북클럽 가입을 허락한다는 부모님의 서명을 받아 와야 독서클럽 회원이 될 수 있었다. 특히 아침 북클럽 학생들의 경우 부모님들의 협조가 절대적으로 필요하다. 왜냐하면 어떤 학생들은 아침 북클럽에 오고 싶어도 아침 일찍 학교에 데려다 줄 사람이 없어서 못 오는 경우도 있기 때문이다.

3학년 학생들은 매주 화요일 점심식사 후 운동장에서 노는 휴식시간

(recess)을 이용하여 25분간 도서관에 모인다. 이 그룹은 담임교사로부터 추천 받은 학생들 외에도 도서관에서 모이는 북클럽이 좋아서 자발적으로 친구를 따라 들어온 학생들로 매주 학생 수가 점점 늘어난다. 특히, 학부모가 직접 저자에게 북클럽에 대해 문의하는 경우가 있는 것을 보면 학생들 간에 북클럽에 대한 이미지가 좋아 서로 홍보를 하고 있는 것 같다.

(2) 북클럽의 책 선정

북클럽에서 함께 읽을 책을 선정하는 것은 매우 중요하다. 보통 흥미위주의 책보다는 지도교사가 함께 읽으며 토론할 가치가 있는 책들을 선정한다. 예를 들면, 뉴베리 또는 칼데콧 수상작이거나 잘 알려진 유명작가의 작품이라든가, 주인공이 학생들과 연령대가 비슷하여 북클럽 학생들의 호기심을 불러일으키고, 읽고 나서는 독자들의 마음속에 진한 감동과 여운을 남길 수 있는 책들 그리고 역사적 배경이 있는 책들을 고르는 것이 좋다. 왜냐하면 픽션에 나타나는 동시대가 아닌 사람들의 생활상과 사건들을 통해 역사적인 안목을 기를 수 있기 때문이다.

3학년 북클럽을 위해 선정한 책가운데 하나는 패트리샤 폴라코의 『Pink and Say』이다. 이 책은 남북전쟁을 무대로 15세 동갑내기 소년병들인 흑인 소년 핑크('핑크니'의 약칭)와 백인 소년 세이('셀던'의 약칭)의 운명적인 만남으로 시작된다. 이 책을 읽기 전까지 남북전쟁에 대해 전혀 몰랐던 학생들은 저자가 남북전쟁에 대한 배경을 설명해 주고 논픽션 비디오를 보여줌으로써 사전 지식을 쌓았기 때문에 책의 이야기를 잘 이해할 수 있었다.

• 3학년 학생들이 자신들의 작품앞에서 포즈를 취했다.

• 3학년 학생이 북클럽에서 책을 읽고 자신이 만든 남북전쟁에 관한 포스터를 들고 도서관에서 포즈를 취한 모습.

6학년 학생들은 1935년 샌프란시스코 앞에 위치한 알카트라즈 교도소를 배경으로 한 『Alcapone Does My Shirts』라는 책을 함께 읽었다. 6학년 학생들은 과외활동으로 합창단, 밴드, 오케스트라, 안전요원, 도서반, 학생회 등에 참여하므로 그들이 일주일에 한 번 운동장에서 노는 시간을 포기하고 북클럽에 오게 하려면 상당히 재미있는 책을 읽지 않으면 안 된다. 따라서 세목부터 눈길을 끌며 시대적, 공간적 배경도 생소하면서 뉴베리 우수상을 수상한 이 책을 선정하였다.

(3) 중 · 고등학교 북클럽의 홍보

• 알카포네와 알카트라즈 섬에 관한 포스터가 게시되어 있다.

중 · 고등학교 도서관에서 북클럽 회원을 모으려면 학생들에게 초대장을 보내거나 신청서(sign up sheet)를 도서관에 비치한다. 교내 방송으로 매일 북클럽 회원 모집을 알리고, 학교 뉴스레터를 집에 보내 학부모들에게 알리고, 학교의 미술교사를 통해 아트클럽 학생들로 하여금 북클럽 홍보 포스터를 제작하는 것도 한 방법이며 학교도서관 게시판과 학교 곳곳에 포스터를 붙이고 계속해서 홍보해야 한다. 북클럽의 멤버가 된 학생들에게 친구도 데려오게 하는데, 무엇보다도 북클럽이 재미있다는 것이 알려지면 회원이 급속하게 더 늘어나게 된다.

(4) 북클럽 운영 시 주의사항

북클럽에 자발적으로 참여하는 학생들은 주로 독서를 좋아하고 독해력이 높은 학생이거나, 책은 좋아하지만 독서 실력을 더 향상시키고 싶어 하는 학생인 경우가 많다. 그러나 아직 책을 읽는데 자신이 없거나 책을 잘 읽지 않았던 학생들도 독서클럽을 통해서 독서능력을 향상시킬 수 있다. 독서클럽에 꾸준히 참여한 학생들 중에 책 읽기에 더 취미를 느끼게 된 경우를 많이 볼 수 있다.

독해력이 중간 정도인 학생들이 많은 독서클럽의 경우에는 학생들이 책을 읽고 독서를 즐기도록 해야 한다. 따라서 북클럽이 교실수업의 연장인 것처럼 느껴지게 해서는 안 된다. 이러한 학생들에게는 무엇보다 먼저 독서는 재미있는 활동이라는 이미지를 심어주도록 유의하여야 한다.

중·고등학교의 독서클럽은 안전한 환경에서 학생들 간에 책에 대한 토론이 건전하게 이루어지는 자발적인 독서활동이 되도록 해야 한다. 또 책을 통해 또래 학생들과 인생에 관하여 논하고 상호 간에 교류를 하면서 결과적으로 독해력도 늘리도록 배려해야 한다.

중·고등학교 북클럽에서는 사서교사는 조언만 하고 지시는 하지 말아야 한다. 사서교사는 책의 시대적 배경과 작가에 관한 정보를 제공하고 학생들로 하여금 책의 내용에 관해 본인들이 직접 생각을 하게 만드는 질문들을 첫 미팅에 준비해 온다. 그 후에 사서교사는 학생들의 소그룹을 돌아다니며 학생들 간의 대화를 모니터하고 질문을 하거나 의견을 물어올 때 대답해 준다.

(5) 북클럽의 운영방식과 독후활동

1) 초등학교 북클럽과 독후활동

초등학교 북클럽의 경우에는 이미 책을 좋아하는 학생들이 심화학습, 문해력과 독해력 향상 등을 목적으로 모였기 때문에 사서교사가 책을 선정하고, 책에 대한 질문과 독후활동도 준비하는 것이 보통이다. 책에 관한 토론도 사서교사가 주도한다. 그리고 3~4학년 북클럽에서는 학생들이 모여서 책을 돌아가면서 읽고 토론하며 1주일에 한 번 정도 숙제를 내준다. 그리고 학교에 특별한 이벤트가 있을 때는 자발적으로 프로젝트를 하도록 독려한다.

저자는 교내 왕따 근절 캠페인의 일환으로 4학년 북클럽 학생들에게 『Loser』를 함께 읽고 이 내용을 토대로 한 포스터를 만들어 오거나 에세이를 써 오도록 하였다. 또한 5학년과 6학년 북클럽 학생들에게는 학부모의 허락을 얻어 'edmodo.com'이라는 온라인 사이버교실에 저자가 내준 코드로 가입하고 저자가 매주 내주는 토론 제목이나 질문에 온라인으로 대답하도록 하였다. 숙제를 제출한 학생들은 보상으로 디지털 배지를 받는다. 디지털 시대에 태어난 학생들이라 온라인으로 숙제를 받아보고 온라인으로 숙제를 제출하는 이 형식을 좋아한다.

2) 중 · 고등학교 북클럽과 독후활동

중 · 고등학교 북클럽의 경우 첫 만남 때 멤버들에게 선정한 책을 빌려주고 2~4주 동안에 읽어 오게 하는 것이 보통이다. 사서교사는 그 전에 북클럽 미팅을 누가 주도할 것인지를 정해야 한다. 학생들 중에서 회장과 부회장을 뽑을 건지, 학생들이 돌아가면서 반장을 할 건지, 소그룹별로 토론할 수 있는 질문을 만들어오도록 할 것인지를 정한다. 학생들에게 재량권이 주어질 경우 학생들이 더 재미있어하고 북클럽이 성공하기 쉽다. 책을 선정할 때는 학생들의 관심사와 그들이 이야기하기 좋아하는 것이 뭔지 파악해서 책을 잘 선정해야 하며, 학생들의 삶 자체 또는 세상에서 일어나는 일들과 연결고리가 있을 때 학생들은 책에 끌리게 된다.

또한, 학생들의 독서활동을 풍성하게 할 수 있는 독후활동으로 책에 관한 퀴즈문제 풀기, 자신의 북리뷰를 학교도서관 웹사이트에 올리기, 책에 관한 포스터 만들기, 티셔츠로 제작해 판매하여 학교도서관 기금 모금에 보태기, 북트레일러(book trailer)를 제작하여 유튜브에 올리기 등의 활동을 한다. 또한 온라인 독서클럽에 가입해 전 세계의 독자들과 만날 수도 있다. '해리포터' 시리즈를 책으로 읽었거나 영화로 본 학생들은 'www.Pottermore.com'이라는 웹사이트에 가입하여 해리포터의 세계를 사이버세계에서 체험하는 재미도 느낄 수 있다.

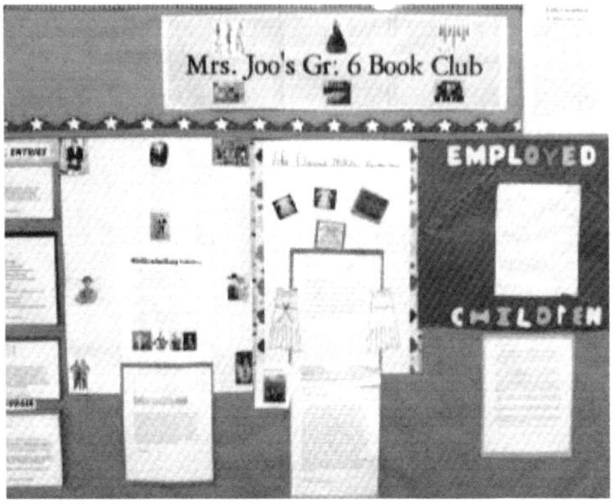

- (왼쪽) 교내 자폐증 인식의 날을 맞이하여 6학년 북클럽 학생들이 저학년 학생들에게 자폐증에 대한 그림책을 읽어 주는 모습과 상장을 받고 교장선생님과 함께 사진을 찍은 모습
- (오른쪽) 6학년 학생들이 북클럽에서 함께 읽은 책에 대해 쓴 에세이가 전시되어 있다.

3) 책 읽기 싫어하는 학생들Reluctant Reader을 위한 애쉬빌 중학교의 북클럽

중학생들 중에서 책에 손도 대지 않는 학생들이 있다. 이들은 한 번 책과 멀어지니 점점 더 책을 안 읽게 된다. 따라서 독해력이 정체되거나 떨어지고, 읽는 것 자체가 점점 더 싫어지는 악순환에 빠진다. 또 어떤 학생들은 읽고 싶은 책을 찾지 못해 독서를 안 하는 학생들도 있다. 초등학교처럼 정해진 학교도서관 수업시간이 매주 없기 때문에 학교도서관에 특별히 갈 일이 없다. 또 독해력이 보통 수준이라 독서를 안 해도 된다고 생각하는 학생들도 있는데, 이들을 겨냥한 북클럽 프로젝트가 노스캐롤라이나대학의 연구팀과 학교의 교사들, 행정가들에 의해 진행되었다.

학생들이 오고 싶도록 도서관 분위기를 꾸미고 학생들이 좋아할 만한 책들을 구입하였고 학생들이 계속 북클럽에 남아 책을 읽을 수 있도록 하기 위해서 특별한 장려책으로 식당에서 그룹으로 외식할 수 있는 기회도 만들어 주었다. 가장 책을 읽기 싫어하는 90명의 학생들을 선정하여 격주로 학생들의 빈 시간에 30분씩 그룹 미팅을 하였다. 학생들은 진열된 책들을 훑어보고 맘에 드는 책을 집어서 읽어 보기도 하고, 질문도 하고, 읽고 싶은 책을 고르기도 하였다. 북클럽 리더가 학생들이 책을 끝까지 읽도록 격려하였고, 참여 학생들에게 여러 가지 질문을 통해 독서를 했는지 체크하였다.

북클럽은 앞서 말한 대로 최상위권 학생들에게는 심화학습의 기회를 제공함으로써 실력을 더욱 향상시킬 수 있는 기회가 된다. 하지만 학업성취도가 중, 상 정도 되는 학생들에게는 깊이 생각하고 토론하게 함으로써 사고력과 독해력 및 토론능력을 증진시키도록 돕고, 책에 관련된 읽기, 쓰기 활동을 통해 독서력과 작문 능력도 높일 수 있도록 돕는다. 또한 책을 거의 읽지 않는 학생들에게는 책을 가까이 할 수 있는 기회를 주어 학습능력을 향상시킬 수 있도록 한다.

이와 더불어 사서교사가 엄선한 책들을 읽으면서 책을 통해 학생들이 인격적, 정서적으로 성장하는 모습도 볼 수 있었다. 북클럽이 보다 잘 이루어지려면 사서교사들이 모범을 보여야 한다. 사서교사가 주도하는 교사들의 북클럽, 학생들과 학부모가 함께 하는 북클럽에 교장선생님도 초대해서 함께 책을 읽고 다양한 활동을 할 수 있도록 사서교사가 앞장선다면 학교에 책 읽는 분위기가 조성될 것이다.

10절

미국 학교도서관에서 사서교사와 보조직원의 업무 분담

미국 학교에서 사서교사의 역할은 단순히 학교도서관의 장서들을 관리하고 다른 교사들의 교수 활동에 필요한 책들을 서가에서 뽑아 전해주는 차원에서 벗어나 학교의 교육, 문화, 정보의 허브로서의 역동적인 학교도서관을 만들고 유지해 나가는 전문가다. 미국사서교사협회(The American Association of School Librarians)에서 규정하고 있는 사서교사의 역할은 다음과 같이 풀이해 볼 수 있다.

첫째, 학생들과 동료 교사들이 오늘날 정보경쟁시대의 폭증하는 최신 정보들 속에서 자신의 목적에 맞는 정확한 정보들을 선별하여 효율적으로 이용할 수 있도록 하고, 정보의 출처를 밝히도록 가르치는 데 있다. 둘째, 학생들이 수동적으로 지식을 받아들이는 것이 아니라 비판적인 시각으로 분석하고 종합할 수 있도록 도와주고, 또 학생들이 독서에 취미를 붙이고 배우는 것을 즐기는 평생학습자가 될 수 있도록 고무시켜 주는 데 있다. 셋째, 21세기 학습자에게 필요한 기술 중의 하나인 연구방법과 연구과정에 대해 가르치며 학생들과 동료 교사들이 경제적 사정이나 기타 여건에 상관없이 누구나 여러 가지 정보에 공평하게 접근할 수 있도록 보장하는 데 있다. 넷째, 담임교사들이나 다른 특별과목 교사들과 협력하여 창의적인 수업을 고안하고 시행하며 자신이 책임지고 있는 학교도서관의 장서개발 및 관리, 교수활동 그리고 전교생 또는 학년별 독서진흥, 다문화 장려 등의 각종 프로그램의 계획과 시행 등을 통하여 학교와 학군의 학습과 교수 프로그램들을 잘 지원할 수 있도록 리더십과 전문지식을 발휘하는데 있다.

(1) 학교도서관 책임자로서 사서교사의 업무

사서교사는 학생들과 동료 교사들의 학교생활에서 한시도 없어서는 안 될 존재이다. 사서교사는 학교도서관 책임자이자 학교 내에서 학교 발전을 위한 의사결정 자문기구인 '학교발전자문위원회(Building Advisory Committee)'에도 참여하여 학교의 발전을 위한 월별 모임에서 자신의 의견을 제시하기도 하고 테크놀로지 위원회의 중요한 역할을 맡을 수도 있다.

저자는 '학교발전자문위원회'의 구성원으로서 교내 행사인 '다문화의 밤' (Multicultural Night)을 위한 준비모임에 참석하여 여러 가지 의사결정을 하는데 도움을 주었고 '행사진행분과'의 위원이 되어 직접 행사 진행을 돕기도 했다. 또한 '다문화음식분과'의 위원 중 한 사람으로 학교에서 가까운 한인 슈퍼마켓에 가서 행사의 취지를 설명하고 한국의 다과를 지원받았다. 한국의 다과를 '다문화의 밤'에 참석한 학생들과 학부모들에게 나누어 주며 행사 참여자들을 즐겁게 해 주고 한국의 음식문화를 소개하였다. 또 직접 한복을 입고 '다문화 패션쇼'에 참가하여 한국의 의복문화를 참석자들에게 알리기도 하면서 학교 발전을 위한 자문으로서의 역할을 수행했다.

또한 학생들의 지적, 정서적 욕구를 채워 주기 위해 사서교사는 학생들이 꼭 읽어야 할 신간서적과 학교의 모든 교사들이 수업을 하는데 도움이 될 수 있는 책과 전자책(e-book)들을 학교도서관의 예산으로 구입한다. 그리고 이 자료들을 학생들이 잘 찾을 수 있도록 적절한 장소에 비치하고 학교도서관 웹사이트에 링크를 걸거나 도서관 안에서 월별로 특별전시를 하기도 한다.

유치원부터 6학년까지 약 760명의 학생들이 다니는 우리 학교에는 많은 교사들이 학교도서관에 들러 수업에 필요한 책과 자료를 찾는데, 우리 학교도서관에 없는 책이나 자료들은 학군 내 다른 학교도서관에 있는지 먼저 알아보고, 있는 곳이 있으면 도서관 상호대출(Interlibrary Loan)을 신청한다. 학군 내에도 찾는 책이나 자료가 없을 경우에는 그 교사가 거주하고 있는 집 인근의 공공도서관까지 검색해서 필요한 책과 자료들을 구할 수 있도록 도와주고 있다. 또 이렇게 다른 교사들이 원하는 책이나 자료들은 따로 목록을 만들어 놨다가 나중에 도서구입 시 우선적으로 주문하기도 한다. 이렇게 다른 교사들이 원하는 책이나 자료를 성심성의껏 구해 주는 것이 사서교사의 중요한 역할 중의 하나이다.

하지만 한정된 예산을 효과적으로 사용하기 위해서는 추가적인 노력이 필요하다. 언젠가 6학년 교사 중 한 명이 저자에게 6학년 학급의 학생 전체가 읽을 수 있는 소설들을 많이 준비해 주었으면 좋겠다는 건의를 했다. 한 학급이 동시에 같은 책을 읽으려면 최소한 같은 책이 30권이 필요하다. 많은 비용이 들어감으로 책을 선정하는데 주의를 할 필요가 있다. 그래서 저자는 먼저 6학년 학생들이 읽으면 좋을 필독서 목록을 만들었다. 그중에서 다시 학생들이 흥미를 느낄 수 있는 소설들을 골라 최종 도서목록을 만들어 6학년 교사 5명에게 주고 고르도록 하였다. 그렇게 하니 6학년 교사들은 시간을 절약할 수 있었고 노 좋은 소설들을 고를 수 있어서 아주 좋아했다.

(2) 초등학교 사서교사의 일과 : 고정 스케쥴Fixed Schedule

미국의 사서교사는 일반 교사들과 마찬가지로 대개 하루에 8교시 중 6교시를 가르치도록 되어 있다. 보통 1교시는 45분인데 하루 8교시 가운데 점심시간과 수업준비를 위한 한 교시씩을 뺀 나머지 6교시 동안 학생들에게 도서관 수업을 실시하고 있다. 저자 역시 하루에 평균 6교시의 도서관 수업을 하고 있다. 초등학교 저학년들은 각 학급마다 대개 1주일에 한 번씩 학교도서관에 와서 도서관 수업을 받고 책도 빌려 간다.

도서관 수업은 교실 수업과 달리 학생들이 교실에서 배우지 못하는 부분을 보충해 준다. 예를 들면 학생들이 같은 주제에 관해 수업에 흥미를 느낄 수 있도록 교과서가 아닌 일반 서적이나 웹사이트 또는 데이터베이스 등을 도서관 수업에 활용한다. 나아가 학생들의 독서 취향이나 읽기 능력 등을 감안하여 각 학생들이 열성적으로 읽을 수 있는 책을 찾아주어 학습 효과를 높이고자 애쓴다. 저학년의 경우에는 주로 사서교사 혼자서 단독수업을 하게 되는데 도서관 수업은 음악, 미술, 체육, 컴퓨터와 함께 특별과목으로 분류되어 각 학급은 1주에 1회씩 정해진 스케쥴대로 도서관에 와서 수업을 받는다.

학기 초에는 주로 도서관 이용 교육 위주로 하고 평소에는 학교의 월별 교육과정에 따라 교실 수업을 보충하고 강화시켜 주는 내용의 도서관 수업을 한다. 도서관 수업에서 중요시되는 것은 독서교육과 문해력 증진이다. 학교도서관에 학생 수만큼 컴퓨터가 확보되어 있는 경우에는 컴퓨터를 이용한 정보활용능력(Information Literacy) 교육을 수시로 실행할 수 있으나 도서관에 컴퓨터가 학생 수만큼 확보 되지 않은 경우에는 필요할 때마다 여러 대의 랩톱컴퓨터가 실려 있는 이동식 랩톱컴퓨터 카트를 가지고 가서 학생들에게 나누어 주어 사용하기도 하고, 별도의 컴퓨터실(Computer Lab)이 있는 경우에는 일정을 미리 파악하여 도서관 수업을 하기도 한다. 요즘은 학생 1명마다 아이패드, 크롬북, 또는 맥북을 나누어 주는 학교들도 많이 늘어나고 있다.

(3) 초등학교 고학년이나 중 · 고등학교 사서교사의 일과 : 유동 스케쥴Flexible Schedule

초등학교 저학년들에 비해 연구과제가 많은 편인 초등학교 고학년들은 일주일에 한 번씩 도서관 수업을 하는 대신 연구과제 스케쥴에 따라 담임교사들이 학교도서관 수업을 신청할 수 있다. 이때는 담임교사나 교과교사가 미리 학교도서관에 와서 사서교사의 스케쥴에 맞추어 도서관 수업의 날짜와 시간을 정하고 사서교사와 함께 연구 주제나 프로젝트에 관해 논의하는데, 교과교사는 수업의 콘텐츠를, 사서교사는 연구방법, 연구과정, 자료탐구 방법 및 온라인 정보활용 방법 등을 책임지고 가르치며 학생평가는 분담하여 하게 된다. 학년 초에는 사서교사가 도서관 오리엔테이션을 단독으로 실시하며, 학생들에게 도서관에서 지켜야 할 규칙과 예절, 도서관에 비치된 책과 자료들의 이용방법 등에 대해 설명한다.

초등학교 도서관보다 규모가 큰 중 · 고등학교 도서관에는 학생 수에 따라 1~3명의 사서교사가 근무하며 오픈 액세스 시스템(Open Access System)으로 학교 일과 중에는 아무 때나 학생 또는 교사들이 수시로 학교도서관에 와서 필요한 자료를 찾고 학습 지원을 받을 수 있도록 되어 있다. 중 · 고등학교 사서교사들 역시 학년별, 과목별 교육과정에 따라 학생, 교사들의 학습 및 교수활동을 지원하고 있으며, 그 외에도 학생들의 정서함양을 위한 도서구입 및 예산집행 그리고 독서진흥을 위한 프로그램의 기획과 실시 등 도서관 행정에 시간을 많이 할애하고 있다.

(4) 학교도서관에서 보조직원의 필요성

학교도서관이 학교의 교육, 정보, 문화의 허브로서 제대로 역할을 수행하려면 보조직원의 존재는 필수적이다. 미국의 초등학교 사서교사는 하루 평균 6교시의 도서관 수업을 실시하는데 도서관 수업이 교실 수업을 확실하게 뒷받침해 주려면 각 학년의, 월별 교육과정과 학습표준을 수시로 파악하고 있어야 하고 각 학년 담임교사들과 어떻게 하면 능력과 수준이 다른 학생들을 다 잘 가르칠 수 있을지에 대하여 협의해야 한다. 사서교사 또한 교사이기 때문에 매 교시마다 온라인으로 출석을 점검하며 수업시간에 학생들의 참여도, 연구과제수행 등에 따른 학생들의 행동을 모니터하여야 한다. 40분간의 도서관 수업에서 마지막 10분은 학생들이 책을 빌리게 되는데 이때 사서교사는 학생 개개인이 필요로 하거나 즐겨 읽을 수 있는 책을 찾아주기 위해 바쁘게 움직인다.

사서교사는 교수활동 외에도 학생들의 학습목표 달성을 위해서 다음과 같은 활동을 한다. 공통핵심학습기준 및 학교의 교육과정에 따라 각 학생의 학습과 필요한 정보를 지원하는 다양한 형태의 장서와 자원들을 학교도서관 이용자들을 위해 구입하여 도서관에 비치한다. 테크놀로지, 교수, 학습이 원만하게 통합되도록 교사들과 의사소통(communication)을 통해 학생들을 전폭 지원한다. 수준별로 나뉘어진 학급문고들을 보완하는 다양한 종류의 양서들을 확보하여 도서관에 비치한다.

또한 학생들에게 독서에 대한 동기부여를 할 수 있는 장서들을 제공한다. 어려서부터 책읽기에 취미를 붙이고 매일 하루도 빠짐없이 좋아하는 책을 손에 들고 읽는 습관이 들게 되면 자연스럽게 독해력이 향상된다. 좋은 책들을 읽음으로써 교훈을 얻게 되어 건설적인 사고방식을 가지게 되며, 학업에 자신감을 가지게 되어 학업에 열중하게 된다. 학업을 열심히 하다 보면 자연히 좋은 성적을 받게 되고 학교에 애착심을 가지게 된다. 그렇게 해서 학생들은 자신의 잠재력을 인정해주는 교사들을 존경하게 되고 또한 자신의 잠재력을 충분히 발휘함으로써 우등생이 되는 것이다. 사서교사는 학생들이 취미로 읽고 싶은 책을 찾도록 도와주며 독서에 대한 가이드를 해준다.

사서교사가 이와 같이 도서관 수업과 다른 교사들과의 협의, 장서관리 및 예산집행 등의 도서관 행정, 프로그램 기획 등의 전문적 업무를 수행할 때 도서관 보조직원은 도서의 대출·반납과 서가 정리를 전적으로 담당한다.

특히 도서관 보조직원의 중요한 업무 중의 하나는 구입 도서들의 처리이다. 사서교사가 거래하는 회사의 웹사이트에서 필요한 책들을 찾아 하나씩 클릭하면 주문 도서목록이 만들어진다. 그 목록을 출력하여 보조직원에게 주면 도서주문에 대한 사서교사의 업무는 끝난다. 보조직원은 사서교사로부터 넘겨받은 목록을 가지고 교장에게 올릴 도서주문 기안서를 만든다. 도서주문 기안서에 교장의 서명을 받은 후에 그 기안서는 학군의 회계 담당자에게 전달되어, 회계 담당자가 출판사에 정식으로 도서주문서를 보내면 며칠 후 주문한 책들이 학교도서관으로 배달된다. 주문한 책들이 학교도서관에 도착하면 보조직원이 책 박스를 열어 모든 서적들이 도착했는지 주문서와 대조하고 사서교사의 확인을 받아 학군의 회계담당자에게 주문한 책이 모두 잘 도착했다는 것을 보고한다.

학교도서관들이 이용하는 회사들은 학교에서 원하는 대로 책에 분류번호와 바코드, 포켓 등을 붙여서 보내 주기 때문에 바쁜 학교도서관에서 수백 권의 책들에 일일이 분류번호를 붙일 필요가 없다. 보조직원이 새 책들을 북 카트에 옮겨 놓으면 사서교사가 책들을 하나하나 점검하고, 사서교사가 다른 분류번호를 원하거나 또는 역사소설, 추리소설, 공상소설 등의 레벨을 붙이고자 할 때에 보조직원이 이를 처리한다. 교사들이 부탁한 책이 학교도서관에 도착하면 사서교사는 직접 전하거나 이메일 등을 통해서 새로운 자료의 도착을 알린다.

저자의 경우 보조직원은 매일 아침 8시 45분에 출근하여 9시부터 일을 시작한다. 보조직원이 가장 먼저 하는 일은 특수교육 학생들이나 6학년 학생들로 구성된 도서반 학생(Library Squad)들을 그날 도서관 수업이 있는 학급에 미리 보내 학생들이 반납하는 도서관 책들을 수거하는 것이다. 보조직원은 반납된 책들을 컴퓨터 시스템을 통해 체크인한다.

중 · 고등학교의 학교도서관에서는 초등학교처럼 학생들이 학급별로 정해진 요일에 도서관 수업을 받으러 오는 대신에 천 명이 넘는 학생들이 수시로 드나들기 때문에 보조직원과 사서교사가 상주하고 있어야 학생들이 필요로 하는 책을 바로 안내해 주고 학교도서관 내의 질서를 유지할 수 있다. 중 · 고등학교 도서관의 사서교사는 도서관 오리엔테이션 등 단독수업을 하는 경우도 있지만, 교과교사와의 협력수업이 없는 시간에는 학교도서관에서 연구 과제를 수행하거나 숙제를 하는 학생들을 도와주고 있다. 또 학생들이 좋아할 만한 책들을 권해 주거나 찾도록 도와주며 기타 도서관 행정업무를 본다.

중 · 고등학교의 학교도서관은 대부분 자동화가 되어 있지만 항상 도서대출대 (circulation desk)에 보조직원이 상주하고 있어야 한다. 또한 중 · 고등학교 도서관은 초등학교 도서관보다 학생 수가 많아 신간서적의 처리와 기존 장서관리에 많은 시간이 소요되기에 보조직원이 꼭 필요하다. 보조직원은 항상 사서교사의 지시에 따라 도서관의 행정업무를 돌본다.

(5) 미국 학교도서관 보조직원의 명칭, 자격, 업무

학교도서관 보조직원의 명칭은 지역과 학교에 따라 library clerk, library assistant, library aide 등으로 불린다. 보통 library clerk으로 불리는 경우에는 정규직원으로서 풀타임으로 일하며 월급 외에 의료보험 등의 부가혜택이 주어지는 경우가 많고, library assistant나 library aide의 경우에는 시간제로 일하며 부가혜택이 없는 경우가 많다.

명칭에 관계없이 학교도서관의 보조직원들의 주 업무는 사서교사를 보조하며 도서관의 장서목록(catalog)을 잘 유지하고, 책을 서가에 꽂고, 책에 라벨을 붙이고, 학생들과 교직원들이 필요로 하는 책들을 찾는데 도움을 주고, 도서관의 구입 장서들을 처리하며, 자동화된 학교도서관의 컴퓨터 시스템에 필요한 데이터를 입력시키는 등의 일을 한다.

학교도서관 보조직원이 되려면 최소한 고등학교를 졸업해야 하며, 적어도 6개월 이상의 사무직 또는 도서관 경력이 있어야 한다. 학교도서관의 보조직원은 사무실에서 쓰는 컴퓨터 등의 기기들을 잘 다룰 줄 알아야 하고, 중요한 서류들을 잘 정리하고 관리할 수 있어야 한다. 또 보조직원은 도서관의 장서분류에 관한 지식이 있어야 하며, 도서관 자동화 시스템에 익숙하고, 정확한 영문법과 스펠링을 사용할 줄 알아야 하고 어떠한 사람들과도 의사소통을 잘 하고 협조적인 관계를 가질 수 있어야 한다. 무엇보다도 학교도서관 보조직원은 사서교사를 도와 많은 학생들에게 서비스를 제공하는 직업이므로 어린아이들을 사랑하고 인내심과 예의를 갖추어 학생들을 대할 수 있는 기본적인 인격적 소양이 필요하다.

저자는 하루 8교시의 스케쥴에서 6교시의 수업을 하고 나머지 2교시 중 한 교시는 점심시간, 한 교시는 수업 준비 및 잔무 처리 등으로 바쁘다. 보조직원은 하루 5시간씩 일을 하며 아침마다 도서반 학생들이 각 학급에서 반납되어 가져오는 150여 권의 책들을 반납 처리하고 서가에 꽂으며, 매 도서관 수업시간마다 학생들이 빌려 가는 책들을 출납하느라 바쁜 일과를 보낸다. 또한 틈틈이 새로 배달되어 온 신간 서적들을 박스에서 꺼내 정리하고, 저자가 주문하는 책들에 관련된 서류를 정리하거나 서가를 깨끗하게 정리한다.

이렇게 학교도서관에 보조직원이 없다면, 사서교사는 학교도서관 책임자로서, 교사로서, 교수활동의 팀 멤버로서, 정보전문가로서 프로그램 행정가로서의 역할을 원활하게 수행할 수 없다. 그러므로 학교도서관이 활성화되려면 사서교사가 보조직원의 역할까지 해서는 안 되며, 사서교사는 전문적인 일을 하고 보조직원은 사서교사를 도와 학교도서관이 잘 운영될 수 있도록 보조업무를 하는 것이 바람직하다.

Librarians save lives by handing the right book

at the right time to a kid in need.

- Judy Blume -

(Children's Author)

· 제 5 장 ·

미국 사서교사가 실시하는 미디어 리터러시 교육

미디어 리터러시란 책이나 신문 등 기존의 인쇄된 매체 외에도 영화, 유튜브 비디오, TV 등을 포함한 다양한 매체가 소비자들에게 보여주려고 하는 메시지를 식별할 수 있는 능력을 말한다.… 온라인 활동에 많은 시간을 보내는 학생들은 어떻게 온라인과 오프라인 활동을 균형 있게 하며, 자신의 신원을 노출하지 않고 건전하게 소셜 미디어를 사용할지, 온라인상의 어떤 정보가 옳은 정보인지 우선 점검하고, 신뢰할 수 있는 정보만을 식별하여 받아들일 수 있는 능력이 요구된다. 이러한 능력을 미디어 리터러시 스킬(Media Literacy Skills)이라고 한다.

1절

디지털 미디어의 확산과 청소년의 디지털 미디어 이용 행태

역사상 요즘처럼 미디어가 우리 생활을 지배한 적이 없다. 4차 산업혁명의 도래로 사물인터넷(Internet of Things)과 인공지능(Artificial Intelligence)이 우리도 모르는 사이에 일상화 되어 가고, 사람들은 책과 신문을 읽는 시간보다 디지털 미디어에 더 많은 시간을 할애하고 있다.

스마트폰 하나로 사람들은 구글 홈이 틀어주는 아침 뉴스 브리핑을 들으며 잠에서 깨고, 자기가 원하는 주제에 관한 신문 기사만을 스마트폰에서 읽으며 스트리밍으로 좋아하는 음악을 실시간 듣는다. 블로그, 페이스북, 인스타그램, 유튜브 등 소셜 미디어를 통해 끊임없이 친구들을 포함한 대중을 향해 포스팅을 하고 타인의 포스팅에도 수시로 '좋아요'를 표시한다. 유튜브로 영화를 포함한 각종 콘텐츠를 시청하며 누구나 유튜브 크리에이터가 되어 자신이 만든 비디오를 인터넷에 올릴 수 있다.

세계적으로 가장 인기있는 소셜 미디어인 페이스북은 한달에 26억 명의 사용자를, 유튜브는 한달에 20억 명의 사용자를 거느리고 있다. 이러한 폭발적인 디지털 미디어의 이용 행태는 초 중 고등학교 학생들에게도 적용이 된다. 퓨리서치 연구조사에 따르면 2019년 현재 한국은 스마트폰 보급률이 95%로 세계 1위에 올랐다. 이러한 높은 스마트폰 보급률을 자랑하는 한국의 경우 10-19세 청소년의 18.4%가 하루 평균 23번, 약 7.3시간 동안 스마트폰을 사용하고 있어 스마트폰에 중독된 상태이고

25.5%가 스마트 폰 중독 위험군에 속한다는 연구결과가 있었다.[77]

또한 스마트폰을 사용하는 시간이 잠들기 전이라는 대답이 가장 많았고 응답자의 절반 이상이 스마트폰 사용으로 피로감을 느낀다[78]고 대답한 것으로 미루어 많은 학생들이 학교와 학원을 마치고 잠을 자야할 시간에 스마트폰으로 채팅, 유튜브, 게임, 검색 등을 하느라 수면 부족이 되어 건강과 학업에 악영향을 미치는 것으로 볼 수 있다.

미국의 틴에이저(13-17세)의 95%가 스마트폰을 소지하고 있으며 하루 평균 7.45 시간을 스마트폰을 사용하고 트윈(8-12세)들은 4.27시간을 소비한다는 연구 결과가 나왔다.[79] 또한 스마트폰을 소지한 틴에이져(13-19세)의 90%가 텍스트 채팅을 하며 여학생들은 하루에 40번의 채팅을 하는 것으로 나타났다.(남학생은 절반 수준) 그리고 13-17세 학생들의 90%가 소셜 미디어를 이용하며, 유튜브(85%), 인스타그램(72%), 스냅챗(72%) 등은 중 고등학교 학생들이 가장 많이 이용하는 매체로 나타났다.[80]

저자가 가르치는 초등학교 2-6학년 학생들 중에서 14.3%가 컴퓨터, 아이패드, 스마트 폰을 이용하여 온라인 게임, 유튜브, 소셜 미디어, 코딩 등에 하루 5시간 이상 시간을 보내며, 28.6%는 2시간 이상 보내는 것으로 나타났다.

77) 공부의 적! 스마트폰 학생들은 스마트폰에 얼마나 중독되었을까? https://m.blog.naver.com/PostView.nhn?blogId=moeblog&logNo=220971806794&proxyReferer=https:%2F%2Fwww.google.com%2F
78) '스마트폰, 하루 4시간 이상 사용'이 절반 넘어 https://m.news.zum.com/articles/38954395
79) Teens spend more than 7 hours on screens for entertainment a day: Report https://abcnews.go.com/US/teens-spend-hours-screens-entertainment-day-report/story?id=66607555
80) Youth Statistics: Internet & Social Media http://actforyouth.net/adolescence/demographics/internet.cfm

이렇게 소셜 미디어나 온라인 게임에 과도하게 많은 시간을 할애하는 학생들을 포함하여 모든 학생들이 건전한 디지털 시민으로 자라나기 위해 미국 학교들에서는 사서교사들이 주도하는 디지털 시민성 교육과 미디어 리터러시 교육이 점점 더 증가하는 추세이다.

2절

코로나19의 확산으로 인한 교육의 변화와 디지털 시민성Digital Citizenship

2020년 3월부터 코로나19의 확산으로 뉴욕주 롱아일랜드의 모든 학교들이 비대면 온라인 수업으로 바뀌었다. 여름방학이 지나고 9월 학기가 시작되기 전에 각 학군은 학부모들에게 자녀들이 주 5일 학교 등교수업을 받을지, 주 2-3일은 등교하고 나머지는 집에서 원격수업을 받을지, 아니면 주 5일 원격수업을 받을지에 대해 의견 조사를 하였다. 우리 학군의 경우 교실 내 사회적 거리두기를 위해 학급 전원이 다 같이 등교하는 것은 비현실적이라서 학부모들은 주에 2일 등교하고 3일 원격수업을 받는 하이브리드(hybrid) 모델과 원격 모델 중에서 하나를 선택하였다. 이러한 의견 조사 결과 유치원에서 6학년까지 전교 학생들의 50% 정도가 원격으로 집에서 쌍방향 실시간 수업을 받게 되었다.

나는 구글 미트로 실시간 원격수업을 하면서 화면 공유를 통해 쌍방향으로 학생들을 가르친다. 이렇게 학생들은 하루에 5시간 반을 컴퓨터 화면을 보고 공부하고, 학교도서관에 가서 책을 빌리는 대신에 우리 학군에서 구입한 전자책들을 빌려서 역시 스크린으로 읽는다. 음악, 미술, 체육, 도서관 수업까지도 원격 수업을 받는 원격교육 모델을 선택한 학생들은 오프라인 수업이 없는 실정이다. 학생들은 방과 후 텔레비전을 통해 쏟아져 나오는 광고들을 아무 여과 없이 보며 온라인 게임에 중독이 되거나 유튜브에서 흘러나오는 성인용 콘텐츠에 무방비로 노출될 위험이 크다.

이렇게 온라인 활동에 많은 시간을 보내는 학생들은 어떻게 온라인과 오프라인 활동을 균형 있게 하며, 자신의 신원을 노출하지 않고 건전하게 소셜 미디어를 사용할지, 온라인 상의 어떤 정보가 옳은 정보인지 우선 점검하고, 신뢰할 수 있는 정보만을 식별하여 받아들일 수 있는 능력이 요구된다. 이러한 능력을 미디어 리터러시 스킬(Media Literacy Skills)이라고 한다.

미국의 사서교사(School Library Media Specialist) 들은 이러한 미디어 리터러시 스킬들을 학생들에게 가르쳐 디지털 시민성(digital citizenship)을 함양시키고 디지털 사회에서 쏟아져 나오는 가짜뉴스를 식별하고 어떤 정보원이 믿을 만한지, 소셜 미디어에서 미디어를 생산하여 다른 사람들과 공유하려고 할 때 어떻게 해야 하는지에 대해 가르칠 수 있는 전문성을 가진 교사이다.

3절

미디어 리터러시Media Literacy의 의미와 미디어 리터러시 교육

미디어 리터러시란 책이나 신문 등 기존의 인쇄된 매체 외에도 영화, 유튜브 비디오, TV 등을 포함한 다양한 매체가 소비자들에게 보여주려고 하는 메시지를 식별할 수 있는 능력을 말한다.[81)]

2020년 11월 3일 미국 대통령 선거일에 롱아일랜드 지역의 사서교사들을 위한 전문성 신장 연례회의가 줌 미팅을 통해 이루어 졌다. 이타카 칼리지의 심리학과 교수이자 미디어 리터러시의 대가인 신디 슈와이브 박사의 주제 발표가 있었고, 이타카의 고등학교에서 미디어 리터러시와 비판적 사고능력을 가르친 크리스 스페리 교사로부터 미디어 리터러시 교육에 관한 강의가 있었다. 슈와이브 박사는 뉴욕 주의 초 중 고 교육과정에 미디어 리터러시와 비판적 사고능력을 효율적으로 통합시키기 위해 자료를 제공하고 교사들을 훈련시키며 후원하기 위해 여러 후원자들의 도움을 받아 「프로젝트 룩 샤프」(Project Look Sharp)를 설립하고 운영하고 있다. 이타카 칼리지(Ithaca College)의 「프로젝트 룩 샤프」[82)]의 미디어 리터러시 주요 교육 내용은 다음과 같다.[83)]

81) Kaiser Moffat. 'The importance of media literacy' https://ylai.state.gov/importance-media-literacy/#:~:text=Media%20literacy%2C%20put%20simply%2C%20is,tweets%2C%20radio%20broadcasts%2C%20etc.
82) https://www.projectlooksharp.org/
83) 프로젝트 룩 샤프의 설립자인 슈와이브 박사와 디렉터인 스페리 교사가 사서교사들과 공유한 자료들을 한국어로 번역하여 싣는다.

(1) 미디어 리터러시의 범위

1) 어떻게 하면 미디어를 현명하게 효율적으로 사용하는지 배운다.

2) 미디어가 보내오는 메시지를 평가할 때 비판적 사고를 할 수 있다.

3) 여러 정보원에서 들어오는 정보들의 신뢰성을 평가할 수 있다.

4) 미디어가 믿음, 태도, 가치, 행동, 그리고 민주적 절차에 영향을 미칠 수 있다는 것을 인식한다.

5) 시민으로서의 참여정신을 북돋운다.

6) 다양한 관점에 대해 잘 이해하고 인식한다.

7) 다양한 형태의 미디어를 사용하여 자신을 잘 나타낼 수 있다.

(2) 학생들을 위한 미디어 리터러시 목표

1) 질문하는 습관

① 미디어를 분석할 때 원문 상의 증거를 인용한다.

② 미디어의 원작자와 테크닉, 신뢰성들에 대해 질문한다.

2) 원작자, 목적 그리고 타켓층

① 두 가지 미디어 출처의 관점을 비교한다

② 미디어의 출처와 목적을 분석한다

③ 미디어가 보내는 메시지 배후에 가려진 경제적 동기를 식별한다

④ 미디어를 만든 사람이 소비자에게 원하는 것을 식별한다

⑤ 미디어 메시지에 들어있는 편견을 식별한다

⑥ 미디어 메시지의 타겟층이 누군지 결정한다

3) 콘텐츠, 테크닉 그리고 문맥

① 미디어 문서에 담겨진 메시지를 식별한다

② 미디어를 만드는 데 사용된 테크놀로지에 주목한다

③ 미디어를 만드는 데 사용된 테크놀로지의 효율성을 평가한다

④ 작가들이 유사한 토픽을 다루는 데 어떻게 다른 지 비교한다

⑤ 문화적 맥락이 어디서 어떻게 제시되었으며 언제 만들어졌는지에 대해 식별한다

⑥ 미디어 메시지에서 무엇이 빠졌는지 곰곰이 생각해 본다

4) 신뢰성

① 미디어에 표현된 것이 사실인지 의견인지 구별한다

② 상충되는 주장을 식별하고 드러낸다

③ 과학 정보의 신뢰성에 대해 곰곰이 생각해 본다

④ 뉴스, 의견, 그리고 옹호하는 내용을 구별한다

⑤ 논쟁(arguments)과 주장(claims)을 식별한다

5) 응답과 영향

① 미디어 메시지로 인해 누가 이익을 보고, 누가 피해를 입을지 판단한다

② 어떻게 같은 미디어 메시지를 다른 사람들이 다른 방법으로 해석할 수도 있는지 판단한다

③ 미디어 메시지가 어떻게 다른 사람들에게 잠재적인 영향을 줄 수 있는지 곰곰이 생각한다

④ 어떻게 한 사람의 성별, 인종, 정치적 정체성이 그 사람이 미디

어를 해석하는데 영향을 줄 수 있을 지 곰곰이 생각해본다.

⑤ 어떻게 학생 자신의 편견이 미디어를 해석하는데 그리고 미디어에 대한 반응에 영향을 미치는지 숙고해본다

⑥ 학생 자신들의 해석과 반응에 대해 숙고해 봄으로써 자신들에 대해 무엇을 알게 되었는지 확인한다.

⑦ 미디어 메시지에 대한 학생 자신들의 감정적인 반응에 대해 주시한다

⑧ 미디어 메시지에 대한 응답으로 어떤 행동을 취할 수 있는지 알아본다

(3) 미디어를 분석할 때 알아야 할 6가지 개념

1) 모든 미디어 메시지는 구성된 것(constructed)이다.

2) 각 미디어는 다른 특징, 장점 그리고 고유한 '언어'를 가지고 있다.

3) 미디어의 메시지는 독특한 목적을 위해 만들어졌다.

4) 모든 미디어 메시지는 내재된 가치와 관점을 가지고 있다.

5) 사람들은 미디어 메시지로부터 고유한 의미를 찾아내기 위해 각자가 가진 스킬, 믿음과 경험을 이용한다.

6) 미디어와 미디어가 보내는 메시지는 믿음, 가치, 행동과 민주적 절차에 영향을 미친다.

(4) 미디어 메시지를 분석할 때 자문하여야 할 주요 질문들 (문의하는 습관을 가지도록 노력한다)

1) 저자 : 누가 만들었나?

2) 목적 :

왜 만들었나?

타겟층은 누구인가?

소비자에게 무엇을 원하는가?

소비자가 무엇을 생각하기를 바라는가?

3) 콘텐츠

무엇을 말하려고 하는가?

어떤 아이디어, 가치 그리고 정보가 명시적이며, 어떤 것들이 묵시적으로 표현되었나?

어떤 (중요할 지도 모르는) 것들이 빠져있나?

이 토픽에 대한 다른 미디어 메시지와 비교/비유 해본다면?

4) 테크닉 :

이 메시지를 알리기 위해서 어떤 테크닉이 사용되었나?

이러한 테크닉은 얼마나 효율적인가? 장점과 단점은 무엇인가?

이러한 테크닉을 사용하고자 결정한 이유는?

5) 문맥 :

언제 만들어졌나?

어디서, 어떻게 일반 대중에게 공유되었나?

문화적 맥락의 어떤 면이 고려해 볼만 한가?

어떻게 이 미디어가 기존의 같은 토픽에 대한 또는 같은 저자에 의한 미디어를 증폭시키거나 또는 방해하나?

어떻게 미디어의 형식 (소설 미디어, 인쇄매체, 텔레비전 등)이 메시지에 영향을 주나?

6) 경제적 측면

누가 비용을 냈나?

누가 수익을 가져가나?

7) 신뢰성

이것은 사실인가 의견인가 아니면 다른 것인가?

이 정보는 얼마나 믿을 만 한가?

아이디어나 주장의 출처는 어디인가?

이것은 이러한 특정한 토픽에 대하여 신뢰할 수 있는 출처인가?

8) 효과

이 메시지로부터 이익을 얻을 수 있는 사람은?

이 메시지로부터 해를 당할 수 있는 사람은?

누구의 목소리가 반영되고 있거나 특별 대접을 받고 있나?

누구의 목소리가 빠져있거나 침묵하고 있나?

9) 해석

이 미디어 메시지에 대한 나의 해석은?

나의 이전 경험과 신념이 어떻게 나의 해석에 영향을 주나?

나의 해석이나 반응을 토대로 나는 나에 대해 무엇을 배웠나?

어떻게, 그리고 왜 이 미디어를 다른 사람들이 다르게 해석할 수 있을까?

10) 반응

이 미디어가 어떤 감정을 느끼게 하나?

이 미디어에 응답하여 어떤 행동을 취해야 하나?

끝으로 소셜 미디어를 포함하여 영화, 유튜브 비디오, TV 등을 포함한 다양한 미디어가 우리의 일상생활에 알게 모르게 영향을 주고 있는 이 시점에서 자라나는 청소년들에게 미디어 리터러시를 지도하는 사서교사들은 학생들이 각종 미디어에서 주는 메시지를 대할 때 1) 무엇(what)을 보고 듣고 생각하는 지, 2) 왜(why) 그렇게 생각하는지, 3) 내가 보고 들은 것이 사실(fact)인지 의견(opinion)에 불과한 것인지, 4) 어떻게(how) 하면 그것을 알 수 있는지, 또 어떻게 하면 더 알고 싶은 정보를 찾을 수 있는지 의문을 가지고 미디어에서 주는 메시지를 분석해보도록 지도하는 것이 중요하다.

미디어 메시지를 분석할 때 하는 질문들

1. 내가 그렇게 생각하는 증거는 무엇인가? 2. 그것이 왜 중요할까? 3. 왜 그렇게 생각할까? 4. 내가 더 알고 싶은 것은 무엇인가? 5. 어떻게 하면 알 수 있을까?

4절

미국 사서교사들이 하는 디지털 시민성 교육Digital Citizenship in Education

(1) 디지털 시민이란 누구인가?

디지털 시민이란 인터넷을 포함한 디지털 테크놀로지를 효율적으로 사용할 줄 알며, 디지털 매체를 이용하여 사회의 시민 활동에 책임감 있게 참여하는 사람이다.

즉, 디지털 시민은 지역사회를 더 좋은 곳으로 만들기 위해 신중하게 타인에 대한 공감력을 가지고 테크놀로지를 사용하는 사람이다. 디지털 시민은 비록 자신과 신념이 다르더라도 온라인 상에서 만난 다른 사람들을 존중하며, 필요에 따라서는 공공 정책의 형성을 위해 자신의 의견을 조절할 줄 아는 사람이다. 디지털 시민은 공공 지도자들에게 온라인으로 자신의 의견을 전달하고 인터넷이나 소셜 미디어에 폭주하는 온라인 정보의 타당성을 식별할 줄 아는 사람이다.

(2) 커먼 센스 미디어Common Sense Media의 디지털 시민성 교육 과정

미국의 커먼 센스 미디어라는 단체에서는 초 중 고 학생들이 디지털 시민으로 자라날 수 있도록 미디어 리터러시 교육을 포함한 디지털 시민성 교육 교과 과정과 학습지도안을 만들어 사서교사들을 위시한 많은 교육자들에게 제공하고 있다. 다음은 저자가 커먼 센스 미디어의 디지털 시민성 교육 커리큘럼을 학년별로 요약 및 번역한 것이다.

디지털 시민성 교육과정 (출처: Common Sense Media[84])

학년	수업 제목	수업의 내용
유치원(K)	- 미디어 밸런스의 중요성 강조 - 온라인과 오프라인 활동의 적절한 안배	- 온라인 활동을 계속하고 싶어도 시간이 되면 그만 두기 - 온라인 선상에서 안전하게 행동하기
1학년	- 온라인에서 안전하고 책임감 있게 그리고 정중하게 행동하기	- 테크놀로지를 이용할 때 왜 내 감정에 주의를 기울여야 하나? - 웹사이트나 앱에 접속할 때 어떻게 해야 안전한가?
2학년	- 디지털 시민은 어떤 사람인가?	- 때로는 전자기기를 사용하지 않는 쉼이 필요해 - 인터넷을 사용할 때 어떤 정보를 비공개로 해야 하나? - 다른 사람의 글을 사용할 때 어떻게 출처를 밝히나?
3학년	- 디지털 시민의 자신에 대한, 지역사회에 대한 그리고 세계에 대한 책임감	- 개인 정보 보호를 위해 강력한 비밀번호 정하기 - 누군가 온라인에서 해로운 언어를 사용한다면 어떻게 하나? - 왜 어떤 사람들은 디지털 사진을 교묘하게 바꾸나?
4학년	- 나의 미디어 선택과 책임	- 온라인에서 공유해도 되는 개인 정보 - 우리의 온라인 활동이 우리의 디지털 발자국(digital footprint)에 어떤 영향을 주나? - 사이버 괴롭힘을 목격했을 때 어떻게 도움을 줄 수 있을까? - 미디어 제작자로서 우리의 권리와 책임

84) https://www.commonsense.org/education/digital-citizenship#digcit-program

학년	수업 제목	수업의 내용
5학년	- 미디어 리터러시 ① 목적, 타겟층, 경제적 측면 ② 사이버 괴롭힘(Cyber-Bullying) ③ 온라인 정보의 타당성 여부	- 클릭 베이트(click bait)는 무엇이며 어떻게 피할 수 있나? - 성별 고정관념(gender stereotype)이 우리의 온라인 경험을 규정 짓나? - 온라인 상의 친구들과의 우정을 어떻게 하면 안전하게 유지하나? - 사이버 괴롭힘은 무엇이며 어떻게 멈출 수 있나? - 온라인 뉴스 기사에서 가장 중요한 부분은 무엇인가?
6학년	- 미디어 밸런스의 중요성 ① 신중하게 타인에 대한 공감력을 갖고 테놀로지 사용하기 ② 미디어 리터러시의 신뢰성	- 디지털 미디어의 적절한 이용 - 피싱 사기로부터 자신을 보호하는 방법 - 온라인에서 만난 사람과 안전하게 대화하는 법 - 디지털 드라마에서 물러서기 - 어떻게 인터넷에서 신뢰할 수 있는 정보를 찾나?
7학년	- 미디어 전략 세우기 ① 빅 데이터와 나 ② 디지털 발자국 점검 ③ 소셜 미디어 점검 ④ 사이버 괴롭힘 대응책 ⑤ 공정한 미디어 사용	- 미디어 밸런스를 찾기 위한 나만의 전략 세우기 - 어떻게 회사들이 온라인에서 나에 대한 데이터를 모으고 사용하고 있나? - 나의 디지털 발자국에는 어떤 것이 담겨있나? - 소셜미디어가 우리의 인간관계에 미치는 영향 - 사이버 괴롭힘을 당했을 때 어떻게 대응하나? - 미디어 제작자로서 공정한 사용에 대해 어떤 권리를 가지고 있나?

학년	수업 제목	수업의 내용
8학년	- 미디어 리터러시 ① 반응, 개인정보 보호 ② 소셜 미디어 활동 점검 ③ 악플 대응 방안 ④ 목적, 콘텐츠, 신뢰성	- 디지털 미디어가 어떻게 미끼를 던지나? - 온라인에서 어떻게 개인 정보를 보호할 수 있나? - 소셜미디어 사용이 어떻게 우리의 디지털 발자국에 영향을 미치나? - 온라인 상에서 악플에 어떻게 대응하나? - 온라인상의 긴급속보에 어떻게 대응하나?
9학년	- 나의 디지털 인생 ① 빅 데이터 딜레마 ② 온라인 평판 보호하기 ③ 온라인 인간관계의 빨간 신호 ④ 온라인 상에서 공감능력 발휘 ⑤ 거짓말과 가짜에 속지 않기	- 디지털 미디어가 우리 일상에서 차지하는 역할 - 온라인 추적의 장점과 단점 - 타인의 개인정보도 존중하는가? - 온라인 대인관계가 위험한지 언제 알 수 있나? - 온라인에서 타인에게 긍정적으로 대하기 - 가짜 비디오와 가짜 뉴스에 현혹되지 않기
10학년	- 소셜 미디어와 나의 감정 ① 새로운 테크놀로지의 함정 ② 내가 큐레이트하는 소셜 미디어 ③ 상호 도움이 되는 온라인 상의 인간관계 ④ 악플 대처법 ⑤ 확증편향*에 도전하기	- 긍정적이고 건강하게 소셜 미디어 사용하기 - 새로운 테크놀로지가 개인정보에 미칠 수 있는 위험성 - 긍정적이고 건강한 온라인 인간관계 만들기 - 온라인 악플이나 외국인 혐오증에 대처하기 - 우리가 가지고 있는 확증 편향*을 버리기

학년	수업 제목	수업의 내용
11학년	- 미디아의 중독성 ① 소셜 미디어 적정 연령 ② 디지털 발자국과 미래의 기회 ③ 디지털 청중과의 교류 ④ 온라인상의 탈억제**와 사이버 괴롭힘 - 미디어 리터러시 ① 목적, 타겟층, 경제적 측면	- 전자기기 중독은 누구 책임인가? - 소셜 미디어를 하기에 적당한 나이는? - 지금 소셜 미디어에 올리는 정보가 미래의 기회에 어떤 영향을 줄까? - 온라인 상의 청중들과 소통을 원활하게 하기 위한 코드 전환 방법 - 온라인 상의 탈억제**가 어떻게 사이버 괴롭힘으로 발전하나? - 인터넷 상의 광고가 잘못된 정보의 확산에 기여하나?
12학년	- 스크린 타임 ① 정부와 시민의 사생활 ② 바람직한 디지털 발자국 ③ 정중한 온라인 소통 ④ 악플의 검열: 필터 버블***	- 스크린 타임은 해로운가? - 정부가 우리들의 소셜 미디어와 셀폰 데이터에 접근해야 하나? - 나의 목적에 맞는 디지털 발자국(digital footprint)을 만들려면? - 온라인 상에서 정중하게 소통할 수 있나? - 온라인 악플은 검열되어야 하나? - 필터 버블***은 어떻게 우리에게 노출되는 정보를 제한하나?

[전문 용어 해설]

* 확증 편향(Confirmation Bias): 자신의 가치관, 신념, 판단 따위와 부합하는 정보에만 주목하고 그 외의 정보는 무시하는 사고방식. (출처: 네이버 어학사전)

** 온라인 탈억제 효과(online disinhibition effect): 사람들이 현실에서 보다는 인터넷과 사이버스페이스 상에서 스스로를 잘 억제하지 못하고 쉽게 공격적이 되거나 분노를 스스럼없이 표현하는 경우를 나타내는 말, (출처: 네이버 온라인 국어사전)

*** 필터 버블(Filter Bubble): 구글과 야후 등 세계적인 인터넷 검색 업체와 페이스북 등 소셜 미디어 기업들이 제공하는 정보에 의존해 정보 편식을 하는 이용자들이 점점 자신만의 울타리에 갇히고 있다는 것을 설명하기 위해 등장한 말. 미국의 온라인 시민단체 무브온의 이사장인 엘리 프레이저가 자신의 저서 『생각의 조종자들』에서 제시한 개념이다. (출처: 네이버 English Dictionary)

· 제 6 장 ·

미국 사서교사들의 전문성 신장 Professional Development

변하는 21세기 미래 사회에 학생들이 잘 대비할 수 있도록 맞춤형 미래 역량교육을 담당하는 교사로서의 사서교사들을 위한 컨퍼런스였다. 사서교사들 간의 정보공유가 절실한 현실에서 사서교사들은 자신들에게 당면한 여러 주제를 가지고 자유로이 발표하고 무엇인가 새로운 것을 배워가기 위해 에드 캠프(Ed Camp)에 기꺼이 참석하였다. 에드 캠프에 참석한 사서교사들은 휴일인 일요일을 포기하고 비오는 날 사이오셋 공공도서관에 모여 호기심이 가득한 표정으로 컨퍼런스에 참가하였다.

1절

뉴욕시 학교도서관 시스템이 발표한 미국 사서교사들의 주요업무

미국 사서교사들의 전문성 신장(continuing education)에 대해 알아보기 전에 우선 사서교사들의 업무에 대해 알아볼 필요가 있다. 21세기에 접어든지도 20년이 지난 지금, 사서교사의 업무는 그야말로 하루가 다르게 변모하고 진화한다고 할 수 있다. 2020년 뉴욕시 학교도서관 시스템에서 발표한 『학교 사서교사 실무 번역』(Translation of Practice for School Librarians)[85]에 의하면 뉴욕시 사서교사의 업무는 다음과 같이 크게 세 가지로 나눌 수 있다.

(1) 교수와 학습Learning and Teaching에 관한 업무

1) 학습에 필요한 여건 조성(Climate Conducive to Learning)
2) 협력 수업을 위한 계획(Collaborative Planning)
3) 통합 교육을 위한 협력 교수(Integrated, Collaborative Teaching)
4) 정보 유창성 교육과정(Information Fluency Curriculum)

(2) 정보의 접근과 전달Information Access and Delivery에 관한 업무

1) 교육과정과 학생들의 필요에 맞춘 학교 도서관 소장품(Collection Aligned to Curriculum)의 구축과 관리

85) 원문출처 https://slsa-nys.org/2020/04/15/translation-of-practice-for-school-librarians-nyc-sls/

2) 테크놀로지(Technology)의 최적화

3) 물리적 환경/시설(Physical Environment/Facilities)의 극대화

4) 유동적이고, 개방되어 있으며, 확장되고, 공평한 접근(Flexible, Open, Extended, and Equitable Access)의 보장

5) 도서관의 자원요소와 테크놀로지의 이용(Use of Resources and Technology) 촉진

(3) 프로그램의 운영과 관리Program Administration에 관한 업무

1) 학교도서관 직원의 교육 및 사서교사들간의 협력(Staffing)

2) 학교도서관 예산의 관리(Funding and Budget Management)

3) 학교도서관의 관리(Library Management)

4) 사서교사의 전문성 학습(Professional Learning)

5) 학교도서관 옹호 및 지원(Library Advocacy and Support)

2절

미국 사서교사들의 전문성 신장을 위한 활동

(1) 원격 교육 시스템에 관한 사서교사들의 업무

2020년 3월 코로나19 팬데믹으로 인해 뉴욕 주의 학교들이 3월 중순부터 6월 말 여름 방학이 시작하기 전까지 100% 원격교육으로 전환된 시기와 9월 새학기를 시작한 이후 장기화되고 있는 원격수업 시스템에 맞추어 사서교사들의 업무 중 다음과 같은 덕목들이 부각되고 있다.[86]

1) 학교도서관 웹사이트의 구축과 관리 학교도서관 웹사이트에서 학생들의 작품과 활동상을 소개 및 부각시키고 다양한 디지털 자원들을 학생들에게 제공하도록 학교도서관의 웹사이트를 구축하고 관리한다. (저자는 현재의 학교에 부임하면서 지금까지 학교도서관 웹사이트를 구축하고 관리해왔다.)
2) 구글 클래스룸을 통해 담임교사나 타 과목 교사들과 협력하여 정보문해력을 교육과정에 접목시키는 수업안을 함께 계획하고 코티칭(co-teaching)한다.
3) 구글 미트 등의 화상회의 기능을 통해 교내, 부서 내, 학년별 교육과정 개발을 위한 회의 등에 참석한다.
4) 교사들이 특정 수업을 가르치는데 필요한 디지털 자원들에 관해 도움을 준다.

86) 출처: Translation of Practice for School Librarians by NYC Department of Education https://www.uft.org/sites/default/files/attachments/librarian-remote-learning-practices.pdf

5) 교사들과 협력하여 온라인 교육과정에 정보 문해력과 테크놀로지 스킬을 접목시킨다.

6) 원격수업을 받는 학생들이 연구과제를 수행하는데 도움을 줄 수 있도록 온라인 사무실(office hour)을 열고 이메일, 또는 구글 폼(google form) 등으로 학생들과 소통한다.

7) 원격수업을 받는 학생들이 독립적으로 독서를 할 수 있도록 동기부여를 주기 위하여 비디오, 전자책, 온라인 과제 등을 개발하고 관리한다.

8) 테크놀로지와 정보기술이 어떻게 교사들의 교육과정과 교수활동을 지원할 수 있는지 보여주는 웨비나(Webinar), 화상 회의, 웹 링크, 비디오 등을 통해 교사 연수를 제공한다.

9) 학교도서관 온라인 카탈로그를 개설, 운영, 및 관리한다.

10) 웹사이트와 이메일을 통해 학생들과 교사들의 필요와 관심사를 파악한다.

11) 전자책의 요구에 맞추어 학교도서관에 비치할 전자책의 장서를 주문한다.

12) 도서관 관련 전문 잡지에 실린 북리뷰(Book Review)를 읽고 최신 동향에 대해 파악한다.

13) 원격 수업에 필요한 최신 테크놀로지와 온라인 자원 등의 수요를 파악한다.

14) 도서관 수업을 원격으로 실시한다.

15) 원격 수업 시 윤리적이고 안전하게 테크놀로지를 사용하도록 학생들과 교사들에게 주지 시킨다.

16) 학생들을 위한 온라인 자원들의 목록을 만든다.

17) 구글 클래스 룸이나 줌 같은 디지털 클래스 룸을 만들어 운영한다.

18) 학교 도서관에 관한 각종 학군 내, 지역 내 모임과 워크숍, 컨퍼런스에 참가한다.

19) 사서교사들만의 디지털 토론 플랫폼에 참가한다.

20) 온라인과 소셜미디어를 통해 다른 학교 및 공공 도서관 사서들과 네트워크를 구축하여 상호 교류한다.

21) 교사들을 위한 테크놀로지, 정보유창성(Information Fluency), 그리고 탐구에 관한 전문성 신장(Professional Development)의 기회를 위해 협조하여 전문성 학습 커뮤니티(Professional Learning Community)를 구축한다.

22) 학교도서관의 비전에 대해 교직원, 학부모와 지역사회에 알리고 소셜미디어, 웹사이트, 온라인 뉴스레터 등을 통해 학교도서관에서 실시하는 프로그램들과 사서교사의 활약상을 소개한다.

(2) 뉴욕시 사서교사들의 전문성 신장Professional Development을 위한 활동

뉴욕시의 사서교사들은 그들의 전문성 함양을 위하여 다음과 같은 전문성 신장 활동에 참여한다.[87]

1) 학교도서관에 관한 각종 학군 내의 지역 모임과 워크숍, 컨퍼런스 등에 참가한다.

2) 학교도서관 사서교사들의 네트워크인 LM_Net(Library Media Network)[88] 같은 사서교사들만의 디지털 토론 플랫폼에 참가한다.

---

87) 출처: Translation of Practice for School Librarians by NYC Department of Education https://www.uft.org/sites/default/files/attachments/librarian-remote-learning-practices.pdf

88) http://www.lm-net.info/about.html

3) 다른 학교 및 공공도서관 사서들과 네트워크를 구축하여 교류한다.

4) 교사들을 위한 테크놀로지, 정보유창성 그리고 탐구에 관한 전문성 신장 기회를 위해 서로 협조하는 전문성 학습 커뮤니티(Professional Learning Community)를 구축하거나 이에 참여한다.

(3) 평생학습자Life-long Learner로서 사서교사의 직무 연수

뉴욕 주의 경우, 사서교사가 되려면 도서정보학 석사과정을 수료하고 일반 교사 지망생에게 요구되는 모든 시험에 합격하고, 학교도서관에서 교생실습을 마친 후 뉴욕주 교사 자격증을 받아야 한다. 따라서 사서교사도 다른 교사들과 똑같은 대우를 받는다. 초등학교 교사나 중고등학교 영어, 사회과 교사들이 도서정보학이나 학교도서미디어학을 이수하고 사서교사가 된 경우도 꽤 있다. 그리고 미국에서 사서교사들은 석사학위가 반드시 있어야 하기 때문에 담임교사나 학과목 교사들보다 학력과 경력 면에서 우수한 것으로 알려져 있다. 저자는 사서교사 자격증 외에도 초등학교 교사 자격증, 영어교사 자격증 그리고 한국어교사 자격증까지 네 개의 교사자격증을 소지하고 있다.

초등학교의 경우 사서교사는 특수교사(special education teacher)가 아닌 일반교육 교사(general education teacher)로 분류되어 영어, 사회 등의 과목에 도서관 스킬과 테크놀로지를 접목시킨 수업을 많이 하게 된다. 미국의 경우 중, 고등학교의 학교도서관 수업은 학과목 교사와 사서교사가 학교도서관이나 교실 안에서 협력하여 팀티칭 형태의 수업을 한다.

초등학교의 경우에 사서교사들은 담임교사들과 교실 밖에서 협업 수업을 하되 정규 도서관 수업시간에는 학교도서관 안에서 사서교사 혼자서 영어, 사회 등의 과목과 도서관 스킬 및 테크놀로지, 디지털 시민성(digital citizenship), 사회정서학습(social emotional learning) 등을 접목시켜 가르치는 경우가 많다. 그러므로 사서교사들은 스스로 평생학습자(lifelong learner)가 되어 모든 과목들에 대해 폭넓게 알기 위해 스스로 찾아서 자발적으로 연수를 받는 경향이 있다.

미국의 사서교사들의 전문성 신장을 위한 직무 연수는 사서교사만을 위한 직무 연수가 아닌 모든 교사들을 위한 직무 연수까지도 포함하기 때문에 그 범위가 넓다. 예를 들어서 모든 신규 채용된 교사들이 받아야 하는 175시간의 직무 연수에서 사서교사는 학군 내, 카운티 내 등의 여러 연수기관에서 제공하는 코스들 중에서 자신에게 필요하다고 생각하는 코스를 자의적으로 신청해서 수강할 수 있다. 단, 교장, 부교육감 및 교육감의 단계를 거치는 승인을 받아야 한다.

저자는 뉴욕주의 영구교사자격증 (Permanent Teacher Certification) 과 학군에서 주는 종신재직권(tenure)이 있기 때문에 전문 교사자격증(Professional Teacher Certification)만 가진 교사들처럼 매 5 년마다 전문성 신장 코스 175시간을 채우지 않아도 되지만 4차 산업혁명 시대에 발맞추어 진화하는 사서교사가 되기 위해 특히 학교도서관, 교육과정, 새로 나온 테크놀로지 등에 관해 필요한 연수는 자원해서 받고 있다.

(4) 뉴욕주 사서교사들의 전문성 신장 기회

1) 교내 - 사서교사들은 동료 교사들에 비해 테크놀로지와 디지털 자원들에 대해 해박한 지식을 갖고 있어야 한다. 또 새로운 테크놀로지를 능동적으로 빨리 배워서, 학교 내의 일반 교사들이 테크놀로지와 디지털 자원들을 수업에 자발적으로 활용할 수 있도록 돕는다.

2) 학군 내 - 형식적인 컨퍼런스에서 벗어나 자유로운 형식으로 가르치고 배우는 에드 캠프(Ed Camp) 스타일의 직무 연수가 각광을 받고 있다. 즉, 외부에서 초빙한 강사에게서 배우는 것보다 동료 교사에게 배우는 것이 더 좋다는 여론 조사 결과, 학군 내의 에드 캠프가 큰 호응을 받았다. 매년 선거일(Electon Day)은 모든 학교들이 쉬는 공휴일이지만 교사들은 전문성 신장을 위해 교내에서 개최되는 각종 워크숍에 참석한다. 음악, 미술, 도서관, 체육 등 특수과목 교사들의 경우에는 카운티 내에서 열리는 컨퍼런스에 참석한다. 이러한 교내 워크숍이나 카운티 내 컨퍼런스에서는 교사들이 자발적으로 나서서 다른 교사들에게 자신의 지식과 경험을 전수한다. 저자도 동료교사들에게 새로운 테크놀로지에 대해 연수를 실시하였다.

또한 학군에서 운영하는 교사 상호간에 교육하는 교사센터(Teacher Center)에서 실시하는 교사 직무 연수는 구글 프로그램에서 스페인어, 요가에 이르기까지 다양한데 강사들은 주로 학군 내 현직 교사들이다. 이 교사센터에서 가르치는 교사들은 강의 수입이 생기고, 배우는 교사들은 코스를 마칠 때마다 학점을 받는다.

3) 카운티 내 뉴욕 주 낫소 카운티의 협력교육서비스위원회 즉 낫소 보시스(Nassau BOCES: Board of Cooperative Educational Services of Nassau County)의 모델 스쿨에서는 테크놀로지 강사들이 실시하는 전문성 신장이 필요에 따라 수시로 이루어진다. 예를 들면 코로나19의 영향으로 실시간 비대면 원격 수업을 해야 하는 교사들을 위해서 낫소 보시스의 테크놀로지 강사들은 교사들이 가르치는데 필요한 새로운 테크놀로지를 구글 미트나 줌을 통해 온라인으로 가르쳐 준다. 단, 이러한 낫소 보시스에서 실시하는 테크놀로지 연수들은 이메일로 신청을 빨리 해야 하지만, 연수기회가 자주 주어지기 때문에 대개는 연수를 받을 수 있다. 사서교사들이 이러한 낫소 보시스의 연수를 받는 동안 대리교사(substitute teacher)가 사서교사의 수업을 대신 해준다. 이 때 사서교사는 자신의 레슨 플랜(수업 학습지도안)을 대리교사에게 주어 수업에 지장이 없도록 해야 한다.

4) 문학 페스티벌(Lit-Fest)[89] - 일 년에 한 번 낫소도서관시스템(Nassau Library System) 에서 후원하는 문학페스티벌로 공공도서관의 사서들과 학교도서관의 사서교사들이 모여 조찬과 오찬을 하면서 초청작가들의 기조연설을 듣고 조별로 나누어 북디스커션을 한다. 작가들의 책 사인회도 있다. 책을 좋아하는 사서와 사서교사들에게는 기다려지는 이벤트이다. 이 이벤트에 다녀와서 다른 교사들에게 발표를 하는 조건으로 참가비는 학군에서 내주며 그 날은 대리교사 (substitute teacher)가 사서교사의 모든 수업을 대신 해준다.

89) https://www.nassauboces.org/cms/lib/NY01928409/Centricity/Domain/31/litfest.pdf 2015 LIT-Fest 등록신청서

5) 롱아일랜드의 3개 카운티가 일 년에 한 번 함께 합동으로 사서교사들의 연례 컨퍼런스를 개최한다. 호텔에서 하루 종일 진행되는 이 컨퍼런스는 조식, 초청연사(대개 유명 작가)의 기조연설, 책 사인회, 여러 출판사들의 책 전시회, 점심식사 또 다른 초청 연사(교육자나 작가)의 연설 등으로 이어진다. 2020년도에는 코로나19 팬데믹 때문에 미국 선거일에 사서교사들의 연례 컨퍼런스가 줌으로 개최되었다.

6) 비디오 수업 - 사서교사를 비롯한 모든 교사들이 필요로 하는 모든 코스에 대한 비디오 수업(OTIS for Teachers)[90]을 미리 학군에 신청하고 허가를 받은 후에 듣는다. 내용에 대해 시험을 보고 합격하면 학점을 딸 수 있다.

7) 대학원 온라인 강좌 - 대학원 수료 후 전문성 신장을 위해 대학원 과목을 이수하고 15학점(한 과목에 3학점)이 쌓이면 급여 승급을 신청할 수 있다.

8) 그 외에도 카운티 내에서 교육자들이나 사서교사들이 자생적으로 실시하는 에드 캠프도 있다.

(5) 미국 사서교사들이 받는 전문성 신장의 효과

1) 초등학교 사서교사들은 대개 학교에 테크놀로지 교사가 따로 없기 때문에 직무 연수의 기회가 생기면 자원해서 누구보다 먼저 새로운 테크놀로지를 배운다. 따라서 테크놀로지 전문가의 몫도 하

90) OTIS웹사이트. https://otis.teq.com/courses/category/type/1

게 된다. 저자의 경우, 학교도서관의 웹사이트를 만들어 수시로 중요한 이벤트를 소개하고 각 학년 학생들, 교사, 학부모들에게 필요한 웹사이트 링크를 업데이트하기 때문에 학군 내의 중요한 자원이 되어 학군의 웹사이트에 연결되어 있다. 또한 학생들이 연구프로젝트를 마치고 제출한 최종 작품을 올려 전시하는 온라인 전시장의 역할도 한다.

• 저자가 운영하는 학교도서관 웹사이트[91)]의 배너

2) 사서교사들은 특수학생, 이중 언어 학생들을 포함한 다양한 전교 학생들의 요구를 충족시킬 수 있는 교육 자원과 자료들을 갖추고 학생들과 교사들이 쉽게 접근할 수 있도록 웹사이트에 링크를 올리고 홍보한다. 사서교사들은 이렇게 사회적, 경제적, 문화적으로 다양한 배경을 지니고 있고 학습 능력이 천차만별인 학생들이 학교도서관에서 또는 원격으로 연구프로젝트, 개인적 탐구, 독서를 할 수 있도록 다양한 교육 기회를 만들어 주고 가르친다. 따라서 사서교사들은 '도서미디어전문가(Library Media Specialist)'라는 타이틀에 걸맞게 스스로 전문성 신장 교육을 수시로 받아 각 학교에 없어서는 안 될 중요한 존재로 부상한다.

91) http://forestroadlibrary.blogspot.com/

• 교육페스티벌에 전시된 학생들의 작품. 학교도서관에서 저자의 지도하에 5학년 학생들이 남미의 여러나라들에 대해 국기, 수도, 주요 자원, 화폐, 음식, 언어, 기타 특이한 점등에 대해 Culturegram이라는 온라인 데이터베이스에서 정보를 검색한 후 구글 슬라이드를 사용하여 포스터로 만들었다.

• (왼쪽) 저자가 인솔하여 교육 페스티벌에 봉사자로 참여한 6학년 학생이 2학년 학생에게 털실로 컵을 집어들어 탑을 쌓을 수 있는 요령을 시연하고 있다.
• (오른쪽) 부스를 방문하는 학생들이 아동문학에 연계된 STEM 활동을 할 수 있도록 재료들이 마련되어 있다

3) 사서교사들의 전문성 신장은 사서교사들이 교육자로서의 자신들의 능력을 함양시켜 학군 내 교사들뿐만 아니라 테크놀로지 스페셜리스트들과 협력하여 학생들을 위해 더 좋은 교육 환경을 만드는데 이바지 한다. 우리 학교가 속한 타운에서는 매년 학군 내 초등학교부터 고등학교까지 10여개 학교들이 모여 "Lights on for Education" 이라는 명칭의 교육 페스티벌을 연다. 1962년부터 뉴욕주의 전통으로 내려온 이 페스티벌은 학생들이 무엇을 배우는지 쇼케이스하

는 행사로서 고등학교 건물 전체를 빌려 각 학교마다 무용, 컴퓨터, 연극, 코러스, 악기 연주 등을 선보인다. 나는 세 차례 이 행사에 학생들을 인솔하고 참가하였는데 2016년에는 세계의 여러나라에 관한 학생들의 연구과제를 전시하였고 2018년에는 내가 지도한 5 - 6학년 학생들이 Library Dragon 이라는 제목의 영어동화책을 토대로 한 연극을 공연하였다. 2019년 4월에는 '아동문학에 연계한 스팀교육(Literature Based STEAM Projects) 에 관한 전시와 시연을 하였다.

4) 전문성 신장 교육의 기회를 활용하는 진취적인 사서교사들은 여름방학동안에 함께 모여 학군의 개정된 교육과정 지도 (revised curriculum map) 에 기초한 신학년도의 새로운 도서관 교육과정을 함께 작성한다. 또 새로 시작되는 이니셔티브에 따라 새로운 프로그램에 관한 학년별 교육과정을 작성할 때에, 사서교사들은 담임교사, 교과교사, 음악, 미술, 체육 등 다른 특수과목 교사들과 함께 교육과정 작성에 참여할 수 있는 기회가 주어지고 학생들을 위해 더 좋은 통합교육과정을 수립하는 데 도움을 줌으로서 학교커뮤니티에 기여한다.

3절

저자가 참가한 사서교사 전문성 신장 프로그램들

(1) 학교도서관 메이커 스페이스에 관한 워크숍

낫소카운티의 협력교육서비스위원회, 즉 낫소 보시스(Nassau BOCES: Board of Cooperative Educational Services of Nassau County) 에서 주관한 사서교사 전문성 신장 워크숍에서 이미 메이커 스페이스를 운영하고 있는 다른 학군의 사서교사들이 자신의 학교도서관에서 운영하는 메이커 스페이스에 대해 설명하고 코딩 로보트 등 메이커 스페이스에 사용되는 각종 교구들을 가지고 나와 시범을 보여주었다. 이 때 얻은 아이디어를 바탕으로 우리 학교에 메이커 스페이스를 구상하게 되었으며, 후에 로우스 툴박스 교육기금(Lowe's Toolbox for Education Grant)을 받아 학군내 최초로 교내 메이커 스페이스를 구축하였다.[92)]

(2) 에드 캠프Ed Camp에서 그린 스크린에 대해 배우다

롱아일랜드의 한 중학교에서 열린 에드 캠프에서 그린 스크린 앱(green screen app)을 사용하여 가상현실 수업을 실습하고 있는 교실에 들어가 참관하였다. 그 때 배운 내용을 가지고 학교에 돌아와 학생들에게 그린 스크린을 사용한 가상현실 수업을 실시할 수 있었다. 예를 들어서 2월 흑인 역사의 달에 2학년 담임 교사와 협업하여 학생들에게 자기

92) 저자가 구축한 교내 메이커 스페이스 소식 https://www.valleystream30.com/News/Story.aspx?id=53185

가 알고 싶은 아프리카계 미국인 위인의 일생에 관한 전기를 읽고 그 사람에 관해 발표를 하는 프로젝트였다. 학교도서관에서 나는 학생들이 좋아하는 위인을 고를 수 있도록 도와주고, 논픽션 위인전이나 온라인 데이터베이스를 통해서 위인에 대한 기사를 읽으며 중요한 내용을 노트에 적도록 하였다. 담임교사는 학급에서 학생들이 노트에 적은 내용을 토대로 연설문을 쓰도록 지도하였고 그 연설문을 집에서 암기해오도록 숙제로 내주었다. 연설문을 다 암기한 학생들은 도서관에 설치된 그린 스크린 앞에 서서 자신이 연구한 위인처럼 분장을 하고서 연설을 하였다. 나는 Do Ink 라는 그린 스크린 앱이 장착된 아이패드로 각 학생이 연설하는 것을 비디오로 촬영한 후 각 위인에게 알맞은 배경을 깔았다. 예를 들어서 미셸 오바마를 맡은 학생이 연설할 때는 백악관을 배경으로 깔아 마치 미셸 오바마가 연설하는 것처럼 보였다. 이렇게 해서 만들어진 비디오는 교내 구글 드라이브에서 교사들에게 공유되어 모든 학생들이 학급에서 볼 수 있었다.

• 가상현실 수업에 이용할 수 있는 터치 캐스트 앱의 시범을 보이는 교사

(3) 사서교사가 주최한 메이커 엑스포Maker Expo[93]

롱아일랜드 사서교사이자 저자이며 롱아일랜드 리드스(Long Island LEADS)의 창립자인 홀츠와이스씨는 자신이 근무하는 중학교 학교도서관에 메이커 스페이스를 만들어 수많은 중학생들에게 새로운 스템 학습의 기회를 제공하였다. 그녀는 롱아일랜드 리드스(Long Island LEADS)라는 단체를 만들어 롱아일랜드의 정치가, 교수, 교장, 학생, 학부모들에게 메이커 운동의 의미를 알리고 전파하는데 앞장섰다. 홀츠와이스씨는 2017년 5월 롱아일랜드의 항공우주박물관(Cradle of Aviation)에서 롱아일랜드에 거주하는 학생들을 위한 메이커 엑스포(Students of Long Island Maker Expo: SLIME)를 개최했고 또한 같은 해 10월에는 메이커 타운홀을 개최하였다. 이 행사에는 메이커 운동(Maker Movement)에 참여한 주요 인사들이 나와 발표하는 자리였다. 사서교사가 메이커 무브먼트를 일으켜 살아있는 교육의 중심에 선다는 것이 동료 사서교사로서 자랑스러웠다. 그녀는 자신이 사서교사로 있던 중학교의 메이커 스페이스에서 학생들과 함께 만든 작품들을 토대로 메이커 스페이스 프로젝트에 관한 책을 썼으며, 뉴욕주 컴퓨터와 테크놀로지 위원회의 롱아일랜드 지역 디렉터로 취임하였고, 학교도서관 분야에서 사서교사들의 리더로서 활발하게 활동하고 있다.

• 메이커 타운홀이 끝나고 동료 교사들과 함께
• 홀츠와이즈(오른쪽에서 두 번째)
• 저자(오른쪽 끝)

93) 출처: Long Island LEADS Website.
http://www.longislandleads.org/maker-town-hall1.html

(4) 매년 미국 선거일에 행해지는 학군내 전문성 신장 워크숍

미국 선거일에 우리 학군에서 행해진 에드캠프(Ed Camp)형태의 교사 연수에서 나는 동료 교사들에게 번시 앱(Buncee APP)을 수업에 어떻게 사용할 수 있는 지에 대해 시범을 보이고 교사들은 실습을 하였다. 이 앱은 구글 슬라이드나 파워포인트에 비해 학생들이 글자, 그림, 애니매이션을 넣을 수 있을 뿐 아니라 그림을 그릴 수도 있고 목소리를 녹음할 수도 있으며 비디오를 삽입할 수 있어서 1학년 학생부터 6학년 학생들이 프로젝트할 때 즐겨 사용한다. 그렇기 때문에 사서교사들뿐 아니라 담임교사들도 이 앱을 학급에서 사용할 수 있도록 하려는 배려였다. 그날 참가한 교사들은 이 번시 앱에 대해 관심을 많이 가지게 되었고 차후 여러번 나에게 문의를 해왔다.

- 저자가 학군내 교사들을 위한 번시 앱(Buncee App) 에 관한 워크숍을 진행하고 있다. (왼쪽 사진에서 세 번째)
- 사서교사들과 담임교사들이 번시 앱을 사용해보고 있다. (오른쪽 사진)

(5) 교사들을 위한 너드 캠프Nerd Camp에서 아동작가를 만나다

롱아일랜드의 한 중학교에서 열린 너드 캠프(Nerd Camp)[94]에서 그림책 작가 피터 카탈라노토씨가 교사들을 대상으로 강의를 하였다. 이 너

94) http://nerdcampli.weebly.com/about.html 너드 캠프 웹사이트

드 캠프는 독서를 즐기고 평소에 공부하기를 좋아하는 너드(Nerd)들을 위한 캠프란 뜻으로 많은 아동작가들이 연사로 참여했다. 이 날 카탈라노토씨는 그림책을 이용하여 공부하기 싫어하는 아이들에게 어떻게 글쓰기를 가르치는 지에 대해 강의를 하였다. 이 때 만난 인연으로 카탈라노토씨를 학교의 '작가와의 만남' 이벤트에 연사로 초대하였다.[95]

• 우리 학교 체육관에서 학생들에게 저자와의 만남을 갖는 카탈로노토씨

(6) 사서교사들을 위한 3D 프린팅 특강

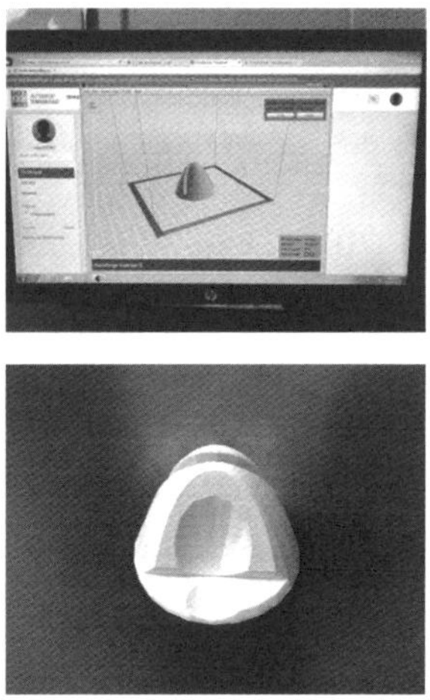

• 팅커캐드(TinkerCad)라는 무료 앱에서 찾은 디자인으로 3D 프린팅을 하여 만든 편지꽂이.

낫소카운티의 협력교육서비스위원회, 즉 낫소 보시스(Nassau BOCES: Board of Co-operative Educational Services of Nassau County)의 팀 강사가 우리 학군에 와서 사서교사들과 컴퓨터 랩 직원들을 대상으로 3D 프린팅에 관한 강의를 하였다. 나는 우리 학교도서관에 메이커 스페이스를 설치하겠다는 신청서를 써서 로우스 툴박스 교

95) 저자의 학교를 방문한 저자 피터 카탈라노토 http://forestroadlibrary.blogspot.com/search?q=peter+catalanotto 피터 카탈라노토의 웹사이트 http://www.petercatalanotto.com/

육재단(Lowe's Toolbox for Education)이라는 단체로부터 2천 달러의 기금을 받아 학군 최초로 3D 프린터를 비롯하여 코딩 로보트, 레고 등 각종 장비와 기구들을 구입한 바 있다.

(7) 사서교사들을 위한 전자책과 오디오북 특강

학생들을 위한 전자책과 오디오북을 공급하는 오버드라이브(Overdrive)사에서 강사가 우리 학군에 나와 사서교사들을 위해 전자책과 오디오북에 대해 설명하였다. 이 때 구입한 전자책과 오디오북들이 코로나19 팬데믹으로 학교도서관에서 책을 대출받지 못하고 집에서 원격수업을 받는 학생들에게 아주 효율적으로 이용되고 있다.

(8) 미국 사서교사 협회AASL: The American Association of School Librarians 연례회의 2019의 중심 주제인 '평등'과 '포함'

미국 학교도서관 저널[96]의 기사에 의하면 사서교사협회의 연례회의에서 다루어진 여러 주제들 중에서 가장 두드러진 것은 '평등(equality)'과 '포함(inclusion)'이었다. 켄터키 주의 루이스빌에서 2019년 11월 14일부터 16일까지 열렸던 이 회의에 미국 전역에서 온 2천 3백 명의 사서교사들이 모여 사회 정의, 디자인적 사고, 정보 및 뉴스 문해력, 옹호, 메이커스페이스, 만화형태로 된 그래픽 소설 그리고 논픽션 등에 대해 전문 연수를 받았다고 한다.

사서교사로서 꼭 가보고 싶은 학회이지만 학교를 빠지고 여행경비를 들여서 살 여건늘이 되지 않아 가지 못했다. 그러나 학교도서관저널지에 난 기사를 보며 서서히 변화하는 교육의 흐름을 느낀다. 각 학교들마

96) https://www.slj.com/?detailStory=Educators-Eyes-on-equity-AASL-conference-2019-school-librarian

다 이민자들의 자녀들과 특수교육을 필요로 하는 학생들이 늘어남에 따라 교사들은 전체학급을 위한 수업 외에 별도로 개별학습(differentiated learning)이 필요한 학생들을 위해 학습지도안을 짜야 한다. 사서교사들도 예외가 아니니다. 초등학교 사서교사들은 전교생을 학급별로 만나 가르치기 때문에 해당 학교의 모든 학생들의 인종적, 문화적, 사회경제적 배경에 대해 알아야 한다. 그 외에도 학생들이 사회성과 감성 면에서 충족이 되어야 학습의 성과를 제대로 거둘 수 있다. 그래서 2019년 사서교사협회의 연례회의에서는, 모든 학생들이 '평등'하게 대우받고 교우관계에서 따돌림 받고 제외당하는 학생들이 없도록 하기 위하여 '포함'이라는 개념들이 사서교사들에게 특별히 소개되었다.

(9) 롱아일랜드 사서교사들의 연례 학회 참석

2019년 11월 6일, 뉴욕주 근교의 롱아일랜드 소재 3군데 학교도서관 시스템에서 매년 개최하는 뉴욕주 사서교사연례학회에 밸리 스트림 30 학군의 사서교사인 저자가 동료 사서교사들과 함께 참석하여 사서교사로서의 역량을 강화하였다.

1) 바브라 스트라이플링 전 미국도서관협회 회장의 주제 발표

그 날 학회의 첫 번째 연사는 미국도서관협회 회장을 역임하고 시라큐스 도서정보학과 교수로 재직한 바브라 스트라이플링씨였다. 그녀는 뉴욕시 학교도서관 시스템의 디렉터로 재직할 당시 사서교사들과 함께 유치원에서 고등학교까지 계속되는 정보유창성 커리큘럼(Information Fluency Continuum)을 구축한 바 있다. 이 날 스트라이플링씨는 기존의 커리큘럼을 보완한 500쪽 짜리 새 뉴욕주 정보유창성 커리큘럼(Empire State Information Fluency Continuum)을 발표하였다.

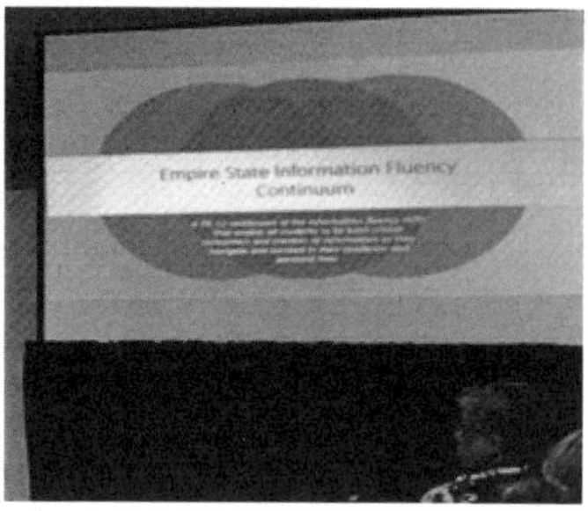

• 바브라 스트라이플링 교수가 발표한 새 뉴욕주 정보유창성 커리큘럼(Empire State Information Fluency Continuum) (왼쪽)
• 스트라이플링 교수(왼쪽 두 번째)와 함께 한 저자와 학군의 동료 사서교사들 (오른쪽)

2) 앵커우먼이자 저자인 쉐릴 윌즈씨의 연설

저자는 같은 학군의 동료 사서교사들과 함께 뉴욕에서 방송국 앵커로 일하며 저자로 활동하는 쉐릴 윌즈씨의 연설을 함께 듣고 기념촬영도 했다. 윌즈씨는 미국에서 노예로 살았던 자신의 5대조 조상인 에마 윌즈의 발자취를 담은 '엠마'라는 그림책을 소개하였다.

WHAT'S NEWS IN AND OUT OF THE CLASSROOM

HERALD SCHOOLS

Courtesy School District 30

DISTRICT 30 LIBRARIANS Jacqueline Capewell, from left, and On Kyung Joo, and Carolyn Kaiser, far right, met author Cheryl Wills during the Long Island School Library Systems' 6th Regional Institute.

District 30 librarians attend regional conference

District 30 librarians Jacqueline Capewell, On Kyung Joo and Carolyn Kaiser from attended the Long Island School Library Systems' 6th Regional Institute on Nov. 5. The day of learning, sponsored by Nassau and Eastern/Western Suffolk BOCES School Library Systems, brought school librarians from across Long Island.

Capewell, librarian at Shaw Avenue School; Joo, librarian at Forest Road School; and Kaiser, librarian at Clear Stream Avenue School first heard from keynote speaker Dr. Barbara Stripling, former professor and president of the American Library Association who has played an advocacy role for school libraries.

Stripling shared and explained the Empire State Information Fluency Continuum, a 500-page document that guides school librarians in teaching students research skills. The ESIFC sets learning goals and prepares students to develop 21st-century skills continuously as they grow and succeed in their academic and personal lives.

During the second session, the District 30 librarians met Cheryl Wills, author of the book "Emma" and wife of Clear Stream Avenue Principal John Singleton.

"We were excited to hear Cheryl Wills share the legacy of her great, great, great grandmother Emma Wills, a former slave," Kaiser said. "We took inscribed copies of the book back to our schools, so that our students can read the book and be inspired to give a voice to their own ancestors, especially those forgotten by our collective history."

In the afternoon session, Capewell, Joo and Kaiser attended sessions regarding stress management for librarians, various online resources and creating compelling questions for inquiry and poetry. They said they looked forward to bringing the lessons, materials and knowledge into each of their school buildings.

• 롱아일랜드 지역 컨퍼런스에 참가한 저자(왼쪽에서 두 번째)[97] 와 동료 사서교사들의 이야기가 지역신문에 실렸다.

97) 우리 학군의 웹사이트에 실린 롱아일랜드 지역 컨퍼런스 소식
https://www.valleystream30.com/News/Story.aspx?id=94966 출처: LI Herald

(10) 미국 동부지역 최초의 자발적 사서역량강화 에드 캠프인 카디간 캠프 Cardigan Camp

미국 뉴욕 주의 롱아일랜드 지역에서 뿐만 아니라 미국 동부지역에서 최초로 모든 사서교사들을 위해 개최된 카디간 캠프는 사서교사들이 자발적으로 자신들의 역량강화를 위해 만든 캠프이다. 즉, 사서교사를 위한 사서교사들에 의한 사서교사들의 사서역량강화 에드 캠프이다.

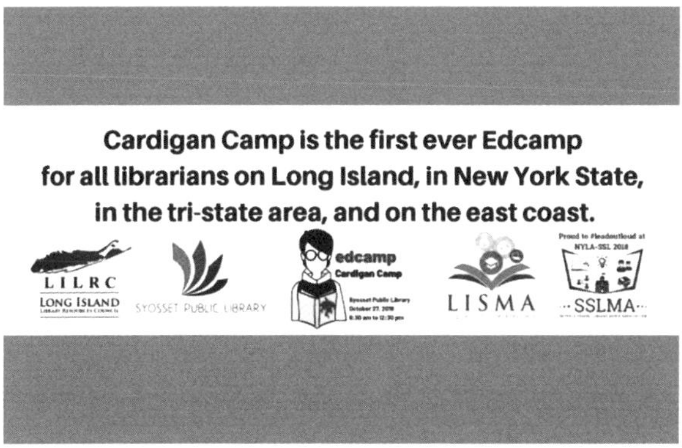

• 카디간 캠프의 진행을 위해 개설된 웹사이트[98]

2019년에 개최된 카디간 캠프는 다음과 같은 순서로 개최되었다. 아래는 이 캠프에 참석한 저자가 캠프 참가하면서 보고, 듣고, 배우고, 느낀 것들을 요약한 것이다.

1) 사서교사들을 위한 역량강화 컨퍼런스: 입장 및 접수

2019년에 미국 동부지역 최초로 사서교사들을 위한 자발적인 사서교사 역량강화 컨퍼런스가 롱아일랜드의 사이오셋 공공도서관에서 열렸다. 급변하는 21세기 미래 사회에 학생들이 잘 대비할 수 있도록 맞춤형

98) 에드 캠프 웹사이트. https://edcampcardigancamp.weebly.com/partners-co-founders-and-team.html

미래 역량교육을 담당하는 교사로서의 사서교사들을 위한 컨퍼런스였다. 사서교사들 간의 정보공유가 절실한 현실에서 사서교사들은 자신들에게 당면한 여러 주제를 가지고 자유로이 발표하고 무엇인가 새로운 것을 배워가기 위해 에드 캠프(Ed Camp)에 기꺼이 참석하였다. 에드 캠프에 참석한 사서교사들은 휴일인 일요일을 포기하고 비오는 날 사이오셋 공공도서관에 모여 호기심이 가득한 표정으로 컨퍼런스에 참가하였다.

아침 8시 30분에 사이오셋 공공도서관에 도착하니 일요일이라 12시까지는 도서관이 대중에게 개방되지 않아 사서 및 사서교사들의 컨퍼런스 장소로 아주 좋았다. 도서관 관장에서부터 전 부서의 사서들이 자원봉사자로 에드 캠프 참가자들의 접수를 받았다. 참가자들 중에는 사서교사가 제일 많았고 도서관 관장, 대학교 교수, 교사, 대학원 학생들도 있었다.

2) 행사의 진행

도서관 1층 로비에는 동네 업소들에서 후원한 베이글 빵과 요구르트, 커피, 주스 등의 간단한 아침 식사가 준비되어 있었다. 간단히 요기를 하면서 안면이 있는 사람들과 대화를 하는 사람도 있었고 도서관 앞면에 전시되어 있는 행사진행표에 post-it으로 자신이 발표할 관심 주제를 적어서 붙이는 사서교사들도 있었다.

9시부터 시작되는 행사 전에 참석한 모든 사서교사들은 자기가 관심 있는 주제가 어느 방에서 열리는지 확인하고 주제별로 나누어진 6군데의 방으로 흩어져 갔다.

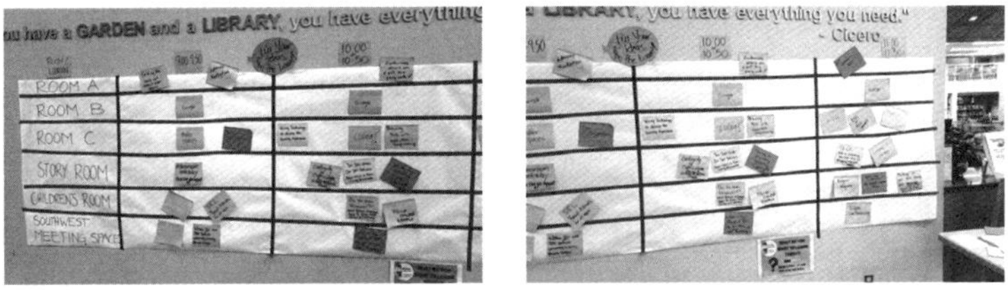

• 행사진행표에 자신이 발표할 주제를 적어서 붙인 post-it의 모습

• 자신이 관심 있는 주제와 장소를 확인하고 있는 사서교사들

3) 첫 번째 시간

첫 번째 시간에는 북토크(Book Talk)에 대한 그룹에 참석했다. 이 그룹에 참석한 대부분의 참석자들이 사서교사들이라서 그런지 참석한 사서교사들은 다른 사서교사들이나 담임교사들이 도서관 수업에서 또는 학급에서 학생들에게 읽어주거나 학생들에게 읽으라고 권하고 있는 책들에 대한 정보를 나누었다

• 첫 번째 북토크 시간에 책에 관한 정보를 나누고 있는 사서교사들

4) 두 번째 시간

두 번째 시간에는 학교도서관과 테크놀로지에 대해서 서로 정보를 교환했다. 어떤 사서교사들은 테크놀로지를 수업에 활용하고 있었지만 또 어떤 사서교사들은 아직 테크놀로지를 사용하지 않아 이 시간에는 테크놀로지에 대해 진지한 정보교환이 이루어졌다. 저자는 3D 프린터에 대한 저자의 견해를 참석자들과 나누었다.

• 테크놀로지에 대해 토의하고 있는 사서교사들(가운데 중앙이 저자)

5) 세 번째 시간

세 번째 시간에는 대학교수, 도서관 관장, 사서교사, 테크놀로지 교사, 사서 등이 모여 21세기에 당면한 학생들의 21세기 능력과 교육 현안에 관해 대화를 나누었다.

• 학생들의 21세기 능력과 교육현안에 대해 토의하고 있는 교육자들

사서교사들이 주최하고 공공도서관 사서들과 지역사회의 후원으로 이루어진 이 행사는 사서교사들의 전문성 신장과 역량 강화가 자발적으로 상호 교류하면서 이루어질 수 있다는 것을 증명해 주었다. 앞으로 이와 같은 행사가 더 자주 있기를 기대한다.

(11) 낫소 카운티 공공도서관 시스템에서 주최한 문학 페스티벌을 통한 전문성 신장

얼마전 뉴욕시 근교 롱아일랜드 지역의 사서와 사서교사들이 한데 모여 게스트로 초대받은 인기 작가들의 이야기를 듣고 그룹별로 모여 북 디스커션을 하는 문학 페스티벌(Lit-Fest)에 다녀왔다. 다음에서 뉴욕 주의 낫소 카운티 공공도서관 시스템에서 주최한 문학 페스티벌에 참가했던 저자의 경험을 소개하고자 한다.

1) 삽화가 멜리사 스위트Melissa Sweet를 만나다

• 멜리사 스위트씨와 그녀의 작품

문학 페스티벌에서 간단히 조식을 하고나서 개회사에 이어 삽화가 멜리사 스위트(Melissa Sweet)[99]씨의 강연이 있었다. 꽃분홍색을 좋아한다는 그녀의 책에는 모든 페이지 어딘가에 꽃분홍색이 자리하고 있다. 그

99) 멜리사 스위트의 웹사이트 https://www.melissasweet.net/
멜리사 스위트 인터뷰 https://www.youtube.com/watch?v=t8gLzlKlAO0&feature=youtu.be

날도 이름처럼 상냥한 스위트씨는 꽃분홍색 상의를 입었고 주최 측은 그녀의 취향을 미리 알고 각 테이블마다 같은 색깔의 꽃으로 장식하여 더욱 분위기를 돋웠다. 스위트씨의 특유한 북디자인으로 그녀의 손이 닿은 책마다 미술작품으로 재탄생한다.

2) 그래픽 소설Graphic Novel 작가 제리 크래프트Jerry Craft를 만나다.

점심 식사 후에 만화가 제리 크래프트(Jerry Craft)씨의 강연이 있었다. 만화그리기를 즐겨했던 그는 출판사로부터 수차례의 거절을 당한 후 자비출판으로 수많은 책을 출판하였고, 결국에는 미국의 유명한 아동출판사인 스콜라스틱사로부터 작품의뢰를 받았다고 한다.

제리 크래프트[100]씨가 최근 출간한 『뉴 키드』(New Kid)는 자전적 이야기를 중심으로 한 그림소설(graphic novel)로서, 아프리칸 아메리칸 커뮤니티에 사는 7학년 흑인 학생이 뉴욕 브롱스의 부유한 지역의 학교에 전학을 오면서 느껴야 했던 괴리감, 소외감, 박탈감들을 그려내고 있다. 주인공이 어떻게 그러한 환경 속에서 자아를 찾고 성장해 가는지를 보여준 주목할 만 한 책이다. 이 책은 뉴베리상을 수상하였다.

• 제리 크래프트씨와 그의 작품 『뉴 키드』

100) 제리 크래프트의 웹사이트 https://jerrycraft.com/
제리 크래프트의 인터뷰 https://www.youtube.com/watch?v=J9J1t8AYGfk

· 제 7 장 ·

코로나19 팬데믹 이후 도서관들이 수용해야 할 변화에 대하여

뉴욕시 브루클린 공공도서관은 최근 브루클린 리치 (Brooklyn Reach) 라는 이니셔티브를 시작하였는데 도서관의 특정 분원들의 옥상위에 안테나를 설치해서 각 분원에서 반경 300 피트 안에 들어오는 모든 가정, 사업체, 거리의 사람들이 무료 와이파이를 쓸 수 있도록 한 것이다. 이러한 새로운 서비스로 디지털 불균형으로 인한 교육격차나 소득격차가 좁혀지기를 기대하며 앞으로 더 많은 공공도서관이 소외계층을 위한 맞춤형 서비스를 기획하고 시행하기를 바란다.

1절

팬데믹으로 인한 공공도서관과 연구도서관의 움직임

코로나19 팬데믹으로 세계는 전례 없는 뉴노멀 시대에 살고 있다. 마스크 없이 집을 나서지 못하고 옆 사람과 2미터 이상 떨어져야 한다. 그러나 팬데믹이 시작된 지 1년 만인 2021년 3월 29일 현재 미국 인구의 15%가 코로나 백신 접종을 마쳤으며, 뉴욕의 경우 30세 이상의 성인들도 백신을 맞을 자격이 주어졌다. 이러한 청신호에도 불구하고 집단면역이 형성되려면 시간이 좀 걸릴 것으로 전망된다. 2020년 3월 이후 팬데믹으로 인해 미국의 각종 도서관들과 도서관과 관련해서 세계에서 일어난 변화 및 이에 따라 도서관들이 나아가야 할 방향에 대하여 짚어보았다.

(1) 팬데믹으로 인한 패러다임의 전환

2020년 3월 중순부터 뉴욕에 코로나 팬데믹이 불어 닥치면서 대학교를 비롯하여 각급 학교들은 문을 닫고 무기한 원격 수업에 들어갔다. 코로바이러스의 최대 발병지였던 뉴욕 주의 경우 공공장소에서 마스크 쓰기와 사회적 거리두기가 의무화되면서 공공도서관 및 연구도서관의 경우 인쇄 매체 같은 물리적 형태의 장서에 대한 접근이 금지되었고 북클럽이나 공동 연구 등 사람들이 모여서 하던 모든 일들도 중단되었다. 그 대신 도서관 웹사이트에 연결되어 있던 데이터 베이스들을 포함한 전자 자원들은 도서관 카드를 이용하여 집에서 얼마든지 이용할 수 있게 되었다.

이렇게 팬데믹으로 인해 패러다임의 전환이 이루어져 전자 자원의 확보와 사용이 이전에 비해 활발해졌다. 지난 수년간 미국의 연구도서관들이 만약의 사태에 대비해 인쇄 장서를 디지털화해오던 노력이 빛을 보게 되었는데, 사우스 캘로라이나 주의 클렘슨대학(Clemson University)의 도서관장인 크리스토퍼 콕스씨에 의하면 '인터넷 아카이브' 이용자들을 위해 국가 비상 디지털 도서관을 개설하였고, 하티트러스트 디지털도서관(HathiTrust Digital Library)도 장기간 동안 계획해 온 노력의 결과로 회원들에게 디지털 자료에 대한 비상 임시 접근권을 주었다.[101)]

(2) 스트리밍 서비스의 확장

이번 팬데믹의 연장으로 공공 도서관들마다 DVD 형태로 대출되던 영화가 스트리밍 서비스로 전환되었고 이용자들의 전자책 및 영화 스트리밍 사용이 폭증하였다. 팬데믹 이후 우리 동네의 브라이언트 공공도서관은 수천 개의 영화를 볼 수 있는 영화스트리밍 서비스인 캐노피(Kanopy)[102)]를 도서관 웹사이트에 연결하여 이용자가 도서관 카드를 입력하고 링크에 접속할 수 있도록 하였다. 이 기간 동안 저자는 도서관 직원으로부터 두세 번 직접 전화로 이러한 새로운 서비스에 대한 안내를 받기도 했다.

(3) 비대면 서비스의 증가

또한 사회적 거리두기가 새로운 의무가 되면서 비접촉 상호 작용이 중시되었고, 전화로 책을 예약하면 도서관 앞길에서 바로 책을 픽업을 할 수 있었다.(커브사이드 픽업: curbside pickup) 도서관의 문이 다시 열린 후에는 도서관의 입구에 마스크와 고무 장갑이 비치되어 있었고, 도서관의 고객이 스스로 대출할 수 있는 셀프 체크아웃 기계인 키오스크(kiosk)가 마련되었다. 이와 같이 도서관에 오지 않고 집에서 도서관 웹

101) https://www.insidehighered.com/views/2020/06/05/academic-libraries-will-change-significant-ways-result-pandemic-opinion
102) https://bryantlibrary.kanopy.com/

사이트에 접속하여 도서관의 자원들을 다운로드 받거나 스트리밍하는 비대면 서비스가 증가하고 있는 추세이며 이용자들도 그러한 변화에 적응하고 있다. 그러나 어린 아이들을 위한 스토리 타임이나 어른들을 위한 요가 클래스같이 대면으로 하는 서비스들이 동영상으로 대체되는 것에는 여전히 개선의 여지가 있다고 본다.

(4) 대학의 온라인 수업과 대학도서관 사서의 활약

대학의 경우 팬데믹으로 학교의 문이 닫히고 교수와 학생들의 대면 수업이 온라인 코스로 대체된 것이 바람직한 것인지에 대해서는 학생마다 평가가 다른 것 같다. 학교에 출석하지 않고 집에서 실시간 원격 수업을 수강하는 것을 선호하는 학생들도 있고, 대면 수업을 선호하는 학생들도 있을 것이다. 그러나 앞으로 디지털 테크놀로지를 이용한 원격 수업은 늘어날 것으로 보인다. 눈이 많이 오는 지방의 대학들은 폭설이 내리면 수업을 취소하곤 했는데 요즘같이 원격수업에 익숙해진 경우에는 날씨에 관계없이 실시간 원격 수업이 이루어질 수 있기 때문이다.

이러한 원격 교육의 도래에 발맞추어 미디어 리터러시와 교육 테크놀로지에 능통한 대학 도서관 사서들은, 교수들을 위하여 온라인 수업에 관한 동영상 수업지침서를 만들거나 교수들이 온라인 수업을 개발하는데 필요한 도움을 주고 있으며, 대학생들에게는 온라인 수업을 받는데 필요한 테크놀로지 및 디지털 리터러시를 가르치면서 그 진가를 발휘하고 있다. 대부분의 미국대학도서관 사서들은 도서관학 석사학위 이외에 다른 분야의 석사학위를 가지고 있으며 교수 지위를 가지고 있다.

매일같이 새로 개발되는 테크놀로지를 익히고 적절하게 사용하도록 하는 데에 대학도서관, 공공도서관, 학교도서관의 사서와 사서교사들이 진취적으로 앞서 나아가야 할 것이다.

2절

팬데믹 직후 원격 교육 - 장점과 개선의 여지

저자의 경우, 2020년 3월 15일부터 초등학교의 문이 닫히자 모든 교사들이 집에서 원격 수업을 실시했고 학생들은 집에서 원격 수업을 받았다. 그 당시 교사들은 구글 미트를 통해 수업하거나 또는 구글 클래스룸에 원격수업 영상을 촬영해서 올리고 학생들은 그 수업 영상을 보고 과제를 마친 후 구글 클래스룸에 각자가 한 숙제를 올리는 방법으로 비대면 원격 수업이 진행되었다.

1. 디지털 자원의 확보가 시급

이러한 원격 수업에 활용할 수 있는 교육 동영상을 출시하는 온라인 데이터 베이스 회사들과 몇몇 전자책 출판사들이 교사들과 학생들을 위해서 봄학기가 끝나는 6월 말까지 자사의 웹사이트에 로그인 할 수 있는 무료 구독권을 주었다. 사서교사들은 무료로 받은 많은 디지털 자원들을 다른 교사들에게 제공하고 교사들은 이 자원들을 활용하여 팬데믹 기간 동안 수업을 잘 마칠 수 있었다. 그러나 아직 팬데믹이 진행 중이라 학교도서관이 폐쇄된 상태에서 학교도서관의 장서에 접근할 수 없는 학생들을 위한 전자책의 충분한 확보가 시급한 실정이다.

2. 원격수업의 장점

교사로서 뿌듯한 점은 원격 수업으로 전환되면서 저학년 학생들이 디지털 테크놀로지를 받아들이는 것이 수년 앞당겨졌다는 것이다. 팬데믹 전에는 초등학교 3학년부터 사용할 수 있었던 구글 문서(Google Doc)나 번시 앱(Buncee App) 등을 지금은 초등학교 1학년들도 사용할 수 있게 되었다. 또 유치원, 1학년 학생들도 구글 클래스룸에 접속하여 구글 미트를 활용한 실시간 쌍방향 원격수업을 받는다. 또한 저학년 학생들은 시소(SeeSaw) 앱을 사용해서 다양한 과제를 수행하고 제출할 수 있으며, 교사는 학생들이 제출한 과제물을 보고 피드백을 줄 수 있다.

3. 원격수업의 아쉬운 점

그러나 아쉬운 점은 원격수업은 교사와 학생이 물리적으로 멀리 떨어져 있기 때문에 옆에 도와주는 사람이 없는 저학년 학생들에게 교사가 직접 옆에서 도와줄 수 없다는 점이다. 따라서 원격 수업의 결과 학생들 간의 학업 격차가 벌어지기도 했다. 부모나 손위 형제 자매로부터 도움을 받을 수 있는 저학년 학생들은 구글 미트에 결석하는 적이 별로 없이 교사의 지시에 따라 구글 클래스룸에 들어가 과제를 다운로드받아 과제를 마치고 다시 구글 클래스룸에 업로드하는 것까지 잘 할 수 있었다. 그러나 부모가 하루 종일 일을 하느라 옆에서 도와주지 못하는 저학년 학생들은 인터넷 접속이 잘 안 되어서 구글 미트에 참석을 못하거나, 과제가 어디 있는지 찾지 못해서 숙제를 못하거나 포기하는 경우가 종종 있었다. 이러한 경우에는 학생들의 부모와 통화를 하는 것이 가장 좋은 해결책이며 발표력이 좋은 학생이 자발적으로 자신의 스크린 화면을 공유하면서 급우를 도와주는 협력학습도 효과가 있다.

원격수업의 효율성과 접근성을 높이기 위한 앱들도 많이 나와있는데 페어덱(Pear Deck) 이라는 앱을 사용하면 교사는 모든 학생들이 사용하는 아이패드나 랩톱 컴퓨터의 화면을 실시간 한 눈에 볼 수 있어 도움이 필요한 학생을 도와줄 수 있다. 또 학생들은 교사가 구글 클래스룸에 올려준 PDF 파일로 된 과제를 캐미(Kami) 앱을 사용해서 열고 과제를 마친 후에 다시 구글 클래스룸에 제출하는 것이 보편화되어 가고 있다.

이러한 기술적인 측면 외에도 원격교육의 단점은 한창 친구들과 이야기하고 운동장에서 뛰어놀아야 할 나이의 학생들에게 그러한 또래와의 상호작용이 결여되어 사회성의 발달에 지장이 있다는 점이다.

3절

팬데믹의 연장에 따른 실시간 쌍방향 원격 수업과 디지털 장서

1. 실시간 쌍방향 원격 수업

2020년 여름 방학이 지나고 9월 초 개학하기 전에 뉴욕 주는 학부모에게 결정권을 주어 ①학교 대면 수업 모델, ②학교에서 2일 수업하고 집에서 3일 동안 원격 수업하는 하이브리드 모델 그리고 ③모든 수업을 실시간으로 원격 수업하는 모델 등 세 가지 방법 중에서 원하는 수업 방식을 고르게 하였다.

우리 학교의 경우 50%의 학부모들이 주 5일 원격 수업을 선택하였고 50%는 주 2회 학교에 출석하고 주 3일은 집에서 원격 수업을 받는 하이브리드 모델을 선택하였다. 따라서 저자를 포함한 교사들 중 일부는 주 5일 집에서 원격 수업을 실시하게 되었다.

또 우리 학교는 전교 학생이 학교에서 지급해 준 아이 패드나 크롬 북을 가지고 있고, 거의 대부분의 가정에서 인터넷에 접속을 할 수 있기 때문에 실시간 쌍방향 비대면 원격 수업이 가능했다.

유치원에서 1학년 학생들의 경우에는 테크놀로지에 관한 경험이 거의 없었기 때문에 원격 수업을 받을 수 있을까 염려했으나 대부분의 학생들이 부모나 조부모의 도움으로 구글 미트와 구글 클래스룸을 이용한 실시간 원격 수업에 잘 임할 수 있었다.

2. 학교 도서관 디지털 장서의 장점과 단점

팬데믹으로 학교 도서관의 문은 닫혔으며 원격 수업을 받는 학생들은 물론 학교에서 1주 2일 대면 수업을 받는 학생들도 학교도서관의 장서들을 빌려갈 수 없다. 따라서 저자를 비롯한 학군의 사서교사들은 종이책 대신 교사들과 학생들을 위해 오버드라이브(OverDrive Inc.)사와 캡스톤(My Captone Library)사로부터 디지털 오디오 북과 전자책의 라이센스를 구입하였다. 학교도서관의 예산으로 살 수 있는 디지털 장서의 숫자는 제한되어 있으나 학생들은 자신이 사는 동네의 공공도서관의 카드가 있으면 그 도서관의 디지털 장서를 빌려볼 수도 있다.

이러한 오디오 북은 책 읽기를 싫어하거나 읽기 능력이 낮아서 혼자서 텍스트를 읽기에 도움이 필요한 학생에게 많은 도움을 줄 수 있다. 또 상호적인 전자책(interactive e-books)은 멀티미디어를 사용하여 학생들이 전체 내용에 관해 동기부여를 받을 수 있고, 오디오로 들으면서 본문을 읽을 수 있으므로 학생들에게 독서의 재미를 더 해줄 수 있다. 또한 이러한 오디오북과 전자책은 학교도서관에 가서 책을 골라 대출하지 않아도, 앉은 자리에서 로그인만 하면 바로 스트리밍하여 읽을 수 있는 간편함이 있다.

또한 종이책처럼 찢어지거나 분실될 위험이 없고 특정 회사의 오디오북과 전자책은 여러 명이 한번에 같이 읽을 수 있기 때문에 한 학급이 같은 책을 읽고 과제를 해야 할 경우에 경제적이며 편리하다.

전자책의 단점이 있다면 종이책에 비하여 가격이 약간 비싸다는 것이다. 캡스톤 사의 전자책은 한번에 한 학급의 학생들이 다같이 읽을 수 있어서 비용 효율이 높지만, 오버드라이브 사의 전자책은 종이책처럼 한 번에 한 명만 빌려서 읽을 수 있기 때문에 인기있는 책은 항상 대출된 상태이고 인기가 없는 책은 아무도 빌려가지 않는다. 따라서 사서교사들은 전자책을 주문하기 전에 구입할 책들을 신중하게 선정해야 하고 이미 소장하고 있는 전자책들을 학생들이 많이 빌려볼 수 있도록 북토크를 통해서 홍보를 하는 것이 필요하다.

4절

팬데믹 이후의 도서관들이 지향해야 할 점

1. 팬데믹으로 야기된 디지털 불균형[Digital Disparity]의 해소

요즘같은 지능정보사회에서 소득 격차에도 불구하고 누구나 테크놀로지에 접근할 수 있는 곳은 공공도서관이었다. 그러나 팬데믹으로 인해 공공도서관의 문이 닫히자 집에서 컴퓨터나 와이파이에 접속할 수 없는 저소득 계층의 학생들은 다시 한 번 디지털 불균형의 피해자가 되었다. 도서관에서 아무리 좋은 디지털 자원을 갖추고 있어도 집에 컴퓨터나 와이파이 등의 테크놀로지가 없으면 그러한 정보자원에 접근할 수 없기 때문이다.

따라서 팬데믹 이후의 도서관들은 이러한 디지털 불균형을 해소하는 방안을 강구해야 할 것으로 보인다. 뉴욕시 브루클린 공공도서관은 최근 브루클린 리치 (Brooklyn Reach) 라는 이니셔티브를 시작하였는데 도서관의 특정 분원들의 옥상위에 안테나를 설치해서 각 분원에서 반경 300 피트 안에 들어오는 모든 가정, 사업체, 거리의 사람들이 무료 와이파이를 쓸 수 있도록 한 것이다. 이러한 새로운 서비스로 디지털 불균형으로 인한 교육격차나 소득격차가 좁혀지기를 기대하며 앞으로 더 많은 공공도서관이 소외계층을 위한 맞춤형 서비스를 기획하고 시행하기를 바란다.

2. 형평성과 평등한 접근Equity and Equal Access을 위한 노력

스토리 타임이나 요가 클래스 같은 프로그램을 온라인으로 할 때 단순히 동영상을 도서관의 웹사이트에 올리는 것보다 고객의 필요를 파악해서 맞춤형으로 실시하면 더 좋은 반응을 얻을 수 있다. 그러나 테크놀로지 접속이 힘든 사람들은 역시 디지털 불균형이라는 암초에 걸리게 된다.

모든 주민들에게 공평하고 평등한 도서관 접근을 제공하려면 도서관이 지역사회의 사업체들, 교육기관, 도시 지도자들과 협력하여 도움이 필요한 사람들이 팬데믹 이후 새로 개발되는 서비스와 프로그램을 잘 이용할 수 있도록 여러 가지 방안을 강구하여야 한다.

3. 터치리스Touchless 도서관 서비스

팬데믹이 시작된 후 도서관 건물들은 문을 연 곳도 있으나 문을 열었어도 이용자가 거의 없는 실정이다. 동네의 공공도서관인 브라이언트 도서관의 경우에도 사회적 거리두기로 독서실의 책상과 의자도 띄엄띄엄 놓여 있으며 도서관 내부를 수시로 청소하는 모습이 보인다. 반납할 책은 도서관 밖에 놓인 북카트에 올려놓게 되어 있으며, 일단 반납된 책들은 소정 기간 격리(quarantine)를 하게 되어 있다.

이용자의 수가 많은 대형 도서관들은 시간 약속 및 사전 등록을 한 이용자에 한해서 도서관 입장을 허용하거나 이용자들이 혼자서 책을 읽을 수 있는 공간 등의 셀프 서비스 영역을 늘려 이용자들 간의 사회적 거리두기를 지키고 있다.

5절

차세대 도서관들이 가져야 할 가장 중요한 12가지 속성들

팬데믹 이전에 사람들은 공공도서관에서 그동안 필요한 정보를 얻고, 책과 비디오를 빌리고, 컴퓨터와 인터넷을 사용하고 조용히 공부할 수 있었다. 어린이와 청소년들은 각 연령 및 학년별로 마련된 교육, 문화, 오락 프로그램에 참가하고, 학교의 과제를 하기 위하여 온라인 데이터베이스를 사용하였다. 성인들은 구직을 위한 정보를 찾고, 이력서를 쓰는 데 전문가의 도움을 받으며, 무료 공증을 받으며, 온 가족을 위한 음악회, 북클럽, 건강강좌 등 프로그램에 참가하고 심지어, 필요에 따라 도서관의 회의실을 지역사회의 미팅 장소로 이용해왔다.

코로나19 팬데믹으로 도서관의 문이 닫히자 이용자들은 물리적인 도서관이 아닌 도서관의 디지털 장서와 서비스만을 이용할 수 있게 되었다. 도서관의 문을 다시 열렸어도 팬데믹이 진행되고 있는 동안 사회적 거리두기 등으로 도서관의 이용률이 급속히 떨어졌다. 재택근무를 하는 어른들과 집에서 원격 수업을 받는 학생들이 늘어나면서 점점 사람들은 도서관에 가지 않고도 비대면으로 도서관의 장서와 서비스와 프로그램을 누릴 수 있는 미래지향적인 도서관에 대한 비전을 가지게 된 것 같다.

팬데믹 이후의 공공도서관에 지역 주민들이 바라는 것이 있다면 무엇일까? 미국 시민들은 공공도서관의 공간 다변화로, 대여 가능한 최첨단

회의실, 융합교육랩, 멀티미디어 스튜디오, 육아센터 및 야외공간 등의 시설을 갖추어 도서관과 지역 사회간의 거리를 좁히고, 도서관에 가지 않고도 사서로 부터 생생하게 필요한 정보를 얻을 수 있는 원격 정보 지원 서비스 및 웨비나 형식의 쌍방향 프로그램을 개발하며, 지역 사회의 취약계층과 다문화 가정을 위한 사회 봉사에 힘써주기를 바라고 있는 것으로 나타났다.

미국도서관협회 회원 200여 명을 대상으로 '차세대 도서관이 가져야 할 속성들'에 대해 실시한 설문 조사의 결과 차세대 도서관이 지녀야할 속성은 다음과 같은 순으로 나타났다.[103]

1. 지역 봉사활동과 사회복지사업
2. 도서관 공간의 탈중앙화
   - 팝업, 북모빌, 스토어프론트, 로우 터치 키오스크 등
3. 웨비나(webinar) 형식의 스토리 타임과 프로그램
4. 원격 문의 및 정보 검색 서비스
5. 지역사회에서 사용할 수 있는 테크놀로지가 통합된 회의실
6. 융합인재교육(STEAM) 크리에이티브 랩(creative lab)
7. 프로그램을 실시할 수 있는 야외 공간
8. 놀이를 통한 학습
9. 사운드와 영상 스튜디오
10. 부동산 용도를 변경/다목적 이용/재배치
11. 다언어/다문화로 된 장서 컬렉션
12. 어린이 부서에 육아센터 운영

103) https://www.gensler.com/research-insight/blog/design-ideas-for-the-post-pandemic-public-library

6절

바이든 정부에 대한 미국사서교사협회[AASL]의 요구사항

Education Week에 따르면 2020년 봄, 코로나 19 팬데믹으로 미국에서는 거의 모든 학교들이 문을 닫았으며, 바이러스가 가장 최고조에 달했을 때에는 미국의 12만 4천개의 공립 학교와 사립학교에 다니던 5천 5백명의 학생들이 학교에 가지 못했다. 그리고 미국의 50개 주들 중에서 거의 모든 주가 학기가 끝나는 6월 말까지 학교의 문을 닫도록 명령을 내리거나 닫기를 권고하였는데 저자가 근무하던 학군에서도 2020년 3월 15일부터 학기가 끝나는 6월 셋째 주까지 학교의 문이 닫혔고, 모든 교사들은 원격수업을 실시하였다.

미국도서관협회(ALA) 와 미국사서교사협회(AASL) 는 2020년 초부터 코로나19 팬데믹으로 인해 언택트 문화와 디지털 전환이 가속화되고 교육환경이 변화되면서 교육의 불평등이 더욱 심화되고 있는 시점인 2021년 1월, 차기 대통령으로 취임하는 바이든 인수팀에게 공개 서한을 보냈다.

이 서한을 작성하고 서명한 미국도서관협회의 회장인 줄리우스 제퍼슨 쥬니어씨, 미국사서교사협회 회장인 캐씨 캐롤씨, 미국사서교사협회 지부 총회의 의장들과 비서 및 지부 48곳의 지부장들은 사서교사들이야말로 전례없는 사회적 혼란 속에 놓인 학생들에게 비판적 사고능력과 탐구학습의 기회를 제공하며, 다른 교사들에게 온라인 원격 수업에 필요한 디지털 자원 및 협업수업의 기회를 제공하는 전문가임을 강조하며 사서교사들의 존재를 부각시켰다.

이 서한의 핵심은 수많은 학생들과 교사들이 사서교사가 제공하는 교육적, 정서적 혜택을 받지 못하고 있는 현실을 상기시키면서 '모든 학생 성공법' ESSA(Every Student Success Act)에 사서교사의 역할을 다루는 지침을 제공하여야 하고, 학교 건물마다 공인된 사서교사의 존재를 정확하게 반영하기 위해서 국립교육통계센터 NCES(National Center for Educational Statistics)의 데이터 수집 방식을 개선할 것이며, 사서교사들의 교수 역할 및 국가 표준을 반영하도록 NCES 상에서 사서교사의 정의를 조정하고, 교사로서의 사서교사가 동료 교사들과 동일한 연방 지원을 받을 자격이 있는지 확인해 줄 것을 요청하고 있다.

최근에 미국도서관협회에서 발표한 자료에 따르면 미국에는 유치원에서 고등학교까지 9만 4백 개의 공립 및 사립 학교들이 있는데 그중의 91%에 달하는 8만 2천 3백 개의 학교에 사서교사가 상주하고 있으며, 61%에 해당하는 5만 6천 개의 학교에만 풀타임 사서교사가 상주한다고 한다. 아직도 39%의 학교에 풀타임 사서교사가 배치되지 못한 현실에서 미국도서관협회와 미국 48개 주의 사서교사들이 한 목소리로 차기 대통령에게 사서교사에 대한 조항을 법제화해 줄 것을 공개적으로 요청한 것은 참으로 시기적절한 일이 아닐 수 없다. 차후 미국의 모든 학교도서관에 풀타임 사서교사가 배치되기를 희망한다.

다음은 서한의 전문을 저자가 번역한 것이다.

미국도서관협회가 바이든 대통령직 인수팀에 보내는 서한

2021년 1월 6일

미국도서관협회
미국사서교사협회

교육 재검토 팀/바이든 해리스 인수팀
대통령직 인수 본부
1401 Constitution Avenue NW
워싱턴 DC 20230

바이든 해리스 교육부 인수 팀원 여러분께 :

바이든 대통령 당선자 리더십 산하로 교육부가 인수된 것은 코로나 바이러스 대유행 및 올해 일어난 기타 사건들로 인해 미국 교육 시스템의 불평등이 악화되고 더욱 뚜렷해진 이 중대한 시점에 찾아왔습니다.

우리는 교육자이자 사서입니다.

이것은 또한 더 강하고 공평하고 공정한 사회를 위한 교육의 미래를 형성할 수 있는 기회라고 믿습니다.

한 가지는 분명합니다. 모든 학습자가 올해의 도전에 맞설 수있는 자원을 똑같이 제공 받지는 못했습니다.

어떻게 하면 학생들에게 국제적 건강 위기, 잘못된 정보의 맹공격, 재교육 및 재편성 능력이 필요한 교육 시스템 및 취업 시장, 인종 정의에 대한 전국적 요구 등을 이해할 수 있는 비판적 사고 능력을 준비시켜줄 수 있을까요?

학교수업이 이러한 전례없는 새로운 교육 방식으로 전환될 때 누가 담임교사들 및 교과교사들을 지원하여 디지털 자원 및 협업수업의 기회를 제공하고, 학생들의 사회정서 학습에 의도적으로 마음을 쓸까요?

그 누가 디지털 접근을 통해서만 아니라 탐구와 탐사라는 공유된 감각을 가지고 지역사회가 서로 연결된 상태로 유지되도록 보장할까요?

그 정답은...바로 공인된 학교 사서교사입니다.

학교 사서교사는 학생들을 위한 탐구 문화를 조성하고, 비판적 사고능력을 개발하며, 다중적 문해력을 육성하고, 개별화된 학습을 실시하며, 맞춤형 자원을 제공하고, 공감 및 평생학습을 위한 성향을 구축하는데 필수적인 전문가들입니다.

그들은 다음과 같은 교육적 역할을 수행하면서 학습 커뮤니티에 새로운 비전을 제공합니다.

모든 학년과 콘텐츠 영역을 넘나들며 전교 학생들이 학교를 다니는 수년 간 같은 학생들을 가르치는 교사의 역할을 가지고 있습니다.

다중적 문해력과 탐구는 오늘날 사서교사들이 하는 업무의 밑바탕이 되며 특히 오늘날 처럼 디지털 학습에 의존할 때 사서교사들의 역할이 그 어느 때보다도 더 절실합니다.

사서교사들은 교사, 리더, 교육 파트너, 정보 전문가, 그리고 프로그램 관리자로서의 책임들도 가지고 있습니다.

2014년에 쓴 '친애하는 동료에게 보내는 편지'[104]는 교사 및 교직원을 포함한 교육 자원에 대한 공평한 접근이야말로 '브라운 대 교육위원회' 판결에서 성문화된 학생들의 권리라고 확인하고 있습니다.

그러나 '학교도서관의 영향에 관한 연구[105]'에서 사서교사들이 교수활동과 프로그램들을 통해 교수와 학습을 어떻게 변화시키는 지, 그리고 사서교사의 존재가 학생들의 학교에서의 성공 뿐 아니라 미래의 교육 및 직업 추구, 그리고 사회에서의 성공에 있어서 얼마나 중요한지 강조했음에도 불구하고 오늘날 너무 많은 학생들과 교육자들이 사서교사가 주는 혜택을 받지 못하고 있습니다.

귀 대통령 인수팀이 바이든 대통령과 카르도나 교육부 장관의 '모든 학습자들을 위한 형평성'의 비전을 중심으로 교육부 기반을 마련 할 때, 다음과 같은 우선사항들을 포함시키도록 정중하게 요청합니다

미국도서관협회/미국사서교사협회가 바이든 인수팀에 요청하는 내용

- '모든 학생 성공법' ESSA*(Every Student Success Act) 에 사서교사의 역할을 다루는 지침 제공
- 학교 건물마다 공인 된 사서교사의 존재를 정확하게 반영하기 위해 국립교육통계센터 NCES(National Center for Educational Statistics)** 데이터 수집의 개선
- 사서교사들의 교수 역할 및 국가표준 을 반영하도록 NCES**상에서 학교 사서교사의 정의를 조정할 것
- 교사로서의 사서교사가 동료 교사들과 동일한 연방 지원을 받을 자격이 있는지 확인

104) 미국 교육부, 시민권 사무소. (2014년 10월 1일). 자원 비교 가능성에 대한 동료 편지. https://www2.ed.gov/about/offices/list/ocr/letters/colleague-resourcecomp-201410.pdf

105) Gretes, Frances. (2013 년 8 월). 학교 도서관 영향 연구 : 결과 검토 및 출처 안내. https://baltimorelibraryproject.org/wp-content/uploads/downloads/2013/09/Library-Impact-Studies.pdf

미국 도서관 협회(American Library Association), 그 부서 인 미국사서교사협회 AASL(American Association of School Librarians) 및 미국사서교사협회의 각 주별 지부 AASL State Chapters는 현재 교육자들이 직면한 긴급한 우려 사항에 관하여 학교 사서교사가 어떻게 형평성 지향적인 해결책을 제공할 수 있을지 고려할 것을 촉구합니다.

미국의 학교들, 교육자들, 그리고 학습자들을 위한 계획을 세우는데 있어서 중요한 파트너로 학교 사서교사들을 참여시키는 것에 대해 더 이야기를 나누기 원하시면 미국사서교사협회(AASL) 전무 이사 실비아 나이트 노톤(Sylvia Knight Norton)에게 이메일 snorton@ala.org 로 문의하십시오.

차기 행정부와 미국의 학생들을 대신하여 노고에 감사드립니다.

줄리우스 제퍼슨 쥬니어 회장. 캐씨 캐롤 회장
미국도서관협회
미국사서교사협회

미국사서교사협회 지부 총회
미국사서교사협회 지부 48 곳의 지부장들
캐서린 퓨어맨 의장
린지 키머리 선출의장
블레이크 호퍼 전 의장
매튜 킹 비서

용어 해석

Q. 모든 학생 성공법 ESSA*(Every Student Success Act)[106]은 무엇인가요?

오바마 대통령은 2015년 12월 10일 모든 학생 성공법에 서명했습니다. ESSA에는 학생과 학교의 성공을 보장하는 데 도움이 되는 조항들이 포함되어 있습니다. 아래는 그 중의 몇 가지입니다. 이 법은 미국의 불우한 학생들과 경제적으로 어려운 학생들에게 중요한 보호를 유지함으로써 형평성을 향상시킵니다. 미국의 모든 학생들이 대학과 직업에서 성공할 수 있도록 높은 학업 수준으로 가르치도록 역사상 처음으로 요구하고 있습니다. 높은 수준에 대한 학생의 진척도를 측정하는 주 전체의 연례 평가를 통해 교육자, 가족, 학생 및 지역 사회에 중요한 정보가 제공되도록합니다. Investing in Innovation(혁신에 투자하는 프로그램) 과 Promise Neighborhoods(교육의 질을 향상시키기 위하여 특정 그룹에 지원하는 프로그램)와 같은, 지역 지도자 및 교육자들이 개발한, 증거 기반 및 장소 기반 개입을 포함하는 지역 혁신을 지원하고 성장시키는데 도움을 줍니다. 양질의 어린이집에 대한 접근성을 높이기 위해 이 행정부가 역사적으로 해왔던 투자를 유지하고 확장합니다. 성적이 가장 낮은 학교, 학생 그룹이 진전을 이루지 못하고 장기간에 걸쳐 졸업률이 낮은 학교에서 긍정적인 변화에 영향을 미칠 책임과 조치가있을 것이라는 기대를 유지합니다.

출처: 미국교육부(U.S. Department of Education) 웹사이트
(구글 번역 2021. 1. 9.)

106) https://www.ed.gov/essa?src=rn

Q. 국립교육통계센터 NCES**(National Center for Educational Statistics)[107] 는 무엇인가요?

국립교육통계센터는 미국 및 기타 국가의 교육과 관련된 데이터를 수집하고 분석하는 주요 연방 기관입니다. NCES는 미국 교육부와 교육 과학 연구소 내에 있습니다. NCES는 미국의 교육 에 대한 완전한 통계를 수집, 대조, 분석 및 보고하는 의회의 명령을 이행하며, 보고서를 수행하고 게시합니다. 국제적으로 교육 활동을 검토하고 보고합니다. *도서관 통계 프로그램은 연령, 사회적 신분 또는 학력에 관계없이 개인이 이용할 수있는 교육 자료입니다. 도서관 통계 프로그램은 학술 도서관, 공공 도서관, 학교 도서관 미디어 센터 및 주립 도서관 기관에 대한 설문 조사를 후원합니다.

공립학교의 교육정보를 검색할 수 있는 국립교육통계센터 웹사이트
출처: https://nces.ed.gov/ccd/schoolsearch/
(구글 번역 2021. 1. 9.)

107) https://nces.ed.gov/about/

· 제 8 장 ·

연령별로 본 미국의 독서교육 : 가정에서

「 특히 집안에 아이가 좋아하는 그림책이나 이야기책들이 있어서 아이가 원할 때마다 언제든지 읽어줄 수 있다면, 또 집안에 TV화면이나 전자게임 대신에 온 가족이 책을 읽고 대화를 나누는 모습이 아이의 눈에 비쳐질 때 그 아이는 책을 읽기 좋아하는 아이로 성장할 수 있다. 어려서부터 책을 많이 읽어주면 이야기를 좋아하게 되고 또 아이가 스스로 읽을 줄 알게 되면 책을 즐겨 읽게 된다. 그러나 이야기만 들려주는 것보다는 양질의 삽화를 보여주면서 그림책을 읽어주면 아이가 시각적으로도 청각적으로도 자극을 받는다는 이점이 있다. 」

1절

출생에서 3세까지 : 책을 좋아하는 아이로 키우자

독서교육은 가정에서 시작된다. 아이가 엄마 뱃속에 있을 때부터 엄마가 책을 읽어 주고, 막 태어난 아기를 품에 안고 엄마, 아빠가 눈을 맞추며 노래를 불러주고, 사랑하는 분위기에서 동요도 불러주고 책을 읽어주기 시작하면 아기는 책을 좋아하는 아이로 자란다. 목욕할 때에도 욕조 안에서 플라스틱으로 된 책을 손에 쥐어주고 책장을 넘기면서 놀게 하고, 시간이 날 때마다 서점에 데리고 가서 새로 나온 책들을 둘러보고 만져보게 하고, 도서관의 스토리타임에 참가하게 한다면 아이는 책에 대해 흥미를 갖게 된다.

특히 집안에 아이가 좋아하는 그림책이나 이야기책들이 있어서 아이가 원할 때마다 언제든지 읽어줄 수 있다면, 또 집안에 TV화면이나 전자게임 대신에 온 가족이 책을 읽고 대화를 나누는 모습이 아이의 눈에 비쳐질 때 그 아이는 책을 읽기 좋아하는 아이로 성장할 수 있다. 어려서부터 책을 많이 읽어주면 이야기를 좋아하게 되고 또 아이가 스스로 읽을 줄 알게 되면 책을 즐겨 읽게 된다. 그러나 이야기만 들려주는 것보다는 양질의 삽화를 보여주면서 그림책을 읽어주면 아이가 시각적으로도 청각적으로도 자극을 받는다는 이점이 있다.

사전 지식prior knowledge의 중요성

‘백문이 불여일견’이라는 말처럼, 한번 본 것, 들은 것, 해본 것은 아이의 기억에 남아 사전 지식(prior knowledge)을 형성하며 상상력을 키워준다. 이 사전 지식은 아이가 학교에 들어가면서 새로운 지식을 습득할 때 쉽게 이해할 수 있게 도와준다. 예를 들면, 어려서 ‘잭과 콩나무’(Jack and the Beanstalk) 이야기를 듣고 자란 아이는 학교 과학시간에 콩을 심으면 싹이 난다는 사실을 배울 때 자신의 사전 지식과 새로 배우는 지식이 연결되어 학습효과가 증대된다. 그런데 한 가지 주목할 점이 있다. 이 이야기를 그림 없이 말로만 들려주는 것보다 콩나무가 땅에서 자라 하늘 높이 올라간 그림을 본 아이들은 가상의 세계에서 자신의 상상력을 마음껏 펼칠 수 있다는 것이다. 상상력은 또한 아이들이 어려운 환경에 처했거나 지루할 때 용기를 주며 시간을 보다 값지게 보낼 수 있게 도와주기도 한다.

2절

유치원 - 1학년 : 양질의 그림책으로 상상력을 키워주자

유치원 다니는 자녀에게 그림책을 선물할까, 아니면 챕터북을 선물할까 고민하시는 독자가 있다면 아이들의 상상력을 무럭무럭 자라게 해 줄 수많은 양질의 그림책에서 고르시라고 조언하고 싶다. 챕터북은 2학년 때부터 시작해도 늦지 않다. 그 이전이라면 아이가 이미 챕터북을 유창하게 읽을 수 있다고 하더라도 반짝이는 영감을 줄 수 있는 양질의 그림책을 병행해서 읽도록 지도하라고 권하고 싶다. 어린 아이에게 상상력을 길러주는 지도한 장이 빵 한조각보다 낫다는 내용의 그림책을 소개한다.

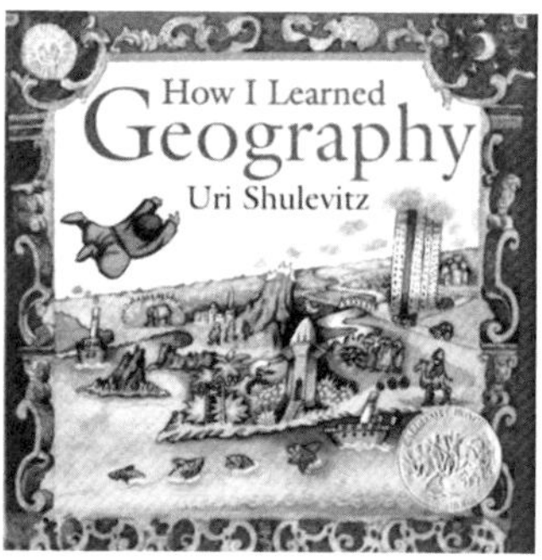

• 유리 슬레비츠의
How I Learned Geography

1930년대 폴란드에 한 남자아이가 살고 있었다. 4살 때 제 2차 세계대전이 일어나 집이 폭격을 당하는 바람에 온 식구가 한밤중에 대피해야 했다. 피난을 가기위해 지금의 카자흐스탄인 중앙아시아로 이주하였는데 먹을 것이 참 귀했다. 몇 푼 안 되는 돈을 들고 온 식구의 빵을 사러 나간 아버지가 저녁 때가 되어서야 들어오셨다. 그런데 아버지가 옆구리에 끼고 들어오신 것은 빵이 아닌 둘둘 만 지도였다.

하루 종일 굶주린 배를 움켜쥐고 있던 소년은 아버지가 너무나 야속했다. 한 집에 같이 사는 옆방 남자가 입맛을 다시며 먹고 있던 말라빠진 빵 조각이 너무나 부러웠던 소년의 마음을 아는지 모르는지 아버지는 가지고 온 지도를 벽에 거셨다. 벽을 온통 채울 정도로 큰 세계지도였다. 가진 돈으로는 가족들이 먹을 한 끼 빵밖에는 살 수 없었지만, 이 지도는 온 가족이 두고두고 볼 수 있어서 차라리 지도를 샀다고 아버지는 말한다. 그런 아버지가 미웠던 소년은 고픈 배를 움켜쥔 채 잠이 들었다. 소년이 다음날 아침 일어나자 벽에 걸린 형형색색의 지도가 창문을 통해 들어오는 햇빛을 받아 밝게 빛나는 것이 아닌가?

피난처에서 할 일 없이 무료하게 지내던 소년은 세계지도 속의 여러 곳들을 방문하느라 배가 고픈 줄도 모르고 하루하루를 보냈다. 펜실베이니아, 트랜슬베니아, 민스크, 오까자끼, 미야자끼, 핀스크…. 세계 각국의 도시이름들은 어찌 그리도 이국적인지…. 소년은 바닷가에서 사막으로, 추운 지방에서 열대 지방으로 자유로이 여행하며 상상의 나래를 펼쳐나간다.

전쟁으로 인해 황폐해질 수 있었던 소년의 성장기는 아버지가 사온 지도로 인해 풍성해지고, 그의 지도에 대한 안목과 세계관이 넓어지는 계기가 되었다. 그 후 그 소년은 가족과 함께 파리로 이주했다가 다시 이스라엘을 거쳐 1959년에 미국으로 영주 이주하여 지금은 뉴욕시에 살고 있다.

이 책은 칼데콧상을 수상한 어린이 동화작가 겸 삽화가 유리 슐레비츠가 어린 시절을 회상하며 간결한 필치로 쓴 그의 자전적 그림책, "How I Learned Geography"이다. 책에는 그가 어린 시절 살았던 여러 곳의 모습을 기억을 더듬어가며 그린 그림들과 아버지가 사온 지도를 보면서 상상 속에서 방문했던 이국적인 도시와 장소들이 함께 그려져 있다. 그림책이라는 장르가 아니면 즐길 수 없는 상상의 세계를 독자들에게 선사한다. 유리 슐레비츠의 이야기와 그림들이 수많은 어린이들에게 사랑 받는 이유는 소년 시절부터 지도를 통해 키워온 상상력을 바탕으로 한 그의 창의력이 돋보이기 때문이다.

3절

유치원 - 1학년 : 공감대를 형성할 수 있는 픽처북 시리즈

5~6세의 아이들은 킨더가든에서 1학년에 올라가면서 간단한 책을 스스로 읽게 되는데 이 때 자신과 비슷한 주인공이나 공감할 수 있는 특색 있는 주인공이 나오는 책을 소개해 주는 것이 좋다. 한번 주인공을 좋아하게 되면 그 다음 이야기에서 어떤 사건이 생길지 짐작하기 쉬우며 계속 같은 시리즈의 책을 읽게 되기 때문이다.

미국에서 이 연령대의 아이들이 공감대를 느끼는 픽처북 시리즈를 몇 가지 소개한다.

1. 데이비드 샤논(David Shannon)의 '데이비드 시리즈(David series)': 사사건건 말을 듣지 않아 엄마에게 "안돼!" 소리를 매일 듣고 사는 말썽꾸러기 데이비드에 대한 이야기로 짓궂은 4~5세 남자아이들이 공감하며 웃을 수 있는 일상적인 소재들을 다루고 있다.

2. 제인 오코너(Jane O'Connor)의 '팬시 낸시 시리즈(Fancy Nancy series)': 아직 프린세스의 환상을 가지고 있는 4~6살짜리 여자아이들이 공감할 수 있는 이야기들이다. 낸시는 화려하게 장식하는 팬시한 것을 좋아해서 방에는 팬시한 물건들로 가득하다. 어느 날 낸시는 저녁 식사를 하러 외출하기 전에 엄마와 아빠를 팬시하게 만들어준다. 그러면서 여러 가지 일이 발생하게 되는 이 이야기는 리더(reader: 독자들의 읽기 실력을 길러주기 위해 그림보다는 문장 위주로 된 이야기책)로도 나왔다. 리더 시리즈에는 책 맨 뒤에 주요한 어휘들과 의미들을 수록해 놓아 어휘공부에도 도움이 된다.

3. 모 윌렘스(Mo Willems)의 '피존 시리즈(Pigeon series)' : 주인공인 비둘기가 버스를 운전하고 싶고, 강아지를 가지고 싶고, 자야 할 시간에 자지 않으려고 갖은 핑계를 대는 모습을 통해 5~6세 어린이들에게 공감대를 얻고 있다.

4절

초등학교 1 - 2학년 : 자신과 비슷한 주인공에 흥미를 느낀다

읽기 위해 배우는가 아니면 배우기 위해 읽는가?

저자가 어릴 때만 해도 독서는 일종의 취미생활이었다. 책이 귀했고 독서가 생활화되지 않았기 때문에 특별히 독서를 좋아하고 책을 구할 수 있는 사람들에게 취미가 뭐냐고 하면 '독서'라고 대답하는 사람이 많았다. 또한 책 읽기는 일부러 배우지 않아도 1학년에 들어가면 저절로 배워지는 것쯤으로 생각했다. 그러나 요즘 미국에서는 읽기, 쓰기 능력이 그 어느 때보다도 중요시되고 있다. '읽기를 배우는 것(learn to read)'이 아닌 '배우기 위하여 읽는(read to learn)' 시대가 된 것이다. 읽기, 즉 독서는 취미가 아니라 생활이 된 것이다. 즉 읽기를 제대로 하지 못하면 사회, 과학 등 다른 과목들의 내용(contents)을 제대로 이해할 수 없을 뿐더러 대학에 가서도 대학에서 요구하는 수준 높은 학습을 따라갈 수 없기 때문이다.

미국의 공통핵심학습기준과 비판적 사고능력

미국 대다수의 주에서 시행되고 있는 공통핵심학습과정(Common Core)에 따르면 학생들은 단순히 읽고 쓸 줄 아는 것에 그치는 것이 아니라 비판적 사고능력을 발휘해서 읽고, 저자의 의도를 간파할 수 있어야 한다. 그리고 부분별로 중요 세부사항들과 중심 내용을 파악하여 그

것에 근거하여 전체의 요점을 파악할 수 있어야 한다. 작문에서는 읽은 내용에 따라 그 속에서 근거를 찾아 자신의 의견을 제시하거나 주장을 펼쳐야 한다.

그렇다면 이러한 비판적 사고능력은 언제부터 가르쳐야 할까? 아이가 아직 스스로 글을 읽을 수 없다면 엄마나 아빠가 아이에게 책을 읽어주면서 아이가 깊이 생각할 수 있는 질문을 던지고 함께 대화하는 것이 좋은 훈련이 될 수 있다. 그런데 아이에게 매일 밤 책을 읽어주고 집안을 책 읽는 분위기로 만들어 놓고 들은 내용에 대해 이해도 잘하고 묻는 질문에 대답도 잘하는 5살 아이가 아직도 스스로 글을 읽을 수 없다고 걱정하시는 부모님들이 계시다면 다음의 요령을 말씀드리고 싶다.

우선 아이에게 아무 책이나 읽어주는 것은 좋은 아이디어가 아니다. 옆집의 아이가 좋아한다고, 상을 받은 책이라서, 혹은 선생님이 좋은 책이라고 추천해주신 책이라도 아이가 흥미를 느끼지 못한다면 과감하게 포기해야 한다. 그리고 아이가 좋아할 만한 책을 선택해야 한다. 아이들은 자신과 나이가 비슷한 주인공이 나오는 책을 좋아한다. 또 소리 내어 읽어주면서 계속 반복되는 단어를 손가락으로 짚어가며 눈여겨보게 한다. 그리고 그 단어들의 철자를 음절별로 하나씩 떨어뜨려 순서대로 박자를 맞추어 소리 내어 발음하게 한다. 또 아이가 좋아하는 전래동요를 몇 번이고 아이가 원하는 대로 함께 부른다.

마지막으로 인내심을 가져야 한다. 읽기능력은 하루 밤새 얻어지는 것이 아니다. 몇 달이 걸릴 수 있다. 그러나 포기하지 말고 계속 아이에게 즐거운 마음으로 책을 읽어준다면 어느 날 갑자기 아이는 시리얼 박스에 써있는 글들을, 주유소의 간판을, 자신이 좋아하는 보드게임 박스에 씌어있는 글들을 그리고 평소에 아이가 좋아하던 책을 줄줄 읽는 광경을 보게 될 것이다.

아이가 일단 읽기를 시작하면 이제는 '배우기 위한 읽기(read to learn)'로 넘어간다. 남자아이라면 곤충이나 공룡 또는 태양계나 우주에 대해서 또 축구나 야구 같은 스포츠에 대해서 호기심을 가지기 쉽고, 여자아이들은 강아지나 햄스터 같은 귀여운 동물들에 관한 책이나 발레나 체조 또는 자신과 비슷한 주인공이 나오는 픽션을 좋아할 것이다. 이제는 아이가 책을 통해 새로운 지식도 배울 뿐만 아니라 우리가 살고 있는 세계에 대해 배울 수 있는 연장(tool)을 가지게 된 것이다.

5절

2 - 3학년 과도기 독자들에게는 줄거리가 단순한 챕터북을!

초기 리더(유치원-1학년)들은 단어가 가진 소리와 발음을 가르치는 파닉스(phonics) 기본 실력과 문장에 자주 등장하는 a, the, of, see, up 등의 핵심단어(sight words) 그리고 책의 그림에 의존해 책을 읽는 경우가 많다. 초기 리더(beginning reader)와 독립적 리더(independent reader: 4, 5학년 이상)의 중간에 위치한 단계인 초등학교 2~3학년 학생들을 '과도기 리더(transitional reader)'로 정의할 수 있는데 이들에게는 길고 내용이 복잡한 소설보다는 비교적 줄거리가 단순하고 각 장이 짧은 챕터북이 적당하다.

이러한 과도기의 소설들은 학생들이 독서하는 동안 내용에 집중할 수 있도록 사건의 전개와 등장인물도 비교적 단순한 편이다. 또 흥미진진한 내용 전개로 독자가 계속 책장을 넘기게 하며 각 장(chapter)이 비교적 짧아 지루하지 않고 활자의 크기(font size)도 비교적 큰 편이다. 어떤 챕터북들은 학생들로 하여금 사회적 이슈, 경제 개념 등에 눈을 뜨게 하기도 한다.[108] 이 단계에는 독립적 리더로 발전하기 전에 교사나 부모가 학생에게 적당한 시리즈물을 찾아주는 것이 필요하다. 즉, 남학생들에게는 스포츠 소설을, 여학생들에게는 자신과 나이가 비슷한 여학생이 주인공으로 나오는 소설을 권해주는 것이 좋다. 그리고 학생이 좋아하는 시리즈물을 발견하면 같은 시리즈의 책을 계속해서 5~6권을 읽게 해야 독해력이 향상된다.

108) Szymusiak, Karen, Franki Sibberson, and Lisa Koch. Beyond Leveled Books. Portland: Stenhouse Publishers, 2008.

이 시기의 자녀를 둔 부모들은 자녀가 좋아하는 시리즈물을 찾아주기 위해 도서관이나 서점에서 책을 고를 때 자녀로 하여금 표지의 그림과 제목을 훑어보고 책의 내용을 미리 추측하게 하거나, 책의 표지나 책의 날개 안쪽에 있는 설명을 읽어보고 자녀가 읽고 싶은 책인지 결정하도록 도와준다. 읽고 싶은 책이라도 활자 크기가 너무 작거나 각 장이 너무 길면 책을 읽다가 지루해서 중도에 포기할 수 있으므로 이점에 유의해야 한다. 또한 목차에 있는 각 장의 제목들이 줄거리의 이해에 도움을 주는지, 가끔 삽화가 있어 등장인물이나 사건 전개에 대한 이해를 도와주는지, 한 페이지에 모르는 단어가 5개 미만인지 등도 고려해야 한다. 추리소설, 사실적 소설, 공상소설 등 독자와 나이가 비슷한 주인공이 나오는 소설들을 권한다. 다음은 미국에서 인기가 있는 시리즈물들이다.

1. 추리소설 Mystery Fiction

1) 데이빗 애들러(David Adler)의 『캠 잰슨』(Cam Jansen) : 주인공 Cam이 사건현장을 한번 보면 사진기로 찍듯이 뚜렷한 기억력을 가지고 범인을 잡아내는 이야기.

2) 론 로이(Ron Roy)의 『A부터 Z까지의 미스터리』(A to Z Mysteries) : a에서 z까지 각 권마다 미스터리가 있어서 주인공과 그의 친구들이 그 미스터리들을 풀어나간다는 이야기.

2. 사실적 소설 Realistic Fiction

1) 수지 클라인(Suzy Kline)의 『장난꾸러기 해리』(Horrible Harry) : 학교에서 온갖 짓궂은 일을 일삼아 'Horrible Harry'라는 별명을 얻은 해리와 급우인 한국 여학생 송리와 급우들을 둘러싼 이야기들.

2) 제임스 하우(James Howe)의 『핑키 앤 렉스』(Pinky and Rex) : 2학년 단짝인 남학생 핑키와 여학생 렉스가 스펠링비(Spelling Bee), 학교연극, 캠프 등을 통하여 엮어나가는 이야기들.

3) 메간 맥도날드(Megan McDonald)의 『쥬디 무디』(Judy Moody) : 3학년 여학생 주디의 학교와 가정을 둘러싼 사실적 이야기들.

4) 폴라 댄지거(Paula Danziger)의 『앰버 브라운』(Amber Brown) : 4학년 여학생 앰버가 부모의 이혼 문제, 단짝 친구가 먼 곳으로 떠남으로 인해 겪는 마음의 갈등을 그린 이야기들. 2학년 독자들을 위해 2학년인 앰버에 관한 시리즈도 나왔다.

3. 공상소설 Fantasy Fiction

1) 매리 폽 오즈번(Mary Pope Osborne) 의 『마법의 트리하우스』(Magic Tree House) : 오누이인 잭과 애니가 책들로 가득한 마법의 트리하우스를 발견하고는 시공을 초월하여 여러 곳으로 모험여행을 하는 이야기다.

2) 케이티 카주(Katie Kazoo)의 『스위처루』(Swicheroo) : 한번쯤 다른 사람이 되어보고 싶은 아이들에게 이 시리즈는 다른 사람으로 변하는 케이티(Katie)의 이야기를 들려준다.

6절

초등학교 3 - 4학년에게는 그리스 로마 신화를!

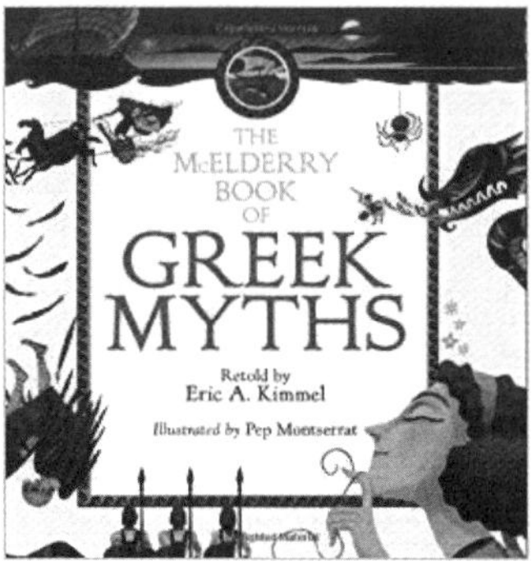

고전 그리스 로마 신화를 초등학생들이 읽기에 적합하도록 쉽게 쓴 에릭 킴멜(Eric A. Kimmel)의 The Mc Elderry Book of Greek Myth 에는 대표적인 이야기 12가지가 수록되어 있다. 3-4학년 학생들에게 그리스 로마 신화에 대해 아는 사람 손 들어보라고 하자 손 든 학생이 몇 명이 채 되지 않았다. 그나마 그리스 로마 신화에 나오는 신이나 여신들의 이름을 딴 주인공들이 있는 소설들을 읽었다는 것이다.

이러한 신화의 등장인물들을 빌려온 픽션들 중에 3-4학년 여학생들을 위한 조앤 호럽(Joan Holub)의 시리즈 소설 『Goddess Girls』와 5-6학년 학생들을 위한 릭 리오단(Rick Riordan)의 시리즈 소설 『Percey Jackson and the Olympians』이 학생들간에 인기가 있다.

또, 그리스 로마 신화에서 비롯된 영어 단어들이 우리들의 일상생활에서 많이 사용되고 있다. 예를 들면, 이러한 신화를 통해 학생들은 신들의 왕인 제우스신으로부터 불을 훔친 프로메테우스를 나타내는 Promethean이란 단어는 '개인적이고 독창적이며 권위에 복종하지 않는 태도'를 나타내고 판도라 상자(Pandora's Box)는 '괜히 많은 문제를 야기할 수 있는 것'이란 의미도 갖고 있음을 알게 된다. 그리스 로마신화는 어린 학생들의 마음속에 상상력을 키워주며 읽다보면 손을 뗄 수 없이 계속 읽게 된다. 그리고 독자에게 오랫동안 마음에 남을 교훈을 남겨준다.

7절

가정과 학교에서 독서에 흥미를 느끼기 위해 사용하는 세 가지 질문법

책과 연관지을 수 있는 세가지 연결고리(connections)

① 책과 나와의 연결고리 (Text to Self Connections)

② 책과 책과의 연결고리 (Text to Text Connections)

③ 책과 세계와의 연결고리 (Text to World Connections)

어린 학생들은 자라면서 세상의 이치를 이해하기 위해 사물들 간의, 사람들 간의 그리고 사람과 사물들 간의 연결고리를 찾기 시작한다. 이들은 독서를 통해 가보지 못한 장소와 만나지 못한 사람들을 만나게 된다. 이렇게 책속에 등장하는 낯선 장소나 등장인물들과 어떠한 연결고리를 찾게 되면 책속의 이야기에 흥미를 느끼게 되고 따라서 이해도 더 잘 된다. 이러한 연결고리 찾기는 어린 학생들이 스스로 하기 쉽지 않으므로 학교도서관의 사서교사가 다음의 세 가지 연결점에 관한 질문을 제시하고 학생들끼리 짝을 지어 토론해보게 한다. 때에 따라서는 글로 써보게 함으로써 독서력을 증진시켜줄 수 있다.

유치원에서 1학년 학생들은 자신과 주인공이 어떻게 비슷한지 한, 두 문장으로 서술하게 한다. 2-4학년 학생들에게는 먼저 읽었던 책과 지금 읽고 있는 책이 배경이나 등장인물이나 이야기에서 어떻게 비슷한지 연결점을 찾아 비교하고 한 문단 정도 쓰게 한다. 4-6학년 학생들에게는 지금 읽고 있는 책의 내용이 실세계에서 일어나고 있는 일들과 어떻게 비슷한지 연결점을 찾아 토론하고 자기의 주장을 글로 쓰게 한다.

1. 자신과 주인공과의 연결점 찾기 text-to-self connections

학생들이 이야기속의 주인공과 자신과의 연결점을 찾게 하려면 다음과 같은 질문을 던지는 것이 좋다.

1) 이 이야기를 읽고 무슨 생각이 떠오르나?
2) 본인과 비슷한 등장인물이 있나? 어떤 점에서 비슷한가?
3) 이야기속에 나오는 배경이나 줄거리에서 본인의 생활과 비슷한 것이 있나?

2. 먼저 읽었던 책과의 연결점 찾기 text-to-text connections

학생(자녀)이 즐겨 읽는 책이 전에 읽었던 다른 책과 연결점을 찾게 하려면 다음의 질문을 해본다.

1) 이 책이 전에 읽었던 다른 책과 어떤 점에서 비슷한가?
2) 이 책이 전에 읽었던 다른 책과 어떤 점에서 다른가?

3. 읽고 있는 책과 세계와의 연결점 찾기 text-to-world connections

학생(자녀)이 즐겨 읽는 책이 이 세상과 연결점을 찾게 하려면 다음의 질문을 해본다.

1) 이 이야기를 읽고 실제 세계에서 무엇이 떠오르나?
2) 이 이야기에 등장하는 사건들이 실제 세계에서 일어나는 일들과 어떻게 비슷한가?
3) 이 이야기에 등장하는 사건들이 실제 세계에서 일어나는 일들과 어떻게 다른가?

8절

학부모가 도와줄 수 있는 독서활동

그렇다면 학부모가 어린 자녀의 독서활동을 위해 할 수 있는 일은 무엇일까? 자녀가 학교에 다녀온 후 저녁 시간이나 주말에 자녀들이 마음껏 책을 보고 만져보며 스스로 자신이 좋아하는 책을 고를 수 있도록 배려해 주는 것이 중요하다.

이때 자녀의 읽기 수준은 그다지 중요하지 않다. 아직 책을 읽지 못하는 아이도 부모가 읽어주는 이야기를 들으며, 또 그림책의 그림을 유심히 보면서 이야기를 대충 이해할 수 있다. 자꾸 아이의 마음이 끌리는 책이라면 아직은 혼자 읽을 수 없어도 눈여겨보며 앞으로 혼자서 읽겠다고 다짐하는 동기 부여의 계기가 될 수도 있다. 어릴 적부터 다양한 종류의 양서를 접한 아이는 성장하면서 원만한 독서 습관을 갖게 되고 실생활에 필요한 독서활동을 무난히 할 수 있다.

5세 자녀나 조카, 손주 등에게 생일 선물로 대형 서점의 선물권을 주는 것은 어떨까? 자녀와 서점에 가는 것을 주중 행사로 하자. 서점에서 하는 '저자와의 만남'이나 '스토리 타임'등의 프로그램에 자녀와 함께 참가하고, 프로그램이 끝나면 자녀로 하여금 아동서적 코너에 진열된 수많은 새 책들을 둘러보고 만져보게 하자. 공공도서관과는 색다른 분위기가 있다. 그 중에서 좋아하는 책 세권 정도를 골라 하나씩 하나씩 훑어보면서 사고 싶은 책을 스스로 고르는 행위는 어린이가 자신의 독서활동에 주인 의식을 가지게 되므로 아주 중요하고 의미 있는 경험이 되는 것이다.

9절

아이패드 대신 책을!

지난 74년 간 미국의 어린이들이 잠들기 전에 즐겨듣는 bedtime story 중의 하나가 '잘자요, 달님(Goodnight Moon)'이다.

넓은 초록색 방에 전화와 빨간 풍선과 미국 동요에 나오는 '달을 뛰어넘는 소'(a cow jumping over the moon)의 그림과 의자에 앉아있는 '세 마리 곰'(Three Bears)의 그림이 걸려있다. 방안의 양탄자에는 새끼고양이 두 마리가 놀고 있고, 벽난로 옆 빨래걸이에는 벙어리장갑 한 쌍이 걸려있다. 장난감 집 옆에 생쥐가 사뿐히 지나간다. 어린아이의 침대 옆 탁자에는 빗과 솔 그리고 죽과 수저가 함께 그릇에 담겨 있다. 흔들의자에 앉아 뜨개질을 하던 할머니가 뒤척이는 어린 손주에게 '쉬!' 하고 속삭인다. 이 이야기의 내레이터는 밤을 밝게 비춰주는 달과 별과 공기와 방안에 있는 모든 사물들 하나하나에게 "굳나잇!"(Good Night!)하며 밤 인사를 하는데 매일 밤 많은 미국의 어린이들이 이 고요하고 정적인 이야기를 들으며 잠이 들었다.

오늘날 미국의 어린이들은 어떤가? 2019년 현재 11세 이전 미국 아동의 53%와 미국 틴에이저의 84%가 스마트폰을 가지고 있다고 한다.그보다 더 어린 아이들도 부모의 핸드폰을 가지고 게임을 하거나 비디오를 본다고 한다. 2010년 4월에 아이패드가 최초로 선을 보인 이후 많은 부모들이 자녀들에게 책을 읽어줄 때 아이패드나 다른 전자책 기기를 이용해 읽어주는 것으로 나타났다. 가족 휴가 때나 부모가 자녀들에게 직접 책을 읽어주지 못할 때에도 아이패드에 설치된 베드타임 스토리 앱을 이용하는 경우가 많다.

1947년에 출판된 마가렛 와이즈 브라운의 『Goodnight Moon』을 패러디한 앤 드로이드(Ann Droyd)라는 가명 작가가 쓴 『Good Night iPad』라는 제목의 책이 있다. 이 책은 오늘날의 어린이, 청소년, 청년들은 물론 장년들에 이르기까지 아침에 잠에서 일어나 밤에 잠자리에 들 때까지 아이패드, 스마트폰, 랩톱 등 온갖 전자기기들에 둘러싸여 살고 있는 상황을 말해주고 있다. 그리고 이러한 상황이 좋은 것인지 점검해볼 필요가 있다는 것을 이 책은 넌지시 말하고 있다. 아이패드는 어디에나 들고 다닐 수 있는 다용도의 전자기기로서 69%의 사용자가 침실에서, 42%가 부엌에서 사용하며, 20%는 화장실에까지도 가지고 간다고 한다.

이렇게 중독성이 있어 많은 현대인들의 생활에 없어서는 안 될 요소가 된 아이폰, 아이패드 등의 전자기기들이 없이는 하루도 살 수 없음을 실토한 이 책은 이 세대 사람들이 좀 너무한 것이 아닌가 하는 메시지를 독자들에게 전하고 있다. 66%의 미국인들이 하루에 160번 스마트폰을 들여다 본다고 하며 미국 틴에이저들 3명 중 1명이 운전하다 문자를 보냈다고 시인한 바 있다. 운전 중에 문자 보내는 운전자는 운전에만 몰두한 운전자에 비해 23배나 차사고의 위험이 크다는 조사결과가 나왔다.

그러나 '굳나잇 문'을 패러디한 Goodnight iPAD라는 제목의 픽처북에는 이야기가 아닌 우리의 현실에서는 내일 아침이면 아이패드와 스마트폰들이 밤새 충전이 된 채로 주인들을 기다리고 있을 것이라는 것을 암시하고 있다. 이 이야기를 읽고 한번 웃고 말 것이 아니라 우리 사회에 만연되어 있는 하지만 보이지 않는 위험으로부터 자녀들을 보호해야 한다. 부모님들께서는 아직 뇌가 완전히 형성되지 않은 어린 아이에게 방사선이 방출되는 핸드폰을 가지고 놀게 해서는 안 되며, 대신 책과 장남감을 벗하도록 해야 한다. 적어도 12살 미만의 자녀에게 핸드폰을 사줘서는 안 된다는 것을 인식해야 한다. 핸드폰을 가지고 페이스북, 채팅, 게임 등에 시간을 보내느라 독서와 공부하는 시간을 뺏기기 쉬우며, 소셜 네트워킹에서 자신이 모르는 어떤 위험에 노출될 수도 있기 때문이다.

10절

여름방학 동안의 독서

1. 여름방학 독서와 학업성취와의 상관관계

두 달 간의 여름방학 동안 읽고 싶은 책들을 마음껏 읽는 것이 개학 후 학업에 중요한 영향을 미친다는 연구조사결과가 나왔다. 즉, 여름방학 동안 독서를 하지 않은 학생들은 학업의 공백이 생기고, 9월에 개학하였을 때 읽기능력(reading skill)이 방학 전에 비하여 감소하였다는 것이다. 반대로 여름방학 동안 6권 이상의 책을 읽은 학생들은 개학 후 읽기능력이 방학 전과 비슷하거나 더 향상되었다고 한다. 또한 여름방학 동안 독서를 하지 않은 빈곤층의 자녀들은 중산층이나 부유층의 자녀들에 비해 3개월의 학업격차가 나는 것으로 나타났다. 이는 중산층이나 부유층의 자녀들이 방학동안 집에 있는 책을 읽거나 학업에 연관된 활동을 계속하는 데 비해 빈곤층의 자녀들은 책을 접할 기회가 없기 때문에 유치원에서 6학년까지 여름방학 동안 학업의 공백을 합치면 총 2년의 학업격차가 생긴다는 것이다.

2. 독서를 방해하는 요소

사회경제적인 요인에 관계없이 학생들의 독서생활을 방해하는 요소들이 있다. 미국의 8-10세 아동들의 스크린 타임은 하루 평균 6시간이며 11-14세는 하루 평균 9시간이라고 나와있다. 일주일에 42시간에서 63시간을 T.V., 스마트폰 등에 허비하는 것이다. 요즘은 초등학생들도 핸드폰을 가지고 다니며, 온라인 게임, 채팅, 인터넷, 소셜 미디어 등에 매달려 독서하는 시간은 점점 줄어가는 추세이다.

3. 좋은 독서습관의 결과

좋은 독서습관을 가진 학생들이 공부도 잘 한다는 것은 이미 알려진 사실이다. 책을 많이 읽음으로써 글을 잘 쓰게 되며, 스스로 독서를 즐겨함으로써 독해력, 어휘, 스펠링 그리고 책을 읽는 속도도 향상된다. 독서를 통해 1년에 백만 단어를 읽게 되면 1,000개의 새로운 어휘를 습득하게 된다고 한다. 10, 11학년에 올라가서 SAT시험을 대비한다고 갑자기 단어를 한꺼번에 500개씩, 1,000개씩 외우려고 하는 것은 바람직하지 못하다.

4. 독서에서 얻는 여러가지 이득

우등생은 타고나는 것이 아니다. 꾸준히 양서를 읽는 습관을 가진 학생들이 좋은 책에서 얻는 교훈과 책을 읽는 성취감을 통해 우등생은 길러지는 것이다. 이렇게 책을 통해 성취감이 생기면 건설적인 사고방식을 갖게 되고 독해력이 향상되면서 학업에 자신감이 생기게 된다. 그리고 일단 학업에 자신감이 생기면 학업에 열중하게 되어 과목마다 좋은 성적을 올리고 학교생활을 좋아하게 된다. 그 결과 모든 학교활동에 적극적으로 참여함으로써 자신의 잠재력을 십분 발휘하게 됨으로써 모든 방면에서 뛰어난 우등생이 되는 것이다.

5. 어릴 때부터 좋은 독서습관 키워줘야

반면 학습장애아 역시 타고나는 것보다는 책을 가까이 하지 않고 꾸준히 읽지 않음으로 인해서 독해력과 언어능력에 문제가 오기 시작하면서 학습장애를 겪게 된다. 그로 인해 수업을 이해하는 것이 어려워지며 결과적으로 학과목 점수가 부진해지고 또 주위가 산만해져서 선생님들의 지적을 받기 쉽다. 그러면 자존감이 낮아지고 낮아진 자아감으로 쉽게 좌절하게 되며 문제행동을 일으키는 일이 잦아진다. 결과적으로 학교생활을 좋아하지 않게 되고 학교활동에 적극적으로 참여하지 않음으로써 자신의 잠재력을 십분 발휘할 수가 없게 되는 것이다. 그러므로 어릴 때부터 좋은 독서습관을 키우는 것이 한 사람의 학습능력과 잠재력의 발휘, 나아가서는 훌륭한 사회인으로 성장하는 데 얼마나 중요한 것인지를 알아야 한다.

6. 자녀들의 좋은 독서습관을 위해 할 일

우리가 살아가는데 필수적 기술이면서 즐거움을 주는 독서를 하는 능력은 저절로 생기는 것이 아니고, 어렸을 때부터 부모님들이 키워주어야 한다. 자녀들이 좋은 독서 습관을 갖게 하기 위해서 부모님들이 하셔야 할 일들은 다음과 같다.

1. 자녀가 아주 어렸을 때부터 책을 읽어준다.
2. 부모 자신이 책을 읽는 모습을 보여준다.
3. 집안 곳곳에 책을 두고 틈틈히 읽는다.
4. 정기적으로 공공도서관이나 서점에 데리고 간다.
5. 자녀들이 직접 책을 고르게 한다.
6. 학년보다는 취향에 맞고 읽기에 편한 책을 고르게 한다.
7. 아이가 책을 읽기 시작해도 그냥 놔두지 말고 계속해서 독서습관을 잘 키워주어야 한다.

11절

자녀에게 적당한 책 고르기 요령

자녀들이 읽기 좋아하는 책을 무조건 읽게 내버려두는 것이 좋은가? 부모님들께서는 자녀들의 읽기 수준(reading level)에 맞고 흥미 있어 하는 책을 직접 골라주시든가 또는 도서관의 사서의 도움을 받아 골라주시는 것이 좋다. 책을 고를 때에는 다음의 요령으로 한다.

① 자녀가 평소에 좋아하는 저자의 작품들을 고른다.

② 자녀가 관심이 있는 주제의 책들을 몇 권 고른다.

③ 책의 제목과 저자, 책표지의 그림 및 뒤표지의 설명을 살펴본다.

④ 첫 페이지를 읽고 활자의 크기가 적당한지 살펴본다.

⑤ 한 페이지에 모르는 단어가 4개 이상 나오면 읽기에 어려운 책이다.

⑥ 처음 서너 페이지를 읽고 줄거리가 생각이 나지 않으면 너무 어려운 책이다.

⑦ 내용을 이해할 수 있고 재미를 느낀다면 조금 두꺼운 책이라도 계속 읽는다.

12절

연령별로 본 독서지도 요령

1. 독서시작 단계Emerging Readers

유치원에서 유치원에 다니는 어린이들은 아직 책을 혼자서 읽지 못하므로 부모님들은 자녀가 책을 좋아할 수 있도록 집안 분위기를 조성하는 것이 중요하다. 밝고 귀여운 주인공이 있는 책을 함께 읽음으로써 부모 자녀 간의 특별한 유대관계를 더욱 돈독히 한다. 특히, 여름방학 동안에는 바닷가, 캠프, 야외산책, 가족휴가 등 여름에 관한 책과 9월에 개학하는 것에 관한 책들을 소리 내어 읽어주는 것이 좋다.

2. 초기독서 단계Early Readers

유치원과 초등학교 1학년에 올라가는 자녀들을 둔 부모님들은 그림이 많이 들어있는 픽처북(picture book)들을 소리 내어 읽어준다. 자녀들은 책의 내용을 파악하고 새로운 어휘들을 배우게 된다. 자녀가 혼자 책을 읽기 시작해도 읽기능력(reading skill)을 향상시키기 위해서는 계속해서 부모님이 소리 내어 읽어주는 것이 좋다.

3. 독립적 독서 단계Independent Readers

초등학교 2, 3학년에 올라가는 자녀들은 혼자 독립해서 책을 읽을 수 있게 되었으므로 여름방학동안 계속해서 혼자 읽도록 동기를 부여해야 한다. 신시아 라이랜트(Cynthia Rylant)의 『Henry and Mudge』와 아놀드 로벨(Arnold Lobel)의 『Frog and Toad』, 바바라 파크(Barbara Park)의 『Junie B. Jones』 또는 수지 클라인(Suzy Kline)의 『Horrible Harry』 등에 나오는 주인공들에 친숙해지면서 그 시리즈에 들어 있는 책들을 계속 읽도록 유도하는 것이 바람직하다.

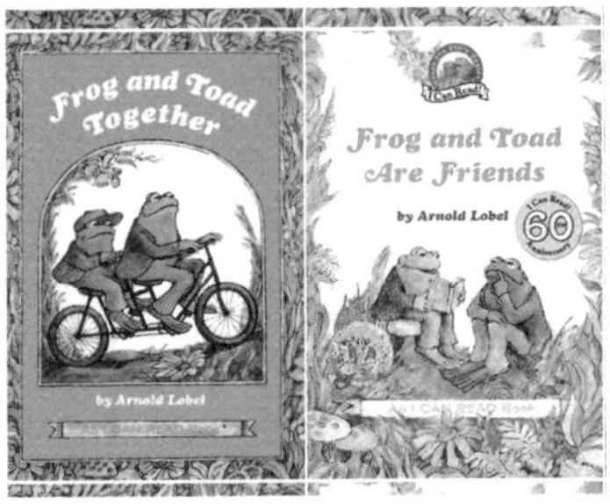

또한 이 나이의 자녀들이 TV를 보려할 때, 자녀가 흥미를 느낄 만한 책을 함께 읽자고 유도하며 독서를 통해 부모와 자녀간의 좋은 유대관계를 유지하는 것이 중요하다.

4. 자녀들의 자발적 독서 요령

초등학교 4, 5학년부터 중고등학교에 들어가게 되면 학생들이 학교에서 내준 독서 과제 외에 자발적으로 독서하는 습관이 정착이 되어야 한다. 그 요령은 다음과 같다.

① 읽고 싶은 책을 직접 선택한다.

② 책의 주인공이 된 것처럼 감정이입을 하며 읽는다.

③ 책에서 인상 깊었던 내용과 의문 사항들에 대해 메모하는 습관을 들인다.

④ 책에서 읽는 내용과 이전 경험을 연관해서 이해한다.

⑤ 작가의 의도에 대해 곰곰이 생각해본다.

⑥ 미리 줄거리를 예상해보고, 책을 읽은 후 그 예상이 맞았는지 점검해본다.

⑦ 읽으면서 내용을 반추해보며, 읽고 나서는 무엇을 배웠는지 적어본다.

5. 중, 고등학교 학생 자녀들의 독서를 돕기 위한 요령

부모님들이 인터넷, 채팅, 유튜브, Facebook, computer game 등으로 여가 시간을 많이 빼앗기는 중, 고등학생 자녀들의 독서활동을 돕기 위해서는 다음과 같은 요령이 필요하다.

① 시사문제에 관해 자녀들과 자주 대화한다.

② 뉴욕타임즈(New York Times)나 뉴스데이(Newsday) 등과 같은 영자신문이나 CNN.com 등을 읽도록 권유한다.

③ 자녀가 읽고 싶어 하는 뉴스위크(Newsweek), 모토 트렌드(Motor Trend) 또는 피플(People) 등의 잡지를 정기 구독한다.

④ 북클럽에 가입하거나 친구들끼리 조직하여 책을 읽고 토론하는 기회를 갖게 한다.

⑤ 동네 공공도서관에 정기 방문하여 베스트 셀러나 오디오 북 등을 대여하게 한다.

⑥ 생일선물로 서점의 선물권을 사준다.

⑦ 가족끼리 자동차로 여행 중에는 오디오 북을 청취하여 함께 즐긴다.

6. 학교 과제나 시험 준비를 위한 독서요령

자발적 독서 외에 학교에서 내준 독서 과제나 시험 준비를 위한 독서를 하는 요령은 다음과 같다.

① 일정 기간 내에 끝내야 하므로 한 번에 읽을 분량을 정한다.

② 책의 구성을 각 장별로 훑어본다.

③ 각 장의 요약이 있으면 미리 읽어본다.

④ 이해가 안 되는 곳에는 하이라이트로 표시하고 다음에 복습한다.

⑤ 책을 읽다가 잠시 멈추고 본문에 대해 잘 이해하고 있는지 스스로 자문해본다.

⑥ 단어를 몰라서 본문이 이해가 안 될 때는 사전에서 찾아본다.

⑦ 중도에 포기하지 않고 끝까지 읽는다.

⑧ 노드를 도표로 정리하여 개념들 간의 상관관계를 알아본다.

⑨ 이해가 잘 안 되는 부분은 다시 읽는다.

⑩ 아직도 이해가 잘 안 되는 부분은 선생님께 여쭈어본다.

7. 성공적인 여름방학을 위해 꼭 필요한 요소

성공적인 여름방학을 보내려면 학교 다니느라 피곤했던 몸과 마음을 집에서 쉬면서, 평소 배우고 싶었던 악기나 스포츠를 배우고, 봉사활동이나 일을 한다든지, 가족들과 의미 있는 여행이나 캠프에 간다든지, 평소에 부족했던 과목이나 새학년에 배울 과목들을 공부하든지 등등의 일을 할 수 있다. 그 중에서도 빼놓지 말아야 할 사항은 자신의 독서수준에 맞는 흥미 있는 책들을 읽는 일이다. 특히 칼데콧 메달(Caldecott Medal)이나 뉴베리 메달(Newbery Medal) 수상작들 중에서 또는 미국도서관협회(American Library Association)나 RIF(Reading is Fundamental) 등과 같이 권위 있는 기관에서 추천한 양서 목록 중에서 골라 읽는 것이 좋다. 특히, 대학진학을 앞둔 고등학교 학생들은 칼리지 보드(College Board)에서 추천한 101권의 양서들의 목록 중에서 6권 이상 골라 읽는 것이 바람직하다.

8. 독서에 관한 명언

- 집은 책으로, 정원은 꽃으로 가득 채워라. (앤듀르 랑그)
- 책 속에 길이 있다. (속담)
- 독서와 마음의 관계는 운동과 육체의 관계와 같다. (R. 스릴 경)
- 나는 재산도 명예도 권력도 다 가졌으나, 생애 중 가장 행복했던 순간은 독서를 통하여 얻었다. 독서처럼 값싸고 영속적인 쾌락은 없다. (몽테스키외)
- 한 사람의 충실성과 가치는 독서를 하느냐 안 하느냐에 달려 있다. 또 그 이상으로 무엇을 읽는가가 중요하다. (메튜 아놀드)

- 친구를 선택하듯이 좋은 책을 선택하라. (W. 딜런)

- 독서는 정신적으로 충실한 사람을 만든다.

- 사색은 사려 깊은 사람을 만든다. 그리고 논술은 확실한 사람을 만든다. (벤저민 프랭클린)

- 하루라도 책을 읽지 않으면 입에 가시가 돋는다. (안중근)

- 오늘의 나를 있게 한 것은 우리 마을 도서관이었다. 하버드 졸업장보다 소중한 것이 독서하는 습관이다. (빌 게이츠)

- 머리를 깨끗이 하는 데에 독서만큼 좋은 방법은 없다. 건전한 오락 가운데 가장 권장해야 할 것은 자연과 벗하는 것과 독서하는 것 두 가지라 하겠다. (도쿠토미 로카)

9. 미국학교들의 여름독서 과제

미국의 초 중 고등학교에 다니는 학생들은 여름방학이 시작되기 전에 여름방학 독서목록(Summer Reading List)을 선생님으로부터 받아 대개는 방학 동안 독서목록에 있는 책들 중에서 책을 읽고 선생님이 내준 과제를 해야 한다. 저자가 근무하는 초등학교의 경우 학생들은 방학 내내 하루에 30분씩 책을 읽고 읽은 책의 제목을 독서 캘린더에 기록하고 부모님의 사인을 받아 개학 날 가져와야 한다. 또 읽은 책에 대해 활동지(Worksheet)를 작성해 제출해야 하는 경우도 있으며, 개학이 된 후에 학교에서 읽은 책에 대한 에세이를 써야 하는 경우도 있다.

고등학생들이 읽어야 하는 책들은 아주 분량이 많기 때문에 대개는 두 권 정도를 읽고 개학이 되면 독후감(Essay)을 써서 내는 경우도 많다. 그 외에 학교에서 내주는 여름독서 과제에 구애 받지 않고 학생 개개인이 얼마든지 독서활동을 열심히 할 수 있다. 여름방학은 학교에 다니느라 평소에 못했던 일들을 할 수 있는 좋은 기회이다.

10. 공공도서관의 여름독서프로그램

미국에는 공공도서관 시설이 잘 되어있어서 자녀가 어릴 때부터 공공도서관을 이용해 책을 좋아하도록 동기 부여를 해줄 수 있다. 또한 뉴욕주 전역의 공공도서관에서 실시하는 여름 독서프로그램에 가입해 책을 많이 읽도록 해주는 것이 좋은데 이 프로그램에 가입하게 되면 보통 일주일에 한 번씩 공공도서관에 가서 자녀가 읽고 싶은 책을 골라 읽게 하고 다 읽고 나면 도서관에 가서 읽은 책에 대해 리포트하고 스티커나 작은 선물도 받는다. 도서관에 와서 열심히 책을 고르고, 읽고, 리포트하는 다른 학생들을 보면 자기도 더 읽고 싶은 동기부여가 된다.

Reading should not be presented to children

as a chore or duty.

It should be offered to them

as a precious gift.

- Kate DiCamillo -

(Children's Author)

· 제 9 장 ·

연령별로 본 미국의 독서교육 : 학교도서관에서

미국 공립학교의 독서교육은 학교도서관에서 시작한다. 유치원에 처음 들어온 학생들이 담임선생님과 함께 학교도서관에 찾아왔을 때, 아이들의 눈은 도서관의 서가를 꽉 메운 각양각색의 책들을 향한다. 그 중에서도 그들에게 가장 어필하는 책은 단연 픽처북이다. 픽처북은 그림과 이야기가 함께 담겨 있는 그림동화책이다. 픽처북은 어린 아이들이 집밖의 세계를 바라볼 수 있는 작은 창문이라 할 수 있다. 픽처북은 어린아이들에게 처음으로 독서의 즐거움을 가르쳐주는 매개체로서 아이가 자라 평생 독서가, 평생 학습자가 되는데 중요한 역할을 한다.

1절

유치원 : 학교도서관을 만나다

픽처북은 글 읽기를 도와주는 도구

미국 공립학교의 독서교육은 학교도서관에서 시작한다. 유치원에 처음 들어온 학생들이 담임선생님과 함께 학교도서관에 찾아왔을 때, 아이들의 눈은 도서관의 서가를 꽉 메운 각양각색의 책들을 향한다. 그 중에서도 그들에게 가장 어필하는 책은 단연 픽처북이다. 픽처북은 그림과 이야기가 함께 담겨 있는 그림동화책이다. 픽처북은 어린 아이들이 집밖의 세계를 바라볼 수 있는 작은 창문이라 할 수 있다. 픽처북은 어린아이들에게 처음으로 독서의 즐거움을 가르쳐주는 매개체로서 아이가 자라 평생 독서가, 평생 학습자가 되는데 중요한 역할을 한다. 또 픽처북은 아이들에게 언어를 가르쳐 주는 좋은 도구이며 픽처북에 나오는 그림들은 아직 문장을 잘 깨우치지 못하는 유치원생들에게 이야기의 뜻을 알아낼 수 있는 단서를 제공하여 글읽기를 도와준다.

미국 초등학교의 학교도서관들은 대개 저학년들을 위한 픽처북 코너가 별도로 마련되어 있다. 이곳은 어린 학생들의 상상력을 고취시키기 위해 서가들도 나지막하고 바닥에는 여러 가지 색의 양탄자가 깔려있다. 도서관의 곳곳에 아이들이 좋아하는 픽처북 속의 주인공 인형들이 아이들을 반긴다.

처음으로 학교도서관 수업을 했어요.

9월이 되어 유치원생들이 처음으로 학교도서관에 오면 제일 먼저 배워야 하는 것은 무엇일까? 자신이 좋아하는 책을 고르는 요령? 좋아하는 동물에 관한 책을 서가에서 찾는 요령? 아니면 컴퓨터를 이용해 좋아하는 작가의 책들을 찾는 방법? 책을 읽는 요령? 아니면 자신의 읽기수준에 맞는 책을 선별하는 요령?

만 5살짜리 유치원생들이 학급별로 학교도서관에 처음 왔을 때 저자는 우선 카펫 위에 한 사람 한 사람 앉아야 할 자리부터 정해주고 나서 학교도서관에서 할 수 있는 여러 가지 일에 대해 스마트보드를 이용하여 설명해 준다. 학교도서관은 책을 읽고, 더 알고 싶은 것에 대해 탐구하고, 정보를 찾는 곳이라고 말해주며 "이곳에 책이 몇 권이나 있을 것 같아? 아는 사람?" 하고 물으면 10권, 50권... 어떤 아이는 100권이라고 대답한다. "아니, 이곳에는 15,000권의 책이 있단다." 하면 아이들이 "와우!" 하면서 놀라는 표정을 짓는다. "여기 있는 많은 책들 중에서 너희들이 알고 싶은 모든 질문에 대한 답이 있단다."라고 말해주면 아이들의 눈이 호기심에 반짝인다. "그리고 선생님은 너희들에게 어떻게 그러한 답들을 찾는지 가르쳐 줄거야."라고 하면 아이들의 얼굴에는 많은 기대감이 피어난다.

정보의 바다, 학교도서관!

학생들에게 도서관에서 찾아보고 싶은 정보가 무엇인지 묻자, '무당벌레의 다리가 몇 개인지', '세계에서 가장 추운 곳은 어디인지', '집에서 키우는 애완동물을 어떻게 돌봐야 하는지' 등등에 관해 알고 싶다는 질문들이 끝없이 나온다. 이제부터 "학교도서관에서 알고 싶은 정보들을 논픽션 책속에서 찾아볼 수 있다."고 말해주면 아이들은 무척 신이 나서 환호를 지른다.

2절

유치원 - 1학년 : 능동적으로 참여하는 평생학습자의 기초를 다진다

책 읽는 동기를 부여해주는 연결고리

그렇다면 픽처북을 유치원 학생들에게 어떻게 읽어줘야 최대한의 효과를 낼 수 있을까? 소리 내어 읽어주되 듣는 아이로 하여금 그림을 보고 많이 생각하게 하고, 아이들이 자신의 이전 경험이나 사전 지식을 바탕으로 픽처북의 이야기를 예측하게 한다. 그 다음 본문을 읽어주면서 가끔씩 멈추고 본문에 의거하여 작가의 의도와 이야기를 최대한 잘 이해하도록 유도하는 것이 바람직하다. 그러기 위해서는 교사가 일방적으로 학생들에게 픽처북을 읽어주는 것으로 끝나서는 안 되며 학생들에게 그림 산책(picture walk)을 통해 이야기의 줄거리를 미리 짐작하게 해본다. 어린 학생들은 그림 속에 있는 시각적 단서들을 통해 책의 주인공이나 배경이나 줄거리와 자신과의 개인적 연결감(text to self connections)을 형성하는데 이것은 책을 읽는 동기부여에 아주 중요한 역할을 한다.

상호교환적인 스토리타임Interactive Storytime의 효과

픽처북의 읽어주기 전에 각 페이지에 있는 그림을 먼저 보여주고 책에 무슨 내용이 담겨있는지에 관해 옆의 짝과 함께 의견을 나누어보라고 한다. 교사는 손을 든 학생들 중에서 호명을 하여 반 전체에 자기의 생각을 발표하도록 한다. 발표한 학생의 의견을 들은 반친구들은 그 의견에 동의하거나 추가할 사항이 있거나 전혀 다른 의견이 있으면 손을 들고 발표할 수 있다. 이렇게 하면 교사가 일방적으로 전체 학급을 상대로 강의하는 일방적인 수업 대신에 교사와 학생, 학생과 학생 사이에 서로 상호적으로 소통하는 상호교환적인 스토리타임이 되어 학생들은 스스로 참여함으로써 수업에 더욱 열중할 수 있다.

인터액티브 스토리타임은 선생님이 읽어주시는 이야기를 그냥 듣기만 하는 스토리타임에 비해 학생들의 능동적인 참여를 이끌어 낼 수 있기 때문에 학습효과가 크다. 또한 학생들이 다른 사람과의 소통능력을 향상시키고 발표력을 증진시키며 자아의식을 확립하는 데도 상당히 효과적이다. 이때 교사는 가능한 한 안내자의 역할만을 하고 학급의 분위기가 흐트러지지 않게만 중재하는 것이 좋다.

케빈 헹크스의 "웸벌리의 아이스크림바Wemberly's Ice-Cream Star"

저자가 위의 책을 가지고 인터액티브 스토리타임을 할 때의 예를 들어 보겠다.

내성적인 성격의 웸벌리가 주인공으로 나오는 이 이야기는 더운 여름날 누군가가 웸벌리에게 별모양의 아이스크림을 주는 그림으로 시작된다. 학생들에게 본문을 읽어주기 전에 먼저 그림을 자세히 보게 한다. 본문을 읽어준 뒤 "웸벌리가 그 아이스크림을 받아 먹을까?"하고 묻고, 자신의 생각을 옆의 짝과 함께 나

누라고 1-2분 시간을 준다. 학생들은 둘씩 짝을 지어 옆 친구와 의견을 나누고 나서 손을 들고 자신의 의견을 발표한다. '아이스크림바를 받아 먹을 것 같아요.' 하는 학생들이 대부분이었다.

그 다음 페이지의 그림에는 웸벌리가 아이스크림바를 입에 넣는 대신 웬일인지 손을 옆으로 쭉 뻗은 채 아이스크림바를 들고 서 있다. 이때 다시 학생들에게 물어본다. "왜 웸벌리가 아이스크림을 먹지 않고 들고만 있을까?" 학생들은 짝을 지어 의견을 나누고 학급에 각기 다른 의견들을 발표한다.

"웸벌리는 새 옷에 아이스크림이 묻을까봐 걱정하고 있어요."라는 본문을 읽어준 후 그 다음 페이지의 그림을 함께 본다. 냅킨을 목에 두른 웸벌리와 토끼인형이 식탁에 마주 앉아 다 녹은 아이스크림을 떠먹고 있는 장면에서 저자는 "토끼인형이 과연 아이스크림을 먹을 수 있을까?"하고 물어본다. 대답은 'No!'다. 그러나 학생들은 웸벌리가 토끼인형과 함께 상상의 놀이를 하고 있다는 것을 안다.

마지막 페이지에서 웸벌리가 토끼인형에게 "네가 아이스크림을 다 먹도록 내가 도와줄게."라고 말하는 본문을 읽어주고 과연 웸벌리가 어떻게 도와주겠다는 것인지 생각해보게 한다. 학생들은 짝과 함께 대화를 통해 작가가 말로 나타내지 않은 부분을 문장으로 써본다.

시각적 단서들visual clues

이렇게 매 페이지마다 본문을 읽어주기 전에 학생들로 하여금 그림을 유심히 관찰하면서 그림속에서 시각적 단서들(visual clues)을 발견하게 함으로써, 주인공의 표정과 행동을 통해 주인공의 성격이나 일어나고 있는 일의 사태를 짐작하게 한다. 뿐만 아니라 자기의 의견을 짝과 함께 교환하고, 손을 들고 발언권을 얻어 학급 전체에 발표하는 기회를 줌으로써 학생들은 '능동적인 학습자'가 되어 수업에 더 몰두하게 되고, 남의 의견을 경청하게 되며 자신의 의견을 발표하는데 자신감을 가지게 된다.

이러한 상호작용적인 스토리타임에서는 독자가 이야기 속에 나오는 주인공의 행동을 보고 주인공의 성격을 추론해낼 수 있다. 예를 들면, 아이스크림이 옷에 묻을까봐 그릇에 아이스크림을 녹여서 스푼으로 떠먹는 웸벌리, "오랫동안 아이스크림이 녹기를 기다리는 웸벌리를 우린 어떤 단어나 어휘로 표현할 수 있을까?" 하고 물어보면 학생들은 '깔끔하다' 라든가 '침착하다' 등 자신이 몰랐던 새로운 어휘를 급우들로부터 배우게 된다.

이와 같이 픽처북을 잘 활용하면 학령 전 어린 아이들과 이미 학교에 다니는 유치원, 1학년 학생들에게도 마음껏 상상력을 발휘할 수 있는 기회를 제공해서 감수성이 풍부한 아이로 만들어 줄 수 있다. 또한 자신의 의견을 표현함으로써 창의력과 발표력이 신장되고, 주인공의 언어나 행동을 자세히 관찰함으로써 주인공의 성격도 파악할 수 있다

Z 세대와 알파 세대 는 누구인가

1997년부터 2012년까지 태어난 세대를 Z세대라고 한다. 이들은 그 전의 X 세대(1965-1980년생)나 Y세대(1981-1996년생)보다 더 복잡하고 다양한 사회에서 자라고 있다. 이들은 고도의 테크놀로지의 영향으로 새

로운 지식을 받아들이고, 공유하고, 창조하는 태도가 그 전의 세대들과 매우 다르다. 그런데 이들이 어려서부터 접하는 인터넷, 텍스트 메시지, 온라인 비디오 게임들은 그들이 한 가지에 집중하고 생산성을 올리는데 큰 장애물이 되고 있다. 특히 테크놀로지의 발달로 이전 세대들 보다 전자기기에 익숙한 어린 학생들은 이런 수많은 자극들에 순간적으로 반응하느라 주의집중 시간(attention span)이 매우 짧다. 이들이 인터넷 중독에 빠지거나 충동적인 행동을 하는 것을 미리 방지하려면 어릴 때부터 픽처북을 많이 읽어주어야 한다. 그리고 나아가 그냥 읽어만 줄 것이 아니라 서로 대화를 통해서 교감하면서 책을 통한 좋은 유대관계를 계속해야 한다. 그러면 아이가 크면서 책을 사랑하고 배우기를 즐기는 평생 독서가, 평생 학습자가 되리라 믿는다.

알파 세대(Generation Alpha)는 Y 세대, 또는 밀레니얼 세대의 자녀들로서 2011년부터 태어나 앞으로 2025년까지 태어날 세대이다. 아이패드가 출시된 2010년 직후 태어난 이들은 스마트폰과 태블릿을 자유자재로 사용한다. 이러한 기기가 없는 세상은 상상도 못하는 이 세대는 테크놀로지를 무서워 하지 않으며 부모 세대에 비해 인터넷 중독이나 충동적인 행동에 빠질 확률이 더 높기 때문에 저자는 현재 유치원에서 6학년까지 모든 학생들을 대상으로 디지털 시민성 교육을 실시하고 있다.

3절

유치원 - 1학년 : 도서관 장서에 대한 책임감을 배운다

책장 넘기는 요령부터 배우다

도서관 수업 시간에 유치원생들과 상호작용식 스토리타임(interactive storytime)을 하고나서 책을 빌려 갈 시간이다. 유치원학생들이 처음으로 학교도서관에서 책을 빌려 가기 전에 무엇보다도 먼저 배워야 할 사항이 있다. 책을 어떻게 다루어야 하는지 가르쳐 주지 않고 책을 쥐어주면 놀랍게도 책장을 제대로 넘기는 아이들이 드물다. 5살 난 아이들은 아직 단어를 잘 읽지 못하므로 책 속의 그림을 보면서 의미를 짐작하는데, 앞으로 일어날 내용이 궁금하므로 급한 나머지 다섯 손가락을 모두 사용해 책장을 마구 넘기는 것이다. 집에서 엄마나 아빠가 책을 어떻게 다루어야 하는지 가르쳐 준 아이들은 비교적 책을 잘 다룰 줄 알지만 그렇지 않은 경우에는 새 책이 금방 구겨지거나 찢어지는 경우가 있다. 저자는 오른손의 엄지와 검지를 함께 사용하여 책의 오른쪽 페이지 위를 잡고 천천히 책장을 넘기는 동작을 보여주면서 이렇게 해야 절대 책장이 구겨지거나 찢어지지 않는다고 강조한다.

저자는 유치원 학생들에게 빌려간 책을 잘 다루어야 한다고 말로 하는 것보다 이야기를 통해서 책을 어떻게 다루어야 하는 지에 대한 수업을 한다. 데비 버트렘이 쓴 이 책은 저자가 어린 학생들에게 왜 책 간수를 잘 해야 하는지를 알려주기 위해 즐겨 읽어주는 책이다. 줄거리는 다음과 같다.

'마리온의 책에 무슨 일이 생겼나(What happened to Marion's book?)'

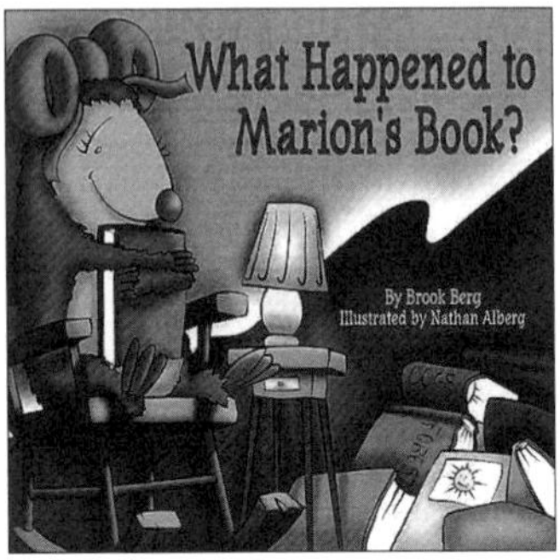

주인공인 고슴도치 마리온은 책을 너무나 좋아하지만 책을 제대로 관리 하지 못한다. 어느 날 아침 책을 읽으며 아침식사를 하다 그만 읽고 있던 책에 잼이 묻었다. 마리온은 애완견에게 잼을 핥게 하고, 치약을 책에 묻혀 닦아보고, 비누로 책을 닦아본다. 그래도 잘 안 닦여지자 결국에는 책을 세탁기에 넣고 돌린다. 너덜너덜해진 책을 들고 그때서야 자신의 잘못을 깨달은 마리온은 돼지저금통을 깨서 못쓰게 된 책값을 학교도서관 선생님께 지불한다. 마리온은 이제 밥 먹을 때, 밖에 나가놀 때, 목욕할 때는 절대 책을 가까이 놓지 말아야 한다는 교훈을 배운다는 이야기다.

좀 과장된 마리온의 이야기이지만 5살짜리 유치원생들은 심각하게 받아들인다. 이 책을 다 읽고 나서 그 내용을 순서대로 이야기해 보라고 하면 서로 이야기하려고 손을 든다. 놀랍게도 이 이야기는 1년 후에 물어봐도 기억하는 것을 볼 수 있다. 이 이야기로 유치원 학생들은 절대 밥을 먹으면서 또는 목욕을 하면서 책을 보면 안 되고 반드시 깨끗한 손으로 책장을 넘겨야 하며 안전한 곳에 보관해야 한다는 것을 배운다.

폴라 크레이그의 '미스터 위글의 책(Mr. Wiggle's Book)'

책 간수에 대한 수업은 한번으로 부족해서 둘째 주에는 폴라 크레이그의 '미스터 위글의 책(Mr. Wiggle's Book)'을 읽어준다. 이 책은 말 그대로 책 속에 사는 책벌레인 미스터 위글이 어린이들에게 책을 잘 간수하라고 당부하는 내용이다.

책의 주인공 미스터 위글은 온통 물감을 묻힌 손으로 책을 읽는 아이들 때문에 손자국이 묻은 페이지를 보여주며 제발 깨끗한 손으로 책을 대하라고 한다. 또 미스터 위글은 책을 읽다가 책갈피를 끼워놓는 대신 책 페이지를 접는 몰상식한 행동이나 책 속에 연필이나 크레용으로 그림을 그리는 나쁜 태도, 심지어는 책장을 급히 넘기다 책장을 찢는 행위 등을 주의해 달라며 눈물 어린 표정을 짓는다. 이러한 미스터 위글의 애원에 유치원생들은 다시 한 번 책을 잘 다루어야겠다고 마음을 먹는다.

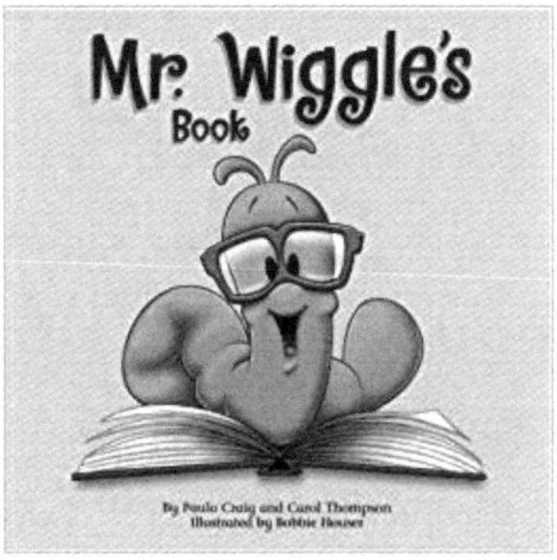

이제 책을 잘 다루는 법을 배웠다. 다음으로 어떻게 하면 아직 글을 잘 읽지 못하는 아이들이 책을 좋아하게 만들 수 있을까?

4절

유치원 : 그림 속의 단서를 찾아 이야기를 이해한다 Picture Walk

'아기 고양이와 보름달(Kitten's First Full Moon)'

유치원생들에게 케빈 헹크스의 '아기 고양이와 보름달(Kitten's First Full Moon)'이라는 픽처북을 소개하면서 학생들에게 그림 속 단서들(picture clues)을 통해 이야기를 이해할 수 있다고 말해준다. 그리고 각 페이지마다 글씨는 읽지 않고 우선 그림만 보여주는 픽처워크(picture walk)를 통해서 학생들로 하여금 그림이 나타내는 이야기를 말로 표현하게 한다. 다음은 학생들이 그림을 보고 말로 표현한 줄거리다.

아기 고양이가 보름달을 보고 우유인 줄 알고 혀를 낼름거린다.
고양이는 보름달을 움켜잡으려 팔짝 뛰다 계단에서 굴러 떨어진다.
고양이는 달을 잡으러 열심히 달려간다. 그러나 달은 전혀 가까워지지 않는다.
고양이가 나무위로 올라가지만 달은 여전히 멀기만 하다.
고양이가 나무 위에서 호수에 밝게 비친 동그란 달그림자를 발견한다.
달그림자가 마치 대접 속의 우유 같아 보인다.

고양이가 호수에 뛰어들어 마셔본다.

차가운 호수물에 흠뻑 젖은 아기 고양이가 비척비척대며 집으로 돌아온다.

현관문 앞에 무언가 놓여있다.

아기 고양이는 놀라 눈이 동그랗게 커진다.

픽처워크를 끝내고 저자는 학생들에게 그림속의 단서들만 가지고도 이야기를 대충 이해할 수 있었다고 말해주며 책에 씌어 있는 글을 소리내어 읽어준다. 마지막 페이지를 읽기 전에 "무엇이 현관문 앞에 놓여 있었을까?"하고 고양이가 무엇을 발견했는지 추측해보라고 하면 여러 가지 대답이 나온다. 이와 같이 아직 글읽기에 서투른 유치원 학생들은 독서를 할 때 픽처 워크를 통해 그림에서 이야기의 단서를 찾아 글을 읽고 이야기를 잘 이해할 수 있다.

5절

레벨 북을 사용한 독서교육의 장단점

레벨 북의 장점

요즘 미국의 초등학교의 담임교사들과 리딩교사들이 즐겨 사용하는 레벨 북(Leveled Books)은 교사들이 학생에게 각자의 눈높이에 맞는 책을 쥐어줌으로써 읽기 능력을 향상시키는 것이 목적이다. 많은 학교들이 일 년에 두 번 테스트를 통해 학생 각자의 읽기능력을 테스트 한다. 그 테스트결과에 따라 학생들의 읽기능력이 A, B, C, D 등으로 정해지고 학생들의 읽기능력을 높이기 위해 학생들은 자기 읽기능력의 레벨에 따라 그 범위 내에 있는 책을 골라 읽어야 한다. 자기 눈높이의 책을 읽기 때문에 학생들은 책읽기에 자신을 가지게 되고 독해력도 향상된다는 것이다.

가이디드 리딩Guided Reading이란?

가이디드 리딩 또는 가이드된 읽기 지도(Guided Reading)는 교사가 유사한 리딩 레벨(읽기 수준)을 가진 학생들을 한 그룹으로 묶어 똑같은 레벨 북을 사용하여 한 그룹을 15-25분 간 지도하는 방식이다. 우선 교사가 책의 제목을 소개하고, 책에 관계된 질문을 던짐으로써 학생들의 사전지식(prior knowledge)이 책과 연관이 될 수 있게 한다. 학생들은 돌아가며 한 페이지씩 읽고, 교사는 학생들이 내용을 이해했는지 독해력을 테스트하는 질문을 던진다. 이 책을 다 읽은 후에는 어떤 읽기 전략을 통해 이야기를 이해했는지에 대해 토론하며 활동지를 작성하기도 한다.[109)]

이러한 레벨 북은 1800년대 초 윌리엄 맥거피가 처음으로 읽기 수준별로 펴낸 리더 시리즈(Reader Series)를 만든 이후 1950~60년대까지 활발하게 활용되어졌다. 이 당시의 레벨 북에는 일상생활에서 자주 사용하는 단어들과 음운학적으로 규칙적인 단어들을 많이 사용하였다. 1960~80년대에는 자연스러운 언어의 구조와 수준 높은 아동문학 작품들을 사용해서 읽고 쓰기를 가르치자는 운동이 있었다. 그리고 1990년대부터는 학년별로 타당한 문학 작품들을 엮어 교과서로 편집한 'Literature Anthology' 운동이 일어나기 시작했다. 그러나 이는 한 그룹 학생들이 다함께 같은 책을 읽어야 하기 때문에 그 중에서 읽기 능력이 심히 떨어지는 학생들은 따라가기가 힘들다. 그래서 다시 모든 학생들이 자신의 읽기수준에 맞는 책을 읽는 가이디드 리딩(Guided Reading) 방식이 현재는 대세를 이루고 있다.[110)]

레벨 북의 단점

레벨 북의 장점은 학생마다 자기 눈높이에 맞는 책을 읽음으로써 학생들은 읽기에 자신감을 가지면서 읽기능력이 향상된다. 또한, 레벨 북들은 A, B, C 등 읽기 수준별로 분류해 놓았기 때문에 교사나 학생이나 학생이 읽을 책을 선정하기 쉽다. 하지만 학생들은 일단 자신의 읽기 수준이 정해지면 그 수준 안에 있는 레벨 북만을 골라야하기 때문에 다양하고 폭넓게 독서를 할 수 없다. 또한, 자신이 좋아하는 책을 고를 수 없어

109) "Guided Reading." http://www.readingprograms.info/guidedreading.html
110) "History of McGuffey Readers." http://mcguffeyreaders.com/history.htm

독서에 흥미를 잃을 수 있으며 다음 레벨로 올라가는 것만이 책을 읽는 지상목표가 될 수 있다. 심한 경우에는 읽기 수준이 다른 학생들 간에 위화감을 조성할 수 있다. 그래서 읽기 수준이 떨어지는 학생들은 자신감이 결여되어 점점 더 독서를 싫어할 수 있다.

더구나 대부분의 레벨 북들은 레벨 북 회사에서 직접 만든 책들이 많아 학교도서관에 비치되어 있는 양서들에 비해 질적으로 좀 떨어진다. 또 학생들은 자신의 레벨 이외에는 읽을 책을 고를 수가 없기 때문에 다양한 독서를 할 수 없게 된다. 요즘은 많은 담임교사들이 학급 도서실에 레벨 북 외에도 주제, 장르, 작가별로 학생들에게 적합한 책들을 비치해 놓고 자유 시간에 읽도록 하고 있다. 그러나 학급도서관의 장서는 사서교사가 엄선한 각종 최신 인쇄, 비인쇄매체들을 소장한 학교도서관의 장서들에 비하면 부족한 점이 많다.

레벨 북들은 책의 활자나 그림이 무미건조하고, 등장인물이나 스토리 전개가 너무 단순해 아이들의 상상력을 고무시키거나 독서에 관한 흥미를 유발하기에는 취약하다. 특히 유명한 화가 그림 대신에 연필로 간단히 그린 그림들과 별 뜻 없는 문장들이 아이들의 창의력 개발에는 별로 도움을 주지 못한다. 학생의 흥미를 유발하지 못하는 레벨 북을 숙제로 읽어 와야 한다면 이러한 독서는 즐거운 경험이 아니라 '마지못해 하는 독서'로 전락할 수 있다.

모든 학생들이 일주일에 한번 학교도서관에서 수업을 받고 자신의 레벨에 관계없이 읽고 싶은 책을 마음껏 빌릴 수 있는 것은 학생들의 독서활동에 아주 중요하다. 이미 어려서부터 부모님이 책을 많이 읽어주고, 도서관이나 서점에 가서 스스로 좋아하는 책을 고른 경험이 있는 학생이 초등학교에 들어와서 읽기 테스트를 거친 후에 레벨이 정해져 그 레벨의 책만을 읽어야 한다면 그 학생의 독서활동은 오히려 퇴보할 수도 있다. 그러므로 학교의 방침 상 교사가 레벨 북을 사용해야 한다면 별도로 자녀의 균형 잡힌 독서활동을 위해서 부모님들의 역할이 중요하다. 즉, 부모님들께서 자녀와 함께 정기적으로 도서관이나 서점을 찾아 자녀가 레벨에 관계없이 읽고 싶은 책을 선택해서 자발적인 독서를 할 수 있도록 배려해주어야 한다.

미국의 대부분의 초등학교에서는 각 학급별로 '가이디드 리딩(guided reading) 지도'를 하고 있기 때문에 학생들이 읽고 싶어 하는 다양한 책들을 접할 수 없다. 따라서 사서교사는 학교도서관에 학교의 교육과정을 지원하는 장서들과 학생들이 꼭 읽어야 할 양서를 비롯하여 각종 신간도서들을 비치함으로써 수준 높고 시대에 맞는 장서 콜렉션을 유지하여 학생들에게 균형 잡힌 독서를 할 수 있도록 해주어야 한다.

균형 잡힌 독서의 필요성balanced reading

자녀의 읽기능력의 향상을 위해 레벨 북만 읽게 한다면 그것은 어린이의 골격 형성을 위해 칼슘이 풍부한 우유와 치즈만 매일 주는 것과 비슷하다. 아무리 몸에 좋다고 똑같은 종류의 음식만 먹는다면 질리지 않겠는가? 자녀의 골격뿐 아니라 근육, 신경, 장기 등을 두루두루 건강하게 유지하고 잘 성장하게 하려면 각종 채소, 과일, 생선, 고기, 탄수화물 등도 골고루 먹는 균형 잡힌 식생활을 유지해야 한다.

이와 마찬가지로 학생들이 독서를 통해 다양하고 폭넓은 분야를 접할 수 있도록 도와주려면 담임교사, 학부모, 사서교사가 함께 협력해야 한다. 특히 사서교사는 해당 학교가 있는 지역과 인종 분포 등을 고려해 학생들의 호기심과 탐구심을 키워주면서 읽기 능력도 향상시키기 위해 다양한 픽션, 논픽션을 비치하고 학생들의 기호와 흥미 그리고 학교 교육과정과 연계되는 책들을 찾아주려고 항상 노력하고 있기 때문에 독서에 있어서 중요한 안내자의 역할을 하고 있다.

6절

미국의 공통핵심학습기준에 따른 독서교육의 추세

'Common Core'라는 말이 교육계의 화두로 떠오른 지 10년이 지났다. 이는 'Common Core Learning Standards' 또는 'Common Core State Standards'를 짧게 부르는 것으로 '공통핵심학습기준'이라고 풀이된다. 공통핵심학습기준이란 교육과정은 아니다. 그러나 유치원에서 고등학교 학생들이 대학에 가기 전까지 갖추어야 할 학습능력에 대해 전미 46개주에 공통된 비전을 제시하였다. 그 후 4개주가 이 기준을 철회하여 2021년 현재 42개주가 채택하고 있다.

이러한 공통교과과정은 1980년대 이후로 주마다 자체적으로 정한 학습기준들이 달라 지역 간의 실력 격차가 심했기 때문에 미국 전체 학생들의 실력향상을 위한 전국적 운동에서 시작하여 지난 2010년에 제정됐다. 이는 학생들이 알아야 하고 습득해야 할 능력에 대한 공통된 비전을 제시하고 있다. 뿐만 아니라 교사, 학교 행정가들에게 학생을 가르치고 학생들이 배우는 것에 대한 공통된 비전을 제시하여 미국의 46개 주들에서 일관성 있는 공통핵심학습기준에 의거하여 교육을 하게 했다.

이 기준들은 미국의 학생들이 지구촌 경제 시대에서 경쟁력 있는 인재들이 되기 위해 성공적인 대학과 직장생활을 하는데 필요한 지식과 기술들을 배양하도록 설계되었다. 2010년 9월부터 도입된 영어(ELA)와 수학에 관한 학습 기준에서 읽기 쓰기 말하기 듣기 등 언어 부분에 관한 기준들은 역사, 사회, 과학, 기술 과목들에 필요한 읽고 쓰는 능력(literacy)의 기준들로도 통용된다. 따라서 학생들은 더욱 어려운 수준의 교재를 더 빠른 시간 내에 읽을 수 있어야만 하고, 자신이 읽은 내용에 대해 더욱 복잡한 수준에서 토론할 수 있어야 한다. 따라서 교사들과 학부모들은 학생 또는 자녀가 자신들의 학습 잠재력을 최대한 발휘할 수 있도록 도와주어야 한다.

영어 과목을 위한 공통핵심기준에 따르면 학생들은 모든 장르를 골고루 읽어야만 한다. 즉 유치원에서부터 5학년까지의 학생들에게는 문학(Finction)과 비문학(Non-Fiction)을 각각 반반씩 읽는 것을 권장하고, 6학년에서 12학년의 학생들은 문학적인 글 30%, 비문학적인 글 70%의 비율로 독서할 것을 추천한다. 따라서 읽기를 배우는 유치원 때부터 자녀들에게 논픽션을 많이 읽어주는 것이 좋다.

『Rookie Read about Science』 시리즈는 유치원에서 1학년 학생들에게 간단한 과학에 관한 사실들을 소개하고 있다. 어린 아이들의 손에 알맞은 작고 얇은 책이다. 책 안에 책의 내용을 나타내는 큰 칼라 사진들과 함께 한 페이지에 한 줄 정도의 글이 큰 활자체로 인쇄되어 있다. 이제 책 읽기를 시작하는 아이들이 쉽게 읽을 수 있을 정도의 쉬운 영어로 쓰여 있다. 책 뒷부분에는 색인(index)이 있어서 아이들이 궁금해 하는 주제에 대한 페이지를 쉽게 찾을 수 있다. 책 부록에 있는 단어 목

록(glossary)은 본문을 이해하는 데 필요한 단어들을 익히는 데 도움을 준다. 책을 읽기 전에 제목과 표지 그림을 자세히 살펴보고 무엇에 관한 책인지 미리 추측해보게 한다. 그 주제에 관해 이미 알고 있는 사전지식에 대해 점검하고 더 알고 싶은 것이 무엇인지 의문점을 갖게 한다. 책을 다 읽고 나서는 의문점들에 대해 스스로 답을 찾도록 한다.

공통학습기준의 도입으로 자녀들의 독서생활의 패턴도 바뀌었다. 예전에는 소설을 읽고 감상문을 쓰거나, 이야기의 주인공, 배경, 또는 주제 등에 대해서 이해하면 됐다. 하지만 이제는 두 가지의 비슷한 이야기를 읽고 두 주인공들이 어떻게 비슷한지 어떻게 다른지를 비교, 분석하여 자신의 의견을 피력할 수 있어야 한다. 문제는 기초학습능력이 있어야만 이러한 고난도의 학습이 가능하다는 것이다. 그래서 어려서부터 읽기능력의 바탕이 비판적 사고력, 창의력을 키워주는 독서 활동을 통해 탄탄하게 이루어져야 한다.

여름방학은 자녀들에게 이러한 학습 기술을 습득시켜줄 수 있는 좋은 시기다. 집안에 독서하고 싶은 분위기를 조성해주고, 부모님 자신이 독서하는 본보기를 보여주며, 자녀들의 작문실력을 늘리기 위해 영어 일기를 쓰게 한다거나, 가족휴가를 갈 때 스스로 계획을 세워보게 하고 목적지를 2~3곳 정해 어떠한 이점이 있는지 도표로 정리해 비교해보게 한다거나 가족끼리 스크래블(Scrabble: 단어를 조합시키는 게임) 등과 같은 보드게임을 하여 단어실력을 늘리도록 한다. 중 고등학교 학생들은 미국의 헌법이나 독립선언문, 케네디 대통령, 링컨대통령, 마틴 루터 킹 목사의 연설문을 읽기를 권한다. 공통교과과정 기준의 기대에 부응하기 위해서는 얇게 넓게 하는 공부보다는 좁더라도 깊이 파는 공부가 필요하다.

7절

공통핵심학습기준 시대의 독서교육의 방향

미국에서는 대학에 진학하는 모든 고등학교 졸업생들이 대학에서 요구하는 고도의 학습능력을 갖추게 하기 위하여 영어와 수학과목의 공통핵심학습기준(CCSS)이2012-2013학년도부터 뉴욕주를 비롯한 많은 주에서 도입되었다. 유치원에서 12학년까지 모든 학생들의 새로운 학습기준을 제시한 공통핵심학습기준(CCSS)은 2011-2012학년도에는 3~8학년 학생들에게 초점이 맞추어졌었는데, 2013-2014 학년도부터는 유치원에서 2학년까지 학생들에게도 본격적으로 적용되게 되어 이제는 전학년에 걸쳐 적용되어 실시되고 있다.

이 새로운 학습기준에 따라 초등학교 3학년부터 본격적으로 하게 되는 '심도있게 읽기(close reading)'를 제대로 할 수 있으려면 초등학교 저학년 때 읽기와 쓰기의 기본이 되어 있어야 한다. 또 저학년 때 영어로 듣고 말하기의 기본이 튼튼히 되어 있지 않다면 3학년부터 읽고 쓰는 것이 힘들어질 수 있다. 따라서 뉴욕주의 경우 유치원부터 2학년의 학생들은 이제부터 ①듣기와 학습, ②기술연마, ③그룹 및 개별 리딩의 세 영역으로 된 핵심 지식(Core Knowledge) 커리큘럼이 발표되어 원하는 학교는 이 커리큘럼에 따라 공부할 수 있게 되었다.

첫째로 듣기와 학습의 영역은 어린 학생에게 듣기훈련이 학습에 얼마나 중요한지를 잘 나타내주고 있다. 5세 이전의 아이들은 아직 책을 직접 읽지 못하더라도 부모나 도서관의 사서나 선생님이 책을 읽어줄 때 그 내용을 이해하고 질문에 답할 수 있다. 글을 읽기 시작한 유치원-2학년의 학생들도 자신이 본문을 직접 읽고 이해하는 것보다 유창하게 읽어주는 선생님이 읽어줄 때 그 내용을 더 잘 이해할 수 있기 때문에 어려서부터 잘 읽는 사람이 책을 읽어주면 어휘도 많이 늘고, 사전지식도 생기며, 책에 대해 토론을 할 때 사고능력과 말하는 능력도 함께 발달하게 된다.

그런데 문제는 외국에서 이민을 왔거나 미국에서 태어났어도 집에서 영어대신 모국어인 외국어를 쓰는 가정의 학생들은 이러한 듣고 이해하고 말로 표현하는 능력이 뒤떨어질 수 있다. 즉, 집에서 영어를 쓰지 않거나 영어로 된 책을 전혀 접해보지 않는 상태에서 유치원을 시작한 학생들에게 이러한 현상이 심각하게 나타날 수 있는데, 이러한 학생들은 출생에서 5세가 될 때까지 5년 동안 들어봤거나 듣고 인식하거나 알면서 사용해온 단어수가 영어권 가정에서 자라난 같은 나이 또래에 비해 3천 단어가 부족하다는 것이다.

공통핵심학습기준(CCSS)은 이러한 학생들까지 포함해서 모든 학생들이 성공적인 학습을 할 수 있도록 교사들이 한 교실 내에서 도움이 필요한 학생들을 위해 별도로 시간을 내어서 개별적이고 적절한 방법으로 그 필요를 충족시켜줄 수 있는 개별화 학습(differentiated learning)을 하도록 제시하고 있다. 따라서 학교에서 교사들은 시기적절하고 효과적인 방법으로 영어능력이 결손된 학생들이 교실 내에서 학습에 흥미를 느끼며 뒤따라 올 수 있도록 여러 가지로 노력하고 있지만 이를 교사에게만 맡겨서는 역부족이다. 갓 이민 왔거나 집에서 영어를 쓰지 않는 경우에는 부모들이 많은 신경을 써서 아직 글읽기를 떼지 못한 자녀들이 결손된 어휘를 따라 잡을 수 있도록 배려해 주어야 한다. 또 글을 읽을 줄 알더라도 영어를 유창하게 읽고 쓰는 사람들로부터 듣고 배울 수 있도록 공공도서관에서 하는 '스토리 타임'이나 '북토론 프로그램'에 참가하도록 배려해주고, 글읽기를 깨친 자녀들은 틈틈이 여러 방면의 책을 많이 읽어 간접 경험을 넓힐 수 있도록 해주어야 한다.

둘째로 기술영역은 파닉스(phonics)를 이용한 문자해독(decoding), 어휘, 문법을 연마하는 것인데, 이를 위해서는 제한된 숫자의 어휘를 가지고 간단하고 반복적인 문장이 많이 나오는 닥터 수스(Dr. Seuss)의 『Cat in the Hat』과 같은 초기 리더책(easy reader)을 많이 읽히면 큰 도움이 된다.

셋째로 그룹 및 개별 리딩 영역에서 그룹리딩은 학교에서 선생님이 리딩 수준이 맞는 학생들을 한데 모아 똑같은 책을 읽고 함께 토론하는 수준별 읽기지도(Guided Reading) 시간이 있으므로 부모님들께서는 자녀가 스스로 독서할 수 있도록 읽기에 신경을 써주셔야 한다. 이때 학생들은 자신이 관심 있는 분야에서 자신의 읽기수준에 맞는 책을 골라 스스로 읽는데 흥미를 느끼는 것이 중요하다.

그런데 대개 학급마다 구비되어 있는 Guided Reading Library는 책의 난이도에 따라 레벨이 A, B, C, D…등으로 나뉘어져 있어 학생들이 고를 수 있는 책들이 한정되어 있고 수준 높은 책이 많지 않다. 또 학생들이 흥미를 느낄 수 있는 여러 분야의 책을 찾을 수 있을 만큼 장서가 많지도 않고 다양하지 않은 것이 현실이다. 학생들은 스스로 읽기를 연습할 기회가 주어지기 전에는 독자적이고 유능한 리더(reader)가 될 수 없다. 자신이 흥미를 느끼는 분야를 발견하고 자신들이 직접 고른 텍스트를 읽을 때 스스로 읽기를 연습하고 싶은 동기가 발생하며, 그러한 자발적인 독서가 계속될 때 영어실력이 향상된다.

결론적으로 말해서 듣기, 말하기, 읽기, 쓰기를 고루고루 잘 하는 든든한 영어실력을 갖추어야 수학, 사회, 과학 등 다른 과목들도 잘 할 수 있으며 성공적인 학업을 해나갈 수 있다. 누구나 관심이 있는 분야에 대해 더 알고 싶어 한다. 자기가 흥미가 있어야 그것에 대해 더 읽고 공부하고 싶어진다. 우리 아이를 영어 잘 하는 아이로 키우기 위해서는 영어권 가정의 또래에 비해 부족한 영어 어휘와 사전 지식을 보충하기 위해 어려서부터 듣기 훈련을 많이 시켜주어야 한다. 또 일단 읽기를 시작하면 소설, 에세이, 잡지, 시, 희곡, 신화 등 여러 가지 장르의 독서를 꾸준히 하는 습관을 키워주어야 한다. 필요한 문법도 제 때 마스터하도록 하며 흥미 있는 책을 스스로 골라, 혼자서 또는 친구와 함께 읽고 토론할 수 있는 기회를 만들어 주는 것이 좋다.

8절

클로즈 리딩Close Reading 방식을 이용한 독서교육

미국의 거의 모든 주에서 채택한 공통핵심기준(Common Core State Standards)은 수준 높은 교재를 이용해서 학급의 모든 학생들이 읽기, 토론, 쓰기 등의 활동에 모두 능동적으로 참여할 수 있는 방법들을 제시하고 있다.

클로즈 리딩(Close Reading) 방식은 글자 그대로 자세히 읽는 방법이다. 글을 읽을 때 예전에는 학생 자신의 개인적인 경험을 중시하고 본문의 내용을 자신의 경험에 비추어 읽고 해석하고 주관적으로 작문을 하는 것으로 만족했다. 하지만 이제는 주어진 글을 자세히 심도 있게 읽고, 그 안에서 작가의 의도를 객관적으로 파악하여 그 파악한 내용을 가지고 논리적으로 작문하는 것이 요구된다.

Close Reading방법을 이용한 수업방식은 대개 다음과 같다. 교사는 학생들의 읽기 수준보다는 약간 더 수준 높은 본문을 선택하여 학생들에게 1부씩 나눠준다. 학생들은 연필을 손에 쥐고 혼자 읽으면서 전체 줄거리를 대충 파악하며 어려운 단어나 중요한 단어에 밑줄을 긋거나 동그라미를 치고 이해가 안 되는 부분에는 물음표로 표시한다. 따라서 모든 학생들은 함께 능동적으로 학습에 참여하게 되며 본문에 주의를 기울이게 된다. 두 번째는 교사가 그 본문을 소리 내어 다시 읽어줄 때 학생들은 소리 없이 함께 눈으로 읽는데 이 때 학생들은 혼자서 읽었을 때 미처 깨닫지 못했던 세부사항들을 파악하게 된다. 본문을 다 읽고 나서

교사는 본문에 입각한 질문들을 학생들에게 제시하고 학생들은 짝 또는 그룹을 지어 그 질문에 대해 토론하여 의견을 모은다. 그리고 돌아가면서 질문에 대한 답을 학급에서 발표한다. 마지막으로 학생들은 각자 오늘 배운 주제에 대한 자신의 견해를 글로 써봄으로써 학습효과를 높일 수 있다.

Close Reading을 하기에 적합한 본문은 짧은 단편이나 신문, 잡지기사 또는 문학작품의 한부분도 좋으며 서술체나 설명체가 좋다. Close Reading에서 교사가 제시하는 문제들은 대개 네 가지 형식으로 나누어 볼 수 있다. ① 주요 어휘들의 의미를 학생들이 문맥을 통해 찾아내는 문제, ② 본문을 잘 읽어보면 그 안에서 명백하게 답을 찾아낼 수 있는 문제, ③ 본문에서 뚜렷이 말하고 있지는 않지만 본문을 잘 읽어 보면 유추해낼 수 있는 문제 그리고 ④ 본문 안에서 증거들을 찾아 자신의 의견을 뒷받침하여 작문을 하는 주관식 문제 등이다.

교사가 각 문제를 학생들에게 제시하면 학생들은 그에 대해 "목적이 있는 토론"을 서로 나누는 것이 중요하다. 이 토론의 방식은 짝과 함께 하는 1 대 1 방식, 소그룹 토론방식, 전체 학급토의 등으로 다양하게 진행된다. 이 때 교사는 진행자(facilitator)의 역할만을 한다. 읽기능력이 뒤떨어지는 학생들은 읽기능력이 뛰어난 학생과 짝을 지어 도움을 받도록 한다. 교사가 제시한 질문에 대해 둘이서 또는 소그룹에서 토론한 후 손을 들면 교사가 지명한 학생이 발표를 한다. 교사는 그 발표 내용에 대해 더 보충을 하거나 질문할 학생을 지명해 토론이 점점 더 진지해지고 학급전체의 학습에 공헌이 되도록 고무하는 역할을 한다. 그리고 교사는 발표자에게 항상 본문 안에서 예나 증거를 제시하도록 상기시키며 발표자가 발표한 주요 요점을 간추리고 종합하여 학급에 전달하는 역할도 한다. 마지막으로 모두가 작문쓰기를 마쳤을 때 교사의 주도로 학생들이 작문을 발표하는 시간도 가진다.

성공적인 수업을 위하여 교사는 수업 전에 학생들의 높은 사고능력을 키워줄 수 있는 질문들을 미리 구상하여야 하고, 수업 중에는 학생들이 학습내용을 기억하고 이해하는 비교적 낮은 사고능력을 확인하는 질문보다는 새로 배운 지식을 적용하고 분석하여 종합적인 사고를 통해 가치 판단을 하여 새로운 것을 창조할 수 있도록 하는 질문들을 구상해야 한다. 미국 학교들에서는 사서교사들도 도서관 수업에서 Close Reading 방법을 이용한 읽기수업을 하고 있다.

도서관이 삶이 되다

미국에 와서 근 40년 살아오면서 대부분의 시간을 도서관에서 보냈습니다. 1980년대에는 퀸즈칼리지 대학원에서 도서관학을 공부하며 컬럼비아 의대 도서관에서 준사서로 근무했습니다. 1990년대에는 뉴욕주 공공도서관 사서로 일하다 다시 사서교사가 되기 위해 롱아일랜드 대학원에서 학교도서미디어학을 공부했습니다. 2000년대부터 현재까지 도서미디어전문가이자 뉴욕주 공립 초등학교 사서교사로 일해오고 있습니다. 그야말로 제 인생은 미국도서관 30년 인생이라고 말할 수 있습니다.

뉴욕에서 사서로 일하던 1998년 한국 방문길에 찾아간 한국도서관협회와 인연이 되어 '도서관 문화'지를 받아보면서 한국의 도서관들에 대해 알게되었고 저도 미국의 도서관들과 북미 역사문화기행에 대한 글을 종종 기고하였습니다. 2010년에는 한국의 우수도서관 관장님들과 사서 및 사서교사분들이 저자의 학교도서관을 찾아주셨고, 그 다음 해에는 제가 그 분들의 도서관들을 방문하면서 한국과 미국을 오가는 교류가 시작되었습니다. 2013년 여름에는 숙명여대와 송곡여고 도서관에서 '미국의 학교도서관과 사서교사의 역할'에 관한 강연을 했습니다. 2018년에는 저자 초청 강연차 한국에 나가서 여러 도서관들을 돌아보며 도서관의 이용이 활성화되고 있는 것을 보고 아주 기뻤습니다.

앞으로 한국에도 공공도서관들이 각 동네마다 세워지고 충분한 사서인력이 확충되어 공공도서관이 '평생교육의 공간'이자 '시민의 대학'의 역할을 할 수 있기를 바라는 마음입니다. 제가 살고 있는 롱아일랜드의 공공도서관들과 뉴욕시의 3대 공공도서관 시스템, 그리고 도서관 전반에 걸쳐 수년간 연구한 내용들과 30년에 걸친 미국 도서관 경험을 이 책에 실었습니다.

이제 4차 산업혁명시대를 맞아 미국의 학교도서관도 사회의 변화에 발맞추어 진화하고 있습니다. 제가 학교도서관 사서교사가 된 2003년과 지금 2021년을 비교해보면 교육과정, 교육철학, 교육공학 등 여러 면에서 많은 변화가 있어 왔습니다. 20년 가까이 미국의 여러 학교도서관에서 사서교사로 근무하며 느낀 변화는 종이책으로 가득했던 학교도서관이 이제는 전자 기기만 있으면 언제, 어디서나 읽을 수 있는 전자책도 많이 구비하고 있으며, 학생들을 위한 컴퓨터의 보급이 충분하지 않았던 학교도서관에 이제는 모든 학생들이 사용할 수 있는 아이패드, 크롬북, 맥북등이 구비되어 있습니다. 미국의 학교도서관은 이제 대화형 T.V.(Interactive T.V.) 화면에 뜬 교사의 수업내용이 학생들의 스마트 기기에 연결이 되는 스마트 교육의 중심지가 되고 있습니다. 또한 3D 프린터, 가상현실, 증강현실, 그린스크린 등의 최신 테크놀로지를 교육적으로 활용하는 학습자 중심의 미래교육의 산실이 되고 있어서 학교도서관의 명칭도 '도서미디어센터 (Library Media Center)', '정보 미디어 센터(Information Media Center)', 또는 '학습 공유지(Learning Commons)'로 불리고 있습니다.

이러한 학교도서관을 활성화시킬 수 있는 사서교사는 통합교육과정을 위한 협력수업 및 정보유창성 교육 등을 담당하는 교사이며, 학생들과 교직원들을 위한 정보의 접근과 전달을 극대화하는 정보전문가이고, 학교도서관 프로그램의 운영과 관리를 전담하는 학교도서관의 책임자입니다. 이렇게 학교도서관 활성화에 꼭 필요한 사서교사의 배치율이 한국에서는 아직도 낮은 것으로 나타났습니다. 한국의 학교도서관과 미국의 학교도서관과의 간극이 사서교사의 배치에 있다는 것을 잘 알기에 한국의 모든 학교마다 학교도서관이 세워지고 각 학교도서관마다 스마트 교육을 할 수 있는 시설과 인프라가 구축되고, 각 학교도서관마다 사서교사가 배치되기를 바라고 응원합니다.

끝으로 이 책의 8장과 9장은 가정과 학교도서관에서 할 수 있는 독서교육에 대한 내용입니다. 제가 학부모로서 세 자녀들을 책으로 키우고, 사서와 사서교사로서 학생들에게 독서지도 및 독서교육을 하면서 연구하고 터득한 내용을 담았습니다. 학부모들과 교사들께서 독서지도를 하실 때 큰 도움이 되기 바랍니다.

2021년 3월

저자 송온경 드림

부록 01 스콜라스틱에서 추천하는 어린이 필독서 100선

The Complete Checklist: 100 Must-Read Books

Our 100 Greatest Books for Kids list spans a variety of ages and genres, so there's something for everyone. Print out this checklist and make it yours: Mark the books you've shared with your children or they have read, star family favorites, and highlight titles you're looking forward to bringing home from the library or bookstore.

www.Scholastic.com/100books

1. ☐ Charlotte's Web
   Written by E. B. White and illustrated by Garth Williams
   Ages 8-10 Fiction: fantasy, animal characters
2. ☐ Goodnight Moon
   Written by Margaret Wise Brown and illustrated by Clement Hurd
   Ages 0-3 Fiction: animal characters
3. ☐ A Wrinkle in Time
   Written by Madeleine L'Engle
   Ages 11+ Fiction: fantasy
4. ☐ The Snowy Day
   Written and illustrated by Ezra Jack Keats
   Ages 4-7 Fiction: realistic fiction
5. ☐ Where the Wild Things Are
   Written and illustrated by Maurice Sendak
   Ages 0-3 Fiction: fantasy
6. ☐ Harry Potter and the Sorcerer's Stone
   Written by J. K. Rowling and illustrated by Mary GrandPré
   Ages 11+ Fiction: fantasy, folktales/fairy tales/myths
7. ☐ Green Eggs and Ham
   Written and illustrated by Dr. Seuss
   Ages 4-7 Fiction: fantasy
8. ☐ The Diary of a Young Girl
   Written by Anne Frank
   Ages 11+ Nonfiction: autobiography
9. ☐ The Giving Tree
   Written and illustrated by Shel Silverstein
   Ages 4-7 Fiction: fantasy, fable
10. ☐ Frog and Toad Are Friends
    Written and illustrated by Arnold Lobel
    Ages 8-10 Fiction: animal characters
11. ☐ Anne of Green Gables
    Written by L. M. Montgomery
    Ages 11+ Fiction: realistic fiction
12. ☐ The Very Hungry Caterpillar
    Written and illustrated by Eric Carle
    Ages 0-3 Informational: early concepts (colors, numbers); Fiction: animal characters
13. ☐ Madeline
    Written and illustrated by Ludwig Bemelmans
    Ages 4-7 Fiction: realistic fiction
14. ☐ The Wind in the Willows
    Written by Kenneth Grahame and illustrated by Inga Moore
    Ages 8-10 Fiction: fantasy, animal characters
15. ☐ The Dot
    Written and illustrated by Peter H. Reynolds
    Ages 4-7 Fiction: realistic fiction
16. ☐ Tuck Everlasting
    Written by Natalie Babbitt
    Ages 11+ Fiction: fantasy
17. ☐ Pat the Bunny
    Written and illustrated by Dorothy Kunhardt
    Ages 0-3 Informational: early concepts (the senses); fiction: realistic fiction
18. ☐ When Marian Sang: The True Recital of Marian Anderson
    Written by Pam Muñoz Ryan and illustrated by Brian Selznick
    Ages 8-10 Nonfiction: biography
19. ☐ Knuffle Bunny: A Cautionary Tale
    Written and illustrated by Mo Willems
    Ages 0-3 Fiction: realistic fiction
20. ☐ Where the Sidewalk Ends
    Written and illustrated by Shel Silverstein
    Ages 8-10 Fiction: poetry
21. ☐ Bud, Not Buddy
    Written by Christopher Paul Curtis
    Ages 11+ Fiction: realistic fiction, historical fiction

22. ☐ Corduroy
Written and illustrated by Don Freeman
Ages 0-3 Fiction: fantasy, animal characters

23. ☐ The Phantom Tollbooth
Written by Norton Juster and illustrated by Jules Feiffer
Ages 8-10 Fiction: fantasy

24. ☐ The Little Engine That Could
Written by Watty Piper and illustrated by George and Doris Hauman
Ages 4-7 Fiction: fantasy

25. ☐ The Giver
Written by Lois Lowry
Ages 11+ Fiction: science fiction, dystopia

26. ☐ Where the Mountain Meets the Moon
Written and illustrated by Grace Lin
Ages 8-10 Fiction: fantasy, folktales/fairy tales/myth

27. ☐ Black on White
Written and illustrated by Tana Hoban
Ages 0-3 Informational: early concepts

28. ☐ Don't Let the Pigeon Drive the Bus!
Written and illustrated by Mo Willems
Ages 4-7 Fiction: fantasy, animal characters

29. ☐ Are You There God? It's Me, Margaret.
Written by Judy Blume
Ages 11+ Fiction: realistic fiction

30. ☐ My Rotten Redheaded Older Brother
Written and illustrated by Patricia Polacco
Ages 8-10 Fiction: realistic fiction

31. ☐ The Mitten
Written and illustrated by Jan Brett
Ages 4-7 Fiction: folktales, animal characters

32. ☐ The Runaway Bunny
Written by Margaret Wise Brown and illustrated by Clement Hurd
Ages 0-3 Fiction: animal characters

33. ☐ The Hunger Games
Written by Suzanne Collins
Ages 11+ Fiction: science fiction, dystopia

34. ☐ Swimmy
Written and illustrated by Leo Lionni
Ages 4-7 Fiction: animal characters

35. ☐ Freight Train
Written and illustrated by Donald Crews
Ages 0-3 Informational: early concepts (colors, train cars); Fiction: realistic fiction

36. ☐ The Secret Garden
Written by Francis Hodgson Burnett and illustrated by Tasha Tudor
Ages 8-10 Fiction: realistic fiction

37. ☐ The Little Mouse, the Red Ripe Strawberry, and the Big Hungry Bear
Written by Don and Audrey Wood and illustrated by Don Wood
Ages 4-7 Fiction: animal characters

38. ☐ Diary of a Wimpy Kid
Written and illustrated by Jeff Kinney
Ages 11+ Fiction: realistic fiction

39. ☐ Zen Shorts
Written and illustrated by John J. Muth
Ages 8-10 Fiction: fantasy, fables/folktales/myths, animal characters

40. ☐ Moo, Baa, La La La
Written and illustrated by Sandra Boynton
Ages 0-3 Informational: early concepts (animal sounds), Fiction: animal characters

41. ☐ Matilda
Written by Roald Dahl and illustrated by Quentin Blake
Ages 8-10 Fiction: fantasy

42. ☐ What Do People Do All Day?
Written and illustrated by Richard Scarry
Ages 4-7 Informational: early concepts (jobs), Fiction: animal characters

43. ☐ The Lion, The Witch and the Wardrobe
Written by C. S. Lewis and illustrated by Pauline Baynes
Ages 11+ Fiction: fantasy

44. ☐ Good Night, Gorilla
Written and illustrated by Peggy Rathmann
Ages 0-3 Fiction: fantasy, animal characters

45. ☐ The Composition
Written by Antonio Skármeta and illustrated by Alfonso Ruano
Ages 8-10 Fiction: realistic fiction

46. ☐ Not a Box
Written and illustrated by Antoinette Portis
Ages 4-7 Fiction: animal characters

47. ☐ Brown Bear, Brown Bear, What Do You See?
Written by Bill Martin, Jr. and illustrated by Eric Carle
Ages 0-3 Informational: early concepts (colors); Fiction: animal characters

48. ☐ Hatchet
Written by Gary Paulsen
Ages 11+ Fiction: realistic fiction

49. ☐ Martin's Big Words
Written by Doreen Rappaport and illustrated by Bryan Collier
Ages 4-7 Nonfiction: biography

50. ☐ Sarah, Plain and Tall
Written by Patricia MacLachlan
Ages 8-10 Fiction: realistic fiction

51. ☐ Sylvia Long's Mother Goose
Written and illustrated by Sylvia Long
Ages 0-3 Fiction: nursery rhymes, animal characters

52. ☐ The Lightning Thief
Written by Rick Riordan
Ages 11+ Fiction: fantasy/myths

53. ☐ The House at Pooh Corner
Written by A. A. Milne and illustrated by Ernest H. Shepard
Ages 4-7 Fiction: fantasy, animal characters

54. ☐ Through My Eyes
Written by Ruby Bridges
Ages 11+ Nonfiction: autobiography

55. ☐ Smile!
Written and illustrated by Roberta Grobel Intrater
Ages 0-3 Informational: early concepts (facial expressions/emotions); Fiction: realistic fiction

56. ☐ Living Sunlight
Written by Molly Bang and Penny Chisholm and illustrated by Molly Bang
Ages 8-10 Nonfiction: science

57. ☐ The Bad Beginning
Written by Lemony Snicket and illustrated by Brett Helquist
Ages 11+ Fiction: fantasy

58. ☐ Harvesting Hope: The Story of Cesar Chavez
Written by Kathleen Krull and illustrated by Yuyi Morales
Ages 8-10 Nonfiction: biography

59. ☐ Dear Juno
Written by Soyung Pak and illustrated by Susan Kathleen Hartung
Ages 4-7 Fiction: realistic fiction

60. ☐ Head, Shoulders, Knees, and Toes
Written and illustrated by Annie Kubler
Ages 0-3 Informational: early concepts (body parts) Fiction: songs/nursery rhymes

61. ☐ The Lion and the Mouse
Written and illustrated by Jerry Pinkney
Ages 4-7 Fiction: animal characters, fables

62. ☐ Diary of a Worm
Written by Doreen Cronin and illustrated by Harry Bliss
Ages 8-10 Fiction: fantasy, animal characters

63. ☐ The Invention of Hugo Cabret
Written and illustrated by Brian Selznick
Ages 11+ Fiction: realistic fiction, historical fiction

64. ☐ My Truck Is Stuck
Written by Kevin Lewis and illustrated by Daniel Kirk
Ages 0-3 Fiction: animal character

65. ☐ Birds
Written by Kevin Henkes and illustrated by Laura Dronzek
Ages 4-7 Fiction: realistic fiction

66. ☐ The Maze of Bones
Written by Rick Riordan
Ages 8-10 Fiction: realistic fiction, adventure

67. ☐ Esperanza Rising
Written by Pam Muñoz Ryan
Ages 11+ Fiction: realistic fiction, historical fiction

68. ☐ Counting Kisses: A Kiss and Read Book
Written and illustrated by Karen Katz
Ages 0-3 Informational: early concepts (numbers, body parts); Fiction: realistic fiction

69. ☐ The Magic School Bus at the Waterworks
Written by Joanna Cole and illustrated by Bruce Degen
Ages 8-10 Informational: science; Fiction: fantasy

70. ☐ Blackout
Written and illustrated by John Rocco
Ages 4-7 Fiction: realistic fiction

71. ☐ Bridge to Terabithia
Written by Katherine Paterson
Ages 11+ Fiction: realistic fiction

72. ☐ Are You My Mother?
Written and illustrated by P. D. Eastman
Ages 0-3 Fiction: animal characters

73. ☐ Tea with Milk
Written and illustrated by Allen Say
Ages 8-10 Fiction: realistic fiction

74. ☐ Owl Moon
Written by Jane Yolen and illustrated by John Schoenherr
Ages 4-7 Fiction: realistic fiction

75. ☐ Holes
Written by Louis Sachar
Ages 11+ Fiction: realistic fiction

76. ☐ Peek-a Who?
Written and illustrated by Nina Laden
Ages 0-3 Fiction: fantasy, realistic fiction

77. ☐ Hi! Fly Guy
Written and illustrated by Tedd Arnold
Ages 8-10 Fiction: fantasy, animal characters

78. ☐ Mrs. Frisby and the Rats of NIMH
Written by Robert C. O'Brien and illustrated by Zena Bernstein
Ages 11+ Fiction: fantasy, animal characters

79. ☐ Llama Llama Red Pajama
Written and illustrated by Anna Dewdney
Ages 0-3 Fiction: animal characters

80. ☐ What Do You Do With a Tail Like This?
Written and illustrated by Steve Jenkins and Robin Page
Ages 4-7 Nonfiction: science

81. ☐ Lincoln: A Photobiography
Written by Russell Freedman
Ages 11+ Nonfiction: biography

82. ☐ Ivy & Bean
Written by Annie Barrows and illustrated by Sophie Blackall
Ages 8-10 Fiction: realistic fiction

83. ☐ Yoko
Written and illustrated by Rosemary Wells
Ages 4-7 Fiction: animal characters

84. ☐ No No Yes Yes
Written and illustrated by Leslie Patricelli
Ages 0-3 Informational: early concepts (opposites); Fiction: realistic fiction

85. ☐ Tales of a Fourth Grade Nothing
Written by Judy Blume
Ages 8-10 Fiction: realistic fiction

86. ☐ Interrupting Chicken
Written and illustrated by David Ezra Stein
Ages 4-7 Fiction: animal characters

87. ☐ Rules
Written by Cynthia Lord
Ages 11+ Fiction: realistic fiction

88. ☐ Grumpy Bird
Written and illustrated by Jeremy Tankard
Ages 0-3 Fiction: animal characters

89. ☐ An Egg Is Quiet
Written by Dianna Hutts Aston and illustrated by Sylvia Long
Ages 4-7 Nonfiction: science

90. ☐ Puss in Boots
Written by Charles Perault and illustrated by Fred Marcellio
Ages 8-10 Fiction: folk & fairy tales, animal characters

91. ☐ Team Moon: How 400,000 People Landed Apollo 11 on the Moon
Written by Catherine Thimmesh
Ages 11+ Nonfiction: science and social studies

92. ☐ What Shall We Do With the Boo Hoo Baby?
Written by Cressida Cowell and illustrated by Ingrid Godon
Ages 0-3 Fiction: fantasy, animal characters

93. ☐ We the Kids: The Preamble to the Constitution of the United States
Written and illustrated by David Catrow
Ages 8-10 Informational: historical documents

94. ☐ I Took the Moon for a Walk
Written by Carolyn Curtis and illustrated by Alison Jay
Ages 4-7 Fiction: fantasy, poetry

95. ☐ A Single Shard
Written by Linda Sue Park
Ages 11+ Fiction: realistic fiction, historical fiction

96. ☐ Gossie
Written and illustrated by Olivier Dunrea
Ages 4-7 Fiction: animal characters

97. ☐ The Adventures of Captain Underpants
Written and illustrated by Dav Pilkey
Ages 8-10 Fiction: fantasy

98. ☐ Bright Baby: First Words
Written and illustrated by Roger Priddy
Ages 0-3 Informational: early concepts

99. ☐ Joyful Noise: Poems for Two Voices
Written by Paul Fleischman and illustrated by Eric Beddows
Ages 11+ Informational: science; Fiction: fantasy; poetry

100. ☐ Animalia
Written and illustrated by Graeme Base
Ages 4-7 Informational: concepts (alphabet); Fiction: fantasy, animal characters

부록 02 학교나 공공도서관의 메이커 스페이스 조성에 대한 아이디어[111]

MakerSpace - Pinterest

What others are saying "Makerspace info: The Library Learning Commons (LLC) is a large, flexibly designed space where students learn how to access, use and create information ethically."

www.pinterest.com

111) https://www.pinterest.com/tinkerlab/makerspace/?lp=true

부록 03 미국 도서관 관련 링크(QR 코드)

1. 뉴욕주 공공도서관 시스템에서 매년 실시하는 섬머리딩프로그램에 관한 학교도서관의 파트너쉽 http://www.nysl.nysed.gov/libdev/summer/2018-SL-Partner-Manual.pdf

2. 뉴욕퍼블릭라이브러리에 관한 100가지 재미있는 사실들 http://exhibitions.nypl.org/100/learn/fun_facts

3. 퀸즈공공도서관에 관한 사실들 https://www.queenslibrary.org/sites/default/files/about-us/Facts%20Sheet.pdf

4. 브루클린 공공도서관에 관한 재미있는 사실들 https://www.bklynlibrary.org/about

5. 도서관친구들(Friends of the Library)을 새로 구성하거나 기존의 도서관친구들을 활용하는 방안 http://www.ala.org/united/sites/ala.org.united/files/content/friends/orgtools/libraries-need-friends.pdf

6. 초중고 학교안에서 사서교사의 주도하에 메이커 무브먼트가 점점 커지고 있다. (미국학교도서관저널의 연구조사 결과) https://www.slj.com/?detailStory=maker-movement-grows-k-12-librarians-leading-way-finds-slj-survey

7. 베테랑 교사이자 사서교사가 새로 시작하는 사서교사에게 주는 충고의 말 http://www.nikkidrobertson.com/2017/06/5-tips-for-new-school-librarians-and.html

뉴욕 주 교육부의 학교도서관 프로그램 점검표
New York State Education Department School Library Program Rubric

학생들의 학업 성취율과 양질의 학교도서관 프로그램 사이에 밀접한 상관관계가 있는 것으로 여러 연구 조사에서 밝혀졌다. 뉴욕 주 교육부는 최근 우수한 학교 도서관 프로그램의 수립과 유지를 위한 6가지의 기본 가치와 세가지 영역, 그리고 각 영역에 포함되는 주요 사항들을 업데이트한 루브릭을 발표하였다. 이 루브릭은 뉴욕주의 각 학군이나 학교 도서관 시스템에서 강력한 학교 도서관 프로그램을 개발하고, 기존의 프로그램을 개선하며, 현재의 프로그램을 운영하는 데 매뉴얼로 쓰도록 권장되며, 뉴욕주의 각 BOCES(협력 교육 서비스 위원회)를 통해서 모든 사서교사들에게 전달되었다.

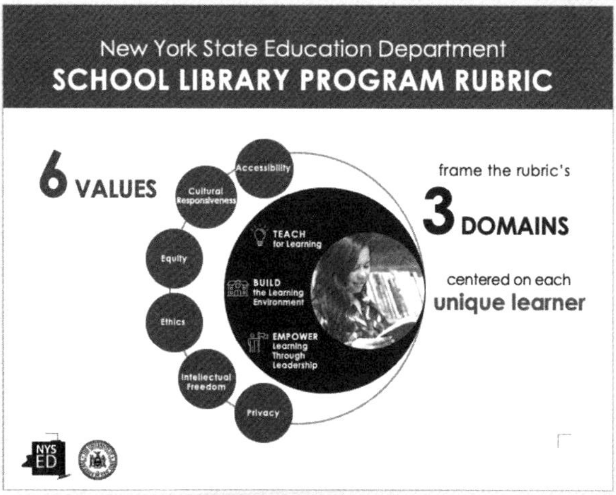

•뉴욕주 뉴욕 주 교육부의 학교도서관 프로그램 점검표[112)]

학교도서관이 추구해야하는 6가지 가치는 다음의 표와 같이 ① 접근성(Accessibility) ② 문화적 반응성(Cultural Responsiveness) ③ 형평성(Equity) ④ 윤리(Ethics) ⑤ 지적 자유(Intellectual Freedom) ⑥ 사생활권(Privacy) 등이다.

112) 출처: http://www.nysed.gov/school-library-services/nysed-school-library-program-rubric

4차 산업혁명 시대의 개별적인 고유한 학습자 하나 하나를 염두에 두고 수립한 이 루브릭 점검표에 따르면 뉴욕주 학교 도서관 프로그램의 세가지 영역은 다음과 같다.

1. 학습을 위한 가르침Teach for Learning

교육 설계

협업 계획

정보 활용 능력

독서

학습 평가

다양한 학습 요구를 위한 가르침

탐구 학습

지적 자유

사회적 학습

사회적 책임

2. 학습 환경 구축Build the Learning Environment

스태핑

전문성 개발

자원 및 자료

자원 공유

공평한 접근

교육 공학

학습에 도움이 되는 분위기

예산

시설

3. 리더십을 통한 학습 역량 강화Empowering Learning through Leadership

교육적 리더십

행정적 지원

프로그램 기획 및 평가

소통

보고

프로그램 옹호

뉴욕 주 교육부에서는 학교의 행정관들과 사서교사들이 학교도서관 프로그램의 목표를 개발하는 데 필요한 실행 계획 지침도 제공하고 있다.

뉴욕주의 도서미디어전문가이자 사서교사인 저자는 미국이나 한국의 사서교사들이 교장선생님과 함께 자신이 일하고 있는 학교도서관이 이 점검표에 나오는 세 가지 영역과 각 영역에 해당하는 주요 세부 사항들을 지키고 있는 지, 그리고 학교도서관이 지켜야 할 여섯 가지 가치를 옹호하고 있는 지 점검해보고 앞으로 학교도서관 프로그램 수립에 참고하면 좋을 것 같다고 생각한다.

●

미국 사서교사 송온경이 들려주는

도서관의 힘과 독서교육

●

저　　자 | 송온경
펴 낸 곳 | 한국도서관협회
초　　판 | 2021년 4월 1일
2　　쇄 | 2022년 6월 3일
등　　록 | 제2-723호(1979. 8. 18.)
주　　소 | 서울특별시 서초구 반포대로 201
전　　화 | 02-535-4868
팩　　스 | 02-535-5616
홈페이지 | http://www.kla.kr

ISBN 978-89-7678-382-0 03020

정가 22,000원

"도서관은 고립, 무지, 편협에 대항해
싸우기 위한 가장 강력한 무기다"

- 부르클린 공공도서관 수잔 마시넥 이사장 -